传世名著典藏丛书

精华

史记本纪

【汉】司马迁 著

张国垣 编译

江苏凤凰美术出版社
全国百佳图书出版单位

图书在版编目（CIP）数据

史记本纪精华 /（汉）司马迁著；张国垣编译 . --
南京：江苏凤凰美术出版社，2018.7
（传世名著典藏丛书）
ISBN 978-7-5580-3718-4

Ⅰ . ①史… Ⅱ . ①司… ②张… Ⅲ . ①中国历史—古
代史—纪传体②《史记》—译文Ⅳ . ① K204.2

中国版本图书馆 CIP 数据核字（2017）第 329584 号

责任编辑　曹昌虹
封面设计　格林文化
责任监印　唐　虎

书　　名　史记本纪精华
著　　者　司马迁
译　　者　张国垣
出版发行　江苏凤凰美术出版社（南京市中央路 165 号　邮编：210009）
　　　　　北京凤凰千高原文化传播有限公司
出版社网址　http://www.jsmscbs.com.cn
印　　刷　天津兴湘印务有限公司
开　　本　710mm×1000mm　1/16
印　　张　17.75
版　　次　2018 年 7 月第 1 版　2018 年 7 月第 1 次印刷
标准书号　ISBN 978-7-5580-3718-4
定　　价　42.00 元

营销部电话 010-64215835-801

江苏凤凰美术出版社图书凡印装错误可向承印厂调换　电话：010-64215835-801

序　言

　　上下五千年悠久而漫长的历史，积淀了中华民族独具魅力且博大精深的文化。中华文化是中华民族无数古圣先贤、风流人物、仁人志士对自然、人生、社会的思索、探求与总结，而且一路下来，薪火相传，因时损益。它不仅是中华民族智慧的凝结，更是我们道德规范、价值取向、行为准则的集中再现。千百年来，中华文化已经融入每一位中华儿女的血液，铸成了我们民族的品格，书写了辉煌灿烂的历史。中华文化与西方世界的文明并峙鼎立，成为人类文明的一个不可或缺的组成部分。凡此，我们称之曰"国学"，其目的在于与非中华文化相区分。中华民族之所以历经磨难而不衰，其重要一点是它有着源于由国学而产生的民族向心力和人文精神的根骨。可以说，中华民族之所以是中华民族，主要原因之一乃是其有异于其他民族的传统文化！

　　概而言之，国学包括经史子集、十家九流。它以先秦经典及诸子之学为根基，涵盖两汉经学、魏晋玄学、隋唐佛学、宋明理学和同时期的汉赋、六朝骈文、唐宋诗词、元曲与明清小说并历代史学等一套特有而完整的文化、学术体系。观其构成，足见国学之广博与深厚。可以这么说，国学是华夏文明之根，中华儿女之魂。

　　从大的方面来讲，一个没有自己文化的国家，可能会成为一个大国甚至富国，但绝对不会成为一个强国；也许它会强盛一时，但绝不能永远屹立于世界强国之林！而一个国家若想健康持续地发展，则必然有其凝聚民众的国民精神，且这种国民精神也必然是在自身漫长的历史发展中由本国人民创造形成的。中华民族的伟大复兴，中华巨龙的跃起腾飞，离不开国学的滋养。从小处而言，继承与发扬国学对每一个中华儿女来说同样举足轻重，迫在眉睫。国学之用，在于"无用"之"大用"。一个人的成功很大程度上取决于他的思维方式，而一个人思维能力的成熟程度亦绝非先天注定，它是在一定的文化氛围中形成的。国学作为涵盖经、史、子、集的庞大知识思想体系，恰好能为我们提供一种氛围、一个平台。潜心于国学的学习，人们就会发现其中蕴含的无法穷尽的智慧，并从中领略到恒久的治世之道与管理之智，也可以体悟到超脱的人生哲学与立身之术。在现今社会，崇尚国学，学习国学，更是提高个人道德水准和建构正确价值观念的重要途径。

近年来，国学热正在我们身边悄然兴起，令人欣慰。更可喜的是，很多家长开始对孩子进行国学启蒙教育，希望孩子奠定扎实的国学根基，以此帮助他们树立正确的道德观和价值观。欣喜之余，我们同时也对中国现今的文化断层现象充满了担忧。从"国学热"这个词汇本身也能看出，正是因为一定时期国学教育的缺失，才会有国学热潮的再现。我们注意到，现今的青少年对好莱坞大片趋之若鹜时却不知道屈原、司马迁为何许人；新世纪的大学生能考出令人咋舌的托福高分，但却看不懂简单的文言文。这些现象一再折射出一个信号：当今社会人群的国学知识十分匮乏。在西方大搞强势文化和学术壁垒的同时，国人偏离自己的民族文化越来越远。弘扬经典国学教育，重拾中华传统文化，这样的需求已迫在眉睫。

本套"传世名著典藏"丛书的问世，也正是为弘扬国学传统文化而添砖加瓦并略尽绵薄之力。本人作为一名大学教师，从事中国文化史籍的教学与研究工作多年，对国学文化及国学教育亦可谓体悟深刻。为了完成此丛书，我们从搜集整理到评点注译，历时数载，花费了很多的心血。这套丛书集传统文化于一体，涵盖了读者应知必知的国学经典。更重要的是，丛书尽量把晦涩的传统文化知识予以通俗化、现实化的演绎，并以大量精彩案例解析深刻的文化内核，力图使国学的现实意义更易彰显，使读者阅读起来能轻松愉悦、饶有趣味。虽然整套书尚存瑕疵，但仍可以负责任地说，我们是怀着对祖国传统文化的深厚感情和治学者应有的严谨态度来完成该丛书的。希望读者能感受到我们的良苦用心。

王琪

2017年7月

司马迁与《史记》

司马迁其人

司马迁(公元前145或公元前135-公元前86),字子长,左冯翊夏阳(今陕西韩城)人,是中国古代的伟大的史学家和文学家。他撰写的《史记》被认为是中国史书的典范,因此司马迁被后世尊称为史迁、太史公。他与司马光并称为"史界两司马",与司马相如合称为"文章西汉两司马"。

司马迁10岁时,开始读古书,学习十分认真刻苦,遇到疑难问题,总是反复思考,直到弄明白为止。20岁那年,司马迁从长安出发,到各地游历。后来回到长安,做了郎中。他几次随汉武帝出外巡游,到过很多地方。35岁那年,汉武帝派他出使云南、四川、贵州等地。他了解到那里的一些少数民族的风土人情。他的父亲司马谈死后,司马迁于公元前108年(元封三年)接替父亲做了太史令。公元前104年(太初元年),他与天文学家唐都等人共订"太初历"。同年,司马迁开始动手编写《史记》。公元前99年,司马迁因为替李陵辩护,触怒了汉武帝,获罪被捕。

公元前96年,汉武帝改元大赦天下。这一年,司马迁50岁,他出狱后做了中书令,在别人看来,这也许是"尊宠任职",但他还是专心致志地写书。直到公元前91年,《史记》全书完成。

司马迁以其"究天人之际,通古今之变,成一家之言"的史识,成就了《史记》,这是中国历史上第一部纪传体通史。全书共一百三十篇,五十二万余字,包括十二本纪、十表、八书、三十世家和七十列传,对后世的影响极大,被称为"实录、信史",被鲁迅先生誉为"史家之绝唱,无韵之离骚",列为前"四史"之首,与《资治通鉴》并称为史学"双璧"。

《史记》主要内容

《史记》是一部贯穿古今的通史,从传说中的黄帝开始,一直写到汉武帝元狩元年,叙述了我国三千年左右的历史。《史记》全书有本纪十二篇,表十篇,书八篇,世家三十篇,列传七十篇,共一百三十篇。

"本纪"实际上就是帝王的传记,因为帝王是统理国家大事的最高首脑,为他们作纪传而名之曰"本纪",正所以显示天下本统之所在,使官民行事都有一定的纲纪的缘故。

"表",所以列记事件,使之纲举而目张,以简御繁,一目了然,便于观览、检索。

"书",是记载历代朝章国典,以明古今制度沿革的专章,非是熟悉掌故的史家,是无法撰写成书的。班固《汉书》改称"志",成为通例。"书"的修撰,为研究各种专门史提供了丰富的资料。

"世家"是记载诸侯王国之事的。这因诸侯开国承家,子孙世袭,所以他们的传记就叫做世家。从西周开始,发展到春秋、战国,各诸侯国先后称霸称雄,盛极一时,用"世家"体裁记述这一情况,是非常妥当的。

"列传"是记载帝王、诸侯以外的各种历史人物;有单传、合传、类传。单传是一人一传,合传是记两人以上的传,类传是以类相从,将同一类人物的活动归纳到同一个传内。《史记》中,司马迁也将当时我国四周少数民族的历史情况,用类传的形式记载了下来,这为研究我国古代少数民族的历史,提供了重要的史料来源。

总之,司马迁写作《史记》以"本纪"叙帝王,以"世家"载诸侯,以"列传"记人物,以"书"述典章制度,以"表"排列大事,网罗古今,包括百代,打破了以年月为起讫如《春秋》的编年史、以地域划分如《国语》的国别史的局限,创立了贯穿古今和社会生活各个方面的通史先例,成为正史的典范。

《史记》的贡献和特点

《史记》，原名《太史公记》，是中国历史上第一部纪传体通史，被列为二十四史之首。《史记》是中国最著名的古典典籍之一，对后世贡献极大。

第一，《史记》开创了"纪传体"体例。

本纪，即皇帝的传记；列传，是一般大臣和各式人物的传记。司马迁在前人的基础上，在《史记》中以本纪、表、书、世家、列传五体结构，创造性地探索了以人物为主体的历史编纂学方法。

"本纪"按年代顺序记叙帝王的言行和政绩；"表"按年代谱列各个时期的重大事件；"书"记录了各种典章制度的沿革；"世家"载述诸侯国的兴衰和杰出人物的业绩；"列传"记载各种代表人物的活动。司马迁将这五种体裁综合起来，形成一个完整的统一体系。

第二，《史记》开创了政治、经济、民族、文化等各种知识的综合纂史方法。

《史记》是我国第一部规模宏大、贯通古今、内容广博的百科全书式的通史。在《史记》中，司马迁第一个为经济史作传，又第一个为少数民族立传，他还第一个为卑微者列传。

《史记》第一次将政治、经济、文化各个方面都包容在历史学的研究范围之内，从而开拓了历史学研究的新领域，推动了我国历史学的发展。由于纪传体可以容纳广泛的内容，有一定的灵活性，又能反映出封建的等级关系，因而这种撰史方法为历代史家所采用，影响极为深远。

第三，忠于历史史实，是我国宝贵的史学传统，司马迁的《史记》对此有很好的发挥。

史学家写史料，必须忠于历史史实，按照历史的本来面貌撰写历史。而《史记》正是遵循这一原则来编写的。

司马迁撰写史记，态度严谨认

真,他写的每一个历史人物或历史事件,都经过了大量的调查研究,并对史实反复作了核对。司马迁早在 20 岁时,便离开首都长安,遍踏名山大川,实地考察历史遗迹,了解到许多历史人物的逸闻轶事以及许多地方的民情风俗和经济生活,开阔了眼界,扩大了胸襟。汉朝的历史学家班固说,司马迁"其文直,其事核,不虚美,不隐恶,故谓之实录"。

第四,《史记》可以说是一部形象生动的历史传记。

《史记》的文采历来为我国文学界所称颂,它开创了我国传记文学的先河。司马迁像一个出色的画家,以他那十分传神的画笔,为我们勾画出一个个栩栩如生的人物画像;又像一位善于捕捉瞬间的雕塑家,以他那锋利的刻刀,为我们塑造了一个个风采各异的雕像。

在《史记》这座人物画廊里,我们不仅可以看到历史上那些有作为的王侯将相的英姿,也可以看到妙计藏身的士人食客、百家争鸣的先秦诸子、"为知己者死"的刺客、已诺必诚的游侠、富比王侯的商人大贾,以及医卜、俳优等各种人物的风采,给人以美的享受和思想上的启迪。

司马迁创造性地把文、史熔铸于一炉,为我们写下了一部形象的历史。

《史记》的影响

《史记》对后世史学和文学的发展都产生了深远影响。

第一,《史记》建立了杰出的通史体裁。

《史记》是中国史学史上第一部贯通古今的通史名著。无论说它是古代中国史学史的最辉煌成就,还是说它是世界古代史学史的最辉煌成就,都毫不为过。正因为《史记》能够会通古今撰成一书,开启先例,树立了榜样,于是仿效这种体裁而修史的也就相继而起。通史家风,一直影响着近现代的史学研究与写作。

第二,《史记》建立了史传文学传统。

司马迁的文学修养深厚,其艺术手段特别高妙。他往往能将极其复杂的事实,安排得非常妥帖,秩序井然,再加上见识高超,文字生动,笔力洗练,莫不词气纵横,形象明快,使人"惊呼击节,不自知其所以然"。

第三,《史记》建立了史学的独立地位。

在古代,史学是包含在经学范围之内,没有自己的独立地位的。所以史部之书在刘歆的《七略》和班固的《艺文志》里,都是附在《春秋》的后面。自从司马迁编撰成《史记》以后，作者继起，专门的史学著作越来越多。此后，史学一门，在中国学术领域里拥有了自己的独立地位，这一发展应该归功于司马迁和他的《史记》。

第四，《史记》成为了后代戏剧取材的宝库。

在戏剧方面，由于《史记》的故事具有强烈的戏剧性，人物性格鲜明，矛盾冲突尖锐，因而自然而然成为了后代戏剧取材的宝库。

据《元代杂剧全目》所载，取材于《史记》的剧目就有180多种。据李长之统计，在现存132种元杂剧中，有16种采自《史记》的故事。其中包括《赵氏孤儿》这样的具有世界影响的名作。到后来的京剧中，仍然有许多是取材于《史记》的。

第五，在传记文学方面，由于《史记》的纪传体为后代史书所继承，由此产生了大量的历史人物传记。

后代史书的文学性虽然不如《史记》，但其数量既浩如烟海，如果将其中优秀传记提取出来，也是极为可观的。

此外，史传以外的别传、家传、墓志铭等各种形式的传记，也与《史记》所开创的传记文学传统有渊源关系。

正因为《史记》一书影响深远，所以今天我们编著了《本纪精华》、《世家精华》、《列传精华》系列丛书，书中选录了《史记》中广泛流传的大部分著名篇章。各书内容分为题解、原文、注释、译文、解读五个部分，帮助读者结合当时的历史背景，全面深入地了解《史记》。

"本纪"主要以历史上的帝王为中心，上自黄帝，下至司马迁当时的帝王汉武帝，作者对其中的人物进行了全面的勾勒，依次记叙了他们的言行政迹，同时也记载了各个时代的政治、经济、军事、文化、外交等方面的重大事件。其中将项羽列入"本纪"也是对"以成败论英雄"的一大突破。纵观全篇，本纪是一部按照年代次序编写的帝王简史或系统的编年大事记。本纪排在全书的最前头，历来被视为全书的纲,它保存了许多历代相传的历史资料,对于后人了解历史年代发展顺序有着重要的价值。

　　而今天我们编著的《本纪精华》一书,是选取了"本纪"中流传最广、影响最大的有关人物的篇章,这些具有代表性的人物故事或历史事件,让读者在享受文学之类的同时还能清楚地看到中国封建社会历史发展演变、朝代的兴衰更替的轨迹。

目 录

五帝本纪第一

【题解】

本篇记述了我国古代神话传说中的黄帝、颛顼、帝喾、尧、舜五个圣明的帝王的事迹,同时也记录了当时部落之间频繁的战争,部落联盟首领实行禅让,远古初期百姓战猛兽、治洪水、开良田、种嘉谷、观测天文、推算历法、谱制音乐舞蹈等多方面的情况。这些虽为传说,但有些记载亦属言之有征,它为我们了解和研究远古社会提供了借鉴。

【原文】

黄帝者,少典①之子,姓公孙,名曰轩辕。生而神灵②,弱而能言③,幼而徇齐④,长而敦敏⑤,成而聪明⑥。

轩辕⑦之时,神农氏世衰。诸侯相侵伐,暴虐百姓,而神农氏弗能征。于是轩辕乃习用干戈,以征不享,诸侯咸来宾从。而蚩尤最为暴,莫能伐。炎帝欲侵陵诸侯,诸侯咸归轩辕。轩辕乃修德振兵,治五气,艺五种,抚万民,度四方,教熊罴⑧貔貅貙虎,以与炎帝战于阪泉之野。三战,然后得其志。蚩尤作乱,不用帝命。于是黄帝乃征师诸侯,与蚩尤战于涿鹿之野,遂禽杀蚩尤。而诸侯咸尊轩辕为天子,代神农氏,是为黄帝。天下有不顺者,黄帝从而征之,平者去之,披山通道,未尝宁居。

【注释】

①少典:有熊部落的首领。②生而神灵:相传皇帝之母于郊野见大电绕北斗枢星,感而有孕,怀二十四月而生,相貌异常。③弱而能言:出生没多久就会说话。言,说话。④徇齐:疾速,引申指敏慧。裴骃集释:"徇,疾;齐,速也。言圣德幼而疾速也。"⑤敦敏:诚实勤奋。⑥聪明:指明察事理。⑦轩辕:传说中的古代帝王黄帝的名字,姓公孙,居于轩辕之丘,故名轩辕,曾战胜炎帝于阪泉,战胜蚩尤于涿鹿,诸侯尊为天子。后人以之为中华民族的始祖。⑧罴(pí):哺乳动物,体大,肩部隆起,能爬树、游水,掌和肉可食,皮可做褥子,胆入药。亦称"棕熊"、"马熊"、"人熊"。

【译文】

黄帝是少典部落的子孙,姓公孙,名轩辕。他生下来就很神异,几个月大就会说话,

幼年时聪明机敏,长大后敦厚勤奋,成年后明察事理。

轩辕黄帝的时候,神农氏的后代已经衰落,诸侯之间相互侵伐,残害百姓,但是神农氏却没有能力征讨他们。于是轩辕就开始操练军队,征讨那些不来朝贡的诸侯,各诸侯这才都来归顺。而蚩尤最为残暴,没有谁能够去征讨他。炎帝想侵犯诸侯,诸侯都来归附轩辕。轩辕于是就推行德政,整顿军队,以顺应四时五方的自然气象,种植五谷,安抚民众,并丈量四方的土地,训练熊、罴、貔、貅、貙、虎等猛兽,与炎帝在阪泉的郊野交战,战斗数次后,才征服了炎帝,如愿得胜。蚩尤发动叛乱,不服从黄帝轩辕氏的命令。于是轩辕氏就征调诸侯的军队,与蚩尤在涿鹿的郊野交战,这才擒获并杀死了蚩尤。这样,诸侯都尊奉轩辕为天子,取代了神农氏,这就是黄帝。天下有不归顺的,黄帝就进行征讨,平定以后就离开,他劈山开辟道路,从来没有在哪安宁地居住过。

【原文】

东至于海,登丸山,及岱宗。西至于空桐,登鸡头。南至于江,登熊、湘。北逐荤粥①,合符釜山,而邑于涿鹿之阿。迁徙往来无常处,以师兵为营卫。官名皆以云命,为云师。置左右大监,监于万国。万国和,而鬼神山川封禅与为多焉。获宝鼎,迎日推筴。举风后、力牧、常先、大鸿以治民。顺天地之纪,幽明之占,死生之说,存亡之难。时播百谷②草木,淳化鸟兽虫蛾,旁罗日月星辰水波土石金玉,劳勤心力耳目,节用水火材物。有土德③之瑞,故号黄帝。

黄帝二十五子,其得姓者十四人。

黄帝居轩辕之丘,而娶于西陵之女,是为嫘祖④。嫘祖为黄帝正妃,生二子,其后皆有天下:其一曰玄嚣,是为青阳,青阳降居⑤江水;其二曰昌意,降居若水。昌意娶蜀山氏女,曰昌仆,生高阳,高阳有圣德焉。黄帝崩,葬桥山。其孙昌意之子高阳立,是为帝颛顼也。

帝颛顼高阳者,黄帝之孙而昌意之子也。静渊⑥以有谋,疏通而知事;养材⑦以任地,载时以象天,依鬼神以制义,治气以教化,絜诚⑧以祭祀。北至于幽陵,南至于交阯，西至于流沙，东至于蟠木。动静之物，大小之神，日月所照，莫不砥属⑨。

【注释】

①荤粥：我国古代北方匈奴族的别称。②百穀：谷类的总称。百，举成数而言，谓众多。③土德：五德之一。古以五行相生相克附会王朝命运，谓土胜者为得土德。④嫘祖(léi zǔ)：一作"累祖"。传说西陵氏之女，黄帝轩辕氏(前2550年)的元妃。被后人推崇为中国养蚕治丝方法的创始者。北周以后被祀为"先蚕"(蚕神)。据考古资料，中国利用蚕丝时代应比嫘祖更早。⑤降居：贬谪迁居。亦谓天子之子出为诸侯。⑥静渊：犹"渊默"，深沉稳重。⑦养材：谓养育材物。如栽培五谷、树木。⑧絜诚：谓洁身诚意。⑨砥属：平定归服。

【译文】

　　黄帝往东到过东海，登上了丸山和泰山；往西到过崆峒，登上了鸡头山；往南到过长江，登上了熊山和湘山；往北驱逐了匈奴荤粥，在釜山与诸侯合验了符契，就在涿鹿山下建立了都城。黄帝四处迁徙，没有固定的住处，带兵走到哪里，就在哪里设置军营来作为护卫的屏障。黄帝所封官职都用云来命名，军队号称云师。黄帝设置左右大监，由他们来监察天下诸侯。这时，天下诸侯安定，所以对鬼神山川的祭祀封禅也就多了。黄帝获得了宝鼎，于是观测太阳的运行，用占卜用的蓍草推算历法，预测日辰节气。他任用风后、力牧、常先、大鸿来治理民众。皇帝顺应天地四时的自然规律，预测阴阳五行的日常变化，讲解生死的道理，论述存亡的原因，他按照节气时令播种谷物草木，驯化鸟兽虫鱼，还遍及日月星辰的运行，水土土石的性能等等各项事务，使自己的心力耳目劳苦，有节度地使用水、火、木材及各种财物。由于有土德的祥瑞出现，所以号称黄帝。

　　黄帝有二十五个儿子，得到姓氏的有十四个。

　　黄帝居住在轩辕山时，娶了西陵氏的女儿为妻，就是嫘祖。嫘祖是黄帝的正妃，生有两个儿子，他们的后代都统治过天下：一个叫玄嚣，即青阳，被封为诸侯后居住在长江；另一个叫昌意，被封为诸侯后居住在若水。昌意娶了蜀山氏的女子，名叫昌仆，生下高阳，高阳有圣人的品德。黄帝死后，埋葬在桥山。他的孙子，也就是昌意的儿子高阳即位，即颛顼帝。

　　颛顼帝高阳，是黄帝的孙子，昌意的儿子。他沉静稳重而有智谋，通达而知事理，他养育材物以充分利用土地，按照时令节气办事以顺应自然规律，依顺鬼神的名义以制定礼仪制度，治理四时五气以教化百姓，洁身诚意来祭祀。他往北到过幽陵，往南到过交阯，往西到过流沙，往东到过蟠木。各种动物植物、大神小神，但凡日月星辰能够照到的地方，没有不归服的。

【原文】

帝颛顼生子曰穷蝉。颛顼崩，而玄嚣之孙高辛立，是为帝喾。

帝喾高辛者，黄帝之曾孙也。高辛父曰蟜极，蟜极父曰玄嚣，玄嚣父曰黄帝。自玄嚣与蟜极皆不得在位，至高辛即帝位。高辛于颛顼为族子①。

高辛生而神灵，自言其名。普施利物，不于其身。聪以知远，明以察微。顺天之义，知民之急。仁而威，惠而信，修身而天下服。取地之财而节用之，抚教万民而利诲之，历②日月而迎送之，明鬼神而敬事之。其色郁郁③，其德嶷嶷④。其动也时，其服也士。帝喾溉⑤执中而遍天下，日月所照，风雨所至，莫不从服。

帝喾娶陈锋氏女，生放勋。娶娵訾氏女，生挚。帝喾崩，而挚代立。帝挚立，不善，而弟放勋立，是为帝尧。

帝尧者，放勋。其仁如天，其知如神。就之如日，望之如云。富而不骄，贵而不舒。黄收⑥纯衣⑦，彤车乘白马。能明驯德⑧，以亲九族。九族既睦，便章⑨百姓。百姓昭明，合和⑩万国。

【注释】

①族子：侄子。②历：本是记载历法的书，这里是推历的意思。③郁郁：有文采的样子。④嶷嶷(yí yí)：高峻的样子，指品德高尚。⑤溉：灌溉。一说："同"概"，本指量粮食时用以刮平升斗的工具，引申为公平。执中：公平，不偏不倚。⑥黄收：黄色的帽子。"收"，古代的一种帽子，夏朝把冕称为收。⑦纯衣：黑色衣服。⑧驯德：善德，指有善德的人。"驯"，善。⑨便章：即"辨章"，辨明。⑩合和：和睦。

【译文】

颛顼帝生了个儿子叫穷蝉。颛顼帝死后，玄嚣的孙子高辛即位，即帝喾。

帝喾高辛，是黄帝的曾孙，他的父亲叫蟜极，蟜极的父亲是玄嚣，玄嚣的父亲就是黄帝。玄嚣和蟜极都没有登上帝位，直到高辛才登上帝位。高辛是颛顼的侄子。

高辛一出生就很有灵气，自己说出了自己的名字。他广施恩泽以普及万物，但是从来都不考虑个人私利。他耳聪目明，可以了解远处的情况，可以洞察细微的事理。他顺应上天的意旨，了解百姓之所急。仁爱而威严，温和而诚信，注重自身修养以使天下归服。他收取土地上的物产，节俭地使用；他抚爱教化万民，把各种有益的事教给他们；他推算日月的运行以定岁时节气，恭敬地迎送日月的出入；他明识鬼神，慎重地加以事奉。他仪态端庄，道德高尚。他行动合乎时宜，衣食住行如同普通人。帝喾治理国家，就像雨水滋润万物一样不偏不倚，遍及天下，凡是日月能照到的地方，风雨能到的地方，没有人不顺从归服。

帝喾娶陈锋氏的女子为妻，生下放勋。又娶娵訾氏的女子，生下挚。帝喾死后，由挚接替帝位。帝挚即位后，不善于治理，于是弟弟放勋即位，即帝尧。

　　帝尧，就是放勋。他的仁德堪与天齐，他的智慧可比神灵。接近他就像靠近太阳般温暖，仰望他就像仰望高洁白云。他富有但不骄奢，尊贵但不放纵。他戴的是黄色礼帽，穿的是黑色衣裳，乘白马拉的朱红色的车子。他能尊敬有善德的人，能使九族和睦团结。九族和睦之后，又能使百官的职责明确。百官政绩昭著，各方诸侯都能和睦融洽。

【原文】

　　乃命羲、和，敬顺昊天①，数法日月星辰，敬授民时。分命羲仲，居郁夷，曰旸谷。敬道日出，便程②东作。日中，星鸟③，以殷中春④。其民析，鸟兽字微。申命羲叔，居南交。便程南为，敬致。日永⑤，星火⑥，以正中夏⑦。其民因，鸟兽希革⑧。申命和仲，居西土，曰昧谷。敬道日入，便程西成。夜中，星虚⑨，以正中秋⑩。其民夷易⑪，鸟兽毛毨⑫。申命和叔，居北方，曰幽都。便在伏物。日短，星昴⑬，以正中冬。其民燠⑭，鸟兽氄⑮毛。岁三百六十六日，以闰月正四时。信饬⑯百官，众功皆兴。

　　尧曰："谁可顺此事？"放齐曰："嗣子丹朱开明。"尧曰："吁！顽凶，不用。"尧又曰："谁可者？"讙兜曰："共工旁聚布功，可用。"尧曰："共工善言，其用僻，似恭漫天，不可。"尧又曰："嗟，四岳⑰，汤汤洪水滔天，浩浩怀山襄陵⑱，下民其忧，有能使治者？"皆曰鲧可。尧曰："鲧负命毁族，不可。"岳曰："异哉，试不可用而已。"尧于是听岳用鲧。九岁，功用不成。

【注释】

　　①昊天：上天。②便程：分别次第，使做事有步骤。"便"，通"辨"，别。东作：指春天的农事。③星鸟：指星宿黄昏时出现在正南方。星宿是南方朱雀七宿的第四宿，所以称星鸟。④中春：即仲春，春季的第二个月，就是阴历二月。⑤日永：指夏至，这一天昼长夜短。"永"，长。⑥星火：指心宿黄昏时出现在正南方。心宿是东方苍龙七宿中的第五宿，又叫大火。⑦中夏：即仲夏，夏季的第二个月，就是阴历五月。⑧希革：指夏季炎热，鸟兽皮上毛羽稀少。"希"，同"稀"；"革"，兽皮。⑨星虚：指虚宿黄昏时出现在正南方。虚宿是北方玄武七宿的条四宿。⑩中秋：即仲秋，秋季的第二个月，就是阴历八月。⑪夷易：平，平坦，这里指迁回平地居住。⑫毨（xiǎn）：指秋季鸟兽更生新毛。⑬星昴：指昴宿黄昏时出现在正南方。昴宿是西方白虎七宿的第四宿。⑭燠：暖，热，这里指防寒取暖。⑮氄（rǒng）：鸟兽细软而茂密的毛。⑯饬：通"敕"，告诫。⑰四岳：分掌四方的诸侯首领。⑱襄陵：指大水漫上丘陵。

【译文】

　　于是尧帝就命令羲氏、和氏，遵循上天的意旨，根据日月星辰的运行规律，教导百

姓按照节气时令的变化来安排劳动生产。并命令羲仲住在郁夷，那个地方又叫旸谷，恭敬地迎接日出，安排耕种的事务。春分日，昼夜长短一致，朱雀七宿中的星宿初昏时出现在正南方，据此来推定仲春的节气。这时候百姓就去田野从事劳作，鸟兽也开始交尾；又命令羲叔住在南交，安排并管理夏季的农作，务必谨慎敬业。夏至那天，白天最长，苍龙七宿中的心宿初昏时出现在正南方，据此来推定仲夏的节气。此时的百姓更加辛勤劳作，鸟兽也开始换上稀疏的羽毛；又命令和仲住在西土，那地方又叫昧谷，恭送太阳落山，安排并管理秋收事务。秋分那天，昼夜一样长短，玄武七宿中的虚宿初昏时出现在正南方，据此来推定仲秋的季节。此时百姓喜悦和谐，鸟兽也都长好了羽毛；又命令和叔住在北方，那地方叫幽都，安排并管理冬藏的事宜。冬至那天，白天最短，白虎七宿中的昴宿初昏时出现在正南方，据此来推定仲冬的节气。此时百姓都在室内，穿着厚衣服，鸟兽也都长了细密的绒毛以御寒。一年是三百六十六天，用设置闰月的办法来调整秋冬四季。帝尧真诚地告诫百官各守其职，各种事情都办起来了。

尧说："谁可以继承我的事业？"放齐说："你的儿子丹朱通达开明。"尧说："唉，他愚妄不顺，不能任用。"尧又说："还有谁可以？"谨兜说："共工广泛地聚集民众，做出了业绩，可以任用。"尧说："共工能言善辩，但是心地不善良，看起来很恭顺，但内心却敢欺瞒上天，不能任用。"尧又说："唉，四岳诸侯，如今洪水滔天，浩浩荡荡，包围了群山，漫上了丘陵，百姓忧心忡忡，谁可以派去治理呢？"众人都推说鲧可以。尧说："鲧不服从命令，使同族陷入毁灭的危险，不能任用。"四岳说："并非如此吧，先试试，实在不行就算了。"尧于是听从四岳的建议，任用了鲧。鲧治水九年，没有取得成效。

【原文】

尧曰："嗟！四岳：朕在位七十载，汝能庸命，践朕位？"岳应曰："鄙德忝帝位。"尧曰："悉举贵戚及疏远隐匿者。"众皆言于尧曰："有矜①在民间，曰虞舜。"尧曰："然，朕闻之。其何如？"岳曰："盲者子。父顽，母嚚，弟傲，能和以孝，烝烝②治，不至奸。"尧曰："吾其试哉。"于是尧妻之二女，观其德于二女。舜饬下二女于妫汭③，如妇礼。尧善之，乃使舜慎和五典，五典能从。乃遍入百官，百官时序。宾于四门，四门穆穆④，诸侯远方宾客皆敬。尧使舜入山林川泽，暴风雷雨，舜行不迷。尧以为圣，召舜曰："女谋事至而言可绩，三年矣。女登帝位。"舜让于德不恽。正月上日,舜受终于文祖。文祖者,尧大祖也。

【注释】

①矜:同"鳏",老而无妻的人。②烝烝(zhēng zhēng):指孝德之厚美。③妫汭(guī ruì):妫水,隈曲之处。传说舜居于此,尧将两个女儿嫁给他。妫水在山西省永济县南,源出历山,西流入黄河。④穆穆:端庄恭敬。

【译文】

尧说:"唉,四岳诸侯啊,我在位七十年了,你们谁能顺承天命,来接替我的帝位呢?"四岳回答说:"我们鄙陋的德行会玷污了帝位的。"尧说:"那就从所有帝王的亲族、远近大臣以及隐居者中推举吧。"众人都对尧说:"民间有个单身汉,叫虞舜。"尧说:"对,我听说过。这个人怎么样?"四岳回答说:"他是盲人的儿子,他的父亲冥顽不化,母亲心地阴暗,弟弟傲慢无礼,他都能和他们和睦相处,尽孝悌之道,把家治理好,不至于使他们走向奸恶。"尧说:"那我就试试他吧。"于是尧就把自己的两个女儿嫁给了舜,并通过女儿来观察舜的德行。尧告诫自己的妻子要放下架子,住在妫水河边谨守妇道。尧认为这样做很好,就让舜谨慎地来推行五种伦理道德,民众都能遵从。于是尧就让舜参与百官事务,百官的事务处理得井井有条。让舜在四门接待宾客,接待工作庄重恭敬,从远处来的诸侯宾客都恭恭敬敬。尧又派舜进入山川林泽,遇到狂风雷雨,舜都没有迷失方向。尧认为他有圣智,便召见舜说:"你办什么事情都很成功,说过的话也都有实绩可察,转眼已经三年了,你来即帝位吧。"但是舜推辞说自己的德行不够,不愿意接受帝位。正月初一那天,舜在文祖庙接受了尧的禅让。文祖就是尧的太祖。

【原文】

于是帝尧老,命舜摄行天子之政,以观天命。舜乃在璇玑玉衡①,以齐七政②。肆类③于上帝,禋④于六宗,望⑤于山川,辩⑥于群神。揖五瑞⑦,择吉月日,见四岳诸牧,班瑞。岁二月,东巡狩,至于岱宗,柴,望秩于山川。遂见东方君长,合时月正日,同律度量衡,修五礼五玉三帛二生一死为挚,如五器,卒乃复。五月,南巡狩;八月,西巡狩;十一月,北巡狩:皆如初。归,至于祖祢庙,用特牛礼。五岁一巡狩,群后四朝。遍告以言,明试以功,车服以庸。肇十有二州,决川。象以典刑,流宥五刑,鞭作官刑,扑作教刑,金作赎刑。眚灾⑧过,赦;怙终贼,刑。钦哉,钦哉,惟刑之静哉!

【注释】

①璇玑玉衡:古代玉饰的观测天象的仪器。②齐七政:意思是测定日、月、五星运行是否正

常，以判断政事之得失。古人迷信，认为天象的变化，如日月食，五星相聚等与人事吉凶有关。"齐"，排列，校正。"七政"，指日、月及金、木、水、火、土五星。③类：古代祭祀名。临时祭告上天叫类祭。④禋(yīn)：古代祭祀名。把祭品放在火上烧，使香味随烟上达于天，叫禋祭。⑤望：古代祭祀名。遥望山川举行祭祀叫望祭。⑥辩：通"遍"，普遍地祭祀。⑦五瑞：五种瑞信，即公、侯、伯、子、男五等爵位的诸侯所执作为符信的玉圭。⑧眚灾(shěng zāi)：亦作"眚裁"。因过失而造成灾害。

【译文】

　　这时，尧帝年事已高，就命舜代理天子处理政事，借此观察上天的旨意。舜于是就通过璇玑玉衡观察天象，来考察日、月及金、木、水、火、土五星的运行是否有异常。接着举行临时仪式祭告上帝，用禋祭祭祀天地四时，用望祭祭祀名山大川，然后又普遍祭祀了各路神灵。他收集起五种玉制符信，选择吉利的日子，召见四岳诸侯及各州州牧，向他们颁赐瑞玉。这年二月，舜去东方巡视，到达泰山，用烧柴的仪式祭祀东岳；用遥祭的方式祭祀各地的名山大川。接着就召见了东方各诸侯，校订节气四时和月份，校正一天的时辰，并统一音律、度量衡，修订吉、凶、宾、军、嘉五种礼仪，规定用五种玉、三种帛、两种生物、一种死物来作为朝见时的赠礼。至于那五种玉器，礼仪结束后仍然仍还给诸侯。五月，去南方巡视；八月，去西方巡视；十一月，去北方巡视，这期间所做的一切都跟巡视东方一样。回来后，就到尧的祖庙和父庙祭祀，用一头公牛作为祭品。每五年巡视一次，其间的四年里，天下诸侯君长轮流朝见天子，舜向诸侯们陈述治国之道，并明确考察他们的政绩，根据政绩赐给车马衣服。舜开始将天下划分为十二个州，疏通河川。规定根据正常的刑罚来执法，用流放的方法宽大处理触犯五刑的人，官府里治事用鞭子施行，学府教育用戒尺惩罚，罚以黄金可用来减赎刑罚。因过失而造成的灾害，可以赦免；怙恶不悛、坚持为害的要施以刑罚。谨慎啊，谨慎啊，对于刑罚一定要审慎啊！

【原文】

　　讙兜进言共工，尧曰不可而试之工师，共工果淫辟①。四岳举鲧治鸿水，尧以为不可，岳彊请试之，试之而无功，故百姓不便②。三苗③在江淮、荆州数为乱。于是舜归而言于帝，请流共工于幽陵，以变北狄；放讙兜于崇山，以变南蛮；迁三苗于三危，以变西戎；殛④鲧于羽山，以变东夷：四罪而天下咸服。

　　尧立七十年得舜，二十年而老，令舜摄行天子之政，荐之于天。尧辟位⑤凡二十八年而崩。百姓悲哀，如丧父母。三年，四方莫举乐，以思尧。尧知子丹朱之不肖，不足授天下，于是乃权授舜。授舜，则天下得其利而丹朱病；授丹朱，则天下病而丹朱得其利。尧曰"终不以天下之病而利一人"，而卒授舜以天下。尧崩，三年之丧毕，舜让辟丹朱于南河之南。诸侯朝觐者不之丹朱而之舜，狱讼⑥者不之丹朱而之舜，讴歌者⑦不讴歌丹朱而讴歌舜。舜曰"天也"，夫而后之中国⑧践天子位焉，是为帝舜。

【注释】

①淫辟：放纵邪僻。②不便：不利，不宜，这里是不以为宜的意思。③三苗：我国古代部族名，散居于今湘、鄂、赣、皖毗邻的地区。④殛：通"极"，流放远方。⑤辟位：退位。"辟"同"避"。⑥狱讼：打官司，犯口舌。⑦讴歌者：指歌功颂德的人。⑧中国：国都，京师。践：登临。

【译文】

謹兜向尧推荐过共工，尧说"不行"。于是就试用为工师，共工果然放纵邪僻。四岳推举鲧去治理洪水，尧认为不可以，而四岳非要试试看，试的结果是没有成效，所以百官都以为不适宜。三苗在江淮、荆州一带屡次作乱，舜巡视回来就向尧汇报，请求将共工流放到幽陵，以改变北狄的习俗；将謹兜流放到崇山，以改变南蛮的习俗；将三苗迁移到三危，以改变西戎的习俗；将鲧流放到羽山，以改变东夷的习俗。这四个罪人被惩罚后，天下人都心悦诚服了。

尧在位七十年得到舜，又过了二十年因年老而告退，命舜代行天下的政事，将他推荐给上天。尧退位二十八年后去世了。百姓悲痛哀伤，就像死了父母一样。三年内，天下没有人奏乐，为的是悼念尧帝。尧知道自己的儿子丹朱不贤，不足以授予天下，于是尧就将帝位让给了舜。将帝位让给舜，天下人都得到好处而只有丹朱一人受到损害；将帝位让给丹朱，天下人都会受到损害而只有丹朱一人会得利。尧说"不能让全天下人受害而让一个人得利"，所以最终将帝位传给了舜。

尧逝世后，三年服丧完毕，舜将帝位让给丹朱，自己躲到南河南岸。诸侯前来朝见的不到丹朱那里却到舜这里来，打官司的也不去找丹朱却来找舜，歌功颂德的不去歌颂丹朱却来歌颂舜，舜说"这是天意呀"，然后才到了京都，登上天子之位，这就是舜帝。

【原文】

虞舜者，名曰重华。重华父曰瞽叟，瞽叟父曰桥牛，桥牛父曰句望，句望父曰敬康，敬康父曰穷蝉，穷蝉父曰帝颛顼，颛顼父曰昌意：以至舜七世矣。自从穷蝉以至帝舜，皆微为庶人。

舜父瞽叟盲，而舜母死，瞽叟更娶妻而生象，象傲。瞽叟爱后妻子，常欲杀舜，舜避逃；及有小过，则受罪。顺事父及后母与弟，日以笃谨，匪有解。

舜，冀州之人也。舜耕历山，渔雷泽，陶河滨，作什器①于寿丘，就时②于负夏。舜父瞽叟顽，母嚚，弟象傲，皆欲杀舜。舜顺适不失子道，兄弟孝慈③。欲杀，不可得;即求,尝在侧。

【注释】

①什器:指各种生产用具或生活器物。"什",杂,多种。②就时:逐时,乘时,指乘时逐利,即经商做买卖。③孝慈:孝敬父母。"慈",指双亲。

【原文】

虞舜,名叫重华,重华的父亲叫瞽叟,瞽叟的父亲叫桥牛,桥牛的父亲叫句望,句望的父亲叫敬康,敬康的父亲叫穷蝉,穷蝉的父亲就是颛顼帝,颛顼的父亲是昌意,从昌意到舜已经是七代了。而从穷蝉到帝舜,中间几代地位低微,都是平民。

舜的父亲瞽叟是个盲人,舜的生母去世后,他的父亲又娶了一个妻子生下了象,象狂傲骄纵。瞽叟喜欢后妻的儿子,常常想杀了舜,舜不得不逃避躲闪,有一点小过失都会受到处罚。但舜很恭顺地侍奉父亲、后母和弟弟,一天比一天忠诚谨慎,没有丝毫的怠慢。

舜是冀州人,曾在历山耕过田,在雷泽捕过鱼,在黄河边做过陶器,在寿丘做过各种生产用具,还在负夏做过买卖。舜的父亲瞽叟冥顽不善,后母搬弄是非,弟弟狂傲骄纵,他们都想把舜杀掉。舜却恭敬地行事,从不违背为子之道,友爱兄弟,孝敬父母。他们想杀掉他时,就找不到他;而有事要找他时,他又总是能随时来到身边。

【原文】

舜年二十以孝闻。三十而帝尧问可用者,四岳咸荐虞舜,曰可。于是尧乃以二女妻舜以观其内,使九男与处以观其外。舜居妫汭,内行弥谨。尧二女不敢以贵骄事舜亲戚,甚有妇道。尧九男皆益笃。舜耕历山,历山之人皆让畔①;渔雷泽,雷泽上人皆让居;陶河滨,河滨器皆不苦窳②。一年而所居成聚,二年成邑,三年成都。尧乃赐舜絺衣③,与琴,为筑仓廪,予牛羊。瞽叟尚复欲杀之,使舜上

涂廪,瞽叟从下纵火焚廪。舜乃以两笠自扞④而下,去,得不死。后瞽叟又使舜穿井,舜穿井为匿空⑤旁出。舜既入深,瞽叟与象共下土实井,舜从匿空出,去。瞽叟、象喜,以舜为已死。象曰"本谋者象。"象与其父母分,于是曰:"舜妻尧二女,与琴,象取之。牛羊仓廪予父母。"象乃止舜宫居,鼓其琴。舜往见之。象鄂⑥不怿,曰:"我思舜正郁陶⑦!"

舜曰："然，尔其庶矣！"舜复事瞽叟爱弟弥谨。于是尧乃试舜五典百官，皆治。

【注释】

①畔：田界。②苦窳(yǔ)：粗糙质劣。苦，通"盬"。③絺(chī)衣：细葛布衣。④扞：保护。⑤匿空：暗孔，暗道。⑥鄂：通"愕"，吃惊。⑦郁陶：悉闷不快的样子。

【译文】

舜二十岁的时候就以孝道出了名。三十岁时，尧询问可用的人才，四岳诸侯都推举了虞舜，说他可以。于是尧就将两个女儿嫁给他，以观察他在家的德行；让九个儿子跟他交往，以观察他在外的为人。舜住在妫水岸边，在家做事更加谨慎，尧的两个女儿也不敢以自己尊贵的地位来傲慢地对待舜的家人，很讲究为妇之道。尧的九个儿子也变得更加笃诚忠厚。舜在历山耕地，历山的人都能互相推让地界；舜在雷泽捕鱼，雷泽的人都互相推让便于捕鱼的位置；舜在黄河边制作生产用具，那里的用具就完全没有次品了。一年的时间，舜居住的地方聚成村落，两年就会成为城镇，三年就会成为都市了。尧于是就赐给舜细葛布衣和琴，为他建造仓库，还赐给他牛和羊。瞽叟还是想杀舜，他让舜爬上去修补米仓，自己却从下边放火焚烧米仓。舜就用两个斗笠护住身子跳了下来，逃开了，才得以不死。后来瞽叟又让舜挖井，舜挖井的时候，在侧壁凿出一条暗道通向外边。舜挖到深处时，瞽叟和象就一起往井里填土，舜就从旁边的暗道逃了出来。瞽叟和象都很高兴，他们以为舜已经死了。象说："最先出这个主意的是我。"象就和他的父母分割舜的财产，说："舜的妻子，也就是尧的两个女儿，还有一把琴，这些都归象；牛羊和米仓分给父母。"于是象就住在舜的居室，弹着舜的琴。舜回来后去看望象，象非常惊愕而且很不高兴，他说："我正在想念你呢，想得好心闷啊！"舜说："是啊，你真是我的兄弟呀！"舜又重新侍奉父母，爱护弟弟，而且更加恭敬谨慎。于是尧就试着让舜来推行五种伦理道德和参与百官的事，结果都干得很好。

【原文】

昔高阳氏有才子八人，世得其利，谓之"八恺"。高辛氏有才子八人，世谓之"八元"。此十六族者，世济其美，不陨其名。至于尧，尧未能举。舜举八恺，使主后土①，以揆②百事，莫不时序。举八元，使布五教③于四方，父义，母慈，兄友，弟恭，子孝，内平外成④。

昔帝鸿氏有不才子，掩义隐贼⑤，好行凶慝⑥，天下谓之浑沌⑦。少暤氏有不才子，毁信恶忠，崇饰恶言，天下谓之穷奇⑧。颛顼氏有不才子，不可教训，不知话言，天下谓之梼杌⑨。此三族世忧之。至于尧，尧未能去。缙云氏有不才子，贪于饮食,冒于货贿,天下谓之饕餮⑩。天下恶之,比之三凶。舜宾于四门,乃流四凶族,迁于四裔,以御螭魅⑪,于是四门辟,言毋凶人也。

【注释】

①后土:掌管土地的官。②揆:主持,掌管。③五教:五常之教。指父义、母慈、兄友、弟恭、子孝五种伦理道德的教育。④内平外成:意思是家庭和睦,邻里真诚。平,和睦;成,诚。⑤隐贼:阴险狠毒。⑥凶慝(tè):犹凶恶。亦指凶恶的人。⑦浑沌:顽冥不化、野蛮无知的样子。⑧穷奇:怪僻,怪异。⑨梼杌(táo wù):借指凶恶的人。⑩饕餮(tāo tiè):贪婪的样子。⑪螭魅(chī mèi):亦作"螭魁"。传说山林中害人的怪物。亦喻各种坏人。螭,通"魅"。

【译文】

从前,高阳氏有才能的子孙八人,世人得到他们的好处,称他们为"八恺"。高辛氏有才能的子孙八人,世人称他们为"八元"。这十六个家族的人,世代保持着他们先人的美德,没有辱没他们先人的声誉。到了尧的时候,尧没有举用他们的后代。舜举用了"八恺"的后代,让他们担任掌管土地的官职,以处理各种事务,他们都办得有条有理。舜举用了"八元"的后代,让他们在天下传布五教,使做父亲的都仁义,做母亲的都慈爱,做兄长的都友爱,做弟弟的恭敬,做儿子的都孝顺,家庭和睦,邻里真诚。

从前,帝鸿氏有个不成才的儿子,掩盖仁义,阴险狠毒,好行凶作恶,天下人称他为"浑沌"。少皞氏也有个不成器的儿子,毁败信义,厌恶忠直,喜欢邪恶的言论,天下人称他为"穷奇"。颛顼氏也有个不成材的儿子,不可调教,不懂得言语好坏,天下人称他为"梼杌"。这三个家族,世代为人们所忧惧。到尧的时候,尧没有将他们除去。缙云氏也有个不成器的儿子,贪恋饮食,贪图钱财,天下人称他为"饕餮"。天下人都厌恶他,并将他同以上三凶相提并论。舜在四门接待四方宾客时,流放了这四个凶恶的家族,将他们迁到四个边远的地方,以抵御害人的妖魔。于是,四方之门通达,可以说没有恶人了。

【原文】

舜入于大麓,烈风雷雨不迷,尧乃知舜之足授天下。尧老,使舜摄行天子政,巡狩。舜得举用事二十年,而尧使摄政。摄政八年而尧崩。三年丧毕,让丹朱徐,天下归舜。而禹、皋陶、契、后稷、伯夷、夔、龙、倕、益、彭祖自尧时而皆举用,未有分职。于是舜乃至于文祖,谋于四岳,辟四门,明通四方耳目,命十二牧论帝德,行厚德,远佞人,则蛮夷率服。舜谓四岳曰:"有能奋庸①美②尧之事者,使居官相事?"皆曰:"伯禹为司空,可美帝功。"舜曰:"嗟,然!禹,汝平水土,维是勉哉。"禹拜稽首,让于稷、契与皋陶。舜曰:"然,往矣。""弃,黎民始饥,汝后稷播时百穀。"舜曰:"契,百姓不亲,五品不驯,汝为司徒,而敬敷③五教,在宽。"舜曰："皋陶,蛮夷猾夏,寇贼奸轨④,汝作士,五刑有服,五服三就;五流有度,五度三居:维明能信。"舜曰："谁能驯予工?"皆曰垂可。于是以垂为共工。舜曰："谁能驯予上下草木鸟兽?"皆曰益可。于是以益为朕虞。益拜稽首,让于诸臣朱虎、熊罴。舜曰："往矣,汝谐。"遂以朱虎、熊罴为佐。舜曰："嗟!四岳,有能典朕三礼?"皆曰伯夷可。舜曰："嗟!伯夷,以汝为秩宗,夙夜维敬,直哉维静絜⑤。"伯夷让夔、龙。舜曰："然。以夔为典乐,教稚子,直而温,宽而栗⑥,刚而毋虐,简而毋傲;诗言意,歌长言,声依永,律和声,八音能谐,毋相夺伦,神人以和。"夔曰："於!予击石拊⑦石,百兽率舞。"舜曰："龙,朕畏忌谗说殄伪⑧,振惊朕众,命汝为纳言,夙夜出入朕命,惟信。"舜曰："嗟!女二十有二人,敬哉,惟时相天事。"三岁一考功,三考绌陟⑨,远近众功咸兴。分北⑩三苗。

【注释】

①奋庸:奋发建功。庸,功业,功劳。②美:使……美,有发扬光大的意思。③敬敷:仔细认真地施行。敷,布,施。④奸轨:犯法作乱的坏人。⑤静絜:肃穆而清洁。⑥栗:通"慄",战栗,这里指严厉,让人敬畏。⑦拊(fǔ):拍,轻击。⑧殄伪:灭绝道德的行为。伪,通"为"。⑨绌陟(chù zhì):指人事之降升。绌,通"黜"。⑩分北:分离,分解。北,同"背"。

【译文】

舜进入山林的时候,即使遇到暴风雷雨也不迷失方向,尧才知道舜是一个可以托付整个天下的人。尧年纪大了,让舜来代行天子之职,并到全国各地去巡察。舜受到推举掌管政事二十年了,然后尧才让他代行政事,代行政事八年后尧就去世了。三年丧礼结束后,舜让位给丹朱,可是世人却都来归附舜。禹、皋陶、契、后稷、伯夷、夔、龙、倕、益、彭祖,从尧的时候就得到任用,只是他们没有明确的分工。于是舜就到文祖庙,召集四方诸侯进行商讨,开放四方之门,以明白通晓各地的情况,命十二州牧讨论称帝应具备的功德,认为只要推行德政,使民众远离邪佞的人,这样就会使蛮夷服从。舜对四岳诸侯说:"谁能将尧帝的事业发扬光大,就授给官职以辅佐我的政事。"众人都说:"伯禹为司空,可以光大帝尧的功业。"舜说:"嗯,好!禹,你就去治理水土,一定要努力办好啊。"禹跪地叩头拜谢,想谦让给后稷、契和皋陶。舜说:"好了,你去上任吧。"舜说:"弃,百姓正在挨饿,你去负责农事,组织他们播种谷物粮食。"舜说:"契,百姓之间不和睦,五常伦理不顺适,你担任司徒,去谨慎恭敬地施行五常伦理的教导,做好五常伦理的教导,在于宽厚。"舜说:"皋陶,外族侵扰中原,外寇作恶于外,内贼作恶于内,你去担任司法官,五刑要使用得当,根据罪行的轻重,要在郊野、市、朝内三个不同的地方执行。五种流放也要有一定的尺度,流放要确定三等远近不同的处所。只有公正严明,才能使人信服。"舜说:"谁来管理我的各种工匠?"众人都说垂可以。于是让垂做共工，统领工匠事宜。舜说："谁能替我掌管山上水泽中的草木鸟兽呢？"众人说益可以。于是就任命益担任虞官。益跪拜叩头，推让给朱虎、熊罴。舜说："去吧，你很合适。"于是就让朱虎、熊罴这两个人做益的助手。舜说："唉！四方的诸侯，谁能替我掌管天、地、人三事之礼呢？"众人都说伯夷可以。舜说："伯夷，就任命你掌管祭祀的礼官吧，早晚都要虔诚恭敬，要正直，要肃穆清洁。"伯夷推让给夔、龙。舜说："可以。就任命夔龙为典乐，掌管音乐，教育贵族子弟，要正直而温和，宽厚而严厉，刚正而不暴虐，简易而不傲慢；诗用来表现人的情志，歌用来咏唱诗中的意义。五声要根据歌咏的需要，音律要配合自然美妙的音乐，使八种乐器的声音能够协调一致，不相互错乱侵扰，这样一来，神、人之间就会达到欢悦和谐。"夔说："啊！我敲击石磬，百兽都会跟着挑起舞来。"舜说："龙，我厌恶谗害忌恨和伪善的人，为了他们不扰乱我的臣民，任命你为纳言的官，早晚传达我的政令。务必要诚实。"舜说："唉！你们二十二人，要谨守职责，顺应时势辅佐我完成上天交给我们的天下大事。"舜每三年考察一次政绩，经过三次考察来决定官员的升迁，如此一来，远处近处的各项事业都逐渐兴旺起来。舜又分解了三苗部族。

【原文】

此二十二人咸成厥①功：皋陶为大理，平，民各伏得其实；伯夷主礼，上下咸让；垂主工师，百工致功②；益主虞，山泽辟；弃主稷，百谷时茂；契主司徒，百姓亲和；龙主宾客，远人至；十二牧行而九州莫敢辟违③。唯禹之功为大，披九山，通九泽，决九河，定九州，各以其职来贡，不失厥宜。方五千里，至于荒服④。南抚交阯、北发，西戎、析枝、渠廋、氐、羌，北山戎、发、息慎，东长、鸟夷，四海之内咸戴帝舜之功。于是禹乃兴九招之乐，致异物，凤皇⑤来翔。天下明德皆自虞帝始。

【注释】

①厥：其，他的，他们的。②致功：意思是做出成绩。③辟违：违背，违抗。"辟"同"避"。④荒服：荒服：古"五服"之一。称离京师二千到二千五百里的边远地方。亦泛指边远地区。⑤凤皇：即凤凰。

【译文】

被任命的这二十二人都成就了他们的功业。皋陶主管刑狱，执法公平，人们都佩服他能按情据实断理；伯夷主持礼仪，上下都能够谦让；垂担任工官，各种工匠都能做好自己的工作；益做虞官，山川林泽都得到了开发；弃担任农官，各种谷物都顺应天时长得非常茂盛；契担任司徒，主管教化，百姓都亲近和睦；龙负责接待宾客，远方的诸侯都来朝贡。舜所置十二州牧做事,禹所定九州内的民众没有谁违抗。其中只有禹的功劳最大,他开通了九座大山,治理了九处湖泽,疏浚了九条河流,划定了九州地界,使各地都按照相应的职分来进贡,没有失掉他们应有的规范。方圆五千里的国土,都受到安抚,一直到最远的边荒地区。南边安抚到交趾、北发,西边安抚到戎、析枝、渠廋、氐、羌,北方安抚到山戎、发、息慎,东边安抚到长、鸟夷,四海之内,都称颂帝尧的功绩。于是禹创作了《九招》的乐曲来歌颂帝尧的功绩,还招来了各方奇珍异物,连凤凰也飞来起舞。天下的清明政德都是从虞舜时代开始的。

【原文】

　　舜年二十以孝闻,年三十尧举之,年五十摄行天子事,年五十八尧崩,年六十一代尧践帝位。践帝位三十九年,南巡狩,崩于苍梧之野。葬于江南九嶷,是为零陵。舜之践帝位,载天子旗,往朝父瞽叟,夔夔①唯谨,如子道。封弟象为诸侯。舜子商均亦不肖,舜乃豫②荐禹于天。十七年而崩。三年丧毕,禹亦乃让舜子,如舜让尧子。诸侯归之,然后禹践天子位。尧子丹朱,舜子商均,皆有疆土,以奉先祀③。服其服,礼乐如之。以客见天子,天子弗臣④,示不敢专也。

【注释】

　　①夔夔(kuí kuí):和顺恭敬的样子。②豫:通"预",事先。③奉先祀:继承祖先的祭祀。④弗臣:不以为臣,不把他们当臣下看待。

【译文】

　　舜二十岁的时以孝顺闻名,三十岁时被尧举用,五十岁时代行天子的政事,五十八岁时尧去世,六十一岁时接替尧登上帝位。登上帝位三十九年,到南方巡察时,死于苍梧的郊野。葬在长江南部的九嶷山,这就是零陵。舜登上帝位后,用车子载着天子的旌旗,去朝拜父亲瞽叟,态度和悦恭敬,遵循为子之孝道。封弟弟象在有鼻做诸侯。舜的儿子商均没有才能,于是舜就先将虞推荐给了上天。十七年后舜逝世。三年的丧礼结束后,禹也把帝位让给舜的儿子,就像舜将帝位让给了尧的儿子一样。诸侯都归附了他,后来禹就登上了帝位。尧的儿子

丹朱和舜的儿子商均都有自己的封地，来供奉他们的祖先。他们仍然穿戴家族的服饰，用自己家族的礼乐，以客人的身份朝见天子，天子也不把他们当臣下对待，以表示不敢专有天下。

【原文】

自黄帝至舜、禹，皆同姓而异其国号，以章明德①。故黄帝为有熊，帝颛顼为高阳，帝喾为高辛，帝尧为陶唐，帝舜为有虞。帝禹为夏后而别氏②，姓姒氏。契为商，姓子氏。弃为周，姓姬氏。

太史公曰：学者多称五帝，尚矣。然尚书独载尧以来；而百家言黄帝，其文不雅驯③，荐绅④先生难言之。孔子所传宰予问五帝德及帝系姓，儒者或不传。余尝西至空桐，北过涿鹿，东渐于海，南浮江淮矣，至长老皆各往往称黄帝、尧、舜之处，风教固殊焉，总之不离古文者近是。予观春秋、国语，其发明五帝德、帝系姓章矣，顾弟⑤弗深考，其所表见皆不虚。书缺有间矣，其轶⑥乃时时见于他说⑦。非好学深思，心知其意，固难为浅见寡闻道也。余并论次⑧，择其言尤雅者，故著为本纪书首。

【注释】

①明德：光明的德行。②别氏：另分出氏。上古"氏"与"姓"不同，姓为族号，氏本为姓的分支，由于各分支散居各地，子孙繁衍，各分支的"氏"就成了新的族号。战国以后姓氏合一，通称为姓。③雅驯：文辞优美，典雅不俗。④荐绅(jiàn shēn)：古代高级官吏的装束。亦指有官职或做过官的人。荐，通"搢"。⑤顾弟：不过，只是。⑥轶：散失，这里指逸事，即当时所见《尚书》没有记载的事。⑦他说：指其他著作，《索隐》以为即《五帝德》、《帝系姓》等。⑧论次：论定次第，评议编次。

【译文】

从黄帝到舜、禹，都是同姓，不同的是他们立了不同的国号，以彰显各自的光明德行。所以黄帝的号为有熊，帝颛顼的号为高阳，帝喾的号为高辛，帝尧的号为陶唐，帝舜的号为有虞。帝禹的号为夏后，又另有姓氏，姓姒。契是商的始祖，姓子。弃是周的祖先，姓姬。

太史公说：多数学者都称述五帝，但五帝的时代已经很久远了。然而《尚书》只记载了尧以来的史料，而其他各家叙说黄帝，文字粗疏不规范，士大夫们也很难说得清楚，孔子传下来的宰予问的《五帝德》和《帝系姓》，读书人有的也不传习。我曾经西到崆峒，北过涿鹿，东至海滨，南渡江淮，所到之处的长老们都往往谈到他们各自所听说的黄帝、尧、舜的事迹，知道这些地方的风俗教化本来有些不同，但还是以不背离古文经的说法比较接近事实。我研读了《春秋》、《国语》，其中阐发《五帝德》、《帝系姓》的内容是很明显的，只不过人们没有进一步考究，其实它们的记述都不虚妄。《尚书》的缺失遗漏由来已久,但散秩的记载却常常可以在其他书中找到。如果不是好学,深加思考,用心领会了它们的意思,那就肯定很难跟那些学识浅薄,孤陋寡闻的人说明白了。我对所收集的材料加以论定编次,选择其中那些言辞特别雅正的,因而编著成这篇本纪,并将其作为全书的首篇。

【评析】

　　《五帝本纪》是《史记》全书一百三十篇中的第一篇,司马迁写作《五帝本纪》主要取材于《世本》、《大戴礼记·五帝德》和《尚书》。

　　关于黄帝的传说,在春秋、战国以至西汉应该是很多的,但由于它荒诞离奇,与真正的人类历史相差很大,所以当时的圣贤很少讲。而作者司马迁在写作时,也只是平平带过,而将笔力集中到尧、舜二帝身上。

　　尧、舜是儒家所倾心歌颂的最伟大、最高尚的远古帝王,他们大公无私,只讲为民除害,为社会造福,而从不考虑个人的利害得失。在他们无法称说的浩大无边的功德中,最让人敬佩的就是"禅让"。如果一个人能真正做到禅让,将权力让给为人民谋福利的贤能之人,这要具有敏锐的目光,无私的胸襟和度量。司马迁对其进行歌颂,是为了表达自己的愿望,也是通过对比对当时黑暗社会的批判。

夏本纪第二

【题解】

此篇叙述了由禹到桀大约四百年间的历史,向人们展示了由原始部落联盟向奴隶制社会过渡时期的政治、经济、军事、文化以及人民生活等方面的概貌,尤其突出地描写了禹这样一个功绩卓著的部落首领的形象。

【原文】

夏禹,名曰文命。禹之父曰鲧,鲧之父曰帝颛顼,颛顼之父曰昌意,昌意之父曰黄帝。禹者,黄帝之玄孙而帝颛顼之孙也。禹之曾大父①昌意及父鲧皆不得在帝位,为人臣。

当帝尧之时,洪水滔天,浩浩怀山襄陵,下民②其忧。尧求能治水者,群臣四岳皆曰鲧可。尧曰:"鲧为人负命毁族,不可。"四岳曰:"等之未有贤于鲧者,愿帝试之。"于是尧听四岳,用鲧治水。九年而水不息,功用不成。于是帝尧乃求人,更得舜。舜登用,摄行天子之政,巡狩。行视鲧之治水无状,乃殛鲧于羽山以死。天下皆以舜之诛为是。于是舜举鲧子禹,而使续鲧之业。

尧崩,帝舜问四岳曰:"有能成美尧之事者使居官?"皆曰:"伯禹为司空,可成美尧之功。"舜曰:"嗟,然!"命禹:"女平水土,维是勉之。"禹拜稽首,让于契、后稷、皋陶。舜曰:"女其往视尔事矣。"

【注释】

①曾大父:即曾祖父。②下民:百姓,人民。

【译文】

夏禹,名叫文命。禹的父亲是鲧,鲧的父亲是颛顼,颛顼的父亲是昌意,昌意的父亲是黄帝。禹是黄帝的玄孙、颛顼帝的孙子。禹的曾祖父昌意和父亲鲧都没有继承帝位,他们都只是给天子做大臣。

当尧在位的时候,洪水滔天,浩浩荡荡地包围了高地,百姓为此非常忧惧。帝尧寻找能治理洪水的人,群臣和四岳诸侯都说鲧可以,尧说:"鲧不服从命令,使同族陷入毁灭的危险,不可以任用。"四岳诸侯说:"比较起来,众大臣没有谁比他更强,希望您让他试试。"于是尧就听取四岳诸侯的建议,任命鲧去治水。用了九年的时间而洪水仍然泛滥不息,治水没有取得成效。于是尧帝去寻找能够继承帝位的人,又得到了舜。舜被任用,代行天子的政事,到四方巡视。在巡视的过程中,舜看到鲧治水没有任何功效,就将鲧流放到了羽山,直到死在那里。天下人都认为舜对鲧的惩罚是正确的。于是舜又举用了鲧的儿子禹,让他来继续他父亲的治水事业。

帝尧去世后,帝舜就问四岳诸侯:"谁能够将尧的事业发扬光大,让他担任官职?"大家都说:"伯夷做司空,可以光大尧的事业。"舜说:"嗯,好!"然后命令禹:"你去治理水土吧,务必勤勉地将此事办好。"禹跪拜叩头,谦让给契、后稷、皋陶等人。舜说:"你还是自己去办理这些事情吧。"

【原文】

禹为人敏给①克勤②;其德不违,其仁可亲,其言可信;声为律,身为度,称以出;亹亹穆穆③,为纲为纪。

禹乃遂与益、后稷奉帝命,命诸侯百姓兴人徒以傅土,行山表木④,定高山大川。禹伤先人父鲧功之不成受诛,乃劳身焦思,居外十三年,过家门不敢入。薄衣食,致孝于鬼神。卑宫室,致费于沟淢⑤。陆行乘车,水行乘船,泥行乘橇⑥,山行乘檋⑦。左准绳,右规矩,载四时,以开九州,通九道,陂九泽,度九山。令益予众庶稻,可种卑湿。命后稷予众庶难得之食。食少,调有馀相给,以均诸侯。禹乃行相地宜所有以贡,及山川之便利。

【注释】

①敏给:犹聪敏。②克勤:勤劳。③亹亹穆穆(wěi wěi mù mù):勤勉庄敬。④行山表木:攀行山岭,立木为标记。⑤沟淢(yù):沟洫。淢,同"洫"。⑥橇(qiāo):古代人在泥路上行走所乘的东西。⑦檋(jū):上山穿的钉鞋,有齿,防滑。

【译文】

禹为人聪敏勤劳,他遵守道德,和蔼可亲,言语诚信。他的声音就是标准的音律,他的身躯就是标准的尺度,凭着他的声音和躯体就可以矫正音律的高低和尺度的长短。他勤勤恳恳,端庄恭敬,成为了百官的典范。

禹于是就和益、后稷接受舜的命令,命令诸侯百官发动民众运土治水。他穿山越岭,树立木桩作为标记,测定高山大川的形势。禹因伤感于父亲没有将洪水治理好而受到惩罚,就劳苦身躯,焦心思虑,在外劳苦奔波了十三年,路过家门也不敢进去。他节衣缩食，却致力于用丰盛的祭品来孝敬鬼神；自己的居室简陋，却致力于将大量资财用来修筑沟渠。他坐车在陆地行进，驾船在水路行进，乘橇在泥滩上行进，穿铁齿的鞋子在山地行进。他左手拿着水准和绳墨，右手拿着规和矩，还装载着测定四时定方向的仪器，以开发九州土地，疏通九条河道，修治九处湖泽，测量九座大山。他命令益给百姓分发稻种，让他们可以种植在低湿的地方。命令后稷给吃粮艰难的百姓分发粮食。粮食短缺时，就从多余的地方调剂粮食给缺粮的地区，以使各诸侯物品均衡。禹一边行进，一边根据各地的特色来确定他们所能进贡的物品，以及将物品运到京都所经山川的便利路线。

【原文】

禹行自冀州始。冀州：既载壶口，治梁及岐。既脩太原，至于岳阳。覃怀致功，至于衡漳。其土白壤。赋上上错，田中中，常、卫既从，大陆既为。鸟夷皮服。夹右碣石，入于海。

济、河维沇州：九河既道，雷夏①既泽，雍、沮会同，桑土既蚕，于是民得下丘居土。其土黑坟，草繇木条。田中下，赋贞，作十有三年乃同。其贡漆丝，其篚织文。浮于济、漯，通于河。

海岱维青州：堣夷②既略，潍、淄其道。其土白坟，海滨广潟③，厥田斥卤④。田上下，赋中上。厥贡盐絺，海物维错，岱畎丝、枲、铅、松、怪石，莱夷为牧，其篚檿丝⑤。浮于汶，通于济。

【注释】

①雷夏：即雷泽。其地在今山东菏泽东北面黄河南岸。②堣夷：古地名。③广潟(xì)：同"广斥"。广阔的盐碱地。④斥卤：指盐碱地。⑤檿(yǎn)丝：蚕食山桑叶所吐的丝，即柞蚕丝，可供织作，制琴弦最佳。

【译文】

禹巡行治水是从冀州开始的。在冀州治理完壶口，就去治理梁山和岐山。治理好太原地区，一直到太岳山之南。治理好覃怀后，又去治理衡水和漳水。冀州的土质色白而细软松柔，这里的赋税为上上等级，有时为第二等级，田地为中中等级。常水和卫水疏通后，大陆水泽也就被治理好了。冀州东北的鸟夷部族进贡皮衣。他们进贡的路线是绕过西边的碣石山，然后进入黄河。

济水和黄河之间是沇州。沇州境内的九条河道已经疏通，雷泽汇成湖泊，雍水、沮水汇合流入泽中。土地上种了桑树，养了蚕，于是百姓都从山上搬到平地上来。沇州土壤黑而肥沃，草木长得茂盛。田地为中下等级，赋税属下下等级。沇州经过十三年的治理才收到了同其他州相同的功效。这一地区进贡的物品为漆、丝，还有用圆形竹器盛着的有花纹的丝织品。进贡时走水路，先经济水、漯水，再转入黄河。

大海和泰山之间是青州。堣夷地区治理好后，潍水和淄水也被疏通。青州土质色白而肥厚，海滨又广含盐质，田地多是盐碱地。田地为上下等级，贡赋为中上等。进贡的物品为盐和细葛布，有时候也会进贡一些海产品，以及泰山深谷的丝、大麻、矿石、松木、奇异的石头，莱夷地区的畜牧产品，还有用竹筐盛着的可以用来做琴弦的柞蚕丝。进贡时走水路，先乘船入汶水，再进入济水。

【原文】

海岱及淮维徐州：淮、沂其治，蒙、羽其蓺。大野既都，东原底平。其土赤埴坟，草木渐包。其田上中，赋中中。贡维土五色，羽畎夏狄，峄阳孤桐，泗滨浮磬，淮夷蠙珠①臮鱼，其篚玄纤缟。浮于淮、泗，通于河。

淮海维扬州：彭蠡既都，阳鸟所居。三江既入，震泽致定。竹箭既布。其草惟夭，其木惟乔，其土涂泥。田下下，赋下上上杂。贡金三品，瑶、琨、竹箭、齿、革、羽、旄，岛夷卉服，其篚织贝，其包橘、柚锡贡。均江海，通淮、泗。

荆及衡阳维荆州：江、汉朝宗于海。九江甚中，沱、涔已道，云土、梦为治。其土涂泥。田下中，赋上下。贡羽、旄、齿、革，金三品，杶、榦、栝、柏，砺、砥、砮、丹，维箘簵、楛，三国致贡其名，包匦②菁茅，其篚玄纁③玑组④，九江入赐大龟。浮于江、沱、涔、汉，逾于雒，至于南河。

【注释】

①蠙珠(bīn zhū)：即蚌珠，珍珠。②包匦(guǐ)：裹束而置于匣中。一说包裹缠结。③玄纁(xūn)：黑色和浅红色的布帛。④玑(jī)组：珠串。

【译文】

大海、泰山和淮河之间是徐州。淮河和沂水治理好后，蒙山和羽山也得到开发种植。经过治理后的大野泽也可以蓄水了，东原一带在水去平复后也就可以耕种了。这里的土质呈红色，有黏性且肥厚，草木也渐渐茂盛密集。田地为上中等级，贡赋为中中等级。进贡的物品为五色土，羽山深谷出产的野鸡，峄山南边特生的梧桐，泗水边浮石制的磬，淮水边上蚌珠和鱼，以及用竹筐盛着的纤细洁净的黑色丝绸。进贡时，走水路通过淮水、泗水，再到达黄河。

淮河以南和大海以西是扬州。彭蠡泽已经汇聚成湖泊，成了大雁南归时的栖息之地。松江、钱塘江、浦阳江在那里入海，震泽地区也得以安定，竹林遍布，野草繁茂，树木高大，土质湿润。田地为下下等级，田赋为上下等级，有时会升到中下等级。进贡的物品为三色金属、美玉、似玉的宝石、竹箭、象牙、兽皮、羽毛、旄牛尾，海岛上人用花草编结的服饰，用竹筐盛着的五色染丝织成的贝锦，以及根据时令要进贡的橘子和柚子。这些贡品都经由大海、长江进入淮河、泗水。

荆山到衡山的南面是荆州。江水和汉水都汇入大海。无数条支流汇入长江，正好处于全州的中部，沱水和涔水已被疏导，云泽和梦泽也都治理好了。荆州的土质湿润，田地为下中等级，田赋为上下等级。进贡的物品为羽毛、旄牛尾、象牙、兽皮、三色金属、椿木、枏木、桧木、柏木，粗磨石、细磨石、砮石、丹砂、箘簬、楛木，这是荆州地区三个诸侯国所进贡品中的著名特产，还有用绳子缠绕包裹起来的菁茅，用竹筐盛着的黑色或浅红色绸布，以及穿珠子的丝带，有时根据时令进贡九江出产的大龟。进贡时，先经过长江、沱水、涔水、汉水，再经过一段陆路进入洛水，最后到达南河。

【原文】

荆河惟豫州：伊、雒、瀍、涧既入于河，荥播既都，道菏泽，被明都。其土壤，下土坟垆①。田中上，赋杂上中。贡漆、丝、絺、纻，其筐纤纩，锡贡磬错②。浮于雒，达于河。

华阳黑水惟梁州：汶、嶓既艺，沱、涔既道，蔡、蒙旅平，和夷底绩③。其土青骊。田下上，赋下中三错。贡璆④、铁、银、镂、砮、磬、熊、罴、狐、狸、织皮。西倾因桓是来，浮于潜，逾于沔，入于渭，乱于河。

黑水西河惟雍州：弱水既西，泾属渭汭，漆、沮既从，沣水所同。荆、岐已旅，终南、敦物至于鸟鼠。原隰底绩，至于都野。三危既度，三苗大序。其土黄壤。田上上，赋中下。贡璆、琳、琅玕。浮于积石，至于龙门西河，会于渭汭。织皮昆仑、析支、渠搜，西戎即序。

【注释】

①坟垆：高起的黑色硬土。②磬错：磨磬用的石头。③底(dǐ)绩：致功，取得功绩。④璆(qiú)：古同"球"，美玉，亦指玉磬。

荆州和黄河之间是豫州。伊水、洛水、瀍水、涧水都已治理好流入黄河，荥播也汇成一个湖泊，疏通了菏泽，修筑了明都泽的堤防。这里的土质松软肥沃，低洼地是肥沃坚实的黑土。田地为中上等级，贡赋为上中等级，但有时也会为上上等级。进贡的物品为漆、丝、细葛布、麻，以及用圆筐盛着的细丝绵，有时也按命令进贡一些磨磬用的石头。进贡时走水路，经过洛水，然后才进入黄河。

华山之南到黑水之间是梁州。汶山、嶓冢山已经得到开发。沱江和涔水已经被疏通，蔡山、蒙山也被治理好，和夷地区的百姓收到了治理的功效。这里的土质是青黑色的。田地为下上等级，田赋为下中等级，但有时也会为下上等级或下下等级。进贡的物品有美玉、铁、银、钢铁、砮石、磬、熊、罴、狐、狸、地毯等。织皮族的贡品由西戎西倾山经桓水运出，再从潜水船运，进入沔水，再进入渭水，最后横渡黄河达到京城。

黑水和黄河西岸之间是雍州。弱水经过治理向西流去，泾水从北岸流入渭水，漆水和沮水也被治理好，沣水也汇入渭水。荆山和岐山的道路已被开通，终南山、敦物山一直到鸟鼠山的道路也已竣工。高原和低地的治理也都取得了成效，连野泽都受益。三危山已经可以居住，三苗族也开始遵守秩序了。这里的土质色黄且松软肥沃，田地为上上等级，田赋为中下等级。进贡的物品为美玉、琳玉、宝石琅玕。进贡时从积石山下走水路，到达龙门地段的西河，然后到渭水和黄河的汇合处。织皮族居住在昆仑山、析支山、渠搜，那时西方各族也都归服了。

道九山：汧及岐至于荆山，逾于河；壶口、雷首至于太岳；砥柱、析城至于王屋；太行、常山至于碣石，入于海；西倾、朱圉、鸟鼠至于太华；熊耳、外方、桐柏至于负尾；道嶓冢，至于荆山；内方至于大别；汶山之阳至衡山，过九江，至于敷浅原。

道九川：弱水至于合黎，馀波入于流沙。道黑水，至于三危，入于南海。道河积石，至于龙门，南至华阴，东至砥柱，又东至于盟津，东过雒汭，至于大邳，北过降水，至于大陆，北播为九河，同为逆河，入于海。嶓冢道漾，东流为汉，又东为苍浪之水，过三澨，入于大别，南入于江，东汇泽为彭蠡，东为北江，入于海。汶山道江，东别为沱，又东至于醴，过九江，至于东陵，东迆北会于汇，东为中江，入于海。道沇水，东为济，入于河，泆为荥，东出陶丘北，又东至于菏，又东北会于汶，又东北入于海。道淮自桐柏，东会于泗、沂，东入于海。道渭自鸟鼠同穴，东会于沣，又东北至于泾，东过漆、沮，入于河。道雒自熊耳，东北会于涧、瀍，又东会于伊，东北入于河。

【译文】

禹开通了九大山脉的道路：一条从汧山、岐山，直到荆山，越过黄河；一条从壶口山、雷首山，直到太岳山；一条从砥柱山、析城山，直到王屋山；一条从太行山、常山，直到碣石山，进入海中与水路接通；一条从西倾山、朱圉山、鸟鼠山，直到太华山；一条从熊耳山、外方山、桐柏山，直到负尾山；一条从嶓冢山，直到荆山；一条从内方山直到大别山；一条从汶山南面直到衡山，经过九江，最后到达敷浅原山。

禹疏导了九条河流：把弱水疏导到合黎山，使其下游注入了流沙；疏导了黑水，流过三危山，注入南海；疏导黄河，从积石山开始，直到龙门山，向南流到华阴，又向东流经砥柱山，再继续东流过盟津，然后向东经过洛水入河口，直到大邳山，转而往北流过降水，进入大陆泽，再往北分成九条河，这九条河又汇合为一条为逆河，最后流入大海。从嶓冢山开始疏导漾水，向东流的是汉水，再往东流就是苍浪水，经过三澨水，流到大别山，再向南流入长江，向东汇成彭蠡泽，再往东流就是北江，最后流入大海；从汶山开始疏导江水，往东流分出支流就是沱水，再东流到达醴水，经九江，到达东陵，向东偏北流去与彭蠡泽汇合，再往东流为中江，注入大海；疏导沇水，向东流就是济水，流入黄河，从黄河溢出的水汇成荥泽，向东流过陶丘北部，继续向东到达菏泽，再向东北汇合汶水，再向北转东流入大海；从梧柏山开始疏导淮水，向东与泗水、沂水汇合，再向东流入大海。从鸟鼠山开始疏导渭水，向东流汇合沣水，又往东北与泾水汇合，再往东流过漆水、沮水，流入黄河；从熊耳山开始疏导洛水，往东北流与涧水、瀍水汇合，再向东流与伊水汇合，最后向东北流入黄河。

【原文】

于是九州攸同，四奥既居，九山刊旅，九川涤原，九泽既陂，四海会同。六府甚脩，众土交正，致慎财赋，咸则三壤成赋。中国赐土姓："祗台德先，不距朕行。"

令天子之国以外五百里甸服：百里赋纳緫，二百里纳铚，三百里纳秸服，四百里粟，五百里米。甸服外五百里侯服：百里采，二百里任国，三百里诸侯。侯服外五百里绥服：三百里揆文教，二百里奋武卫。绥服外五百里要服：三百里夷，二百里蔡。要服外五百里荒服：三百里蛮，二百里流。

东渐于海，西被于流沙，朔、南暨：声教讫于四海。于是帝锡禹玄圭，以告成功于天下。天下于是太平治。

于是，九州之内政令教化就统一了，四方都可以居住了，九条山脉都开出了道路，九条大河也都疏通了，九个大湖也都筑起了堤防。四海之内的诸侯都可以来京城会盟了。金、木、水、火、土、谷六府治理得很好。各个区域的土地都交相订正了它们的等级，并要按规定认真交纳赋税。赋税的等级都是根据三种不同的土壤等级来确定。禹在中原地区向诸侯颁赐土地和姓氏，并说："要恭敬地把德行摆在首位，不要违背了天子的政令。

禹下令规定天子直接统辖的国都范围以外的五百里区域为甸服，即为天子服田役纳税的地区：距离国都一百里的地区交纳连茎带穗的谷类收获物，一百里到二百里之间的地区交纳谷穗，二百里到三百里之间的地区交纳谷粒，三百里到四百里之间的地区交纳粗米，四百里到五百里之间的地区交纳精米。甸服外的五百里区域为侯服，即为天子侦察顺逆和服侍王命的地区：靠近甸服一百里地区是卿大夫的采邑，二百里地区是小的封国，三百里地区是诸侯的封地。侯服以外的五百里地区是绥服，即受天子安抚，推行教化的地区：靠近侯服三百里地区可以根据实际情况适当地推行政令教化，二百里地区要振兴武威，保卫天子。绥服以外的五百里地区是要服，即受天子约束服从天子的地区：靠近绥服三百里地区要遵守政令教化并和睦相处，二百里地区要遵守王法。要服再外五百里地区是荒服，即为天子守卫远边的荒远地区：靠近要服三百里地区礼简怠慢，居民行动不受限制，二百里地区，百姓迁徙流动，没有固定的居处。

东临大海，西至沙漠，南北也都达到了最遥远的地方，天子的声威教化传达到了四方偏远的地区。于是帝舜就赏赐给了禹一块黑色的圭玉，向天下人宣告治水成功。天下也因此变得太平，得到治理。

【原文】

皋陶作士以理民。帝舜朝，禹、伯夷、皋陶相与语帝前。皋陶述其谋曰："信其道德，谋明辅和。"禹曰："然，如何？"皋陶曰："於！慎其身修，思长，敦序九族，众明高翼，近可远在已。"禹拜美言，曰："然。"皋陶曰："於！在知人，在安民。"禹曰："吁！皆若是，惟帝其难之。知人则智，能官人；能安民则惠，黎民怀之。能知能惠,何忧乎驩兜,何迁乎有苗,何畏乎巧言善色佞人?"

皋陶曰:"然,於!亦行有九德,亦言其有德。"乃言曰:"始事事,宽而栗,柔而立,愿而共,治而敬,扰而毅,直而温,简而廉,刚而实,彊而义,章其有常,吉哉。日宣三德,蚤夜翊明有家。日严振敬六德,亮采有国。翕受普施,九德咸事,俊乂在官,百吏肃谨。毋教邪淫奇谋。非其人居其官,是谓乱天事。天讨有罪,五刑五用哉。吾言底可行乎?"禹曰:"女言致可绩行。"皋陶曰:"余未有知,思赞道哉。"

【译文】

皋陶担任执法的士这一官职来治理百姓。舜上朝时,禹、伯夷、皋陶在舜面前相互交谈。皋陶陈述他的谋议说:"若能切实按照道德行事,谋划就会高明,辅佐的大臣也会和睦。"禹说:"是的,应该怎么做呢?"皋陶说:"哦,要谨慎地对待自身修养,要有长远打算,要使九族和睦相亲,这样众多贤人就会辅佐你,政令由近及远,完全在于自身的修养。"禹听后拜谢皋陶的善言,说:"对。"皋陶说:"哦,还有成就德业就在于能够了解人,能够安抚民众。"禹说:"哎!若都这么做,恐怕尧帝也都觉得困难。能了解人就是明智,能给人安排官职,能安抚民众就是仁惠,这样百姓才会爱戴你。能做到明智、仁惠,还担忧什么驩兜?还流放什么有苗?还怕什么花言巧语,善于察言观色和奸佞不正之人呢?"

皋陶说:"的确如此。检查一个人的行为要根据九种品德,检查一个人的言论也要看他是否有好的品德。"他又接着说:"考察一个人的品德要从他做的事情开始,性格宽宏而庄重,柔和而能坚定,忠诚而又恭敬,办事认真有条理,性情刚毅又不乏柔顺,温和又正直,简约而不草率,笃实刚健,勇猛又合乎道义,常常重视这九德就好了。大夫们每天修明三种美德,早晚庄敬努力,就会保有自己的领地。诸侯们每天严肃恭敬地实行六种品德,并认真办理各项事务,就能保有他们的封国。能全部具备这九种品德并普遍施行,就可以使有才德的人都居官任职,使所有的官吏都严肃认真地办理自己的政务。不要叫百姓做邪恶淫乱之事,也别设想一些不正当的计谋。如果让不适当的人做了官,就叫做扰乱上天所命的大事。上天将要惩罚有罪的人,用五种刑罚来惩罚五种罪行的人。我的言论能否行得通呢?"禹说:"你的言论一旦实行就能取得成绩的。"皋陶说:"我没有什么才智,只是想辅佐天子实施治理天下的大道罢了。"

【原文】

帝舜谓禹曰:"女亦昌言。"禹拜曰:"於,予何言!予思日孳孳。"皋陶难禹曰:"何谓孳孳①?"禹曰:"洪水滔天,浩浩怀山襄陵,下民皆服于水。予陆行乘车,水行乘舟,泥行乘橇,山行乘檋,行山刊木。与益予众庶稻鲜食。以决九川致四海,浚畎浍②致之川。与稷予众庶难得之食。食少,调有馀补不足,徙居。众民乃定,万国为治。"皋陶曰:"然,此而美也。"

禹曰:"於,帝!慎乃在位,安尔止。辅德,天下大应。清意③以昭待上帝命,天其重命用休。"帝曰:"吁,臣哉,臣哉!臣作朕股肱耳目。予欲左右有民,女辅之。余欲观古人之象。日月星辰,作文绣服色,女明之。予欲闻六津五声八音,来始滑,以出入五言,女听。予即辟,女匡拂予。女无面谀,退而谤予。敬四辅臣。诸众谗嬖臣,君德诚施皆清矣。"禹曰:"然。帝即不时,布同善恶则毋功。"

【注释】

①孳孳(zī zī)同"孜孜"。勤勉;努力不懈。孳,通"孜"。②畎浍(quǎn huì):亦作"甽浍"。田间水沟。泛指溪流、沟渠。③清意:意念纯净。

【译文】

帝舜对禹说:"你也说说你的意见吧。"禹行了拜礼说:"哦,我说什么呢。我只想每天勤恳努力地做事。"皋陶追问道:"怎么才叫勤勉呢?"禹说:"洪水滔天,浩浩荡荡,包围了高山,漫上了丘陵,百姓都遭受着洪水的威胁。我在陆地上行走乘车,在水中行走乘船,在泥沼中行走乘木橇,在山路上行走就穿带铁齿的鞋,翻山越岭,树立木桩,在山上作了标志。我和益一起将稻粱和新鲜的肉食分给百姓。疏导九条河道流通到四海,疏浚各种沟渠流通到江河。和稷一起赈济吃粮困难的民众。粮食缺少时,就从有剩余粮食的地方调来补给粮食不足的地方,并将百姓迁徙到适合居住的地方。于是百姓才能安定下来,各诸侯国也得到了治理。"皋陶说:"是啊,这确实是你的美德。"

禹说:"啊,帝!你一定要谨慎,冷静思考你的举止。辅佐的大臣有德行,天下的人就会响应拥护你。您用清静之心奉行上帝的命令,上天才会经常把美好的福瑞降临给您。"舜帝说:"啊!大臣啊,大臣!大臣是我的臂膀和耳目。我想帮助百姓,你们要辅佐我。我想模仿古人衣服上的图案,按照日月星辰的天象来制作绣上花纹色彩的服装,你们要替我明确服装的等级。我想听六律、五音、八乐的演奏,观察诸侯中勤于或荒怠政事的情况,以便取舍五方的言论,你们要认真倾听并帮我作出正确的判断。倘若我有不正当的行为,你们要匡正辅助我。不要当面逢迎恭维,回去以后却又指责我。我敬重身边所有辅佐的臣子。那些搬弄是非的佞用臣,只要君主真的能施行德政,他们就会被清除。"禹说:"是的。如果您不这么做,善恶不分,那就不会有什么功绩了。"

【原文】

帝曰:"毋若丹朱傲,维慢游是好,毋水行舟,朋淫于家,用绝其世。予不能顺是。"禹曰:"予娶涂山,癸甲,生启予不子,以故能成水土功。辅成五服,至于五千里,州十二师,外薄四海,咸建五长,各道有功。苗顽不即功,帝其念哉!"帝曰:"道吾德,乃女功序之也。"

皋陶于是敬禹之德,令民皆则禹。不如言,刑从之。舜德大明。

于是夔行乐,祖考至,群后相让,鸟兽翔舞,《箫韶》九成,凤皇来仪①,百兽率舞,百官信谐。帝用此作歌曰:"陟天之命,维时维几。"乃歌曰:"股肱喜哉,元首起哉,百工熙哉!"皋陶拜手②稽首扬言曰:"念哉,率为兴事,慎乃宪,敬哉!"乃更为歌曰:"元首明哉,股肱良哉,庶事康哉!"又歌曰:"元首丛脞哉,股肱惰哉,万事堕哉!"帝拜曰:"然,往钦哉!"于是天下皆宗禹之明度数声乐,为山川神主。

【注释】

①来仪:被招来。②拜手:古代男子跪拜礼的一种。跪后两手相拱,俯头至手。

【译文】

舜帝说:"不要像丹朱那样骄恣放纵,一味喜欢浪荡遨游,在没有水的路上行船,一群人在家里做淫乱的事,因此,我要断绝他的帝位继承权,我不能容忍这样的情况。"禹说:"我辛日娶涂山国的女子为妻,壬癸二日在家,甲日就离开家去治水了,生了儿子启,我也没有抚养过,所以才完成了平治水土的事业。我帮助帝王设置了五服制度,使国土的宽广达到了五千里,十二个州都设置了官长,京师以外一直管辖到偏远地区,建立了伍长制度,各自的首领也都遵循职守、建功立业。只有三苗愚顽,没有功绩,希望帝王您记着这件事。"舜帝说:"用我的德教去开导他们,都要靠你的工作来使他们归顺。"

皋陶于是就敬重禹的功德,命令百姓都效法他敬重禹。不按照命令来做的,就用刑罚进行惩罚。于是舜的德教得到了广大发扬。

于是夔奏起了乐曲,祖先的神灵因此降临,各方诸侯相互礼让,鸟兽起舞,当《箫韶》的乐曲奏完九章,凤凰被召来了,百兽起舞,百官忠诚和睦。舜帝因此唱道:"我奉上天的旨命来治理百姓,重在顺应时势,重在谨言慎行。"接着唱道:"辅佐大臣尽职尽责啊,君王的治功才会兴起啊,百官的事业才会兴盛啊!"皋陶跪拜伸手叩头,然后高声说道:"大家要记住舜帝的告诫啊!要恪尽职守,遵守法度,不要懈怠啊!"又继续唱道:"君王英明啊,辅臣大臣贤良啊,天下万事都兴旺发达啊!"舜又唱道:"君王若无大略啊,辅佐的大臣就会懈怠啊,天下万事就会毁败啊!"舜拜答说:"对,以后我们都要办好各自的事务。"于是天下百姓都遵奉禹所兴起的音乐,推崇他做山川神灵的主宰。

帝舜荐禹于天,为嗣①。十七年而帝舜崩。三年丧毕,禹辞辟舜之子商均于阳城。天下诸侯皆去商均而朝禹。禹于是遂即天子位,南面朝天下,国号曰夏后,姓姒氏。

帝禹立而举皋陶荐之,且授政焉,而皋陶卒。封皋陶之后于英、六,或在许。而后举益,任之政。

十年,帝禹东巡狩,至于会稽而崩。以天下授益。三年之丧毕,益让帝禹之子启,而辟居箕山之阳。禹子启贤,天下属意焉。及禹崩,虽授益,益之佐禹日浅②,天下未洽。故诸侯皆去益而朝启,曰"吾君帝禹之子也"。于是启遂即天子之位,是为夏后帝启。

夏后帝启,禹之子,其母涂山氏之女也。

【注释】

①嗣:指地位继承人。②日浅:指时间不长。

【译文】

舜将禹推荐给上天,让他作为帝王的继承人。十七年后舜逝世了。三年的丧期结束后,禹因辞让回避舜的儿子商均而到阳城居住。天下诸侯都离开商均而去朝拜禹。禹这才继承了天子之位,坐北面南接受了诸侯的朝拜,立国号为夏后,姓姒。

禹即位后将皋陶推荐给上天,并将处理国政的权力授予他,但是皋陶没有继任就去世了。于是就将皋陶的后代封在英、六,也有部分封在许地。后来又举用了益,任用他管理政事。

十年过去了,禹到东部地区去巡视,到达会稽后去世了。把天下传给了益。三年丧期结束后,益将帝位让给禹的儿子启,然后隐居在箕山的南边。禹的儿子启贤能,天下都归向于他。禹去世时,虽然将帝位传给了益,但是由于他辅佐禹的时间很短,天下人对他还不够信任。所以诸侯都离开他去朝拜启,说:"他是我们的君主禹的儿子啊。"于是启就继承了天子之位,即夏后国的启帝。

夏后国的启帝,是禹的儿子,他的母亲是涂山氏的女子。

【原文】

有扈氏①不服,启伐之,大战于甘。将战,作甘誓,乃召六卿申之。启曰:"嗟!六事之人,予誓告女:有扈氏威侮②五行,怠弃③三正,天用剿绝④其命。今予维共行天之罚。左不攻于左,右不攻于右,女不共命。御非其马之政,女不共命。用命,赏于祖;不用命,僇于社,予则帑僇⑤女。"遂灭有扈氏。天下咸朝。

夏后帝启崩,子帝太康立。帝太康失国,昆弟五人,须于洛汭⑥,作五子之歌。

太康崩,弟中康立,是为帝中康。帝中康时,羲、和湎淫⑦,废时乱日,胤往征之,作胤征。

中康崩,子帝相立。帝相崩,子帝少康立。帝少康崩,子帝予立。帝予崩,子帝槐立。帝槐崩,子帝芒立。帝芒崩,子帝泄立。帝泄崩,子帝不降立。帝不降崩,弟帝扃立。帝扃崩,子帝廑立。帝廑崩,立帝不降之子孔甲,是为帝孔甲。帝孔甲立,好方鬼神,事淫乱。夏后氏德衰,诸侯畔之。天降龙二,有雌雄,孔甲不能食,未得豢龙氏。陶唐既衰,其后有刘累,学扰龙⑧于豢龙氏,以事孔甲。孔甲赐之姓曰御龙氏,受豕韦之后。龙一雌死,以食夏后。夏后使求,惧而迁去。

【注释】

①有扈氏:古部落名,在今陕西省户县。②威侮:凌虐侮慢。③怠弃:怠惰荒废。④剿绝:消灭,灭绝。⑤帑僇(tǎng lù):指刑戮牵连及子女。⑥洛汭(ruì):河南省洛水入黄处。⑦湎淫:沉溺于酒色。⑧扰龙:驯龙。

【译文】

有扈氏不服从帝命,启就前去讨伐他,在甘地大战一场。将要开战时,启作了一篇誓辞《甘誓》,并召集六军将领进行告诫。启说:"唉!六军将领们,我发布誓词告诫你们!有扈氏违背五行规律,背离天、地、人的正道,因此上天要断绝它的大命。现在我恭敬地执行上天的命令对其进行惩罚。战车左边的射手不从左边射击敌人,战车右边的剑手不从右边击杀敌人,就是不服从命令。驭手不能使车马列阵整齐,也是不服从命令。服从命令的,我会在祖先神灵前赏赐他;不听从命令的,就会在社神前杀掉他,而且要将

他们的家属收为奴婢。"于是启就灭掉了有扈氏,天下都来朝拜。

夏后国帝启去世后,他的儿子太康继位。太康帝失去了国家,他的五个弟弟逃到洛水北岸,作了一首《五子之歌》。

太康逝世后,他的弟弟中康继位,即中康帝。中康帝时,羲氏、和氏沉湎于酒,将每年的四季、日

子的甲乙都搞乱了。胤奉命前去征伐，作了《胤征》。

中康逝世后，他的儿子相帝继位。相帝逝世后，他的儿子少康继位。少康帝逝世后，他的儿子予帝继位。予帝逝世后，他的儿子槐帝继位。槐帝继位后，他的儿子芒帝即位。芒帝逝世后，他的儿子泄帝继位。泄帝逝世后，他的儿子不降帝继位。不降逝世后，他的弟弟扃帝继位。扃帝逝世后，他的儿子廑帝继位。廑帝逝世后，不降帝的儿子孔甲即位，即孔甲帝。孔甲帝继位后，迷信鬼神，干淫乱的事。夏后氏的威德开始衰败，诸侯背叛了他。从天上降下来两条龙，一雄一雌，孔甲喂养不了它们，也没有找到会养龙的人。陶唐氏已经衰败，后代有个名叫刘累的，他从养龙的人那里学会了驯龙，就去待奉孔甲。孔甲为他赐姓为御龙氏，让他接受豕韦氏后代的封地。后来雌龙死了，刘累将其献给孔甲吃。孔甲吃完后，又派人前去索要，刘累因为害怕而逃走了。

【原文】

孔甲崩，子帝皋立。帝皋崩，子帝发立。帝发崩，子帝履癸立，是为桀。帝桀之时，自孔甲以来而诸侯多畔夏，桀不务德而武伤百姓，百姓弗堪。乃召汤而囚之夏台①，已而释之。汤修德，诸侯皆归汤，汤遂率兵以伐夏桀。桀走鸣条②，遂放而死。桀谓人曰："吾悔不遂杀汤于夏台，使至此。"汤乃践天子位，代夏朝天下。汤封夏之后，至周封于杞也。

太史公曰：禹为姒姓，其后分封，用国为姓，故有夏后氏、有扈氏、有男氏、斟寻氏、彤城氏、襃氏、费氏、杞氏、缯氏、辛氏、冥氏、斟戈氏。孔子正夏时，学者多传夏小正云。自虞、夏时，贡赋备矣。或言禹会诸侯江南，计功而崩，因葬焉，命曰会稽。会稽者，会计也。

【注释】

①夏台：夏代狱名。又名均台。在今河南省禹县南。②鸣条：古地名。在今山西运城安邑镇北，相传商汤伐夏桀战于此地。又名高侯原。

【译文】

孔甲逝世后，他的儿子皋帝继位。皋帝逝世后，他的儿子发帝继位。发帝逝世后，他的儿子履癸帝继位，即桀。桀在位时，因为从孔甲开始就有很多诸侯叛离夏朝，而桀又不致力于德政反用武力去伤害百姓，百姓不堪忍受。桀又召来汤，并将其囚禁在夏台，不久又将其释放。汤修行德业，天下诸侯都纷纷归附，于是汤就领兵去征伐夏桀。桀逃到鸣条，最后被放逐而死。桀对人说："我后悔当初没有将汤杀死在夏台，以致让我落到这步田地。"汤于是就登上了天子之位，代替夏来接受天下诸侯的朝拜。汤封了夏的后代，到周朝时，将夏的后代封在杞地。

太史公说：禹是姒姓，他的后代被分封在各地，就用国名作为姓氏，因此有夏后氏、有扈氏、有男氏、斟寻氏、彤城氏、襃氏、费氏、杞氏、缯氏、辛氏、冥氏、斟戈氏。孔子校正夏历时，学者中有很多传授《夏小正》的。从虞、夏时起，进贡纳赋的制度就已经完备了。有人说禹是在江南会合诸侯首领，考核他们功绩时去世的，所以就葬在了那里。并将安葬之处命名为会稽。会稽就是会合考核的意思。

【评析】

夏自夏启算起，共计君王十五个，历时五百年左右，但此篇对于启至桀十五君所用笔墨很少，而把主要文字用于叙述大禹的功绩上。本篇名为《夏本纪》，但在很大程度上是大禹个人的传记。

司马迁在叙述大禹的功绩时，把他的一生划分为两个阶段。一是尧时主持治水，二是舜时参与国家的治理。在司马迁看来，中土水害的消除、版图疆域的奠定、行政区划的确立，禹功不可没。而舜时清明政治的出现，禹也起到了举足轻重的作用。

禹处在原始社会与文明社会交替之际，还有很多原始遗风，司马迁在写作中，对此作了忠实的反映，同时也寄托了自己的理想。禹让天下给商均，益让天下给启，这和后代争相为帝的局面形成了鲜明的对比。司马迁虽然没有公开进行对比，但却从中流露出对尧舜之治的向往。

殷本纪第三

【题解】

殷本来叫做商。《殷本纪》是以商朝帝王为纲领的有关商王朝的编年史,它系统地记载了商朝的历史,描绘了一幅商部族兴起,商王朝由建立直至灭亡的宏伟图卷。

【原文】

殷契,母曰简狄,有娀氏之女,为帝喾次妃。三人行浴,见玄鸟堕其卵,简狄取吞之,因孕生契。契长而佐禹治水有功。帝舜乃命契曰:"百姓不亲,五品不训,汝为司徒而敬敷五教,五教在宽。"封于商,赐姓子氏。契兴于唐、虞、大禹之际,功业著于百姓,百姓以平。

契卒,子昭明立。昭明卒,子相土立。相土卒,子昌若立。昌若卒,子曹圉立。曹圉卒,子冥立。冥卒,子振立。振卒,子微立。微卒,子报丁立。报丁卒,子报乙立。报乙卒,子报丙立。报丙卒,子主壬立。主壬卒,子主癸立。主癸卒,子天乙立,是为成汤。

成汤,自契至汤八迁。汤始居亳,从先王居,作帝诰。

汤征诸侯。葛伯不祀,汤始伐之。汤曰:"予有言:人视水见形,视民知治不。"伊尹曰:"明哉!言能听,道乃进。君国子民,为善者皆在王官。勉哉,勉哉!"汤曰:"汝不能敬命,予大罚殛之,无有攸赦。"作汤征。

【译文】

殷商的祖先是契,他的母亲叫简狄,是有娀氏女子,是帝喾的次妃。简狄等三人一起在洗澡时,看到燕子生下了一个蛋,简狄就捡起来吃了,就这样她怀孕了,生下了契。契长大后,辅佐禹治水有功。舜就命令契说:"百姓不和睦,五伦关系不顺畅,你去担任司徒,要恭敬地施行五伦教育,五伦教育旨在宽厚。"契就被封在商地,赐姓子。契兴起于唐尧、虞舜、夏禹时代,为百姓做了很多事,其功业显著,百姓因而得以安定。

契去世后,他的儿子昭明继位。昭明去世后,他的儿子相土继位。相土去世后,他的儿子昌若继位。昌若去世后,他的儿子曹圉继位。曹圉去世后,他的儿子冥继位。冥去世后,他的儿子振继位。振去世后,他的儿子微继位。微去世后,他的儿子报丁继位。报丁去世后,他的儿子报乙继位。报乙去世后,他的儿子报丙继位。报丙去世后,他的儿子主壬继位。主壬去世后,他的儿子主癸继位。主癸去世后,他的儿子天乙继位,这就是成汤。

从先祖契到汤经过了八次迁都。到汤时才开始定居在亳,这是追随先王帝喾曾将此处做过国都才迁来的,于是写下了《汤征》以告知先帝。

汤征伐诸侯。由于葛伯不奉行祭祀,所以一开始汤就征伐他。汤说:"我曾说过:人通过照水面来看到自己的容貌,观察民众的状况就可以知道国家治理的好坏。"伊尹说:"英明啊!能够听取别人的意见,治国就会取得进展,有德行的人就会齐聚朝堂。努力吧,努力吧!"汤葛伯说:"你不顺应天命,我就要重重地惩罚你,概不宽恕。"于是就写下了《汤征》,记载了征伐葛伯的情况。

【原文】

伊尹名阿衡。阿衡欲奸汤而无由,乃为有莘氏媵臣①,负鼎俎②,以滋味说汤,致于王道。或曰,伊尹处士,汤使人聘迎之,五反然后肯往从汤,言素王及九主之事。汤举任以国政。伊尹去汤适夏。既丑有夏,复归于亳。入自北门,遇女鸠、女房,作女鸠女房。

汤出,见野张网四面,祝曰:"自天下四方皆入吾网。"汤曰:"嘻,尽之矣!"乃去其三面,祝曰:"欲左,左。欲右,右。不用命,乃入吾网。"诸侯闻之,曰:"汤德至矣,及禽兽。"

当是时,夏桀为虐政淫荒,而诸侯昆吾氏为乱。汤乃兴师率诸侯,伊尹从汤,汤自把钺以伐昆吾,遂伐桀。汤曰:"格女众庶,来,女悉听朕言。匪台小子③敢行举乱,有夏多罪,予维闻女众言,夏氏有罪。予畏上帝,不敢不正。今夏多罪,天命殛之。今女有众,女曰'我君不恤我众,舍我啬事④而割政⑤'。女其曰'有罪,其奈何'?夏王率止众力,率夺夏国。有众率怠不和,曰'是日何时丧?予与女皆亡'!夏德若兹,今朕必往。尔尚及予一人致天之罚,予其大理女。女毋不信,朕不食言。女不从誓言,予则帑僇女,无有攸赦。"以告令师,作汤誓。于是汤曰"吾甚武",号曰武王。

【注释】

①媵(yìng)臣:古代随嫁臣仆。②鼎俎:鼎和俎。古代祭祀、燕飨时陈置牲体或其他食物的礼器。③台小子:谦称自己。台,我。④啬事:农业活动。⑤割政:妨害正常活动。割,害。政,正常。

【译文】

伊尹名叫阿衡。阿衡想求见汤却没有门路，就去做有莘氏陪嫁的男仆，背着鼎和俎来见汤，借着谈论烹饪滋味的机会来游说汤，劝说汤致力于实施王道。也有人说，伊尹是个隐士，汤派人去聘用迎接他，前后去了五次，他才答应前来归从，并向汤讲述了远古帝王和九类国君所作所为。汤于是举用了伊尹并让他管理国政。伊尹曾经离开汤到夏桀那里，看到夏桀政治残暴的丑恶后，又回到了亳。从北门进入亳都，遇到了汤的贤臣女鸠、女房，便写下了《女鸠》、《女房》，以说明他归来时的心情。

汤外出游猎，看见野外四面张着大网，张网的人祷告说："从天上、地下、四方来的都进入我的网中。"汤说："哎，这样会将禽兽全部打尽啊。"于是就将网撤去三面，并让张网的人祷告说："要从左边逃的就从左边逃，要从右边逃的就从右边逃。不听从命令的，就进入我的网中。"四方诸侯听说此事后，都说："汤的仁德真是到了极点，就连禽兽都受到了他的恩惠。"

就在这个时候，夏桀却在施行暴政，荒淫无道，诸侯国昆吾氏也开始起来作乱。汤就发兵，率领诸侯，由伊尹跟随，汤亲自握着大斧指挥攻伐昆吾，接着又讨伐夏桀。汤说："告诉你们大家，都过来仔细听我讲话。不是我敢于兴兵作乱，是因为夏桀犯下了很多的罪行，我也常听你们说夏桀有罪，但是我畏惧上天，不敢不去讨伐。如今夏桀犯下了那么多的罪行，是上天命我去讨伐。现在你们众人说：'我们的君王不体恤我们，让我们放弃农事来征讨作战。'你们还会问：'夏桀有罪，究竟有什么罪？'夏桀君臣加大徭役，耗尽了夏国的民力；又重加盘剥，掠光了夏国的资财。夏国的民众都在怠工，不与他合作。他们说：'这个太阳什么时候才能消亡呢？我宁愿跟你一起灭亡。'夏桀的德行已经堕落成这样，所以我一定要去讨伐他。希望你们和我一起来奉行上天降下的惩罚，我会重重地奖赏你们。你们不要不相信，我不会食言的。你们如果不听从我的誓言，我就要惩罚你们，决不宽赦！"汤将此话告诉传令的长官，写下了《汤誓》。于是汤说"我很勇武"，因此号称武王。

【原文】

桀败于有娀之虚，桀奔于鸣条，夏师败绩。汤遂伐三，俘厥宝玉，义伯、仲伯作典宝。汤既胜夏，欲迁其社，不可，作夏社。伊尹报。于是诸侯毕服，汤乃践天子位，平定海内。

汤归至于泰卷陶，中𦙍作诰。既绌夏命，还亳，作汤诰："维三月，王自至于东郊。告诸侯群后：'毋不有功于民，勤力乃事。予乃大罚殛女，毋予怨。'曰：'古禹、皋陶久劳于外，其有功乎民，民乃有安。东为江，北为济，西为河，南为淮，四

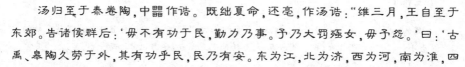

渎已修,万民乃有居。后稷降播,农殖百穀。三公咸有功于民,故后有立。昔蚩尤与其大夫作乱百姓,帝乃弗予,有状。先王言不可不勉。'曰:'不道,毋之在国,女毋我怨。'"以令诸侯。伊尹作咸有一德,咎单作明居。

汤乃改正朔①,易服色,上白,朝会以昼。

汤崩,太子太丁未立而卒,于是乃立太丁之弟外丙,是为帝外丙。帝外丙即位三年,崩,立外丙之弟中壬,是为帝中壬。帝中壬即位四年,崩,伊尹乃立太丁之子太甲。太甲,成汤適长孙也,是为帝太甲。帝太甲元年,伊尹作伊训,作肆命,作徂后。

【注释】

①正朔:谓帝王新颁的历法。

【译文】

夏桀在有娀部族的旧地被打败,逃到鸣条,夏桀就全军溃败了。于是汤就去讨伐忠于桀的三㚇国,缴获了他们的宝器珠玉,义伯、仲伯就写下了《宝典》,以记载此事。汤已经战胜了夏桀,想毁掉夏朝的社神,可是社神是远古共工氏之子句龙,能平水土,所以没有换成,于是就写下了《夏社》。伊尹将战况通报给了诸侯,于是四方诸侯全都归服,于是汤就登上了天子之位,平定了天下。

汤在返回的途中到达泰卷时,中垒作了诰命。废除了夏朝的政令,回到亳,写下了《汤诰》。《汤诰》这样记载:"三月,王征讨夏桀归来到达京都东郊,告诉诸侯首领:'你们可不能不为民众谋立功业,勤勉努力地做好自己的事。不然,我就要重罚你们,请大家不要怪罪我。'又说:'古代禹、皋陶长时间在外面辛劳,由于他们有助于民众,所以百姓得以安居。他们东边治理了长江,北边治理了济水,西边治理了黄河,南边治理了淮水,四条大河治理好了,百姓才得以安居乐业。后稷教百姓耕种,百姓才知道种植各种庄稼。禹、皋陶、后稷三人对百姓都建立了功绩,所以他们的后代也都能建功立业。从前蚩尤和他的臣子在百姓中发动暴乱,上帝就不降福给他们,这样的先例在历史上是有的。先王的话不可不用来自勉啊!'又说:'倘若做事违背了道义,那就不允许他回国再当诸侯,请大家不要怪罪我。'"汤以此来告诫四方诸侯。伊尹又作了《咸有一德》,说明君臣都应该有纯一的品德;咎单作了《明居》,讲的是民众应该遵守的法则。

汤于是改变了历法,改变了服饰等器物的颜色,崇尚白色,在白天举行朝会。

汤去世后,太子太丁还没有继位就去世了。于是就立太丁的弟弟外丙为帝,即外丙帝。外丙帝继位三年就去世了,立外丙帝的弟弟仲壬为帝,即仲壬帝。仲壬帝继位四年就去世了,伊尹就立太丁的儿子太甲为帝。太甲是汤的嫡长孙,就是太甲帝。太甲帝元年,伊尹写下了《伊训》、《肆命》和《徂后》。

【原文】

帝太甲既立三年，不明，暴虐，不遵汤法，乱德，于是伊尹放之于桐宫。三年，伊尹摄行政当国，以朝诸侯。

帝太甲居桐宫三年，悔过自责，反善，于是伊尹乃迎帝太甲而授之政。帝太甲修德，诸侯咸归殷，百姓以宁。伊尹嘉之，乃作太甲训三篇，褒帝太甲，称太宗。

太宗崩，子沃丁立。帝沃丁之时，伊尹卒。既葬伊尹于亳，咎单遂训伊尹事，作沃丁。

沃丁崩，弟太庚立，是为帝太庚。帝太庚崩，子帝小甲立。帝小甲崩，弟雍己立，是为帝雍己。殷道衰，诸侯或不至。

帝雍己崩，弟太戊立，是为帝太戊。帝太戊立伊陟为相。亳有祥桑穀共生于朝，一暮大拱。帝太戊惧，问伊陟。伊陟曰："臣闻妖不胜德，帝之政其有阙与？帝其修德。"太戊从之，而祥桑枯死而去。伊陟赞言于巫咸。巫咸治王家有成，作咸艾，作太戊。帝太戊赞伊陟于庙，言弗臣，伊陟让，作原命。殷复兴，诸侯归之，故称中宗。

【译文】

太甲帝继位三年，昏乱暴虐，不遵守汤的法度，背乱德义，于是伊尹就将其流放到汤的葬地桐宫。这期间的三年，伊尹代理主持国政，朝会诸侯。

太甲帝在桐宫住了三年，他悔过自新，重新向善，于是伊尹又将他迎回，并将权力交还给他。太甲帝修行德政，诸侯又全都归顺殷朝，百姓也得以安宁。伊尹对太甲帝很赞赏，作《太甲训》三篇赞扬太甲帝，称他为太宗。

太宗去世后，他的儿子沃丁继位。沃丁帝时，伊尹去世。将伊尹安葬在亳后，为了用伊尹的事迹教育后人，咎单就写下了《沃丁》。

沃丁去世后，他的弟弟太庚继位，即太庚帝。太庚去世后，他的儿子小甲继位。小甲去世后，他的弟弟雍己继位，即雍己帝。殷朝的政道开始衰败，有些诸侯就不来朝拜了。

雍己帝去世后，他的弟弟太戊即位，即太戊帝。太戊帝继位后，任用伊陟为相。亳出现了桑树和褚树合生在朝堂上的怪异现象，一夜之间就长得有一搂粗。太戊帝有些害怕，就问伊陟。伊陟说："我听说妖异是不能战胜德行的，是不是您的政治有缺失啊？看来您需要进一步修明德政。"太戊帝就听从了伊陟的建议，那棵树就枯死了，怪异也随之消失了。伊陟将此事告诉了巫咸。巫咸治理朝政有成绩，写下了《咸艾》和《太戊》，以记载巫咸治理朝政的功绩，颂扬太戊帝的从谏修德。太戊帝在太庙中称赞伊陟，并决定不把伊陟当臣下看待。伊陟谦让,就写了《原命》。就这样,殷商又兴盛了起来,天下诸侯都来归顺,因此称太戊为中宗。

【原文】

中宗崩,子帝中丁立。帝中丁迁于隞。河亶甲居相。祖乙迁于邢。帝中丁崩,弟外壬立,是为帝外壬。仲丁书阙不具。帝外壬崩,弟河亶甲立,是为帝河亶甲。河亶甲时,殷复衰。

河亶甲崩,子帝祖乙立。帝祖乙立,殷复兴。巫贤任职。

祖乙崩,子帝祖辛立。帝祖辛崩,弟沃甲立,是为帝沃甲。帝沃甲崩,立沃甲兄祖辛之子祖丁,是为帝祖丁。帝祖丁崩,立弟沃甲之子南庚,是为帝南庚。帝南庚崩,立帝祖丁之子阳甲,是为帝阳甲。帝阳甲之时,殷衰。

自中丁以来,废适而更立诸弟子,弟子或争相代立,比九世乱,于是诸侯莫朝。

帝阳甲崩,弟盘庚立,是为帝盘庚。帝盘庚之时,殷已都河北,盘庚渡河南,复居成汤之故居,乃五迁,无定处。殷民咨胥皆怨①,不欲徙。盘庚乃告谕诸侯大臣曰:“昔高后成汤与尔之先祖俱定天下,法则可修。舍而弗勉,何以成德!”乃遂涉河南,治亳,行汤之政,然后百姓由宁,殷道复兴。诸侯来朝,以其遵成汤之德也。

帝盘庚崩,弟小辛立,是为帝小辛。帝小辛立,殷复衰。百姓思盘庚,乃作盘庚三篇。帝小辛崩,弟小乙立,是为帝小乙。

【注释】

①咨胥皆怨:形容百姓全都怨声载道。咨,叹气的声音。胥,全,都。

【译文】

中宗去世后,他的儿子中丁继位。中丁将京都迁到隞。河亶甲时将都城定在相。到祖乙时又迁到邢。中丁去世后,他的弟弟外壬继位,即外壬帝。有《仲丁》记载此事,但已残佚不存。外壬帝去世后,他的弟弟河亶甲继位。河亶甲帝时,殷商再度衰落。

河亶甲帝去世后,他的儿子祖乙继位。祖乙帝继位后,殷朝再次兴盛。巫咸在朝廷任职。

祖乙去世后,他的儿子祖辛继位。祖辛去世后,他的弟弟沃甲继位,即沃甲帝。沃甲去世后,立他的哥哥祖辛的儿子祖丁为帝,即祖丁帝。祖丁帝去世后,立弟弟沃甲的儿子南庚为帝,即南庚帝。南庚帝去世后,立祖丁帝的儿子阳甲为帝,即阳甲帝。阳甲帝在位时,殷朝就衰弱了。

从中丁帝以来,废黜长子的继承权而将帝位传给弟兄或弟兄的儿子,这些人为了取得帝位而互相争斗,连续九代,朝廷混乱,于是诸侯也不再来朝。

阳甲帝去世后,他的弟弟盘庚继位,即盘庚帝。盘庚帝继位时,殷朝已在黄河以北定都,盘庚渡过黄河往南,又回到成汤原先居住的地方。从汤到盘庚,这已是第五次迁移,但没有一个固定的地方。殷朝百姓都怨声载道,不想再迁移了。盘庚于是告谕诸侯大臣说:"以前先王汤和你们的祖先一起平定天下,他们传下来的法度和准则应该遵循。如果我们舍弃这些而不努力推行,那怎么能成就德业呢?"于是才渡过黄河,南迁到亳,修缮汤的故宫,推行汤的政令。从此以后,百姓安宁,殷朝再度兴盛起来,诸侯也纷纷前来朝拜,这都是因为盘庚遵循了成汤的德政。

盘庚帝去世后,他的弟弟小辛继位,即小辛帝。小辛帝继位后,殷朝又开始衰弱。人们思念盘庚,于是就写下了《盘庚》三篇。小辛帝去世后,他的弟弟小乙继位,即小乙帝。

【原文】

帝小乙崩,子帝武丁立。帝武丁即位,思复兴殷,而未得其佐。三年不言,政事决定于冢宰,以观国风。武丁夜梦得圣人,名曰说。以梦所见视群臣百吏,皆非也。于是乃使百工营求之野,得说于傅险中。是时说为胥靡①,筑于傅险。见于武丁,武丁曰是也。得而与之语,果圣人,举以为相,殷国大治。故遂以傅险姓之,号曰傅说。

帝武丁祭成汤,明日,有飞雉登鼎耳而呴,武丁惧。祖己曰:"王勿忧,先修政事。"祖己乃训王曰:"唯天监下典厥义,降年有永有不永,非天夭民,中绝其命。民有不若德,不听罪,天既附命正厥德,乃曰其奈何。呜呼!王嗣敬民,罔非天继,常祀毋礼于弃道。"武丁修政行德,天下咸驩,殷道复兴。

帝武丁崩,子帝祖庚立。祖己嘉武丁之以祥雉为德,立其庙为高宗,遂作高宗肜日及训。

【注释】

①胥靡(xū mí):古代服劳役的奴隶或刑徒。亦为刑罚名。

【译文】

小乙帝去世后,他的儿子武丁继位。武丁帝继位后,很想再度复兴殷朝,但是却没有找到合适的辅佐大臣。武丁继位的三年时间里,没有发表过任何政见,政事都由冢宰来决定,自己则审慎地观察国家的风气。武丁夜晚梦到一位圣人,名叫说。他按照梦中见到的形象观察群臣百官，没有一个像是那圣人。于是就派百官到民间去找寻，终于在傅险找到了说。当时说正在服刑，在傅险修路。官员将说带给武丁看，武丁说就是此人。找到说后，武丁就与他交谈，发现他果真是位圣人，就任命说担任国相，殷朝得到了治理。所以就用傅险作为他的姓氏，称为傅说。

武丁帝祭祀成汤，第二天，有一只野鸡飞上鼎耳鸣叫，武丁很害怕。祖己说："大王不要担忧，先办好政事吧。"祖己就开导武丁说："上天监视下民的标准是看他们是否遵守道义，赐给人的寿命有长有短，并不是上天要夭折人的年岁，在中途断绝人的寿命。民众中有些人不遵守道德，不承认自己的罪恶，当上天要降下命令纠正他的德行时，他们才想起来说怎么办。唉，大王您继承王位，努力办好民众的事，没有什么不符合天意的，还要按照常规举行祭祀，不要根据那些应该抛弃的邪道举行各种礼仪。"武丁修明政治，推行德教，天下为之欢欣鼓舞，殷朝再度中兴。

武丁帝去世后，他的儿子祖庚继位。祖己赞赏武丁能够以野鸡鸣叫为警戒而修明德行，因而建立他的神庙，并称其为高宗，还写下了《高宗肜日》和《高宗之训》。

【原文】

帝祖庚崩，弟祖甲立，是为帝甲。帝甲淫乱，殷复衰。

帝甲崩，子帝廪辛立。帝廪辛崩，弟庚丁立，是为帝庚丁。帝庚丁崩，子帝武乙立。殷复去亳，徙河北。

帝武乙无道，为偶人，谓之天神。与之博，令人为行。天神不胜，乃僇辱之。为革囊，盛血，卬而射之，命曰"射天"。武乙猎于河渭之间，暴雷，武乙震死。子帝太丁立。帝太丁崩，子帝乙立。帝乙立，殷益衰。

帝乙长子曰微子启，启母贱，不得嗣。少子辛，辛母正后，辛为嗣。帝乙崩，子辛立，是为帝辛，天下谓之纣。

帝纣资辨①捷疾，闻见甚敏；材力过人，手格②猛兽；知足以距谏，言足以饰非；矜人臣以能，高天下以声，以为皆出己之下。好酒淫乐，嬖于妇人。爱妲己，妲己之言是从。于是使师涓作新淫声，北里之舞，靡靡之乐。厚赋税以实鹿台之钱，而盈钜桥之粟。益收狗马奇物，充仞宫室。益广沙丘苑台，多取野兽蜚鸟置其中。慢于鬼神。大冣乐戏③于沙丘，以酒为池，县肉为林，使男女倮相逐其间，为长夜之饮。百姓怨望而诸侯有畔者，于是纣乃重刑辟，有炮烙之法。

【注释】

①资辨：利口善辩。②手格：徒手格击。③乐戏：指乐妓。指歌舞艺人。

【译文】

祖庚帝去世后,他的弟弟祖甲继位,即甲帝。甲帝荒淫暴虐,殷朝再度衰弱。

甲帝去世后,他的儿子廪辛继位。廪辛帝去世后,他的弟弟庚丁继位。庚丁去世后,他的儿子武乙继位,殷朝又迁离亳都,重新居住在黄河以北。

武乙帝不遵奉天道,做了一个木偶人,称之为天神。他跟木偶人赌胜负,让别人来判决。天神输了,就砍杀羞辱它。还用皮革做了一个囊,里面盛血,仰头用箭射它,称之为射天。一天,武乙在黄河和渭水一带打猎,天空突然打雷,武乙被雷震死。他的儿子太丁继位。太丁死后,他的儿子乙帝继位。乙帝继位后,殷朝更加衰弱。

乙帝的长子叫微子启,启的母亲身份低下,所以启不能继承帝位。乙帝的小儿子辛的生母是乙帝的正妃,所以辛就继承了帝位。乙帝去世后,他的儿子辛继位,即辛帝,天下人称其为纣。

纣天资聪颖,能言善辩,行动迅速,机智灵敏,而且力气过人,可以赤手空拳同猛兽搏斗。他以聪明才智来拒绝他人的劝谏,以超人的口才来粉饰自己的过错。在臣子面前炫耀自己的才能,在天下人前吹嘘自己的声名,认为天下所有的人都比不上他。他嗜好喝酒,淫于逸乐,宠爱女人。他宠爱妲己,对妲己言听计从。于是让师涓创作新的淫荡音乐,北里舞曲,颓废淫荡的乐歌。他加重赋税,以充实鹿台的钱,增加巨桥的存粮。他大量搜集狗马珍玩,填满了宫廷。他进一步扩建沙丘的园林楼台,捕捉大量野兽飞鸟放在里面。他怠慢鬼神。他招来大批歌舞艺人聚集在沙丘,用酒做池水,将肉悬挂起来当做树林,让男女赤裸着身体在其中追逐嬉戏,就这样通宵宴饮。百姓怨声载道,有的诸侯也背叛了,于是纣就加重了刑罚,还发明了炮烙的残酷刑罚。

【原文】

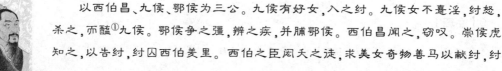

以西伯昌、九侯、鄂侯为三公。九侯有好女,入之纣。九侯女不熹淫,纣怒,杀之,而醢①九侯。鄂侯争之疆,辨之疾,并脯鄂侯。西伯昌闻之,窃叹。崇侯虎知之,以告纣,纣囚西伯羑里。西伯之臣闳夭之徒,求美女奇物善马以献纣,纣乃赦西伯。西伯出而献洛西之地，以请除炮格之刑。纣乃许之，赐弓矢斧钺，使得征伐，为西伯。而用费中为政。费中善谀，好利，殷人弗亲。纣又用恶来。恶来善毁谗，诸侯以此益疏。

西伯归，乃阴修德行善，诸侯多叛纣而往归西伯。西伯滋大，纣由是稍失权重。王子比干谏，弗听。商容贤者，百姓爱之，纣废之。及西伯伐饥国，灭之，纣之臣祖伊闻之而咎周，恐，奔告纣曰："天既讫我殷命，假人元龟，无敢知吉，非先王不相我后人，维王淫虐用自绝，故天弃我，不有安食，不虞知天性，不迪率典。今我民罔不欲丧，曰'天曷不降威，大命胡不至'？今王其奈何？"纣曰："我生不有命在天乎！"祖伊反，曰："纣不可谏矣。"西伯既卒，周武王之东伐，至盟津，诸侯叛殷会周者八百。诸侯皆曰："纣可伐矣。"武王曰："尔未知天命。"乃复归。

【注释】

①醢(hǎi)：古代的一种酷刑，把人杀死后剁成肉酱。

【译文】

纣任命西伯昌、九侯和鄂侯为三公。九侯有个美丽的女儿，献给了纣。此女不好淫乱，纣大怒，就将她杀了，还将九侯剁成了肉酱。为此，鄂侯争得非常坚决，由于其激烈的辩说，鄂侯也被其斩杀以后熏成了肉干。西伯昌听说了，暗自叹气。崇侯虎知道后，就将此事告诉了纣，于是纣就将西伯昌囚禁在羑里。西伯的臣子闳夭等人，找来美丽的女子、奇异的物品和精良的马匹献给纣，纣才赦免了西伯昌。西伯昌被释放后献出了洛水以西的土地，以求纣废除炮烙的酷刑。纣答应了他，还赐给他弓箭大斧，让他去征讨其他诸侯，于是西伯昌便成了西方诸侯的首领，就是西伯。纣任用费中主持政事，费中善于阿谀奉承，为人贪财好利，殷国人因此不来亲近了。纣又任用恶来，恶来善于毁谤中伤，诸侯因此就和朝廷更加疏远了。

西伯回国后，便暗自修养德行，推行善政，诸侯大都背叛了纣而去归顺西伯。西伯的势力不断地发展壮大，纣也就逐渐失掉了自己的权势。王子比干进谏，纣不听。商容是一个贤能的人，百姓们都拥戴他，纣却罢黜了他。等到西伯去讨伐饥国，并将其灭掉后，纣的大臣祖伊听说后就很仇恨周国，他恐惧的急忙跑到纣王那里报告说："上天要断绝我们殷国的寿运，让人用灵龟去占卜，没有一点好征兆，这并不是先王不帮助我们后人，实在是大王您荒淫残暴，以致自绝于天。所以上天抛弃了我们，使我们不得安心饮食，而您既不知道天意，又不遵循常法。如今我们的百姓没有人不希望我国灭亡的。他们都说：'上天为什么还不降下威严，灭亡纣的命令为什么还不到达呢？'大王现在准备怎么办呢？"纣说："我不是受命于天吗？"祖伊回国后说："纣是不可以劝谏的。"西伯昌去世后,周武王向东征讨,军队抵达盟津,诸侯中背叛纣王来与周会合的就有八百多个。诸侯都说:"可以讨伐纣了。"武王说:"你们还不了解天命。"于是就班师回国了。

【原文】

纣愈淫乱不止。微子数谏不听,乃与大师、少师谋,遂去。比干曰:"为人臣者,不得不以死争。"乃强谏纣。纣怒曰:"吾闻圣人心有七窍。"剖比干,观其心。箕子惧,乃详狂①为奴,纣又囚之。殷之大师、少师乃持其祭乐器奔周。周武王于是遂率诸侯伐纣。纣亦发兵距之牧野。甲子日,纣兵败。纣走,入登鹿台,衣其宝玉衣,赴火而死。周武王遂斩纣头,县之白旗。杀妲己。释箕子之囚,封比干之墓,表商容之闾。封纣子武庚、禄父,以续殷祀,令修行盘庚之政。殷民大说。于是周武王为天子。其后世贬帝号,号为王。而封殷后为诸侯,属周。

周武王崩,武庚与管叔、蔡叔作乱,成王命周公诛之,而立微子于宋,以续殷后焉。

太史公曰:余以颂次契之事,自成汤以来,采于书诗。契为子姓,其后分封,以国为姓,有殷氏、来氏、宋氏、空桐氏、稚氏、北殷氏、目夷氏。孔子曰,殷路车②为善,而色尚白。

【注释】

①详狂:佯狂,装疯。详,通"佯"。②路车:辂车。古代天子或诸侯贵族所乘的车。

【译文】

纣越来越淫乱而没有节度。微子多次进谏,纣都不听,于是他就同大师、少师商量,逃离了殷国。比干说:"作为一个国家的臣子,不得不用死来谏争。"于是就极力向纣进谏。纣大怒道:"我听说圣人的心有七个孔。"于是就命人将比干的胸膛剖开,挖出心来观看。箕子见此情形很害怕,就装疯卖傻去给人家做奴隶,纣还是将他囚禁了起来。殷朝的大师和少师就带着他们的祭器和乐器逃到周国。周武王这才率领诸侯讨伐纣。纣也派出了军队在牧野进行抵抗。周历二月初五甲子那一天,纣的军队被打败,他逃进王宫,登上鹿台,穿上他饰有珍宝的衣服,跳到火里自焚而死。于是周武王将纣的头颅斩下来,悬挂在白旗杆上。周武王又将妲己杀死,释放了被囚禁的箕子,修缮了比干的坟墓,在商容居住的闾巷里对其进行了表彰嘉奖。对纣的儿子武庚和禄父进行分封,使他们能够继续殷的祭祀,责令他们要施行盘庚的德政。殷的百姓都非常高兴。于是周武王就做了天子。因为后世贬低帝的称号,所以称为王。封殷的后代为诸侯,隶属于周。

周武王去世后,武庚和管叔、蔡叔一起叛乱,周成王命周公诛杀他们,而将微子封在宋国，来延续殷的后代。

太史公说：我根据《颂》的文献来编写契的事迹，自成汤以来，很多史实材料采自《尚书》、《诗经》。契姓子，他的后代分封到各国，就以国为姓，有殷氏、来氏、宋氏、稚氏、北殷氏、目夷氏。孔子说：殷人所乘的车很好，但是殷人在颜色方面崇尚白色。

【评析】

在殷王朝统治的约六百年中，几经兴衰，而成汤的兴起，盘庚、武丁的中兴，以及纣的灭亡，则是殷朝历史中起着关键作用的几个最重大的事件。司马迁饱含热情地歌颂了成汤、盘庚、武丁等贤君敬畏上天、修行德政、为民谋利的政治业绩；又无情地贬抑了殷纣的刚愎自用、拒谏饰非、荒淫无度、迫害贤良、残害百姓等等。一个王朝的历史，历经十七代三十一王，而司马迁只抓住这几个典型关节，浓墨重彩，而其他则一带而过，使得全篇虚实相映，详略有当。

另外，司马迁在撰写《夏本纪》时，只用正史材料，不用神话传说，而《殷本纪》则不同，其中记载了很多灵异之事。简狄吞卵生弃、武丁梦傅等，都是《夏本纪》中没有的。这从一个侧面反映了殷商文化的特征，即对鬼神的亲近、对巫术的崇尚。从《夏本纪》和《殷本纪》中记载的夏、商两代对待鬼神的差别可以看出两代的差异。

周本纪第四

【题解】

此篇系统地概述了周王朝兴衰的历史,勾画出一个天下朝宗,幅员辽阔的强大奴隶制王国的概貌,以及其间不同阶段不同君王厚民、爱民、伤民、虐民的不同政治作风,君臣之间协力相助共图大业抑或相互倾轧各执己见的不同政治气氛。

【原文】

周后稷,名弃。其母有邰氏女,曰姜原。姜原为帝喾元妃①。姜原出野,见巨人迹,心忻然②说,欲践之,践之而身动如孕者。居期而生子,以为不祥,弃之隘巷,马牛过者皆辟不践;徙置之林中,适会山林多人,迁之;而弃渠中冰上,飞鸟以其翼覆荐③之。姜原以为神,遂收养长之。初欲弃之,因名曰弃。

弃为儿时,屹如巨人之志。其游戏,好种树麻、菽,麻、菽美。及为成人,遂好耕农,相地之宜,宜谷者稼穑焉,民皆法则之。帝尧闻之,举弃为农师,天下得其利,有功。帝舜曰:"弃,黎民始饥,尔后稷播时百谷。"封弃于邰,号曰后稷,别姓姬氏。后稷之兴,在陶唐、虞、夏之际,皆有令德。

【注释】

①元妃:国君或诸侯的嫡妻。②忻然:喜悦貌;愉快貌。③覆荐:覆盖铺垫。

【译文】

周的始祖后稷,叫弃。他的母亲是有邰氏部族的女儿,叫姜原。姜原是帝喾的正妃。姜原出门去野外,看见巨人的脚印,心里非常高兴,想用脚踩上去,一用脚踩上去,她的身子震动的就像怀了孕似的。一年后生下了一个儿子,姜原认为这个孩子不吉祥,就将孩子丢弃在狭小的巷子里,但是从这里经

过的马、牛都避开而不去踩他。于是就将他移至树林中，当时正好林子里有很多人，所以就又换了个地方，将他丢在沟渠的冰上，却有很多鸟儿飞来用翅膀覆盖在他的身上，垫在他的身下。姜原觉得这个孩子很神异，于是就将其收回并抚养他长大成人。因为开始想抛弃他，所以起名为弃。

弃在很小的时候，就有伟人的志向。他游戏时，喜欢种植麻、豆之类的庄稼，麻、豆种得都很好。等他成人后，就喜欢耕种农作物，研究什么样的土地适合种什么，适宜种谷物的就在此地种上谷物，百姓都纷纷效仿他。尧帝听说后，就推举弃担任农师的官，天下都因此而受益，他做出了很大的成绩。舜帝说："弃，天下百姓开始饥饿时，你担任农师，适时地播种了五谷。"将弃封在邰地，称为后稷，另外取姓为姬姓。后稷的兴起，在陶唐、虞和夏的时代，都有美好的德行。

【原文】

后稷卒，子不窋立。不窋末年，夏后氏政衰，去稷不务，不窋以失其官而奔戎狄之间。不窋卒，子鞠立。鞠卒，子公刘立。公刘虽在戎狄之间，复脩后稷之业，务耕种，行地宜，自漆、沮度渭，取材用，行者有资，居者有畜积，民赖其庆。百姓怀之，多徙而保归焉。周道之兴自此始，故诗人歌乐思其德。公刘卒，子庆节立，国于豳。

庆节卒，子皇仆立。皇仆卒，子差弗立。差弗卒，子毁隃立。毁隃卒，子公非立。公非卒，子高圉立。高圉卒，子亚圉立。亚圉卒，子公叔祖类立。公叔祖类卒，子古公亶父立。古公亶父复脩后稷、公刘之业，积德行义，国人皆戴之。薰育戎狄攻之，欲得财物，予之。已复攻，欲得地与民。民皆怒，欲战。古公曰："有民立君，将以利之。今戎狄所为攻战，以吾地与民。民之在我，与其在彼，何异。民欲以我故战，杀人父子而君之，予不忍为。"乃与私属①遂去豳②，度漆、沮，逾梁山，止于岐下。豳人举国扶老携弱，尽复归古公于岐下。及他旁国闻古公仁，亦多归之。于是古公乃贬戎狄之俗，而营筑城郭室屋，而邑别居之。③作五官有司。民皆歌乐之，颂其德。

【注释】

①私属：指私人的家奴、亲信。②豳(bīn)：古地名，在今中国陕西省旬邑县西南。③作五官有司：《集解》引《礼记》曰："天子之五官曰司徒、司马、司空、司土、司寇，典司五众。"又引郑玄曰："此殷时制。"作，设置。有司，官吏。古代设官分职，各有专司，所以称有司。

【译文】

　　后稷去世后，他的儿子不窋即位。不窋晚年，夏后氏政治衰败，废除农师不再务农，不窋因为丢了官职就逃奔到戎狄地区。不窋去世后，他的儿子鞠即位。鞠去世后，他的儿子公刘即位。公刘虽然生活在戎狄地区，但又重新修治了后稷的事业，致力于耕种。他考察土地适合种什么，从漆水、沮水，渡过渭水，伐取木材以供使用，使得出行的人有了资费，在家的人有了积蓄，民众的生活都依靠他好起来。百姓感念他，很多人都迁移过来归附他。周室从此开始兴盛，所以诗人创作诗歌来怀念他的功德。公刘去世后，他的儿子庆节即位，在豳地建立了国都。

　　庆节去世后，他的儿子皇仆即位。皇仆去世后，他的儿子差弗即位。差弗去世后，他的儿子毁隃即位。毁隃去世后，他的儿子公非即位。公非去世后，他的儿子高圉即位。高圉去世后，他的儿子亚圉即位。亚圉去世后，他的儿子公叔祖类即位。公叔祖类去世后，他的儿子古公亶父即位。古公亶父又重新修治了后稷、公刘的事业，他积聚德行，推行仁义，国人都爱戴他。戎狄的薰育部落前来攻打，想夺取财物，古公亶父就给了他们。不久他们又来攻打，想要夺取土地和百姓。百姓都愤怒了，准备与薰育作战。古公亶父说："百姓拥立君主，是因为会有利于百姓。如今戎狄部落之所以前来攻打，是想得到我们的土地和百姓。百姓在我这里和在他们那里有什么区别呢？百姓想因为我的缘故而去打仗，我杀了他们的父子而做了他们的君主，我不忍心这样做。"于是就带着自己的家奴、亲信离开了豳，渡过漆水、沮水，越过梁山，停留在岐下。豳地的百姓全城扶老携幼，又全都来到岐下归附古公。等到其他附近的国家听说古公的仁爱，也有很多前来归附他。于是古公就废除了戎狄部族的习俗，营建城郭和房屋，设立邑落分别居住。又设置了五种官府机构以及负责的官员。百姓都谱歌作乐，歌颂他的功德。

【原文】

　　古公有长子曰太伯，次曰虞仲。太姜生少子季历，季历娶太任，皆贤妇人，生昌，有圣瑞。古公曰："我世当有兴者，其在昌乎？"长子太伯、虞仲知古公欲立季历以传昌，乃二人亡如荆蛮①，文身断发，以让季历。

　　古公卒，季历立，是为公季。公季脩古公遗道②，笃于行义，诸侯顺之。

　　公季卒，子昌立，是为西伯。西伯曰文王，遵后稷、公刘之业，则古公、公季之法，笃仁，敬老，慈少。礼下贤者，日中不暇食以待士，士以此多归之。伯夷、叔齐在孤竹，闻西伯善养老，盍往归之。太颠、闳夭、散宜生、鬻子、辛甲大夫之徒皆往归之。

　　崇侯虎谮③西伯于殷纣曰："西伯积善累德，诸侯皆向之，将不利于帝。"帝纣乃囚西伯于羑里。闳夭之徒患之。乃求有莘氏美女、骊戎④之文马⑤，有熊九驷⑥，他奇怪物，因殷嬖臣费仲而献之纣。纣大说，曰："此一物足以释西伯，况其多乎！"乃赦西伯，赐之弓矢斧钺，使西伯得征伐。曰："谮西伯者，崇侯虎也。"

西伯乃献洛西之地，以请纣去炮烙之刑。纣许之。

【注释】

①荆蛮：古代中原人对楚越或南人的称呼。②遗道：指前人留传下来的思想观点、政治主张、治理方法等。③谮(zèn)：说别人的坏话，诬陷，中伤。④骊戎：古族名。古戎人的一支。国君姬姓。在今陕西省临潼县一带。一说在今山西省析城、王屋两山之间。曾与秦的先世通婚。春秋初，晋献公伐之，得骊姬。后为晋国所并。⑤文马：毛色有文采的马。⑥九驷：三十六匹马。驷，四匹马。

【译文】

古公的长子叫太伯，次子叫虞仲。古公的妃子太姜生了小儿子季历，季历娶了太任，太姜和太任都是贤淑的女子。太任生下昌，有圣贤的祥瑞出现。古公说："我们家将会有兴旺的人，大概是在昌身上吧？"长子太伯、虞仲知道古公想立季历以便传于昌，于是两人就逃往到荆蛮之地，在身上刺上花纹，剪断头发，将王位让给季历。

古公去世后，季历即位，这就是公季。公季遵循古公的理政办法，努力地施行仁义，诸侯都来归顺他。

公季去世后，他的儿子昌即位，这就是西伯。西伯也就是文王，他继承了后稷、公刘的事业，遵循古公、公季的法则，笃厚仁爱，敬重老人，慈爱幼儿。他对贤士谦下有礼，有时到了中午还顾不上吃饭来接待贤士，贤士因此多来归附于他。伯夷、叔齐在孤竹国，听说西伯敬重老人，就说为什么不前去归附西伯呢？太颠、闳夭、散宜生、鬻子、辛甲大夫等人也都前来归附他。

崇侯虎在殷纣面前中伤西伯说："西伯积累善行、美德，诸侯都来归附他，这将对天子不利。"殷纣于是就将西伯囚禁在羑里。闳夭等人担心西伯，于是就寻求到有莘氏的美丽女子、骊戎国出产的有文采的马，有熊国出产的三十六匹马，还有其他珍奇古怪的物品，通过殷纣的宠臣费仲献给了纣。殷纣非常高兴，说："这些中的一件就足以释放西伯，更何况这么多呢！"于是就赦免了西伯，并赐给他弓矢斧钺，使他有权能够征讨其他诸侯，殷纣说："中伤西伯的是崇侯虎。"

西伯回去后就献出了洛水西岸的土地，请求纣废除炮烙的刑罚。纣就答应了。

【原文】

西伯阴行善，诸侯皆来决平①。于是虞、芮之人有狱不能决，乃如周。入界，耕者皆让畔，民俗皆让长。虞、芮之人未见西伯，皆惭，相谓曰："吾所争，周人所耻,何往为,祇取辱耳。"遂还,俱让而去。诸侯闻之,曰"西伯盖受命之君"。

明年,伐犬戎。明年,伐密须。明年,败耆国。殷之祖伊闻之,惧,以告帝纣。纣曰:"不有天命乎?是何能为!"明年,伐邘。明年,伐崇侯虎。而作丰邑,自岐下而徙都丰。明年,西伯崩,太子发立,是为武王。

西伯盖即位五十年。其囚羑里,盖益易之八卦为六十四卦。诗人道西伯,盖受命之年称王而断虞芮之讼。后十年②而崩,谥为文王。改法度,制正朔矣。追尊古公为太王,公季为王季:盖王瑞自太王兴。

武王即位,太公望为师,周公旦为辅,召公、毕公之徒左右王,师修文王绪业③。

【注释】

①决平:公平断案。②后十年:《正义》:"十当为'九'。"③绪业:事业;遗业。

【译文】

西伯暗中实行德政,诸侯都来请他裁决纷争。当时虞、芮两国的人发生了争执不能解决,就来到周国。进入周国境内,发现种田的人都相互推让田界,人们都谦让老人。虞、芮两国的人还没有见到西伯,就都觉得很惭愧,互相说道:"我们所争执的,正是周国的人以为羞耻的,还去找西伯干什么呢?只能是自取其辱。"于是就返了回去,都相互谦让后离去。诸侯听说此事,都说:"西伯大概就是承受天命的君主。"

第二年,西伯征讨犬戎。下一年,又征讨密须。再下一年,打败了耆国。殷朝的祖伊听说后,非常恐惧,就将此事报告给了纣王。纣说:"我不是承受天命吗?他能有什么作为呢?"第二年,西伯征讨邘国。下一年,西伯征讨伐崇侯虎。他营建了丰邑,并将国都从岐下迁到丰邑。再下一年,西伯去世,太子姬发即位,这就是武王。

西伯大约在位五十年。他被囚禁在羑里时,据说将《易》的八卦增衍为六十四卦。诗人称赞西伯,认为他是承受天命那年就被拥立为王,因裁决虞和芮两国的争端而受到诸侯的拥护。后来过了九年,西伯去世,谥号为文王。文王曾改变了殷的法律制度,制定了新的历法。追奉古公为太王,公季为王季。大概帝王的瑞兆是从太王的时候兴起的。

武王即位后,太公望任太师,周公旦任宰相,召公、毕公等人任辅佐大臣,继承文王的事业。

九年,武王上祭于毕。东观兵,至于盟津。为文王木主①,载以车,中军。武王自称太子发,言奉文王以伐,不敢自专。乃告司马、司徒、司空、诸节②:"齐栗③,信哉!予无知,以先祖有德臣,小子受先功,毕立赏罚,以定其功。"遂兴师。师尚父号曰:"总尔众庶,与尔舟楫,后至者斩。"武王渡河,中流,白鱼跃入王舟中,武王俯取以祭。既渡,有火自上复于下,至于王屋,流为乌,其色赤,其声魄云。是时,诸侯不期而会盟津者八百诸侯。诸侯皆曰:"纣可伐矣。"武王曰:"女未知天命,未可也。"乃还师归。

居二年,闻纣昏乱暴虐滋甚,杀王子比干,囚箕子。太师疵、少师彊抱其乐器而奔周。于是武王遍告诸侯曰:"殷有重罪,不可以不毕伐。"乃遵文王,遂率戎车三百乘,虎贲三千人,甲士④四万五千人,以东伐纣。十一年十二月戊午,师毕渡盟津,诸侯咸会。曰:"孳孳无怠!"武王乃作太誓,告于众庶:"今殷王纣乃用其妇人之言,自绝于天,毁坏其三正,离逷⑤其王父母弟,乃断弃其先祖之乐,乃为淫声,用变乱正声,怡说妇人。故今予发维共行天罚。勉哉夫子⑥,不可再,不可三!"

【注释】

①木主:木制的神位。上书死者姓名以供祭祀。又称神主。俗称牌位。②诸节:指接受王命的诸官吏。③齐栗:犹斋栗。敬慎恐惧的样子。④甲士:披甲的战士。泛指士兵。⑤离逷:疏远。⑥夫子:对将士的尊称。

【译文】

九年,武王在毕祭祀文王。然后去东方检阅军队,到达盟津。制作了文王的牌位,用车载着,供奉在军中。武王自称太子姬发,说是奉文王的旨意前去征讨,不敢独断独行。于是告令司马、司徒、司空和诸位接受王命的官员:"一定要恭敬慎重,要守信。我无知,只因先祖有德行,我才继承了先祖的功业。现在已经制定了赏罚制度,以确保完成先祖的功业。"于是就起兵。师尚父发号施令说:"集合你们的兵众,把好你们的船只桨楫,迟到的斩首。"武王乘船渡黄河,船行到河中央,有条白鱼跳进了武王所乘的船里,武王就弯腰捡起用来祭天了。渡过黄河后,有一团火从上覆盖而下,落到武王的房顶上,化为一只乌鸦,颜色是赤红的,发出魄魄的鸣叫声。这时,诸侯没有约定而会聚于盟津的有八百多个。诸侯都说:"纣可以讨伐了。"武王说:"你们还是不知道天命,现在还不可以。"于是就带领军队回去了。

过了两年,武王听说纣更加昏庸残暴,杀死了王子比干,囚禁了箕子。太师疵、少师彊抱着乐器逃到了周国。于是武王遍告诸侯说:"纣罪孽深重,不能不讨伐。"于是就遵从文王的旨意,率领战车三百辆,勇士三千名,士兵四万五千人,向东去讨伐纣。十一年十二月戊午日,军队全部渡过了盟津,诸侯都会聚于此。武王说:"要奋发努力,不能懈怠!"武王于是就写下了《太誓》,向众人宣告说:"现在殷王纣听信妇人的话,自绝于天,毁坏天地人的正道,疏远同族兄弟,抛弃先祖创制的乐曲,谱写淫靡之声,用淫乱的音乐去替代雅正的音乐,以取悦妇人。所以今天我姬发决定恭敬地执行上天的惩罚。努力吧,将士们,这样的讨伐不能再有第二次、第三次了!"

【原文】

二月甲子昧爽,武王朝至于商郊牧野,乃誓。武王左杖黄钺①,右秉白旄,以麾。曰:"远矣西土之人!"武王曰:"嗟!我有国家君,司徒、司马、司空、亚旅、师氏、千夫长、百夫长,及庸、蜀、羌、髳、微、纑、彭、濮人,称尔戈,比尔干,立尔矛,予其誓。"王曰:"古人有言'牝鸡无晨。牝鸡之晨,惟家之索'。今殷王纣维妇人言是用,自弃其先祖肆祀②不答,昏弃③其家国,遗其王父母弟不用,乃维四方之多罪逋逃是崇是长,是信是使,俾暴虐于百姓,以奸轨于商国。今予发维共行天之罚。今日之事,不过六步七步,乃止齐焉,夫子勉哉!不过于四伐五伐六伐七伐,乃止齐焉,勉哉夫子!尚④桓桓⑤,如虎如罴,如豺如离,于商郊,不御克奔⑥,以没西土⑦,勉哉夫子!尔所不勉,其于尔身有戮。"誓已,诸侯兵会者车四千乘,陈师牧野。

【注释】

①黄钺:饰以黄金的长柄斧子。天子仪仗,亦用以征伐。②肆祀:祭名。谓以全牛全羊祭祀祖先。③昏弃:蔑弃,弃绝。昏,通"泯"。④尚:表示命令或希望。⑤桓桓:威武的样子。⑥克奔:斩杀败降的敌人。⑦西土:指周部族所居的故地。大致在今陕西省。

【译文】

二月甲子日拂晓,武王就到了位于商都郊外的牧野,进行誓师。武王左手拿着饰以黄金的长柄斧子,右手举着白色旗帜,用来指挥军队。他说:"辛苦了,来自西方的将士们。"武王又说:"喂!我的友好邻邦的君主,司徒、司马、司空、亚旅、师氏、千夫长、百夫长,以及庸、蜀、羌、髳、微、纑、彭、濮各国的人们,举起你们的戈,排好你们的盾,立好你们的矛,让我们来宣誓。"武王说:"古代有人说:'母鸡不报晓,倘若母鸡报晓,这个家庭就要败落。'如今纣王只听信妇人的话,废弃祭祀祖先的事不闻不问,抛弃家国,抛开亲族兄弟不加任用,却对四方作恶多端逃往来的人加以厚爱、加以尊重、加以信任、加以任用，让他们欺压百姓，在商国胡作非为。现在我姬发恭敬地执行上天的惩罚。今天的战斗，每前进六七步，就要停下来整齐军队，将士们要努力啊！每经过四次、五次、六次、七次冲刺，就要停下来整齐军队，将士们要努力啊！希望你们要勇猛，像老虎、熊罴、豺狼、螭蛟。在商都的郊外，不要斩杀败降的殷朝士兵，要让他们帮助周朝，将士们要努力啊！如果你不努力，你自身就将遭杀戮。"誓师完毕，诸侯来会的兵车有四千辆，在牧野摆开了阵势。

【原文】

帝纣闻武王来，亦发兵七十万人距武王。武王使师尚父与百夫致师，以大卒驰帝纣师。纣师虽众，皆无战之心，心欲武王亟入。纣师皆倒兵以战，以开武王。武王驰之，纣兵皆崩畔纣。纣走，反入登于鹿台之上，蒙衣其殊玉，自燔于火而死。武王持大白旗以麾诸侯，诸侯毕拜武王，武王乃揖诸侯，诸侯毕从。武王至商国，商国百姓咸待于郊。于是武王使群臣告语商百姓曰："上天降休！"商人皆再拜稽首，武王亦答拜。遂入，至纣死所。武王自射之，三发而后下车，以轻剑击之，以黄钺斩纣头，县大白之旗。已而至纣之嬖妾①二女，二女皆经自杀。武王又射三发，击以剑，斩以玄钺②，县其头小白之旗。武王已乃出复军。

其明日，除道，脩社及商纣宫。及期，百夫荷罕旗以先驱。武王弟叔振铎奉陈常车，周公旦把大钺，毕公把小钺，以夹武王。散宜生、太颠、闳夭皆执剑以卫武王。既入，立于社南大卒之左，右毕从。毛叔郑奉明水③，卫康叔封布兹，召公奭赞采，师尚父牵牲。尹佚筴祝曰："殷之末孙季纣，殄废先王明德，侮蔑神祇不祀，昏暴商邑百姓，其章显闻于天皇上帝。"于是武王再拜稽首，曰："膺更大命，革殷，受天明命。"武王又再拜稽首，乃出。

【注释】

①嬖妾：指爱妾。②玄钺(yuè)：古代铁制斧形兵器。③明水：古代祭祀所用的净水。

【译文】

纣王听说武王来攻，也发兵七十万人来迎战武王。武王命太师尚父率领百名勇猛之士出去挑战，接着用大部队冲杀纣王军。纣军虽然人众多，但都没有作战之心，心里盼着武王赶快攻入。纣军都纷纷掉头攻打殷纣的军队，为武王开道。武王奔驰而来，纣军全部崩溃，士兵都背叛了纣王。纣王逃走，回到城里，登上鹿台，穿上用珠宝装饰的华丽衣服，投入火海自焚而死。武王手持白旗指挥诸侯，诸侯都参拜武王，武王也拱手回礼，诸侯全部服从。武王来到商都，商国的百姓都到郊外来迎候武王。这时，武王让群臣告诉商国的百姓说："上天要降福给你们！"商国的百姓都再次跪拜叩头，武王也回拜行礼。进入城中。武王来到纣王自焚的地方，向纣的尸体射了三箭然后才下车，又用轻吕宝剑刺杀纣的尸体，并用饰以黄金的长柄斧子斩下了纣的头颅，悬挂于大白旗上。然后又到纣的两个宠妃那里，二人都已经自杀。武王又对她们射了三箭，用剑刺杀，用黑色的斧头斩下了她们的头颅，悬挂在小白旗上。武王做完这些就出城返回军营。

第二天，修治道路，修复祭祀土地的社坛和商纣的宫殿。到了规定之日，百名勇士扛着罕旗在前面开道，武王的弟弟叔振铎护着已经陈列好插有太常旗的仪仗车，周公旦手持大斧，毕公手持小斧，左右护卫武王。散宜生、太颠、闳夭也都拿着剑护卫武王。进了城，武王站在社坛南边的军队左边，左右辅卫的人全都跟从。毛叔郑捧着净水，卫康叔铺好用公明草编织的席子，召公奭献上彩帛，师尚父牵着牲畜。尹佚宣读祝文说："殷的末代子孙季纣，废弃先王的英明德政，侮辱天地神灵而不去祭祀，暴虐商邑的百姓，他罪恶昭彰，被天皇知道了。"于是武王再次跪拜叩头，说："我承受着上天之命，革除殷朝暴政，接受上天圣明的旨命。"武王又再次跪拜叩头，然后就走了出去。

【原文】

封商纣子禄父殷之馀民。武王为殷初定未集，乃使其弟管叔鲜、蔡叔度相禄父治殷。已而命召公释箕子之囚。命毕公释百姓之囚，表商容之闾。命南宫括散鹿台之财，发钜桥之粟，以振贫弱萌隶。命南宫括、史佚展九鼎保玉。命闳夭封比干之墓。命宗祝享祠于军。乃罢兵西归。行狩，记政事，作武成。封诸侯，班赐宗彝①，作分殷之器物。武王追思先圣王，乃褒封神农之后于焦，黄帝之后于祝，帝尧之后于蓟，帝舜之后于陈，大禹之后于杞。于是封功臣谋士，而师尚父为首封。封尚父于营丘，曰齐。封弟周公旦于曲阜，曰鲁。封召公奭于燕。封弟叔鲜于管，弟叔度于蔡。馀各以次受封。

武王征九牧之君，登豳之阜，以望商邑。武王至于周，自夜不寐。周公旦即王所，曰："曷为不寐？"王曰："告女：维天不飨殷，自发未生于今六十年，麋鹿在牧，蜚鸿②满野。天不享殷，乃今有成。维天建殷，其登名民三百六十夫，不显亦不宾灭，以至今。我未定天保，何暇寐！"王曰："定天保，依天室，悉求夫恶，贬从殷王受。日夜劳来定我西土，我维显服，及德方明。自洛汭延于伊汭，居易毋固，其有夏之居。我南望三涂，北望岳鄙，顾詹有河，粤詹雒、伊，毋远天室。"营周居于雒邑而后去。纵马于华山之阳，放牛于桃林之虚；偃干戈，振兵释旅：示天下不复用也。

①宗彝:宗庙祭祀所用酒器。②蜚鸿:蠛蠓,虫名。

【译文】

武王将殷朝剩下的民众封给纣的儿子禄父。武王因为殷刚刚平定还没有安定下来,于是就派弟弟管叔鲜、蔡叔度辅助禄父来治理殷。然后命召公去释放被囚禁的箕子,命毕公去释放被囚禁的百姓,还到商容居住的里巷去表彰他。命南宫括散发鹿台仓库的钱财,发放钜桥粮库的粮食,以救济贫弱的民众。命南宫括、史佚展示九鼎和宝玉。命闳夭增填比干的墓土。命主官祭祀的官员在军中祭祀阵亡的将士。然后罢兵回到西方。途中巡视各诸侯国,记述政事,写下了《武成》。又分封诸侯,颁赐祭祀用的酒器,写下了《分殷之器物》。武王追忆古代的圣王,褒扬并封神农氏的后代于焦地,封黄帝的后代于祝地,封尧的后代于蓟地,封舜的后代于陈地,封大禹的后代于杞地。于是又分封功臣谋士,太师尚父是第一个受封的,将尚父封在营丘,国号为齐。封弟弟周公旦于曲阜,国号为鲁。封召公奭于燕国。封弟弟叔献于管国,封弟弟叔度于蔡国。其他人按照次序依次受封。

武王召来九州的君长,登上豳地附近的山丘,遥望商朝的国都。武王回到周都,夜里都不能入睡。周公旦来到武王的住所,问:"您为什么不能入睡呢?"武王说:"告诉你吧:上天不享用殷朝的祭品,从我姬发没有出生到现在已经六十年,麋和鹿在郊外,蠛蠓遍野。上天不保佑殷朝,才使我们今天取得了成功。当初承受天命建立殷,任用贤人三百六十人,虽然政绩不显著但也不至于灭亡,才使殷朝维持到现在。我还不能使上天赐给周朝的国运永葆不变,哪里顾得上睡觉呢?"他接着说:"我要确保周朝的国运不可改变,使天下人都归附于王室,找出那些不归顺的恶人,像惩罚纣王一样惩罚他们。日夜操劳招来贤人来到我们的西土。我要办好各种事情,直到使德教光明四射。从洛水延续到伊水,居处平坦没有险固,是从前夏代的居住地。我向南望到三涂,向北望到太行,回头看到黄河,审视洛水、伊水地区,觉得这是一个建都的好地方。于是对在洛邑监理周都进行了测量规划而后离去。将马放养在华山南面,将牛放养在桃林的原野上,让军队放下干戈兵器,收整并解散军队,向天下表示不再用武了。

【原文】

武王已克殷,后二年,问箕子殷所以亡。箕子不忍言殷恶,以存亡国宜告。武王亦丑,故问以天道。

武王病。天下未集,群公惧,穆卜①,周公乃祓斋,自为质,欲代武王。武王有瘳。后而崩，太子诵代立，是为成王。

成王少，周初定天下，周公恐诸侯畔周，公乃摄行政当国。管叔、蔡叔群弟疑周公，与武庚作乱，畔周。周公奉成王命，伐诛武庚、管叔，放蔡叔。以微子开代殷后，国于宋。颇收殷馀民，以封武王少弟封为卫康叔。晋唐叔得嘉穀②，献之成王，成王以归周公于兵所。周公受禾东土，鲁天子之命。初，管、蔡畔周，周公讨之，三年而毕定，故初作大诰，次作微子之命，次归禾，次嘉禾，次康诰、酒诰、梓材，其事在周公之篇。周公行政七年，成王长，周公反政成王，北面就群臣之位。

①穆卜：恭敬地卜问吉凶。②嘉谷：生长奇异的禾，古人以之为吉祥的征兆。亦泛指生长苗壮的禾稻。

【译文】

武王攻克殷朝，两年后，询问箕子殷朝灭亡的原因。箕子不忍心说殷的罪过，就向武王讲了一些国家生死存亡的道理。武王也有些不好意思，所以询问了天地自然规律的事。

武王生病了。那时天下还没有统一，众臣非常担心，就虔诚地进行占卜，周公斋戒沐浴，袚除秽恶，情愿以自身为抵押，代替武王承受病痛，武王的病情有了好转。后来武王去世，太子诵即位，这就是周成王。

成王年纪小，周朝又刚刚平定天下，周公担心诸侯背叛周朝，就代理称王管理政务，主持国事。管叔、蔡叔等兄弟怀疑周公，就和武庚一起作乱，背叛了周朝。周公奉成王的命令，讨伐并诛杀了武庚、管叔，流放了蔡叔，用微子开接续殷家后代，在宋地建国。又收集殷朝的残余民众，封给武王的小弟弟，封他为卫康叔。晋唐叔得到一种象征吉祥的谷物，将其献给了成王，成王将它赠给在军营中的周公，周公在东方接受了嘉谷，颂扬了天子的圣命。当初，管叔、蔡叔背叛周朝，周公前去讨伐，经过三年，终于彻底平定，所以先写下了《大诰》，又写下了《微

56

子之命》，接着又写下了《归禾》，再写下了《嘉禾》，后又写下了《康诰》、《酒诰》、《梓材》，这些事情都记载在有关周公的篇章中。周公主持政务七年，成王长大了，周公就将政权交还给了成王，面北站在臣下的位置上。

【原文】

成王在丰，使召公复营洛邑，如武王之意。周公复卜申视，卒营筑，居九鼎焉。曰："此天下之中，四方入贡道里均。"作召诰、洛诰。成王既迁殷遗民，周公以王命告，作多士、无佚。召公为保，周公为师，东伐淮夷，残奄，迁其君薄姑。成王自奄归，在宗周，作多方。既绌殷命，袭淮夷，归在丰，作周官。兴正礼乐，度制于是改，而民和睦，颂声兴。成王既伐东夷，息慎来贺，王赐荣伯作贿息慎之命。

成王将崩，惧太子钊之不任，乃命召公、毕公率诸侯以相太子而立之。成王既崩，二公率诸侯，以太子钊见于先王庙，申告①以文王、武王之所以为王业之不易，务在节俭，毋多欲，以笃信临之，作顾命。太子钊遂立，是为康王。康王即位，遍告诸侯，宣告以文武之业以申之，作康诰。故成康之际，天下安宁，刑错②四十余年不用。康王命作策毕公分居里，成周郊，作毕命。

康王卒，子昭王瑕立。昭王之时，王道微缺③。昭王南巡狩不返，卒于江上。其卒不赴告，讳之也。立昭王子满，是为穆王。穆王即位，春秋已五十矣。王道衰微，穆王闵文武之道缺，乃命伯臩申诫太仆国之政，作《臩命》。复宁。

【注释】

①申告：反复告诫。②刑错：亦作"刑措"，亦作"刑厝"，置刑法而不用。③微缺：衰败残缺。

【译文】

成王住在丰邑，命召公再去营建洛邑，以顺从武王的心愿。周公多次占卜，反复视察，最终营建成功，将九鼎安放在那里。说："这里是天下的中心，四方进贡的道路都一样长。"于是就写下了《召诰》、《洛诰》。成王将殷朝的遗民迁徙到那里，周公向他们宣告成王的命令，写下了《多士》、《无佚》。召公担任太保，周公担任太师，向东讨伐淮夷，灭亡了奄国，并迁移他的国君到薄姑。成王从奄回来后，在宗周写下了《多方》。成王废除了殷礼后，袭击了淮夷，回到丰邑写下了《周官》。重新修订了礼仪，法令、制度也同时进行了修改，百姓和睦，颂扬的歌声四处兴起。成王讨伐了东夷以后，息慎前来朝贺，成王命荣伯写下了《贿息慎之命》。

成王将要去世，担心太子钊不能胜任，于是就命召公、毕公率领诸侯辅佐太子登位。成王去世后，召公、毕公率领诸侯带太子拜谒先王的宗庙，反复告诫他文王和武王开创周朝王业的艰难，要他一定要节俭，不要有太多的欲望，以笃厚诚信的态度登临王位，于是写下了《顾命》。太子钊于是即位，这就是康王。康王即位，通告天下诸侯，宣告文王、武王的业绩并反复说明，写下了《康诰》。所以成康时代，天下安宁，刑法四十多年没有使用。康王命令毕公写作策书，让民众分别村落居住，划定周都郊外的境界，作为周都的屏卫，为此写下《毕命》，记录了毕公受命这件事。

康王去世，他的儿子昭王瑕即位。昭王的时候，王道衰败残缺。昭王到南方巡视没有返回，死在了江中。他死的时候没有向诸侯报丧，是因为忌讳这件事。让昭王的儿子满即位，这就是穆王。穆王即位时，已经五十岁了。王道衰败残缺，穆王悯惜文王、武王的大业残缺，就命伯臩反复告诫太仆要管理好国家政事，并写下了《臩命》，国家又恢复了安宁。

【原文】

穆王将征犬戎，祭公谋父谏曰："不可。先王燿德不观兵[①]。夫兵戢而时动，动则威，观则玩，玩则无震。是故周文公之颂曰：'载戢干戈，载櫜弓矢，我求懿德，肆于时夏，允王保之。'先王之于民也，茂正其德而厚其性，阜其财求而利其器用，明利害之乡，以文修之，使之务利而辟害，怀德而畏威，故能保世以滋大。'昔我先王世后稷以服事虞、夏。及夏之衰也，弃稷不务，我先王不窋用失其官，而自窜于戎狄之间。不敢怠业，时序其德，遵修其绪，修其训典，朝夕恪勤，守以敦笃，奉以忠信。奕世[②]载德，不忝[③]前人。至于文王、武王，昭前之光明而加之以慈和，事神保民，无不欣喜。商王帝辛大恶于民，庶民不忍，诉载武王，以致戎于商牧。是故先王非务武也，劝恤民隐而除其害也。夫先王之制，邦内甸服[④]，邦外侯服[⑤]，侯卫宾服，夷蛮要服[⑥]，戎翟荒服。甸服者祭，侯服者祀，宾服者享，要服者贡，荒服者王。'日祭，月祀，时享，岁贡，终王。先王之顺祀也，有不祭则修意，有不祀则修言，有不享则修文，有不贡则修名，有不王则修德，序成而有不至则修刑。于是有刑不祭，伐不祀，征不享，让不贡，告不王。于是有刑罚之辟，有攻伐之兵，有征讨之备，有威让之命，有文告之辞。布令陈辞而有不至，则增修于德，无勤民于远。是以近无不听，远无不服。'今自大毕、伯士之终也，犬戎氏以其职来王，天子曰'予必以不享征之，且观之兵'，无乃废先王之训，而王几顿乎？吾闻犬戎树敦，率旧德而守终纯固，其有以御我矣。"王遂征之，得四白狼四白鹿以归。自是荒服者不至。

①观兵:显示兵力。②奕世:累世,代代。③不忝:不辱;不愧。④甸服:古制称离王城五百里的区域。⑤侯服:古代王城外围,按距离远近划分的区域之一。⑥要服:古五服之一。古代王畿以外按距离分为五服。相传一千五百里至两千里为要服。

【译文】

穆王将要征伐犬戎,祭公谋父劝谏说:"不可以。先王只显扬德化而不显示兵力。兵器按照时机而动用,一旦动用就会显示威严,如果经常显示就会成为儿戏,儿戏就不会使人害怕。因此周公的颂歌中说:'收起干戈,藏起弓箭,我注重美德,华夏都传遍,那么王业就会保全。'先王对待百姓,端正他们的德行,使他们的性情纯厚,增加他们的财富,改善他们的器用,让他们明白利害的所在,用礼法来教育他们,使他们趋利避害,心中怀有感恩戴德之情而又惧怕其威严,所以才能保住先王的事业时代相承乃至日益壮大。以前我们的祖先世代担任农官,为虞、夏两朝谋事。等到了夏朝衰败,废弃农师不务正业,我们的先祖不窋因此丢掉了官职,自己逃到戎狄地区。他不敢荒废农业,时时宣扬先王的德行,遵循先王开创的事业,修正他的教化法令,一天到晚恭敬勤恳,用敦厚笃实的态度来严格遵守,用忠实诚服的态度来奉行。世代继承德政,不辱没先祖。到了文王、武王时,他们发扬先祖的光明美德,再加上慈祥和善,敬奉鬼神,保护百姓,没有不高兴的。商王帝辛对百姓犯下了很大的罪恶,百姓不能忍受,都高兴地拥戴武王,以至于在商郊牧野展开了战争。所以先王并不是崇尚武力,而是关怀民众的疾苦而为民除害。先王的制度,王城五百里的区域是甸服,甸服以外五百里的区域是侯服,侯服以外起武卫作用的实行宾服,蛮夷地区实行要服,戎翟地区为荒服。甸服地区的诸侯供奉天子每天祭祀的祭品,侯服地区负责供应每月祭祀的祭品,宾服地区负责供应四时的祭品,要服地区每年都要向周王纳贡,荒服地区要来朝见天子。''祭礼一天一次,祀礼一月一次,献享一季一次,进贡一年一次,荒服只须永远都承认周王室的正统地位即可。先王推行的这种祭祀制度,有不来供奉祭祀,就得修正自己的思想;不供月祀的,便须修正自己的言论;有不供时享的,就要修正自己的法律制度;有不供岁贡的,就要修治上下尊卑的名分,有不来朝见的,就应修正自己的德行。一次做到了这些,如果还有不按照规定做的,就动用刑罚。于是惩罚不参与日祭的,攻讨不参与月祀的,亲自出兵征讨不献时享的,责备不按年纳贡的,劝谕不想臣服的。于是也就有了刑罚的法规、讨伐的军队、征讨的措施、威严责备的诰命,以及晓谕劝诫的文辞。倘若谴责的诏命和劝谕的文辞都发布了,还有不朝贡者,则天子就更要加强自己的德行,而不是让百姓受苦受累去远征。所以才能使近地诸侯无不听从,远处民族无不臣服。''如今,自从犬戎的两位君主大毕和伯士去世之后,接下来的首领还是遵奉周王,尽职尽责,但是您却说'我定要按不享之罪名来讨伐他们,并向他们炫耀我的武力',这难道不是废弃了先王的遗训，毁坏先王的制度吗？我听说犬戎部落树立了敦厚的风尚，遵循先人的传统美德，始终恪守淳朴坚定的品性，这样他们就已经有了抵御我们的条件和基础了。"穆王还是进行了征伐，只得到了本来犬戎就可以职贡的四头白狼和四只白鹿。但此后，荒服地区便没有部族前来朝见了。

【原文】

诸侯有不睦者，甫侯言于王，作脩刑辟①。王曰："吁，来！有国有土，告汝祥刑②。在今尔安百姓，何择非其人，何敬非其刑，何居非其宜与？两造具备，师听五辞。五辞简信③，正于五刑。五刑不简，正于五罚。五罚不服，正于五过。五过之疵，官狱内狱，阅实其罪，惟钧其过。五刑之疑有赦，五罚之疑有赦，其审克之。简信有众，惟讯有稽。无简④不疑，共严天威。""黥辟疑赦，其罚百率，阅实其罪。劓辟疑赦，其罚倍洒⑤，阅实其罪。膑辟疑赦，其罚倍差⑥，阅实其罪。宫辟疑赦，其罚五百率，阅实其罪。大辟⑦疑赦，其罚千率，阅实其罪。墨罚之属千，劓罚之属千，膑罚之属五百，宫罚之属三百，大辟之罚其属二百：五刑之属三千。"命曰甫刑。

【注释】

①刑辟：刑法。辟，法度，法律。②祥刑：同"详刑"。谓善用刑罚。③简信：确凿无疑。简，诚实。信，确实。④无简：指没有确凿证据。⑤倍洒：加倍或为五倍，即二百锾或五百锾。⑥倍差：于加倍之外又加差数，这里就是加一倍半，指比劓刑加一倍半，为五百锾。⑦大辟：死刑。五刑之一。

【译文】

诸侯中有不和睦的，甫侯就报告给穆王，于是制定了刑法。穆王说："喂，过来！你们这些有国家和土地的人，我告诉你们一种完善的刑法。现在你们要使百姓安定，不就是选择贤人吗？不就是严肃地对待刑法吗？不就是量刑的轻重适宜吗？原告和被告都到了，法官就用五种方法来考察供词。五种方法都核实验证了，就要用五种刑律来对其进行判决。如果五刑使用不当，就依照五罚来惩处。如果五罚也处理不当，不能使人心服，就要按五种过失来处罚官员。五种过失的弊病，即依仗官势，图报恩怨，贪赃枉法，收受贿赂，徇私枉法等，这些一定要查清罪证，处罚要与所犯过失相当。五刑有疑问的则有赦免的办法，五罚有疑问的则有赦免的办法，要审慎地加以考察。核实验证一定要有众多的途径，审理案件一定要有案可查。如果没有核实就不能仅凭怀疑判案，要恭敬谨慎地执行上天的判决。""判处黥刑有疑问的地方就从轻处治，可罚金百钱，但事先一定要核实他的罪过。判处劓刑有疑问的也从轻处治，可罚金二百钱，事先也要核实他的罪过。判处膑刑有疑问的，可从轻处治，可罚金五百钱，事先一定要核实他的罪过。判处宫

刑有疑问的也从轻处治，可罚金六百钱，事先一定要核实他的罪过。判处死刑有疑问的地方也从轻处治，可罚金一千钱，事先一定要核实他的罪过。墨刑的法律条文有一千条，劓刑的法律条文有一千条，膑刑的法律条文有五百条，宫刑的法律条文有三百条，死刑的法律条文有二百条，总计五种刑罚的法律条文有三千条。"命名为《甫刑》。

【原文】

穆王立五十五年，崩，子共王繄扈立。共王游于泾上，密康公从，有三女奔之。其母曰："必致之王。夫兽三为群，人三为众，女三为粲。王田不取群，公行不下众，王御不参一族。夫粲，美之物也。众以美物归女，而何德以堪之？王犹不堪，况尔之小丑乎！小丑备物，终必亡。"康公不献，一年，共王灭密。共王崩，子懿王囏立。懿王之时，王室遂衰，诗人作刺。

懿王崩，共王弟辟方立，是为孝王。孝王崩，诸侯复立懿王太子燮，是为夷王。

夷王崩，子厉王胡立。厉王即位三十年，好利，近荣夷公。大夫芮良夫谏厉王曰："王室其将卑乎？夫荣公好专利而不知大难。夫利，百物之所生也，天地之所载也，而有专之，其害多矣。天地百物皆将取焉，何可专也？所怒甚多，而不备大难。以是教王，王其能久乎？夫王人者，将导利而布之上下者也。使神人百物无不得极，犹日怵惕惧怨之来也。故颂曰'思文①后稷，克配②彼天，立我烝民③，莫匪尔极④'。大雅曰'陈锡载周'。是不布利而惧难乎，故能载周以至于今。今王学专利，其可乎？匹夫专利，犹谓之盗，王而行之，其归鲜矣。荣公若用，周必败也。"厉王不听，卒以荣公为卿士，用事。

【注释】

①思：助词，放在形容词前，不必译出。文：文德。②克：能够。配：匹配。③烝民：众民，百姓。④匪：同"非"，不。尔极：等于说"极尔"，意思是把你当做榜样。

【译文】

穆王在位五十五年去世，他的儿子共王繄扈即位。共王到泾水边游玩，密康公跟随着他，有三个女子来投奔他。密康公的母亲说："一定要将她们献给共王。三只兽在一起就是群,三个人在一起就是众,三个女子在一起就是粲。天子打猎不猎取群兽,诸侯外出巡视对民众要谦下行事,天子选妃嫔不娶三个同族的女子。此三人均为美丽的女子,别人将她们献给你,你有什么样的德行能够消受得起呢?君王尚且不能承受,更何况你这样的小人物呢?小人物拥有这样的宝物,国家一定会灭亡。"康公不肯将三个女子献出去。一年后,共王灭掉了密国。共王去世,他的儿子懿王囏即位。懿王在位时,周王室开始衰败,诗人作诗讽刺。

懿王去世,共王的弟弟辟方即位,这就是孝王。孝王去世,诸侯又重新扶立懿王的太子燮,这就是夷王。

夷王去世后,他的儿子厉王胡即位。厉王即位三十年,贪好财利,亲近荣夷公。大夫芮良夫劝谏厉王说:"周王室难道要衰落了吗?那个荣公喜好独占财利,却不知道大祸临头。财利,是从各种物品中产生的,是天地所自然拥有的,要想独占,其祸患无穷。天地间的万物都可以获取,怎么可以独自占有呢?触怒的人很多,却又不防备大难。他用这些来引诱您,君王您还能长久吗?做君主的人,应是开发财利分给上下群臣百姓,使神、人、万物没有分不到的,尽管这样还要每天担惊受怕,唯恐招来怨恨。因此《颂》诗说:'具有文德的后稷,功高能比天,使百姓得以生存,没有人不向你看齐。'《大雅》也说:'上天的赐福成就了周的天下。'这不就是广施财利而要警惕祸患来临吗?现在君王您想独占财利,这怎么能行呢?百姓独占财利,还被人称为强盗,君王您这么做,那么归附您的就少了。如果任用荣公,周朝一定会衰败。"厉王不听,最终任用荣公为卿士,让他执掌大权。

【原文】

王行暴虐侈傲,国人谤王。召公谏曰:"民不堪命矣。"王怒,得卫巫,使监谤者,以告则杀之。其谤鲜矣,诸侯不朝。三十四年,王益严,国人莫敢言,道路以目。厉王喜,告召公曰:"吾能弭谤①矣,乃不敢言。"召公曰:"是鄣之也。防民之口,甚于防水。水壅而溃,伤人必多,民亦如之。是故为水者决之使导,为民者宣之使言。故天子听政,使公卿至于列士献诗,瞽献曲,史献书,师箴,瞍赋,矇诵,百工谏,庶人传语,近臣尽规,亲戚补察,瞽史教诲,耆艾②修之,而后王斟酌焉,是以事行而不悖。民之有口也,犹土之有山川也,财用于是乎出;犹其有原隰衍沃③也,衣食于是乎生。口之宣言也,善败于是乎兴。行善而备败,所以产财用衣食者也。夫民虑之于心而宣之于口,成而行之。若壅其口,其与能几何?"王不听。于是国莫敢出言,三年,乃相与畔,袭厉王。厉王出奔于彘。

【注释】

①弭谤:禁止非议。②耆艾:尊长;师长。亦泛指老年人。③原隰衍沃:平坦低湿而肥美的土

地。原隰，广平低湿的地方；衍沃，土地平坦而肥美。

【译文】

厉王执政残暴骄纵，国人都在议论他的过失。召公劝谏厉王说："百姓不能忍受您的暴政了。"厉王大怒，找到一个卫国的巫师，让他监视那些议论的人，只要报告了厉王，就立即处死。这样议论的人少了，但诸侯也都不来朝拜了。三十四年，厉王更加严厉，国人没有人敢说话，就是在路上遇到也只是以目示意。厉王非常高兴，对召公说："我能禁止议论，国人都不敢说话了。"召公说："这是堵塞了他们的口。堵住人民的嘴，比堵塞河水还难。水因被堵塞而决口，伤害人一定会很多，不让百姓说话也是这样。所以治水的人开通河道使水流顺畅，治理民众的人广开言路让他们讲话。因此君王治理国政，让公卿到列士的官员献上讽喻政治的诗篇，盲人乐师献上反映民事的乐曲，史官献上用以借鉴的史书，乐师献上劝诫的言辞，让无眸的盲乐师朗读公卿到列士的官员献上的诗篇，让有眸而失明的盲乐师诵读劝诫的言语，让百官进谏，百姓的意见能够被传达，身边的臣子要竭力劝谏，亲属要补察过失，乐师、太史施加教诲，朝中的年长者帮助修治，然后由君王反复考虑后决定，这样事情做起来就不会错误。百姓有嘴巴，就像大地有山川一样，财利都从这里生产出来；百姓有嘴巴，就像大地有平坦低湿而肥美的土地一样，衣食所需都从这里生产出来。口能够发表意见，政事的好坏也就可以从这里看出来了。好的就施行，坏的就防止，就跟大地产生财利和衣食一样。民众心中所想通过口表达出来，是考虑好了才去做的。如果堵住他们的嘴巴，那么还有几个人肯拥护您呢？"厉王不听。于是国人没有人敢说话，三年以后，大家一起叛乱，袭击了厉王。厉王逃到彘。

【原文】

厉王太子静匿召公之家，国人闻之，乃围之。召公曰："昔吾骤谏王，王不从，以及此难也。今杀王太子，王其以我为雠而怼怒①乎？夫事君者，险而不雠怼②，怨而不怒，况事王乎！"乃以其子代王太子，太子竟得脱。

召公、周公二相行政，号曰"共和"。共和十四年，厉王死于彘。太子静长于召公家，二相乃共立之为王，是为宣王。宣王即位，二相辅之，修政，法文、武、成、康之遗风，诸侯复宗周。十二年，鲁武公来朝。

宣王不修籍于千亩，虢文公谏曰不可，王弗听。三十九年，战于千亩，王师败绩于姜氏之戎。

宣王既亡南国之师，乃料民③于太原。仲山甫谏曰："民不可料也。"宣王不听，卒料民。

四十六年,宣王崩,子幽王宫涅立。幽王二年,西周三川皆震。伯阳甫曰:"周将亡矣。夫天地之气,不失其序;若过其序,民乱之也。阳伏而不能出,阴迫而不能蒸,于是有地震。今三川实震,是阳失其所而填阴④也。阳失而在阴,原必塞;原塞,国必亡。夫水土演而民用也。土无所演,民乏财用,不亡何待!昔伊、洛竭而夏亡,河竭而商亡。今周德若二代之季⑤矣,其川原又塞,塞必竭。夫国必依山川,山崩川竭,亡国之征也。川竭必山崩。若国亡不过十年,数之纪也⑥。天之所弃,不过其纪。"是岁也,三川竭,岐山崩。

【注释】

①懟(duì)怒:怨怒。②雠懟:仇恨,怨恨。③料民:计点人口;清查民户。④填阴:为阴气所镇伏。填,通"镇"。⑤季:末,末世,末年。⑥数之纪也:《集解》引韦昭曰:"数起于一,终于十,十则更,故曰纪也。"数,数目,数字。纪,极,终。

【译文】

厉王的太子静藏在召公的家中,国人听说后,就围住了召公的家。召公说:"以前我多次劝谏厉王,厉王不听,才招致了这样的祸患。现在杀了太子,君王就会认为我将他作为仇敌而发泄愤怒怨恨吧?侍奉君主的人,即使遇到险境也不怨恨,即使怨恨也不发怒,更何况是侍奉天子呢?"于是就用自己的儿子代替了厉王的太子,太子才得以逃脱。

召公、周公两人共同辅政,称为"共和"。共和十四年,厉王在彘去世。太子静在召公家长大,两位辅相共同拥立太子为周王,这就是宣王。宣王即位后,两位辅相辅佐他,修明政教,效法文王、武王、成王、康王的遗留下来的风教,诸侯又重新尊奉周王室。十二年,鲁国武公前来朝拜君王。

宣王不肯去千亩耕种籍田,虢文公劝谏说不可以这样。宣王不听。三十九年,宣王与犬戎在千亩交战,被姜戎打败。

宣王失去了南方的军队,于是就在太原清点人口准备征兵。大臣仲山甫劝谏说:"人口是不可以清点的。"宣王不听,最终还是清点了人口。

四十六年,宣王去世,他的儿子幽王宫涅即位。

幽王二年,西周附近的三条河流都发生了地震。伯阳甫说:"周朝将要灭亡了。天地自然之气,不能失掉他的秩序。如果失掉了秩序,那是有人使它乱的。阳气伏在下边不能出来,阴气压迫着它无法上升,于是就发生了地震。如今三条河流都发生了地震,是因为阳气失去了它在上边的位置而被阴气压在了下面。阳气失去了它在上边的位置而被阴气压在了下面,水源就一定会被堵塞,水源被堵塞,国家一定会灭亡。水土气息通畅才能供民众所用。土地得不到滋润,民众就会财用匮乏,国家不灭亡还等待什么呢?

以前伊水、洛水枯竭,夏朝灭亡,黄河枯竭,商朝就灭亡。如今周朝的德运也像夏、商的末年一样了。国家河流的水源又被堵塞,水源被堵塞,河流一定会枯竭。一个国家必须依靠山川,高山崩塌,河流枯竭,这是国家灭亡的征兆。河流枯竭,高山就一定会崩塌。这样国家的灭亡超不过十年,因为十刚好是数字的一个循环。上天所要抛弃的,不会超过十年。"这一年,三川枯竭,岐山崩塌。

【原文】

三年,幽王嬖爱①褒姒。褒姒生子伯服,幽王欲废太子。太子母申侯女,而为后。后幽王得褒姒,爱之,欲废申后,并去太子宜臼,以褒姒为后,以伯服为太子。周太史伯阳读史记曰:"周亡矣。"昔自夏后氏之衰也,有二神龙止于夏帝庭而言曰:"余,褒之二君。"夏帝卜,杀之与去之与止之,莫吉。卜请其漦②而藏之,乃吉。于是布币而策告之,龙亡而漦在,椟而去之。夏亡,传此器殷。殷亡,又传此器周。比三代,莫敢发之,至厉王之末,发而观之。漦流于庭,不可除。厉王使妇人裸而噪之。漦化为玄鼋③,以入王后宫。后宫之童妾④既龀⑤而遭之,既笄⑥而孕,无夫而生子,惧而弃之。宣王之时童女⑦谣曰:"檿弧⑧箕服⑨,实亡周国。"于是宣王闻之,有夫妇卖是器者,宣王使执而戮之。逃于道,而见乡者后宫童妾所弃妖子出于路者,闻其夜啼,哀而收之,夫妇遂亡,咯于褒。褒人有罪,请入童妾所弃女子者于王以赎罪。弃女子出于褒,是为褒姒。当幽王三年,王之后宫见而爱之,生子伯服,竟废申后及太子,以褒姒为后,伯服为太子。太史伯阳曰:"祸成矣,无可奈何!"

【注释】

①嬖(bì)爱:宠爱。②漦(chí):鱼或龙之类的唾液。③玄鼋(xuán yuán):蜥蜴。④童妾:婢女;小妾。⑤龀(chèn):女子七岁换牙叫"龀"。"既龀"是已过七岁,"未既龀"是未满七岁,此遗"未"字。⑥笄(jī):古代特指女子十五岁可以盘发插笄的年龄,即成年。⑦童女:幼女,处女。⑧檿(yǎn)弧:山桑木制的弓。⑨箕服:箕木制的盛矢桶。

【译文】

三年,幽王宠爱褒姒,褒姒生下儿子伯服,幽王就想废掉太子。太子的母亲是申侯的女儿,是幽王的王后。后来幽王得到了褒姒,非常宠爱她,就想废掉申后,并废掉太子宜臼,以立褒姒为王后,立伯服为太子。周太史伯阳阅读了关于历史记载的书籍后说:"周朝要亡国了。从前夏后氏衰败时,有两条神龙降落在夏帝的宫廷上说:"我们是褒国的两位先君。"夏帝就进行占卜,是将它们杀掉,还是赶走,还是留下,结果没有一个是吉利的。又占卜说要留下神龙的唾液并储藏起来，这才吉利。于是陈列币帛祭品，以简策向神龙祷告，神龙消失了而留下了它们的唾液，夏王让人将这唾液藏在了匣子里。夏朝灭亡后，这个匣子就传给了殷朝。殷朝灭亡后，这个匣子又传给了周朝。连续三代，没有人敢打开它。到了厉王末年，打开匣子看里面的唾液。唾液流到廷堂上，不能除掉。厉王就命妇人赤裸着身体大声喊叫，唾液就化为一只蜥蜴，爬进了厉王的后宫。后宫的一个刚刚换牙不到七岁的小婢女遇上了蜥蜴，结果这个小婢女成年后就怀孕了，没有丈夫就生下了孩子。她非常害怕，就将孩子扔掉了。宣王时，幼女们唱这样的歌谣："山桑木制的弓，箕木制的盛矢桶，会将周朝灭亡。"宣王听到了这首歌，正好有一对夫妇卖山桑木制的弓，箕木制的盛矢桶，他就派人将他们捉来杀掉。夫妇二人逃到路上，看到了后宫的小婢女扔掉的孩子，听到她在黑夜里啼哭，非常可怜，就收养了她。夫妇二人继续逃亡，逃到了褒国。后来褒国人得罪了周朝，就请求献上小婢女扔掉的女孩子以赎罪。被扔掉的女孩子是褒国献出，所以就叫褒姒。幽王三年，幽王到后宫，看到褒姒就非常喜爱，褒姒生下了儿子伯服，幽王竟然废掉了申后和太子，立褒姒为王后，立伯服为太子。太史伯阳说："祸患已经造成，没有办法了。"

【原文】

　　褒姒不好笑，幽王欲其笑万方[①]，故不笑。幽王为烽燧大鼓，有寇至则举烽火。诸侯悉至，至而无寇，褒姒乃大笑。幽王说之，为数举烽火。其后不信，诸侯益亦不至。

　　幽王以虢石父为卿，用事，国人皆怨。石父为人佞巧善谀好利，王用之。又废申后，去太子也。申侯怒，与缯、西夷犬戎攻幽王。幽王举烽火徵兵，兵莫至。遂杀幽王骊山下，虏褒姒，尽取周赂而去。于是诸侯乃即申侯而共立故幽王太子宜臼，是为平王，以奉周祀。

　　平王立，东迁于雒邑，辟戎寇。平王之时，周室衰微，诸侯彊并弱，齐、楚、秦、晋始大，政由方伯[②]。

　　四十九年，鲁隐公即位。

　　五十一年，平王崩，太子洩父蚤死，立其子林，是为桓王。桓王，平王孙也。

　　桓王三年，郑庄公朝，桓王不礼。

　　五年，郑怨，与鲁易许田。许田，天子之用事太山田也。八年，鲁杀隐公，立桓公。

　　十三年，伐郑，郑射伤桓王，桓王去归。

【注释】

①万方：多种方法。②方伯：一方诸侯之长。

【译文】

褒姒不爱笑，幽王使用多种方法想让她笑，褒姒最终仍然没有笑。幽王设置了烽火台和大鼓，如有敌寇前来侵犯就点燃烽火。一次，幽王点燃烽火，诸侯全都赶来，到了后发现没有敌寇，褒姒于是大笑起来。幽王非常高兴，因此多次点燃烽火。后来诸侯都不相信了，也渐渐不来了。

幽王任虢石父做卿，执掌朝政，结果百姓都怨声载道。虢石父为人谄佞巧诈，善于阿谀奉承，贪财好利，幽王却重用他。幽王还废掉了申后，废掉了太子。申侯大怒，就联合缯国、西夷犬戎一起攻打幽王。幽王点燃烽火召集诸侯的救兵，诸侯没有一个人赶来。于是申侯就将幽王杀死在骊山下，俘虏了褒姒，将周朝的财物全部拿走才离去。于是诸侯就同申侯一起拥立原来幽王的太子宜臼，这就是平王，由他来继承周王室的祭祀。

平王即位后，将都城向东迁到洛邑，以避免犬戎的侵袭。

平王时，周王室衰落，诸侯间强国兼并弱国，齐国、楚国、秦国、晋国开始强大，政事由各方诸侯中的首领来掌管。

四十九年，鲁隐公即位。

五十一年，平王去世，太子洩父也早已去世，就立他的儿子林为王，这就是桓王。桓王就是平王的孙子。

桓王三年，郑庄公前来朝拜，桓王却不以礼相待。

五年，郑国怨恨桓王，就同鲁国交换了许田。许田是天子用来祭祀泰山的专用田。八年，鲁国人杀害了隐公，立桓公为王。

十三年，桓王率军讨伐郑国，郑国人射伤了桓王，桓王就撤回去了。

【原文】

二十三年，桓王崩，子庄王佗立。庄王四年，周公黑肩欲杀庄王而立王子克。辛伯告王，王杀周公。王子克奔燕。

十五年，庄王崩，子釐王胡齐立。釐王三年，齐桓公始霸。

五年，釐王崩，子惠王阆立。惠王二年，初，庄王嬖姬姚，生子颓，颓有宠。及惠王即位，夺其大臣园以为囿，故大夫边伯等五人作乱，谋召燕、卫师，伐惠王。惠王饹温，已居郑之栎。立釐王弟颓为王。乐及遍舞，郑、虢君怒。

四年，郑与虢君伐杀①王頽，复入惠王。惠王十年，赐齐桓公为伯。

二十五年，惠王崩，子襄王郑立。

襄王母蚤死，后母曰惠后。惠后生叔带，有宠于惠王，襄王畏之。三年，叔带与戎、翟谋伐襄王，襄王欲诛叔带，叔带饹齐。齐桓公使管仲平戎于周，使隰朋平戎于晋。王以上卿礼管仲。管仲辞曰："臣贱有司也，有天子之二守国、高在。若节春秋来承王命，何以礼焉。陪臣敢辞。"王曰："舅氏，余嘉乃勋，毋逆朕命。"管仲卒受下卿之礼而还。九年，齐桓公卒。十二年，叔带复归于周。

【注释】

①伐杀：杀戮。

【译文】

二十三年，桓王去世，他的儿子庄王佗即位。

庄王四年，周公黑肩想杀掉庄王而改立王子克。辛伯报告了庄王，庄王就杀了周公。王子克逃到燕国。

十五年，庄王去世，他的儿子釐王胡齐即位。

釐王三年，齐桓公开始称霸。

五年，釐王去世，他的儿子惠王阆即位。

惠王二年，当初庄王宠爱姚姬，生下了儿子頽，頽很受宠爱。等到惠王即位时，强夺大臣的园地来作为饲养野兽的场所，所以大夫边伯等五人作乱，他们打算召集燕国、卫国的军队来讨伐惠王。惠王逃到温地，后来又到郑国的栎地居住。边伯等人拥立釐王的弟弟頽为王，他们用尽各种乐器来舞蹈娱乐。郑国、虢国的国君都非常气愤。

四年，郑国和虢国两国对頽进行讨伐，并杀死了他，重新迎回惠王。惠王十年，赐齐桓公为诸侯的首领。

二十五年，惠王去世，他的儿子襄王郑即位。

襄王的母亲很早就去世了，继母就是惠后。惠后生下叔带，很受惠王的宠爱，襄王很害怕。三年，叔带和戎族、翟族谋划攻打襄王，襄王想诛杀叔带，叔带逃到了齐国。齐桓公派管仲去劝说戎族和周讲和，派隰朋去劝说戎族和晋国讲和。襄王以上卿的礼节来款待管仲，管仲辞谢说："我只是个低贱的官员，在齐国还有天子任命的上卿守臣国氏和高氏在，如果他们在春秋时节来朝见天子，您该以什么礼节来接待他们呢？我冒昧地辞谢了。"襄王说："你是我舅舅家的使者，我奖赏你的功劳，就不要拒绝我的好意了。"但管仲最终只接受了下卿的礼仪就回国了。九年，齐桓公去世。十二年，叔带又回到了周朝。

【原文】

十三年，郑伐滑，王使游孙、伯服请滑，郑人囚之。郑文公怨惠王之入不与厉公爵，又怨襄王之与卫滑，故囚伯服。王怒，将以翟伐郑。富辰谏曰："凡我周之东徙，晋、郑焉依。子穨之乱，又郑之由定，今以小怨弃之！"王不听。十五年，王降翟师以伐郑。王德翟人，将以其女为后。富辰谏曰："平、桓、庄、惠皆受郑劳，王弃亲亲翟，不可从。"王不听。十六年，王绌翟后，翟人来诛，杀谭伯。富辰曰："吾数谏不从。如是不出，王以我为怼乎？"乃以其属死之。

初，惠后欲立王子带，故以党开翟人，翟人遂入周。襄王出饹郑，郑居王于氾。子带立为王，取襄王所绌翟后与居温。十七年，襄王告急于晋，晋文公纳王而诛叔带。襄王乃赐晋文公珪鬯^①弓矢，为伯，以河内地与晋。二十年，晋文公召襄王，襄王会之河阳、践土，诸侯毕朝，书讳曰"天王狩于河阳"。

二十四年，晋文公卒。

三十一年，秦穆公卒。

【注释】

①鬯（chàng）：古代祭祀用的酒，用郁金草酿黑黍而成。

【译文】

十三年，郑国讨伐滑国，襄王派游孙、伯服去替滑国求情，郑国人将他们囚禁了起来。郑文公怨恨惠王回到朝廷后，不将酒器玉爵送给郑厉公，还怨恨襄王帮助卫国、滑国，所以就囚禁了伯服。襄王很生气，想借翟国军队来攻伐郑国。富辰劝谏说："周室向东迁都，依靠的就是郑国、晋国。子穨作乱，还是由郑国平定的，现在怎么能因为一点小怨就抛弃它呢？"襄王不听。十五年，襄王派翟国军队去讨伐郑国。襄王感激翟人，就立翟王的女儿为王后。富辰劝谏说："平王、桓王、庄王、惠王都受到郑国的好处，君王您现在却抛弃亲族郑国，去亲近翟国，这样做不行！"襄王不听。十六年，襄王废掉了翟后，翟人前来诛杀，杀死了谭伯。富辰说："我多次劝谏而不听从，如果这时不挺身而出，君王会觉得我是在怨恨他吧？"于是于是他就带着他的属从同翟国人进行了殊死的战斗。

当初，惠王王后想立子带为王，所以就让自己的亲信去为翟人开路，翟人这才攻入了周都。襄王逃到郑国，郑国将他安置在氾地居住。子带被立为王，他娶了襄王废除的翟族王后，并和她一起居住在温地。十七年，襄王向晋国求救，晋文公接纳了襄王而诛杀了叔带。襄王于是就赐给晋文公玉珪、香酒和弓箭，让他担任诸侯首领，并将河内地区赐给了晋国。二十年，晋文公召见襄王，襄王与他在河阳、践土相会，诸侯也都来朝拜，史书上为了避讳以臣召君的事实，就说："周天子在河阳巡视。"

二十四年,晋文公去世。

三十一年,秦穆公去世。

【原文】

三十二年,襄王崩,子顷王壬臣立。顷王六年,崩,子匡王班立。匡王六年,崩,弟瑜立,是为定王。

定王元年,楚庄王伐陆浑之戎,次洛,使人问九鼎。王使王孙满应设以辞,楚兵乃去。十年,楚庄王围郑,郑伯降,已而复之。十六年,楚庄王卒。

二十一年,定王崩,子简王夷立。简王十三年,晋杀其君厉公,迎子周于周,立为悼公。

十四年,简王崩,子灵王泄心立。灵王二十四年,齐崔杼弑其君庄公。

二十七年,灵王崩,子景王贵立。景王十八年,后太子圣而蚤卒。二十年,景王爱子朝,欲立之,会崩,子丏之党与争立,国人立长子猛为王,子朝攻杀猛。猛为悼王。晋人攻子朝而立丏,是为敬王。

敬王元年,晋人入敬王,子朝自立,敬王不得入,居泽。四年,晋率诸侯入敬王于周,子朝为臣,诸侯城周。十六年,子朝之徒复作乱,敬王饹于晋。十七年,晋定公遂入敬王于周。

三十九年,齐田常杀其君简公。

四十一年,楚灭陈。孔子卒。

四十二年,敬王崩,子元王仁立。元王八年,崩,子定王介立。

定王十六年,三晋灭智伯,分有其地。

【译文】

三十二年,襄王去世,他的儿子顷王壬臣即位。顷王在位六年去世,他的儿子匡王班即位。匡王在位六年去世,他的弟弟瑜即位,这就是定王。

定王元年,楚庄王征伐陆浑的戎族,驻扎在洛水一带,派人去询问九鼎的轻重大小。定王派王孙满设法用言辞应付了过去,楚兵这才离开。十年,楚庄王围攻郑国,郑国国君投降,不久又恢复了郑国。十六年,楚庄王去世。

二十一年,定王去世,他的儿子简王夷即位。简王十三年,晋人杀了他们的国君晋厉公,从周朝将子周迎回,立为悼公。

十四年,简王去世,他的儿子灵王泄心即位。灵王二十四年,齐国的崔杼杀死了他的国君齐庄公。

二十七年，灵王去世，他的儿子景王贵即位。景王十八年，王后生的太子很聪明，但却很早去世了。二十年，景王喜爱子朝，想立他为国君，景王正好这时去世了，于是子丐的群党就和他争夺王位，而国人却拥立景王的长子猛为王，子朝就去攻杀猛。猛就是悼王。晋人攻打子朝而拥立子丐为王，这就是敬王。

敬王元年，晋人送敬王回朝，因子朝自立为王，敬王不能进去，就居住在泽地。四年，晋率领诸侯把敬王护送回国，子朝做了臣子，诸侯给周修筑都城。十六年，子朝的党徒们又起来作乱，敬王逃奔到晋国。十七年，晋定公终于把敬王护送回国了。

三十九年，齐人田常杀了他的国君简公。

四十一年，楚国灭亡了陈国。孔子去世。

四十二年，敬王去世，他的儿子元王仁即位。元王八年，元王去世，他的儿子定王介即位。

定王十六年，韩国、赵国、魏国三家灭亡了智伯，分了他的土地。

【原文】

二十八年，定王崩，长子去疾立，是为哀王。哀王立三月，弟叔袭杀哀王而自立，是为思王。思王立五月，少弟嵬攻杀思王而自立，是为考王。此三王皆定王之子。

考王十五年，崩，子威烈王午立。

考王封其弟于河南，是为桓公，以续周公之官职。桓公卒，子威公继立。威公卒，子惠公继立，乃封其少子于巩以奉王，号东周惠公。

威烈王二十三年，九鼎震。命韩、魏、赵为诸侯。

二十四年，崩，子安王骄立。是岁盗杀楚声王。

安王立二十六年，崩，子烈王喜立。烈王二年，周太史儋见秦献公曰："始周与秦国合而别，别五百载复合，合十七岁而霸王者出焉。"

十年,烈王崩,弟扁立,是为显王。显王五年,贺秦献公,献公称伯。九年,致文武胙^①于秦孝公。二十五年,秦会诸侯于周。

二十六年,周致伯于秦孝公。三十三年,贺秦惠王。三十五年,致文武胙于秦惠王。四十四年,秦惠王称王。其后诸侯皆为王。

四十八年,显王崩,子慎靓王定立。慎靓王立六年,崩,子赧王延立。王赧时东西周分治。王赧徙都西周。

【注释】

①胙(zuò):古代祭祀时供的肉。

【译文】

二十八年,定王去世,他的长子去疾即位,这就是哀王。哀王即位三个月,他的弟弟叔乘其不备杀死了哀王而自立为思王。思王即位五个月,他的小弟弟嵬攻杀了思王而自立为考王。这就是考王。这三个王都是定王的儿子。

考王十五年,考王去世,他的儿子威烈王午即位。

考王将他的弟弟封在河南,这就是桓公,让他来承续周公这个官职。桓公去世,他的儿子威公继任。威公去世,他的儿子惠公继任,于是就将他的小儿子封在巩地以侍奉周王,称为东周惠公。

威烈王二十三年,九鼎震动。威烈王下令韩、魏、赵为诸侯国。

二十四年,威烈王去世,他的儿子安王骄即位。这一年,盗贼杀死了楚声王。

安王即位二十六年去世,他的儿子烈王喜即位。列王二年,周太史儋拜见秦献公说:"以前周国和秦国是合在一起的,后来分开了,分开五百年后又合在了一起,合在一起十七年后,称霸统一天下的人就会出现。"

十年,烈王去世,他的弟弟扁即位,这就是显王。

显王五年,向秦献公表示祝贺,献公称霸。九年,将祭祀周文王和武王的祭肉送给了秦孝公。二十五年,秦在周国与诸侯会盟。二十六年,周王将方伯的称号送给秦孝公。三十三年,向秦惠王表示祝贺。三十五年,又将祭祀周文王和武王的祭肉送给了秦惠王。四十四年,秦惠王正式称王。此后诸侯都各自为王。

四十八年,显王去世,他的儿子慎靓王定即位。

慎靓王在位六年去世,他的儿子赧王延即位。

赧王在位时,东周和西周各自为政。赧王将都城迁到了西周。

【原文】

西周武公之共太子死,有五庶子,毋适立。司马翦谓楚王曰:"不如以地资公子咎，为请太子。"左成曰："不可。周不听，是公之知困而交疏于周也。不如请周君孰欲立，以微告翦，翦请令楚之以地。"果立公子咎为太子。

八年，秦攻宜阳，楚救之。而楚以周为秦故，将伐之。苏代为周说楚王曰："何以周为秦之祸也？言周之为秦甚于楚者，欲令周入秦也，故谓'周秦'也。周知其不可解，必入于秦，此为秦取周之精者也。为王计者，周于秦因善之，不于秦亦言善之，以疏之于秦。周绝于秦，必入于郢矣。"

秦借道两周之间，将以伐韩，周恐借之畏于韩，不借畏于秦。史厌谓周君曰："何不令人谓韩公叔曰'秦之敢绝周而伐韩者，信东周也。公何不与周地，发质使之楚'？秦必疑楚不信周，是韩不伐也。又谓秦曰'韩彊与周地，将以疑周于秦也，周不敢不受'。秦必无辞而令周不受，是受地于韩而听于秦。"

【译文】

西周武公的太子共去世，还有五个儿子是庶出的，不适合立为太子。司马翦对楚王说："不如用土地来资助公子咎，替他请求立为太子。"左成说："不行。如果周不听从，那么您的主意就行不通，与周的交往也会疏远。不如打听一下周君想立谁为太子，再悄悄地告诉司马翦，然后司马翦请求让楚国自主给他土地。"果然立公子咎为太子。

八年，秦国攻打宜阳，楚国前去救援。楚以为周是帮助秦国，所以想攻打周。苏代替周游说楚王说："为何要把周帮助秦当成是祸患呢？说周帮助秦国多于楚国的，是想让周投向秦，所以称为'周秦'。如果周朝知道自己不可解脱，就一定会投向秦。这真是帮助秦争取周的最好的计策啊！为大王您考虑，周帮助秦也善待它，不帮助秦也善待它，以此令其同秦疏远。周和秦断交，就一定会投向楚国郢都了。"

秦国借用西周和东周之间的道路，准备去攻打韩国，周害怕了。借给秦，怕得罪韩国；不借给秦，又怕得罪秦国。史厌对周君说："为什么不派人对韩公叔说：'秦国之所以敢穿过周来攻打韩国，是相信东周的缘故。您为什么不送给周君一些土地，并送人质到楚国呢？'这样秦国一定会怀疑楚国，不相信周君，那么它就不会攻打韩国了。再对秦国说：'韩国非要给周国土地，是想以此让秦国怀疑周，而周又不敢不接受。'秦一定没有说辞让周不接受，这样既可以接受韩国的土地，又是听命于秦国的。"

【原文】

秦召西周君，西周君恶注，故令人谓韩王曰："秦召西周君，将以使攻王之南阳也，王何不出兵于南阳？周君将以为辞于秦。周君不入秦，秦必不敢逾河而攻南阳矣。"

东周与西周战，韩救西周。或为东周说韩王曰："西周故天子之国，多名器重宝。王案兵①毋出，可以德东周，而西周之宝必可以尽矣。"

王赧谓成君。楚围雍氏，韩征甲与粟于东周，东周君恐，召苏代而告之。代曰："君何患于是。臣能使韩毋征甲与粟于周，又能为君得高都。"周君曰："子苟能，请以国听子。"代见韩相国曰："楚围雍氏，期三月也，今五月不能拔，是楚病也。今相国乃征甲与粟于周，是告楚病也。"韩相国曰："善。使者已行矣。"代曰："何不与周高都？"韩相国大怒曰："吾毋征甲与粟于周亦已多矣，何故与周高都也？"代曰："与周高都，是周折而入于韩也，秦闻之必大怒忿周，即不通周使，是以弊高都得完周也。曷为不与？"相国曰："善。"果与周高都。

【译文】

秦国召见西周君王，西周君王不愿意前往，所以派人对韩王说："秦国召见西周君王，想让他派兵攻打你的南阳，您为什么不派兵驻守南阳呢？这样，西周君王将以此为理由不去秦国了。西周君王不去秦国，秦国也一定不敢渡河来攻打南阳。"

东周和西周发生了战争，韩国去救援西周。有人替东周游说韩王说："西周原来是天子的都城，有很多名贵的器物和贵重的宝物。您按兵不动，就可以让东周感激您，而西周的宝物您又可以尽得。"

周王赧被称做成君。楚军包围了韩国的雍氏，韩国向东周征调兵士和粮草，东周君很恐慌，召来苏代将情况告诉了他。苏代说："君王您何必为这件事担忧呢！我能让韩国不向东周征调兵士和粮草，又能让您得到高都。"东周君说："如果你做到了，我宁愿整个国家都听你的。"苏代求见韩国的相国说："楚国围攻雍氏，计划三个月攻下，现在已经五个月了却还没有攻下来，这说明楚军已经疲惫了。现在相国您向东周征调兵士和粮草，这是告诉楚国你们也已经疲惫了吗？"韩国相国说："不错。但使者已经上路了。"苏代说："为什么不将高都让给东周呢？"韩国相国生气地说："我不向东周征调兵士和粮草也就够可以了，为什么要将高都送给周呢？"苏代说："将高都送给东周，这是东周反过来投靠韩国。秦国听说后，一定会对东周大为恼怒，随即就会断绝与东周使臣的往来，这就是用一个破烂的高都换取了一个完整的周，为什么不给呢？"相国说："好。"果然将高都送给了东周。

【原文】

三十四年，苏厉谓周君曰："秦破韩、魏，扑师武，北取赵蔺、离石者，皆白起也。是善用兵，又有天命。今又将兵出塞攻梁，梁破则周危矣。君何不令人说白起乎？曰'楚有养由基者，善射者也。去柳叶百步而射之，百发而百中之。左右观者数千人，皆曰善射。有一夫立其旁，曰"善，可教射矣"。养由基怒，释弓搤剑，曰"客安能教我射乎"？客曰"非吾能教子支左诎右①也。夫去柳叶百步而射之，百发而百中之，不以善息，少焉气衰力倦，弓拨矢钩，一发不中者，百发尽息"。今破韩、魏，扑师武，北取赵蔺、离石者，公之功多矣。今又将兵出塞，过两周，倍韩，攻梁，一举不得，前功尽弃。公不如称病而无出'。"

四十二年，秦破华阳约。马犯谓周君曰："请令梁城周。"乃谓梁王曰："周王病若死，则犯必死矣。犯请以九鼎自入于王，王受九鼎而图犯。"梁王曰："善。"遂与之卒，言戍周。因谓秦王曰："梁非戍周也，将伐周也。王试出兵境以观之。"秦果出兵。又谓梁王曰："周王病甚矣，犯请后可而复之。今王使卒之周，诸侯皆生心，后举事且不信。不若令卒为周城，以匿事端。"梁王曰："善。"遂使城周。

【注释】

①支左诎右：左手执弓，直臂向外支撑，右手抠弦，曲臂向内拉引，形容射姿。

【译文】

三十四年，苏厉对周君说："秦国攻破了韩国、魏国，打败了魏国将领师武，往北夺得了赵国的蔺石和离石，这些都是白起干的。此人善于用兵，又有天助。现在他又率兵出塞去攻打梁国。梁国被攻下，那周就危险了。您为什么不派人去游说白起呢？就说：'楚国有个人叫养由基，他善于射箭。距离柳叶百步的距离射击，能百发百中。左右旁观的人有数千人，都说他善于射箭。有个汉子站到他身边说'不错，可以教你射箭了'。养由基很生气，把弓箭放下，将剑拿起，说'你怎么能教我射箭呢？'那人说：'并不是我能教你左手执弓，直臂向外支撑，右手抠弦，曲臂向内拉引。你距离柳叶百步的距离射击，能百发百中，如果不在射得最好的时候停下来，过一会儿气力竭了，弓箭不正了，只要有一次没有射中，那么一百发就全部作废了。'现在您已攻破了韩国、魏国，打败了魏国将领师武，往北夺得了赵国的蔺石和离石，您的功劳已经很多了。现在您又要率兵出塞，越过东周和西周，背对着韩国去攻打梁国，一次没有成功，就会前功尽弃。您不如推说有病而不带兵出征。"

四十二年，秦国攻破了魏国的华阳。马犯对周君说："请让我去叫梁国来给周筑城。"他对梁王说："周王病了，如果他死了，那么马犯我也一定会死。我请求将九鼎献给大王您,大王您接受了九鼎后想办法救救我。"梁王说:"好。"于是就给马犯兵卒,说是去保卫周。马犯又去对秦王说:"梁国并不是去保卫周,而是要攻打周。您可以派兵到边境上看一下。"秦国果然出兵。马犯又去对梁王说:"周王病得很厉害,我请求待以后情况许可再重新将九鼎献给您。现在您派兵到了周,诸侯国都对您起了疑心,以后做什么事都将不会有人相信。不如让那些士卒为周筑城,借此将此事掩盖了。"梁王说:"好。"于是就让士卒为周筑城。

　　四十五年,周君之秦客谓周冣曰:"公不若誉秦王之孝,因以应为太后养地,秦王必喜,是公有秦交。交善,周君必以为公功。交恶,劝周君入秦者必有罪矣。"秦攻周,而周冣谓秦王曰:"为王计者不攻周。攻周,实不足以利,声畏天下。天下以声畏秦,必东合于齐。兵弊于周,合天下于齐,则秦不王矣。天下欲弊秦,劝王攻周。秦与天下弊,则令不行矣。"

　　五十八年,三晋距秦。周令其相国之秦,以秦之轻也,还其行。客谓相国曰:"秦之轻重未可知也。秦欲知三国之情。公不如急见秦王曰'请为王听东方之变',秦王必重公。重公,是秦重周,周以取秦也;齐重,则固有周聚以收齐:是周常不失重国之交也。"秦信周,发兵攻三晋。

　　四十五年,周君到秦国,宾客对周冣说:"您不如称赞秦王的孝道,借此将周的应地献给秦国作为太后供养的地方,秦王一定会很高兴,这样您和秦国就有了交情。交情好,周王一定会认为是你的功劳。交情不好,那劝说周君依附秦国的人就一定会有罪过。"秦国攻打周,周冣对秦王说:"我为大王您着想不要去攻周。攻打周,实在没有什么好处,却使您的名声让天下人都害怕。天下都因为这种名声而惧怕秦国,一定会往东联合齐国。您的军队由于进攻周而疲惫,又使天下都去与齐联合,那么秦国就不能称王天下了。天下想让秦国疲惫,就会劝您攻打周。如果秦国和天下诸侯都疲惫了,那您的政令就不能在诸侯中推行了。"

　　五十八年,韩国、赵国、魏国对抗秦国。周天子派他的相国去秦国,由于担心秦国会看不起他,就半路返了回来。宾客对相国说:"秦国是轻视您还是重视您还不能知道。秦国想知道韩、赵、魏三国的情况。您不如赶快去见秦王说'请让我为大王打探东方三国的变化',秦王一定会重视您。重视您,就是秦国重视周,周因此取得了秦王的信任;齐国重视周,是因为本来就有周聚在和好齐国,这样周就不会失掉与大国之间的交往。"秦国相信了周,于是发兵攻打韩国、赵国、魏国。

78

【原文】

五十九年,秦取韩阳城负黍,西周恐,倍秦,与诸侯约从,将天下锐师出伊阙攻秦,令秦无得通阳城。秦昭王怒,使将军摎攻西周。西周君奔秦,顿首受罪,尽献其邑三十六,口三万。秦受其献,归其君于周。

周君、王赧卒,周民遂东亡。秦取九鼎宝器,而迁西周公于𢠉狐。后七岁,秦庄襄王灭东周。东西周皆入于秦,周既不祀。

太史公曰:学者皆称周伐纣,居洛邑,综其实不然。武王营之,成王使召公卜居,居九鼎焉,而周复都丰、镐。至犬戎败幽王,周乃东徙于洛邑。所谓“周公葬毕”,毕在镐东南杜中。秦灭周。汉兴九十有余载,天子将封泰山,东巡狩至河南,求周苗裔,封其后嘉三十里地,号曰周子南君,比列侯,以奉其先祭祀。

【译文】

五十九年,秦国攻取了韩国的阳城、负黍,西周恐惧,背叛了秦国,与诸侯国联合抗秦,率领天下的精锐军队出伊阙塞去攻打秦国,使秦国无法通往阳城。秦昭王大怒,派将军摎去攻打西周。西周君王就逃到秦国,跪拜叩头接受重罚,将西周的三十六个城邑和三万人口都献给了秦国。秦国接受了这些献礼,就将西周的君王放回了国。

周君、王赧去世后,周朝百姓就向东逃亡。秦国收取九鼎和珍贵的器物,将西周公迁徙到𢠉狐。以后的七年,秦庄襄王灭掉了东周和西周。东周和西周都归属于秦国,周朝自此不再祭祀。

太史公说:很多学者说周朝讨伐了商纣,居住在洛邑。综合考察其实并不是这样的。武王营造洛邑,成王命召公占卜是否可以定都在此,将九鼎放在了洛邑,而周都仍然是在丰、镐。等犬戎打败了幽王,周才将都城东迁至洛邑。所谓的周公“安葬我在毕地”,毕是在镐京东南的杜中。秦国灭掉了周,汉朝建立九十多年后,天子将要去泰山封禅,向东巡视到河南,寻找周室的后裔,将三十里的土地封给周的后代嘉,号称周子南君,和其他列侯平列,以供奉他们祖先的祭祀。

【评析】

《周本纪》是以周朝帝王为纲领的整个周民族与周王朝的编年史。周民族的发展经历了夏、殷共一千多年,到了商朝末期才强大起来,雄踞西方。

《周本纪》与前几篇本纪相比,史料是最翔实的。在《周本纪》中,司马迁所总结的周代政治文明的主要成就是大事分封和文、刑并重。《周本纪》对分封之事作了明确记载:"封诸侯,班赐宗彝,作《分殷之器物》。"西周时期的文、刑并重,也是太史公总结的重点。司马迁在论述成王文治的作用时,发出了由衷的感叹:"兴正礼乐,度制于是改,而民和睦,颂声兴。"毫无疑问,大事分封和文、刑二治等政治文明建设促进了西周前期和中期的社会发展,司马迁笔下的东周,是旧的政治文明衰落和新的政治文明产生的特殊时期,正是在这种新旧政治文明交替的作用下,导致了秦代政治文明的诞生。司马迁通过撰写《周本纪》告诉人们:无论哪个朝代,哪个国家,都应该注重自己政治文明的建设;否则,就有丧国失祚的潜在危险。从这个意义上讲,《周本纪》直到现在仍有很强的资治和警示作用。

秦本纪第五

【题解】

《秦本纪》主要讲述了春秋和战国时期的诸侯国秦国从兴起、发展到称霸天下,秦始皇统一全国之前的历史。

【原文】

秦之先,帝颛顼之苗裔孙曰女脩。女脩织,玄鸟陨卵,女脩吞之,生子大业。大业取少典之子,曰女华。女华生大费,与禹平水土。已成,帝锡玄圭。禹受曰:"非予能成,亦大费为辅。"帝舜曰:"咨尔费,赞禹功,其赐尔皂游①。尔后嗣将大出。"乃妻之姚姓之玉女。大费拜受,佐舜调驯鸟兽,鸟兽多驯服,是为柏翳。舜赐姓嬴氏。

【注释】

①皂游:古代旗帜挂的黑色飘带。

【译文】

秦国的祖先,是颛顼帝的后代孙女,名叫女脩。女脩织布时,有一只燕子掉下一颗蛋,女脩就吞食了蛋,生下儿子大业。大业娶了少典部族的女儿,名叫女华。女华生了大费,和大禹一起平治水土。治水成功后,舜帝赐给禹一块黑色的玉圭。禹接受了玉圭,说:"这并不是我一个人能完成的,也是因为有大费做助手。"舜帝说:"费啊,你帮助大禹治水成功,我赐你一副黑色的旌旗飘带。你的后代将会建立盛大的功业。"于是把一个姓姚的美女嫁给了他。大费跪拜接受,又辅佐舜帝驯养鸟兽,鸟兽大多被驯服,这个人就是柏翳。舜帝赐他姓嬴。

【原文】

大费生子二人:一曰大廉,实鸟俗氏;二曰若木,实费氏。其玄孙曰费昌,子孙或在中国,或在夷狄。费昌当夏桀之时,去夏归商,为汤御,以败桀于鸣条。大廉玄孙曰孟戏、中衍，鸟身人言。帝太戊闻而卜之使御，吉，遂致使御而妻之。自太戊以下，中衍之后，遂世有功，以佐殷国，故嬴姓多显，遂为诸侯。

【译文】

大费生了两个儿子，一个叫大廉，就是鸟俗氏；另一个叫若木，就是费氏。费氏的玄孙叫费昌，他的子孙有的住在中原地区，有的住在夷狄那里。费昌在夏桀时，离开夏朝，归附了商族，给成汤驾车，在鸣条打败了夏桀。大廉的玄孙叫孟戏、中衍，他们身形像鸟，能说人话。太戊帝听说后想让他们来为自己驾车，为此进行占卜，结果大吉，于是让他们来驾车，并且给他们娶了妻子。自太戊帝以后，中衍的后代子孙，每代都建立功业，辅佐殷朝，所以嬴姓人大多都很显贵，于是成为诸侯。

【原文】

　　其玄孙曰中潏，在西戎，保西垂。生蜚廉。蜚廉生恶来。恶来有力，蜚廉善走，父子俱以材力事殷纣。周武王之伐纣，并杀恶来。是时蜚廉为纣石北方，还，无所报，为坛霍太山而报，得石棺，铭曰"帝令处父①不与殷乱，赐尔石棺以华氏"。死，遂葬于霍太山。蜚廉复有子曰季胜。季胜生孟增。孟增幸于周成王，是为宅皋狼。皋狼生衡父，衡父生造父。造父以善御幸于周缪王，得骥、温骊②、骅骝、騄耳③之驷，西巡狩，乐而忘归。徐偃王作乱，造父为缪王御，长驱归周，一日千里以救乱。缪王以赵城封造父，造父族由此为赵氏。自蜚廉生季胜已下五世至造父，别居赵。赵衰其后也。恶来革者，蜚廉子也，蚤死。有子曰女防。女防生旁皋，旁皋生太几，太几生大骆，大骆生非子。以造父之宠，皆蒙赵城，姓赵氏。

【注释】

　　①处父：蜚廉的别称。②温骊：骏马名。周穆王八骏之一。③騄耳：亦作"騄駬"，良马名。周穆王八骏之一。

【译文】

　　中衍的玄孙叫中潏，住在西部戎族地区，保卫西部边疆。中潏生了儿子蜚廉。蜚廉生了恶来。恶来力气很大，蜚廉善于奔跑。父子俩都凭才能力气事奉殷纣王。周武王伐纣时，一并杀了恶来。当时蜚廉为纣出使北方，回来后没有地方禀报，就在霍太山筑起祭坛向纣王报告，祭祀时得到一具石棺，石棺上刻有铭文说："天帝命令处父你不参与殷朝的叛乱，赐给你石棺以光耀你的氏族。"蜚廉死后，就埋葬在霍太山。蜚廉还有个儿子叫季胜。季胜生了孟增。孟增受到周成王的宠爱,他就是宅皋狼。皋狼生了衡父。衡父生了造父。造父因善于驾车得到周缪王的宠幸。周缪王获得骥、温骊、骅骝、𬴊耳四匹骏马,驾车到西方巡游,乐而忘返。等到徐偃王作乱时,造父给缪王驾车,兼程驱赶回周朝,日行千里,平定了叛乱。缪王将赵城封给造父,造父族人从此姓赵。自蜚廉生下季胜以来经过五代直到造父时,才分出来居住在赵城。越衰就是他的后代。恶来革,是蜚廉的儿子,很早就死了。他有个儿子叫女防。女防生了旁皋,旁皋生了太几,太几生了大骆,大骆生了非子。因为造父得到恩宠,他们都承蒙恩荫住在赵城,姓赵。

【原文】

非子居犬丘,好马及畜,善养息之。犬丘人言之周孝王,孝王召使主马于汧渭①之闲,马大蕃息②。孝王欲以为大骆适嗣。申侯之女为大骆妻,生子成为适。申侯乃言孝王曰:"昔我先郦山之女,为戎胥轩妻,生中潏,以亲故归周,保西垂,西垂以其故和睦。今我复与大骆妻,生适子成。申骆重婚,西戎皆服,所以为王。王其图之。"于是孝王曰:"昔伯翳为舜主畜,畜多息,故有土,赐姓嬴。今其后世亦为朕息马,朕其分土为附庸。"邑之秦,使复续嬴氏祀,号曰秦嬴。亦不废申侯之女子为骆适者,以和西戎。

【注释】

①汧渭:汧水与渭水的并称。②蕃息:滋生;繁衍。

【译文】

非子居住在犬丘,喜爱马和其他牲口,并善于饲养和繁殖这些牲口。犬丘的人将这事告诉了周孝王,孝王召来非子,让他在汧水、渭水之间负责养马,马匹得到大量繁殖。孝王想让非子做大骆的嫡长子。申侯的女儿是大骆的妻子,生了儿子成,成做了嫡长子。申侯就对孝王说:"从前我的祖先是郦山氏的女儿,她做了西戎族仲衍的曾孙胥轩的妻子,生了中潏,因为和周相亲的缘故而归附周朝,保卫西部边境,西部边境因此和睦太平。现在我又将女儿嫁给大骆为妻,生下了嫡长子成。申侯与大骆再次联姻,西戎族都来归顺,所以您才能称王。希望您考虑一下吧。"于是孝王说:"从前伯翳为舜帝掌管牲畜,牲畜繁殖很多,所以得到封地,赐姓嬴。现在他的后代也给我驯养繁殖马匹,我也分给他土地做附属国吧。"于是赐给他秦地作为封邑,让他重新接管嬴氏的祭祀,号称秦嬴。但也不废除申侯女儿所生的儿子的嫡长子地位,以此来与西戎和好。

秦嬴生秦侯。秦侯立十年,卒。生公伯。公伯立三年,卒。生秦仲。

秦仲立三年,周厉王无道,诸侯或叛之。西戎反王室,灭犬丘大骆之族。周宣王即位,乃以秦仲为大夫,诛西戎。西戎杀秦仲。秦仲立二十三年,死于戎。有子五人,其长者曰庄公。周宣王乃召庄公昆弟五人,与兵七千人,使伐西戎,破之。于是复予秦仲后,及其先大骆地犬丘并有之,为西垂大夫。

庄公居其故西犬丘,生子三人,其长男世父。世父曰:"戎杀我大父仲,我非杀戎王则不敢入邑。"遂将击戎,让其弟襄公。襄公为太子。庄公立四十四年,卒,太子襄公代立。襄公元年,以女弟缪嬴为丰王妻。襄公二年,戎围犬丘,世父击之,为戎人所虏。岁余,复归世父。七年春,周幽王用褒姒废太子,立褒姒子为适,数欺诸侯,诸侯叛之。西戎犬戎与申侯伐周,杀幽王郦山下。而秦襄公将兵救周,战甚力,有功。周避犬戎难,东徙雒邑,襄公以兵送周平王。平王封襄公为诸侯,赐之岐以西之地。曰:"戎无道,侵夺我岐、丰之地,秦能攻逐戎,即有其地。"与誓,封爵之。襄公于是始国,与诸侯通使聘享之礼,乃用骝驹、黄牛、羝羊各三,祠上帝西畤。十二年,伐戎而至岐,卒。生文公。

秦嬴生了秦侯。秦侯在位十年去世。秦侯生公伯。公伯在位三年去世。公伯生秦仲。

秦仲即位三年,周厉王暴虐无道,有的诸侯背叛了他。西戎族反叛周王朝,灭亡了犬丘大骆的家族。周宣王即位后,任用秦仲为大夫,讨伐西戎。西戎杀死了秦仲。秦仲在位二十三年,被西戎杀死。秦仲有五个儿子,大儿子叫庄公。周宣王召见庄公兄弟五人,交给他们七千兵卒,让他们去讨伐西戎,打败了西戎。于是周宣王再次赏赐秦仲的子孙,包括他们的祖先大骆的封地犬丘一并归他们所有,任命他们为西垂大夫。

庄公居住在从前犬丘的西边,生下了三个儿子,长子叫世父。世父说:"西戎杀了我祖父秦仲,我不杀死戎王就决不敢进城。"于是率兵去攻打西戎,将职位让给他的弟弟襄公。襄公做了太子。庄公在位四十四年去世,太子襄公代位。襄公元年,襄公将他的妹妹缪嬴嫁给西戎丰王做妻子。襄公二年,西戎围攻犬丘,世父率兵出击,被西戎俘虏。过了一年多,又将世父放了回来。七年春天,周幽王因宠爱褒姒而废除了太子宜臼,立褒姒所生的儿子伯服为太子,周幽王多次欺骗诸侯,诸侯们都背叛了他。西戎的犬戎和申侯一起攻打周朝,在郦山下杀死了幽王。秦襄公率兵援救周朝,作战有力,立了战功。周室为了逃避犬戎的骚扰,把都城向东迁到洛邑,襄公派兵护送周平王。周平王封襄公为诸侯,赐给他岐山以西的土地。平王说:"西戎暴虐无道,侵夺我岐山、丰水的土地,秦国如果能攻打并赶走西戎,就可以拥有西戎的土地。"平王与襄公立下誓约,赐给他爵位和封地。襄公这才成为诸侯国,与其他诸侯国互通使节,互致聘问献纳之礼。又用黑鬃赤身的小马、黄牛、公羊各三只,在西畤祭祀上帝。十二年,襄公讨伐西戎到达岐山,在那里去世。他生了文公。

【原文】

文公元年,居西垂宫。三年,文公以兵七百人东猎。四年,至汧渭之会。曰:"昔周邑我先秦嬴于此,后卒获为诸侯。"乃卜居之,占曰吉,即营邑之。十年,初为鄜畤,用三牢。十三年,初有史以纪事,民多化者。十六年,文公以兵伐戎,戎败走。于是文公遂收周馀民有之,地至岐,岐以东献之周。十九年,得陈宝。二十年,法初有三族之罪。二十七年,伐南山大梓,丰大特。四十八年,文公太子卒,赐谥为竫公。竫公之长子为太子,是文公孙也。五十年,文公卒,葬西山。竫公子立,是为宁公。

宁公二年,公徙居平阳。遣兵伐荡社。三年,与亳战,亳王奔戎,遂灭荡社。四年,鲁公子翬弑其君隐公。十二年,伐荡氏,取之。宁公生十岁立,立十二年卒,葬西山。生子三人,长男武公为太子。武公弟德公,同母鲁姬子,生出子。宁公卒,大庶长弗忌、威垒、三父废太子而立出子为君。出子六年,三父等复共令人贼杀出子。出子生五岁立,立六年卒。三父等乃复立故太子武公。

武公元年,伐彭戏氏,至于华山下,居平阳封宫。三年,诛三父等而夷三族,以其杀出子也。郑高渠眯杀其君昭公。十年,伐邽、冀戎,初县之。十一年,初县杜、郑。灭小虢。

【译文】

文公元年,文公居住在西垂宫。三年,文公率领七百名兵卒到东边去打猎。四年,他们到达汧水、渭水的交会之处。文公说:"从前,周朝把这里赐给我的祖先秦嬴做封邑,后来我们终于成了诸侯。"于是占卜居住在这里,占卜的结果说吉利,就在这里营建城邑。十年,开始建造祭天地的鄜畤,用牛羊猪三种牲畜举行祭祀。十三年,开始设立史官记载大事,百姓大多受到教化。十六年,文公派兵讨伐西戎,西戎战败逃走。于是文公就收集周朝的遗民并拥有他们,地盘扩展到岐山,将岐山以东的土地献给周王。十九年,得到一块名叫"陈宝"的异石。二十年,开始设立诛灭三族的刑罚。二十七年,砍伐南山的大梓树,梓树中窜出一头大青牛逃进了丰水。四十八年,文公的太子去世,赐谥号为诤公。诤公的长子被立为太子，他是文公的孙子。五十年，文公去世，埋葬在西山。诤公的儿子即位，这就是宁公。

宁公二年，宁公迁居到平阳，派兵征伐荡社。三年，与亳国作战，亳王逃到西戎，于是灭了荡社。四年，鲁公子翚杀死了他的君王隐公。十二年，宁公攻打荡氏，攻了下来。宁公十岁时即位，在位十二年去世，葬在西山。他生了三个儿子，长子武公为太子。武公的弟弟德公，与武公是同母兄弟，都是鲁姬的儿子。另外生了出子。宁公去世后，大庶长弗忌、威垒、三父废掉了太子而拥立出子为君王。出子六年，三父等人又一起派人暗杀了出子。出子五岁即位，在位六年就去世了。三父等人又重新拥立了原来的太子武公。

武公元年，征伐彭戏氏，到了华山下，住在平阳的封宫里。三年，杀了三父等人，并夷灭了他们的三族，因为他们杀了出子。郑国的高渠眯杀了他的君王昭公。十年，攻打邽、冀一带的戎族，并开始在那里设县，灭了小虢。

【原文】

十三年，齐人管至父、连称等杀其君襄公而立公孙无知。晋灭霍、魏、耿。齐雍廪杀无知、管至父等而立齐桓公。齐、晋为强国。

十九年，晋曲沃始为晋侯。齐桓公伯于郸。

二十年，武公卒，葬雍平阳。初以人从死，从死者六十六人。有子一人，名曰白，白不立，封平阳。立其弟德公。

【译文】

十三年，齐国人管至父、连称等杀了他们的君王襄公而拥立公孙无知。晋国灭了霍、魏、耿三国。齐国雍廪杀死公孙无知、管至父等人而拥立齐桓公。齐国、晋国成了强国。

十九年，晋国的曲沃公开始做了晋侯。齐桓公在郸地称霸。

二十年，武公去世，葬在雍地的平阳。开始用人殉葬，陪葬的有六十六人。武公有一个儿子，名叫白。白没有被立为君王，被封在平阳。立武公的弟弟德公为国君。

【原文】

德公元年，初居雍城大郑宫。以牺三百牢祠鄜畤。卜居雍，后子孙饮马于河。梁伯、芮伯来朝。二年，初伏，以狗御蛊①。德公生三十三岁而立，立二年卒。生子三人：长子宣公，中子成公，少子穆公。长子宣公立。

宣公元年，卫、燕伐周，出惠王，立王子颓。三年，郑伯、虢叔杀子颓而入惠王。四年，作密畤②。与晋战河阳，胜之。十二年，宣公卒。生子九人，莫立，立其弟成公。

成公元年，梁伯、芮伯来朝。齐桓公伐山戎，次于孤竹。

成公立四年卒。子七人，莫立，立其弟缪公。

【注释】

①御蛊：指抵御热毒恶气。②密畤：古代帝王祭祀青帝的地方。

【译文】

德公元年，开始住进雍城的大郑宫。用牛羊猪各三百头在鄜畤祭祀天地。对是否居住在雍地进行占卜，占卜的结果是后代子孙将到黄河边上去饮马。梁伯、芮伯来朝见。二年，开始规定伏日，杀狗祭祀以祛除热毒邪气。德公三十三岁即位，在位两年去世。他生了三个儿子：长子宣公，次子成公，少子穆公。长子宣公即位。

宣公元年，卫国、燕国攻打周王室，赶走惠王，拥立王子穨为帝。三年，郑伯、虢叔杀死了王子穨，迎回惠王。四年，秦国修建密畤。与晋国在河阳交战，战胜了晋军。十二年，宣公去世。他生了九个儿子，没有一个能即位，立了宣公的弟弟成公。

成公元年，梁伯、芮伯前来朝见。齐桓公征伐山戎，军队驻扎在孤竹。

成公在位四年去世。他有七个儿子，没有一个能即位，立了成公的弟弟缪公。

【原文】

缪公任好元年，自将伐茅津，胜之。四年，迎妇于晋，晋太子申生姊也。

其岁，齐桓公伐楚，至邵陵。

五年，晋献公灭虞、虢，虏虞君与其大夫百里傒，以璧马赂于虞故也。既虏百里傒，以为秦缪公夫人媵于秦。百里傒亡秦走宛，楚鄙人执之。缪公闻百里傒贤，欲重赎之，恐楚人不与，乃使人谓楚曰："吾媵臣百里傒在焉，请以五羖羊皮赎之。"楚人遂许与之。当是时，百里傒年已七十馀。缪公释其囚，与语国事。谢曰："臣亡国之臣，何足问！"缪公曰："虞君不用子，故亡，非子罪也。"固问，语三日，缪公大说，授之国政，号曰五羖大夫。百里傒让曰："臣不及臣友蹇叔，蹇叔贤而世莫知。臣常游困于齐而乞食铚人，蹇叔收臣。臣因而欲事齐君无知，蹇叔止臣，臣得脱齐难，遂之周。周王子穨好牛，臣以养牛干之。及穨欲用臣，蹇叔止臣，臣去，得不诛。事虞君，蹇叔止臣，臣知虞君不用臣，臣诚私利禄爵，且留。再用其言，得脱，一不用，及虞君难：是以知其贤。"于是缪公使人厚币迎蹇叔，以为上大夫。

秋，缪公自将伐晋，战于河曲。晋骊姬作乱，太子申生死新城，重耳、夷吾出奔。

九年，齐桓公会诸侯于葵丘。

【译文】

缪公任好元年，缪公亲自率兵征伐茅津，取得了胜利。四年，到晋国迎娶夫人，她是晋太子申生的姐姐。这一年，齐桓公攻打楚国，到达邵陵。

五年，晋献公灭了虞国、虢国，俘虏了虞国的国君和他的大夫百里傒，这是由于用璧玉、宝马贿赂虞国借道而取得的结果。俘获了百里傒之后，让他作为秦缪公夫人陪嫁的仆人来到秦国。百里傒从秦国逃到宛地，楚国边境的人捉住了他。缪公听说百里傒有才能，想用重金赎回他，但又担心楚国不给，于是就派人对楚王说："我国陪嫁的仆人百里傒逃到楚国，请允许我用五张黑色公羊皮赎回他。"楚国便答应将百里傒交给秦国。在这时，百里傒已经七十多岁了。缪公解除了对他的禁锢，跟他谈论国家大事。百里傒推辞说："我是亡国之臣，哪里值得您来询问？"缪公说："虞国国君不任用您，所以亡国了，这不是您的罪过。"缪公坚持向他请教，谈了三天，缪公非常高兴，将国家政事交给了他，称为五羖大夫。百里傒谦让说："我比不上我的朋友蹇叔，蹇叔很有才能，可是世人并不知道。我曾外出游学求官，被困在齐国，向铚地的人讨饭吃，蹇叔收留了我。我因而想事奉齐国国君无知，蹇叔阻止了我，

我得以躲过了齐国的祸乱，于是到了周朝。周王子穨喜欢牛，我凭着养牛的本领求取禄位。等到穨想任用我时，蹇叔劝阻我，我离开了穨，才免于被诛杀；事奉虞国的国君时，蹇叔又劝阻我。我虽然知道虞君不会重用我，但实在是心里喜欢利禄和爵位，就暂时留了下来。我两次听了蹇叔的话，都得以逃脱险境；一次不听从，就遇上了虞君的灾难，因此我知道蹇叔有才能。"于是缪公派人带着厚重的礼物去迎请蹇叔，任命他为上大夫。

秋天，缪公亲自带兵攻打晋国，在河曲与晋交战。晋国的骊姬作乱，太子申生死在了新城，公子重耳、夷吾逃出了晋国。

九年，齐桓公在葵丘与各地诸侯会盟。

【原文】

晋献公卒。立骊姬子奚齐，其臣里克杀奚齐。荀息立卓子，克又杀卓子及荀息。夷吾使人请秦，求入晋。于是缪公许之，使百里傒将兵送夷吾。夷吾谓曰："诚得立，请割晋之河西八城与秦。"及至，已立，而使丕郑谢秦，背约不与河西城，而杀里克。丕郑闻之，恐，因与缪公谋曰："晋人不欲夷吾，实欲重耳。今背秦约而杀里克，皆吕甥、郤芮之计也。愿君以利急召吕、郤，吕、郤至，则更入重耳便。"缪公许之，使人与丕郑归，召吕、郤。吕、郤等疑丕郑有闲，乃言夷吾杀丕郑。丕郑子丕豹奔秦，说缪公曰："晋君无道，百姓不亲，可伐也。"缪公曰："百姓苟不便，何故能诛其大臣？能诛其大臣，此其调也。"

不听，而阴用豹。

十二年，齐管仲、隰朋死。

【译文】

晋献公去世。立骊姬的儿子奚齐，他的臣子里克杀了奚齐。荀息立卓子，里克又杀死了卓子和荀息。夷吾派人向秦国请求帮助，帮他回到晋国。于是缪公答应了，派百里傒率兵护送夷吾。夷吾对秦王说："如果我真能即位，就将晋国河西的八座城割让给秦国。"等到他回到晋国，登上了君位，就派丕郑去向秦国致谢，违背了诺言，不肯将河西的八座城割让给秦国，并杀了里克。丕郑听说此事，十分害怕，就跟秦缪公谋划说："晋国人不想要夷吾为君，实际上是想立重耳为君。现在夷吾违背诺言而且杀了里克，这都是吕甥、郤芮的主意。希望您用重利赶快将吕甥、郤芮叫到秦国来，如果吕、郤两人来了，那么再送重耳回国就容易了。"缪公答应了他，就派人跟丕郑一起回到晋国，召吕甥、郤芮两人去秦国。吕、郤等人怀疑丕郑有阴谋，就建议夷吾杀了丕郑。丕郑的儿子丕豹逃到秦国，劝缪公说："晋国君主无道，百姓不亲附他，可以讨伐他了。"缪公说："百姓如果真的不乐意，那他为什么能杀掉他的大臣呢？能杀死他的大臣，这正是由于晋国上下还是协调的。"缪公不听从丕豹的计谋，但却在暗中重用他。

十二年，齐国管仲、隰朋去世。

【原文】

晋旱，来请粟。丕豹说缪公勿与，因其饥而伐之。缪公问公孙支，支曰："饥穰①更事耳，不可不与。"问百里傒，傒曰："夷吾得罪于君，其百姓何罪？"于是用百里傒、公孙支言，卒与之粟。以船漕车转，自雍相望至绛。

十四年，秦饥，请粟于晋。晋君谋之群臣。虢射曰："因其饥伐之，可有大功。"晋君从之。十五年，兴兵将攻秦。缪公发兵，使丕豹将，自往击之。

九月壬戌，与晋惠公夷吾合战于韩地。晋君弃其军，与秦争利，还而马鸷。缪公与麾下驰追之，不能得晋君，反为晋军所围。晋击缪公，缪公伤。于是岐下食善马者三百人驰冒晋军，晋军解围，遂脱缪公而反生得晋君。初，缪公亡善马，岐下野人共得而食之者三百馀人，吏逐得，欲法之。缪公曰："君子不以畜产害人。吾闻食善马肉不饮酒，伤人。"乃皆赐酒而赦之。三百人者闻秦击晋，皆求从，从而见缪公窘，亦皆推锋②争死，以报食马之德。于是缪公虏晋君以归，令于国，齐宿，吾将以晋君祠上帝。周天子闻之，曰"晋我同姓"，为请晋君。夷吾姊亦为缪公夫人，夫人闻之，乃衰绖跣，曰："妾兄弟不能相救，以辱君命。"缪公曰："我得晋君以为功，今天子为请，夫人是忧。"乃与晋君盟，许归之，更舍上舍，而馈之七牢。十一月，归晋君夷吾，夷吾献其河西地，使太子圉为质于秦。秦妻子圉以宗女。

是时秦地东至河。

十八年，齐桓公卒。二十年，秦灭梁、芮。

【注释】

①饥穰：饥荒与丰收。饥，荒年。穰，丰年。②推锋：摧挫敌人的兵刃。推，通"摧"。谓冲锋。泛指用兵、进兵。

【译文】

晋国发生大旱，派人来秦国请求援助粮食。丕豹劝缪公不要给，要乘着晋国饥荒去攻打它。缪公去问公孙支，公孙支说："饥荒与丰收是交替出现的事，不能不给。"又问百里傒，百里傒说："夷吾得罪了您，他的百姓有什么罪？"缪公于是采纳百里傒、公孙支的意见，最后还是给了晋国粮食。水路用船，陆路用车给晋国运去粮食，从雍都出发，源源不断地直到绛城。

十四年，秦国发生饥荒，请求晋国援助粮食。晋君征求群臣的意见。虢射说："趁着秦国闹饥荒去攻它，可以取得大胜。"晋君听从了他的意见。十五年，晋国发动军队攻打秦国。缪公也发兵，让丕豹率领大军，亲自前往迎战。九日壬戌日，与晋惠公夷吾在韩地交战。晋君甩下自己的部队，跟秦军争夺财物，回来时车马陷到深泥里。缪公与部下纵马驱车追赶，没能抓到晋君，反而被晋军包围。晋军攻击缪公，缪公受了伤。这时，曾在岐山下偷吃良马的三百多人纵马冲进晋军重围，晋军的包围被冲开，不仅使缪公得以脱险,反而活捉了晋君。当初,缪公丢失了一匹良马,岐山下的三百多个乡下人一起将它抓来吃掉了,官吏捕捉到他们,想要依法惩办。缪公说:"君子不因为牲畜而伤害人。我听说吃了良马的肉不喝酒,会伤人身体。"于是就赐酒给他们喝,并赦免了他们。这三百人听说秦国要去攻打晋国,都要求跟着去,在军中看到缪公身陷困境,都高举兵器,争先死战,以报答吃马肉被赦免的恩德。于是缪公俘虏了晋君回到秦国,向全国发布命令:"人人斋戒独宿,我将用晋君祭祀上帝。"周天子听说后说"晋君是我的同姓",因此替晋君求情。夷吾的姐姐是缪公的夫人,她听说此事后,就穿上丧服,光着脚来见缪公说:"我不能挽救自己的兄弟,还得让君上下命令杀他,实在有辱于君上。"缪公说:"我俘获了晋君,以为是成就了一件大事,如今天子来求情,夫人也为此担忧。"于是跟晋君订立盟约,答应让他回国,并给他换了上等的房舍住宿,送给他牛羊猪各七头,以诸侯之礼相待。十一月,送晋君夷吾回国;夷吾将河西的土地献给晋国,派太子圉到秦国作人质。秦国将同宗的女儿嫁给子圉。这时秦国的地盘已经东到黄河了。

十八年,齐桓公去世。二十年,秦国灭了梁国、芮国。

【原文】

二十二年,晋公子圉闻晋君病,曰:"梁,我母家也,而秦灭之。我兄弟多,即君百岁后,秦必留我,而晋轻,亦更立他子。"子圉乃亡归晋。二十三年,晋惠公卒,子圉立为君。秦怨圉亡去,乃迎晋公子重耳于楚,而妻以故子圉妻。

重耳初谢,后乃受。缪公益礼厚遇之。二十四年春,秦使人告晋大臣,欲入重耳。晋许之,于是使人送重耳。二月,重耳立为晋君,是为文公。文公使人杀子圉。子圉是为怀公。

其秋,周襄王弟带以翟伐王,王出居郑。二十五年,周王使人告难于晋、秦。秦缪公将兵助晋文公入襄王,杀王弟带。二十八年,晋文公败楚于城濮。三十年,缪公助晋文公围郑。郑使人言缪公曰:"亡郑厚晋,于晋而得矣,而秦未有利。晋之强,秦之忧也。"缪公乃罢兵归。晋亦罢。三十二年冬,晋文公卒。

【译文】

二十二年,晋公子圉听说晋君生病,说:"梁国是我母亲的国家,秦国却灭了它。我兄弟众多,如果晋君去世后,秦国一定留住我,那么晋国就不会重视我,也会改立其他儿子。"于是子圉逃离秦国,回到晋国。二十三年,晋惠公去世,子圉即位为君。秦君怨恨子圉逃走,就从楚国迎来晋公子重耳,将原来子圉的妻子嫁给重耳。

重耳起先推辞不肯，后来就接受了。缪公更加以礼厚待重耳。二十四年春天，秦国派人告诉晋国大臣，要送重耳回国。晋国答应了，于是秦国派人护送重耳回到晋国。二月，重耳被立为晋君，这就是晋文公。文公派人杀了子圉。子圉就是晋怀公。

这年秋天，周襄王的弟弟带借助狄人的军队攻打襄王，襄王出逃，住在郑国。二十五年，周襄王派人向晋国、秦国告急。秦缪公率兵帮助晋文公护送周襄王回国，杀死襄王的弟弟带。二十八年，晋文公在城濮打败楚军。三十年，缪公帮助晋文公围攻郑国。郑国派人对缪公说："灭掉郑国只会使晋国增强，晋国是得利了，而对秦国却无利。晋国的强盛，也是秦国的忧患。"缪公于是撤军回国。晋国也只好撤军。三十二年冬，晋文公去世。

【原文】

郑人有卖郑于秦曰："我主其城门，郑可袭也。"缪公问蹇叔、百里傒，对曰："径数国千里而袭人，希有得利者。且人卖郑，庸知我国人不有以我情告郑者乎？不可。"

缪公曰："子不知也，吾已决矣。"遂发兵，使百里傒子孟明视，蹇叔子西乞术及白乙丙将兵。行日，百里傒、蹇叔二人哭之。缪公闻，怒曰："孤发兵而子沮哭吾军，何也？"二老曰："臣非敢沮君军。军行，臣子与往；臣老，迟还恐不相见，故哭耳。"二老退，谓其子曰："汝军即败，必于殽阨矣。"三十三年春，秦兵遂东，更晋地，过周北门。周王孙满曰："秦师无礼，不败何待！"兵至滑，郑贩卖贾人弦高，持十二牛将卖之周，见秦兵，恐死虏，因献其牛，曰："闻大国将诛郑，郑君谨修守御备，使臣以牛十二劳军士。"秦三将军相谓曰："将袭郑，郑今已觉之，往无及已。"灭滑。滑，晋之边邑也。

当是时，晋文公丧尚未葬。太子襄公怒曰："秦侮我孤，因丧破我滑。"遂墨衰绖，发兵遮秦兵于殽，击之，大破秦军，无一人得脱者。虏秦三将以归。文公夫人，秦女也，为秦三囚将请曰："缪公之怨此三人入于骨髓，愿令此三人归，令我君得自快烹之。"晋君许之，归秦三将。三将至，缪公素服郊迎，向三人哭曰："孤以不用百里傒、蹇叔言以辱三子，三子何罪乎？子其悉心雪耻，毋怠。"遂复三人官秩如故，愈益厚之。

三十四年，楚太子商臣弑其父成王代立。

【译文】

郑国有人向秦国出卖郑国说："我掌管郑国的城门，可以来偷袭郑国。"缪公去问蹇

叔、百里傒,他们回答说:"经过几个国家的地界,到千里之外去袭击别人,很少有占便宜的。况且有人出卖郑国,怎么知道我国的人就没有把我们的实情告诉郑国呢?不可以袭击郑国。"

缪公说:"你们不懂得,我已经决定了。"于是出兵,派百里傒的儿子孟明视、蹇叔的儿子西乞术以及白乙丙率兵。军队出发的那天,百里傒、蹇叔二人对着军队大哭。缪公听说了,生气地说:"我派兵出发,你们却拦着军队大哭,这是为什么?"两位老人说:"为臣不敢败坏国君的士气。军队要走了,我们的儿子也一同前往;我们已经老了,他们如果回来晚了,恐怕就见不着了,所以才哭。"两位老人退了下来,对他们的儿子说:"你们的部队如果失败,一定是在殽山的险要处。"三十三年春天,秦军向东进发,穿过晋国,从周朝都城北门经过。周朝的王孙满说:"秦军没有礼貌,不打败仗还等什么!"军队到了滑邑,郑国商人弦高带着十二头牛准备到周朝出卖,碰见了秦军,他害怕被秦军杀掉或俘虏,就趁机献上他的牛,说:"听说贵国要去讨伐郑国,郑君已认真做了防守和抵御的准备,还派我带了十二头牛来慰劳贵国士兵。"秦国的三位将军相互商量说:"我们要去袭击郑国,郑国现在已经知道了,去也袭击不成了。"于是灭掉了滑邑。滑邑是晋国的边境城邑。

当时,晋文公去世了还没有安葬。太子襄公愤怒地说:"秦国欺侮我刚刚丧父,趁我办丧事时攻破我国的滑邑。"于是将丧服染成黑色,派兵在殽山阻截秦军。晋军发起攻击,将秦军打败,没有一个人能逃脱。晋军俘获了秦军三位将军回国。晋文公的夫人是秦缪公的女儿,他替秦国三位被俘的将军求情说:"缪公对这三个人恨之入骨,希望您让他们回国,好让秦国国君能亲自痛痛快快地烹杀他们。"晋君答应了,放秦军三位将军归国。三位将军回到秦国,缪公穿着白色丧服到郊外迎接他们,向三人哭着说:"我因为没有听从百里傒、蹇叔的话,以致让你们三位受了屈辱,你们三位有什么罪呢?你们要全心准备洗雪耻辱,不要懈怠。"于是恢复了三个人原来的官职俸禄,更加厚待他们。

三十四年,楚国太子商臣杀了他的父亲楚成王,代替为王。

【原文】

缪公于是复使孟明视等将兵伐晋,战于彭衙。秦不利,引兵归。

戎王使由余于秦。由余,其先晋人也,亡入戎,能晋言。闻缪公贤,故使由余观秦。秦缪公示以宫室、积聚。由余曰:"使鬼为之,则劳神矣。使人为之,亦苦民矣。"缪公怪之，问曰："中国以诗书礼乐法度为政，然尚时乱，今戎夷无此，何以为治，不亦难乎？"由余笑曰："此乃中国所以乱也。夫自上圣黄帝作为礼乐法度，身以先之，仅以小治。及其后世，日以骄淫。阻法度之威，以责督于下，下罢极则以仁义怨望于上，上下交争怨而相篡弑，至于灭宗，皆以此类也。夫戎夷不然。上含淳德以遇其下，下怀忠信以事其上，一国之政犹一身之治，不知所以治，此真圣人之治也。"于是缪公退而问内史廖曰："孤闻邻国有圣人，敌国之忧也。今由余贤，寡人之害，将奈之何？"内史廖曰："戎王处辟匿，未闻中国之声。君试遗其女乐，以夺其志；为由余请，以疏其间；留而莫遣，以失其期。戎王怪之，必疑由余。君臣有间，乃可虏也。且戎王好乐，必怠于政。"缪公曰："善。"因与由余曲席而坐，传器而食，问其地形与其兵势尽纵，而后令内史廖以女乐二八遗戎王。戎王受而说之，终年不还。于是秦乃归由余。由余数谏不听，缪公又数使人间要由余，由余遂去降秦。缪公以客礼礼之，问伐戎之形。

【译文】

秦缪公这时再派孟明视等人率兵攻打晋国，在彭衙交战。秦军作战不利，撤军返回。

戎王派由余出使秦国。由余的祖先是晋国人，逃亡到戎地，但还能说晋国的语言。戎王听说缪公贤明，所以就派由余去观察秦国。秦缪公向他展示了宫室和积蓄的财宝。由余说："这些宫室积蓄，如果是让鬼神营造，那么就使鬼神劳累了；如果是让百姓营造的，那么也使百姓受苦了。"缪公觉得他的话很奇怪，问道："中原各国以诗书礼乐和法律处理政务，即使如此还经常发生变乱，现在戎族没有这些，用什么来治理国家，那不是很困难吗！"由余笑着说："这些正是中原各国发生祸乱的根源所在。自上古圣人黄帝创造了礼乐法度，并亲自带头贯彻执行，也只是实现了小的太平。到了后代。君主日渐骄奢淫逸，依仗着法律制度的威严，责罚和监督下面的臣民，下面的臣民因嫉妒疲惫而怨恨统治者不实行仁义。上下互相怨恨，篡夺屠杀，以至于灭绝家族，都是由于这些原因。而戎族却不是这样。上面的人怀着淳厚的仁德来对待下面的臣民，下面的臣民满怀忠信来侍奉君上，治理国家政事就像是整理自身一样，无须了解什么治理的方法，这才是真正的圣人治理国家啊。"缪公退朝之后问内史王廖说："我听说邻国有圣人，这将是敌国的忧患。现在由余有才能，这是我的祸害，我该怎么办呢？"内史王廖说："戎王地处偏远，不曾听过中原地区的乐曲。您不妨送他歌舞伎女，以动摇他的心志；为由余向请功，以此来疏远他们君臣之间的关系；留住由余不让他回去，以此来延误他回国的日期。戎王觉得奇怪，一定会怀疑由余。君臣之间有了隔阂，就可以俘获他了。而且戎王喜欢上音乐，就一定会怠慢政事。"缪公说："好。"于是缪公与由余座席相连而坐，互递杯盏一块儿吃喝，向由余询问戎地的地形和兵力,把情况了解得一清二楚,然后命令内史王廖送给戎王十六名歌妓。戎王接受了,而且非常喜欢,过了一年仍不送还。于是秦国让由余回国。由余多次向戎王进谏,戎王都不听,缪公又屡次派人秘密邀请由余,由余于是离开戎王,投降了秦国。缪公以宾客之礼相待,向他询问攻打戎国的形势。

【原文】

三十六年,缪公复益厚孟明等,使将兵伐晋,渡河焚船,大败晋人,取王官及鄗,以报殽之役。晋人皆城守不敢出。于是缪公乃自茅津渡河,封殽中尸,为发丧,哭之三日。乃誓于军曰:"嗟士卒!听无讙,余誓告汝。古之人谋黄发番番,则无所过。以申思不用蹇叔、百里傒之谋,故作此誓,令后世以记余过。"君子闻之,皆为垂涕,曰:"嗟乎!秦缪公之与人周也,卒得孟明之庆。"

【译文】

三十六年,缪公更加厚待孟明等人,派他们率兵攻打晋国,渡过黄河就焚毁了船只,结果打败了晋国,夺取了王官和鄗地,以报殽山战役之仇。晋国人都据城防守,不敢出战。于是缪公就从茅津渡过黄河,为殽山战役牺牲的将士筑坟,给他们发丧,痛哭三天。向秦军发誓说:"喂,将士们!你们听着,不要吵嚷,我向你们发誓。我要告诉你们,古人办事虚心听取老年人的意见,就不会有什么过错。我反复思考自己不采纳蹇叔、百里傒的计谋而造成的过失,因此发出这样的誓言,让后代记住我的过失。"君子们听说这件事,都为之落泪,说:"啊!秦缪公待人真周到,终于得到了孟明等人胜利的喜庆。"

【原文】

三十七年,秦用由余谋伐戎王,益国十二,开地千里,遂霸西戎。天子使召公过贺缪公以金鼓。三十九年,缪公卒,葬雍。从死者百七十七人,秦之良臣子舆氏三人名曰奄息、仲行、鍼虎,亦在从死之中。秦人哀之,为作歌黄鸟之诗。君子曰:"秦缪公广地益国,东服强晋,西霸戎夷,然不为诸侯盟主,亦宜哉。死而弃民,收其良臣而从死。且先王崩,尚犹遗德垂法,况夺之善人良臣百姓所哀者乎?是以知秦不能复东征也。"缪公子四十人,其太子罃代立,是为康公。

【译文】

三十七年,秦国采用由余的计谋攻打戎王,增加了十二个属国,开辟了千里疆土,终于称霸于西戎地区。周天子派召公过带着金钲和鼓向缪公表示祝贺。三十九年,秦缪公去世，安葬在雍。陪葬的人达一百七十七人，秦国的良臣子舆氏三人，他们名叫奄息、仲行、鍼虎，也都在陪葬者之列。秦国人哀怜他们，为他们作了一首名为《黄鸟》的诗。君子说："秦缪公扩展疆土，增加属国，向东征服了强大的晋国，向西称霸了西戎，但是他没有成为诸侯的盟主，这也是理所当然的！因为他死了就弃百姓于不顾，还拿他的良臣为自己殉葬。从前的先王去世，尚且要留下好的道德和法度垂范后世，何况他是夺去了百姓所同情的好人，良臣去殉葬呢？由此可知秦国不可能再向东发展了。"缪公有四十个儿子，他的太子罃即位，这就是康公。

【原文】

康公元年。注岁缪公之卒，晋襄公亦卒；襄公之弟名雍，秦出也，在秦。

晋赵盾欲立之，使随会来迎雍，秦以兵送至令狐。晋立襄公子而反击秦师，秦师败，随会来奔。二年，秦伐晋，取武城，报令狐之役。四年，晋伐秦，取少梁。六年，秦伐晋，取羁马。战于河曲，大败晋军。晋人患随会在秦为乱，乃使魏雠徐详反，合谋会，诈而得会，会遂归晋。

康公立十二年卒，子共公立。

【译文】

康公元年。前一年缪公去世，晋襄公也去世了。晋襄公的弟弟叫雍，是秦国之女所生，住在秦国。晋国的大臣赵盾想拥立他为君，就派随会来接他，秦国派兵将雍护送到令狐。而晋国已立了襄公的儿子而反过来攻打秦军，秦军战败，随会逃到秦国。二年，秦攻打晋国，攻占了武城，为令狐之战报了仇。四年，晋国攻打秦国，攻占了少梁。六年，秦国攻打晋国，攻占了羁马。两军在河曲交战，打败晋军。晋国人担心随会在秦国会给晋国造成祸患，就派魏雠余假装反叛，来和随会共谋返晋，用蒙骗手段得到了随会，随会于是回到晋国。康公在位十二年去世，子子共公继位。

【原文】

共公二年，晋赵穿弑其君灵公。三年，楚庄王强，北兵至雒，问周鼎。共公立五年卒，子桓公立。

桓公三年，晋败我一将。十年，楚庄王服郑，北败晋兵于河上。当是之时，楚霸，为会盟合诸侯。二十四年，晋厉公初立，与秦桓公夹河而盟。归而秦倍盟，与翟合谋击晋。二十六年，晋率诸侯伐秦，秦军败走，追至泾而还。桓公立二十七年卒，子景公立。

【译文】

共公二年,晋国的赵穿杀了他的君主灵公。三年,楚庄王强大起来,向北进兵,一直到达洛邑,询问周朝九鼎的大小轻重。共公在位五年去世,儿子桓公继位。

桓公三年,晋军打败秦军的一名大将。十年,楚庄王征服郑国,向北在黄河岸上打败了晋军。当时,楚国称霸,召集各诸侯举行盟会。二十四年,晋厉公刚刚即位,与秦桓公以黄河为界订立了盟约。桓公回国后就背弃了盟约,与狄人合谋攻打晋国。二十六年,晋国率领诸侯攻打秦国,秦军战败而逃,晋军一直追赶到泾水边上才返回。桓公在位二十七年去世,儿子景公继位。

【原文】

景公四年,晋栾书弑其君厉公。十五年,救郑,败晋兵于栎。是时晋悼公为盟主。

十八年,晋悼公彊,数会诸侯,率以伐秦,败秦军。秦军走,晋兵追之,遂渡泾,至棫林而还。二十七年,景公如晋,与平公盟,已而背之。三十六年,楚公子围弑其君而自立,是为灵王。景公母弟后子鍼有宠,景公母弟富,或谮之,恐诛,乃奔晋,车重千乘。晋平公曰:"后子富如此,何以自亡?"对曰:"秦公无道,畏诛,欲待其后世乃归。"三十九年,楚灵王强,会诸侯于申,为盟主,杀齐庆封。景公立四十年卒,子哀公立。后子复来归秦。

【译文】

景公四年,晋国的栾书杀了他的君主厉公。十五年,秦军救援郑国,在栎邑打败了晋军。当时,晋悼公为诸侯盟主。

十八年,晋悼公强大起来,多次召集诸侯会盟,率领诸侯攻打秦国,打败了秦军。秦军逃走,晋兵追击,渡过泾水,一直追到棫林才返回。二十七年,秦景公到了晋国,与晋平公订立盟约,不久就背叛了盟约。三十六年,楚国公子围杀了他的君主自立为王,这就是楚灵王。秦景公的同母兄弟后子鍼得宠,而且富有,有人诬陷他,他害怕被杀,就逃到晋国,带着一千辆车的资财。晋平公说:"您这样富有,为什么要自动逃亡呢?"后子鍼回答说:"秦君无道,我害怕被杀害。想等到他死后再回去。"三十九年,楚灵王强大起来,在申地与诸侯会盟,做了盟主,杀了齐国的庆封。景公在位四十年去世,儿子哀公即位。后子鍼又回到秦国。

【原文】

哀公八年,楚公子弃疾弑灵王而自立,是为平王。十一年,楚平王来求秦女为太子建妻。至国，女好而自娶之。十五年，楚平王欲诛建，建亡；伍子胥奔吴。晋公室卑而六卿强，欲内相攻，是以久秦晋不相攻。三十一年，吴王阖闾与伍子胥伐楚，楚王亡奔随，吴遂入郢。楚大夫申包胥来告急，七日不食，日夜哭泣。于是秦乃发五百乘救楚，败吴师。吴师归，楚昭王乃得复入郢。哀公立三十六年卒。太子夷公，夷公蚤死，不得立，立夷公子，是为惠公。

惠公元年，孔子行鲁相事。五年，晋卿中行、范氏反晋，晋使智氏、赵简子攻之，范、中行氏亡奔齐。惠公立十年卒，子悼公立。

悼公二年，齐臣田乞弒其君孺子，立其兄阳生，是为悼公。六年，吴败齐师。齐人弒悼公，立其子简公。九年，晋定公与吴王夫差盟，争长于黄池，卒先吴。

吴强，陵中国。十二年，齐田常弒简公，立其弟平公，常相之。十三年，楚灭陈。秦悼公立十四年卒，子厉共公立。孔子以悼公十二年卒。

【译文】

哀公八年，楚国公子弃疾杀了楚灵王而自立为王，这就是平王。十一年，楚平王迎娶秦国的宗室女做太子建的妻子。回到楚国，平王见女子漂亮，就自己娶了她。十五年，楚平王想杀死太子建，太子建逃走。伍子胥逃到吴国。晋国国君家族的权力削弱，而范氏、中行氏、智氏、赵氏、韩氏、魏氏六个晋卿的势力强大，内部互相攻打，因此好长时间秦、晋两国没有打仗。三十一年，吴王阖闾与伍子胥攻打楚国，楚王逃到随地，吴军于是进入郢都。楚国大夫申包胥来秦国告急求援，一连七天没有吃饭，日夜哭泣。于是秦国就派兵车五百辆去援救楚国，打败了吴国的军队。吴军撤走了，楚昭王才得以重新回到郢都。哀公在位三十六年去世。太子是夷公，夷公早死，没能继位，夷公的儿子即位，这就是惠公。

惠公元年，孔子代理鲁国相国的职务。五年，晋卿中行氏、范氏造反，晋君派智氏和赵简子攻打他们，范氏、中行氏逃到齐国。惠公在位十年去世，儿子悼公继位。

悼公二年，齐国大臣田乞杀了他的国君孺子，立孺子的哥哥阳生为君，这就是齐悼公。六年，吴军打败齐军。齐国人杀了悼公，立他的儿子简公为君。九年，晋定公与吴王夫差会盟，在黄池争做盟主，最终吴王占了先。吴国强盛，欺凌中原各国。十二年，齐国田常杀了齐简公，立他的弟弟平公为君，田常当了国相。十三年，楚国灭掉了陈国。秦悼公在位十四年去世，儿子厉共公即位。孔子在悼公十二年去世。

【原文】

厉共公二年，蜀人来赂。十六年，堑河旁。以兵二万伐大荔，取其王城。二十一年，初县频阳。晋取武成。二十四年，晋乱，杀智伯，分其国与赵、韩、魏。二十五年，智开与邑人来奔。三十三年，伐义渠，虏其王。三十四年，日食。厉共公卒，子躁公立。

躁公二年，南郑反。十三年，义渠来伐，至渭南。十四年，躁公卒，立其弟怀公。

怀公四年，庶长晁与大臣围怀公，怀公自杀。怀公太子曰昭子，蚤死，大臣乃立太子昭子之子，是为灵公。灵公，怀公孙也。

灵公六年，晋城少梁，秦击之。十三年，城籍姑。灵公卒，子献公不得立，立灵公季父悼子，是为简公。简公，昭子之弟而怀公子也。

简公六年，令吏初带剑。堑洛。城重泉。十六年卒，子惠公立。

惠公十二年，子出子生。十三年，伐蜀，取南郑。惠公卒，出子立。

出子二年，庶长改迎灵公之子献公于河西而立之。杀出子及其母，沉之渊旁。秦以往者数易君，君臣乖乱，故晋复强，夺秦河西地。

【译文】

厉共公二年，蜀人前来进献财物。十六年，在黄河边挖掘壕沟。派兵两万去攻打大荔国，攻占了它的王城。二十一年，开始在频阳设县。晋国攻占了武成。二十四年，晋国发生内乱，杀死智伯，将智伯的领地分给赵、韩、魏三家。二十五年，智开和他的邑人来投奔秦国。三十三年，秦国攻打义渠，俘虏了义渠王。三十四年，出现日食。厉共公去世，他的儿子躁公即位。

躁公二年，南郑反叛。十三年，义渠前来攻打秦国，到了渭南。十四年，躁公去世，他的弟弟怀公继位。

怀公四年，庶长晁和大臣围攻怀公，怀公自杀。怀公的太子名叫昭子，死得早，大臣们就拥立太子昭子的儿子为君，这就是灵公。灵公，是怀公的孙子。

灵公六年，晋国在少梁筑城，秦军前去攻打。十三年，秦国在籍姑筑城。灵公去世，他的儿子献公没能继位，立子灵公的叔父悼子，这就是简公。简公是昭子的弟弟，怀公的儿子。

简公六年，开始规定官吏可以佩剑。在洛水边挖掘壕沟。在重泉筑城。十六年，简公去世，他的儿子惠公继位。

　　惠公十二年,他的儿子出子出生。十三年,攻打蜀国,攻占了南郑。惠公去世,出子即位。

　　出子二年,庶长改从河西迎接灵公的儿子献公回国,立他为君。杀了出子和他的母亲,把他们的尸体沉入深渊。秦国在这以前多次更换君主,君臣关系混乱,所以晋国重新强大起来,夺取了秦国河西的土地。

【原文】

　　献公元年,止从死。二年,城栎阳。四年正月庚寅,孝公生。十一年,周太史儋见献公曰:"周故与秦国合而别,别五百岁复合,合十七岁而霸王出。"十六年,桃冬花。十八年,雨金栎阳。二十一年,与晋战于石门,斩首六万,天子贺以黼黻。二十三年,与魏晋战少梁,虏其将公孙痤。

　　二十四年,献公卒,子孝公立,年已二十一岁矣。

　　孝公元年,河山以东强国六,与齐威、楚宣、魏惠、燕悼、韩哀、赵成侯并。淮泗之间小国十馀。楚、魏与秦接界。魏筑长城,自郑滨洛以北,有上郡。楚自汉中,南有巴、黔中。周室微,诸侯力政,争相并。秦僻在雍州,不与中国诸侯之会盟,夷翟遇之。孝公于是布惠,振孤寡,招战士,明功赏。

　　下令国中曰:"昔我缪公自岐雍之闲,修德行武,东平晋乱,以河为界,西霸戎翟,广地千里,天子致伯,诸侯毕贺,为后世开业,甚光美。会往者厉、躁、简公、出子之不宁,国家内忧,未遑外事,三晋攻夺我先君河西地,诸侯卑秦、丑莫大焉。献公即位,镇抚边境,徙治栎阳,且欲东伐,复缪公之故地,修缪公之政令。寡人思念先君之意,常痛于心。宾客群臣有能出奇计强秦者,吾且尊官,与之分土。"于是乃出兵东围陕城,西斩戎之獂王。

　　鞅闻是令下,西入秦,因景监求见孝公。

　　二年,天子致胙。

　　三年,鞅说孝公变法修刑,内务耕稼,外劝战死之赏罚,孝公善之。甘龙、杜挚等弗然,相与争之。卒用鞅法,百姓苦之;居三年,百姓便之。乃拜鞅为左庶长。其事在商君语中。

【译文】

　　献公元年,废除了殉葬制度。二年,在栎阳筑城。四年正月庚寅日,孝公出生。十一年,周朝太史儋拜见献公说:"周朝以前与秦国本来是合在一起的,后来分开了,分开五百年后又合在了一起,合在一起十七年后,将会有称霸统一天下的人出现。"十六年,桃树在冬天开了花。十八年,栎阳下了金雨。二十一年,与晋国在石门交战,杀了晋军六万人,天子送来绣有花纹的礼服祝贺。二十三年,与魏国、晋国的军队在少梁交战,俘虏了魏将公孙痤。二十四年,献公去世,儿子孝公即位,当时孝公已经二十一岁了。

孝公元年,黄河、殽山以东有六个强国,秦孝公与齐威王、楚宣王、魏惠王、燕悼王、韩哀侯、赵成侯并称。淮水、泗水之间有十多个小国。楚国、魏国与秦国接壤。魏国修筑长城,从郑县沿洛河北上,据有上郡。楚国的土地从汉中往南,据有巴郡、黔中。周王室衰微,诸侯用武力相征伐,争相吞并。秦国地处偏僻的雍州,不参加中原各国诸侯的会盟,诸侯们像对待夷狄一样对待秦国。孝公于是广施恩德,救济孤寡,招募士兵,明确了论功行赏的法令。在全国发布命令说:"从前我们的缪公在岐山、雍邑之间实行德政、振兴武力,在东边平定了晋国的内乱,以黄河为界,在西边称霸戎狄,拓展疆土千里。天子赐予霸主的称号。诸侯都来表示祝贺,为后世开创了光明美好的基业。遇上厉公、躁公、简公、出子时的动乱不宁,国家内有忧患,没有空暇顾及国外的事,晋国攻夺了我们先王拥有的河西的土地,诸侯都看不起秦国,耻辱没有比这更大的了。献公即位,安定边境,迁都栎阳,并打算东征,以恢复缪公时的原有疆土,重修缪公时的政令。我缅怀先君的遗志,心中常感悲痛。宾客和群臣中有谁能献出高明的计策,使秦国强盛起来,我将让他做高官,分封给他土地。"于是便发兵向东围攻陕城,向西斩杀了戎族的獂王。

卫鞅听说这个命令颁布后,就向西来到秦国,通过景监求见孝公。

二年,周天子送来祭肉。

三年,卫鞅劝孝公实行变法,制订刑罚,在国内致力于农耕,对外鼓励效死作战,给以各种奖罚,孝公十分赞赏。甘龙、杜挚等人不同意,双方相互争论。最后孝公采用了卫鞅的新法,百姓感到很痛苦。过了三年,百姓觉得新法很好。于是孝公任命卫鞅为左庶长。此事记载在《商君列传》里。

【原文】

七年,与魏惠王会杜平。八年,与魏战元里,有功。十年,卫鞅为大良造,将兵围魏安邑,降之。十二年,作为咸阳,筑冀阙①,秦徙都之。并诸小乡聚,集为大县,县一令,四十一县。为田开阡陌②。东地渡洛。十四年,初为赋。十九年,天子致伯。二十年,诸侯毕贺。秦使公子少官率师会诸侯逢泽,朝天子。

二十一年,齐败魏马陵。

二十二年,卫鞅击魏,虏魏公子卬。封鞅为列侯,号商君。

二十四年,与晋战雁门,虏其将魏错。

【注释】

①冀阙:古时宫廷外的门阙。②阡陌:田界。

【译文】

　　七年,孝公与魏惠王在杜平会盟。八年,秦国与魏国在元里交战,取得胜利。十年,卫鞅任大良造,率兵围攻魏国安邑,使他们投降。十二年,建造咸阳,筑起了高大的门阙,秦国将都城迁到咸阳。把各个小乡村合并起来,汇集成大县,每县设一名县令,全国共有四十一个县。改造田地,开辟田界。秦国东边的地界已经越过了洛水。十四年,开始制定新的赋税制度。十九年,天子赐予霸主称号。二十年,诸侯都来祝贺。秦国派公子少官率领军队与诸侯在逢泽会盟,朝见天子。

　　二十一年,齐国在马陵打败魏国。

　　二十二年,卫鞅攻打魏国,俘虏了魏公子卬。秦孝公封卫鞅为列侯,号称商君。

　　二十四年,秦国与晋国在雁门交战,俘虏了晋国将军魏错。

【原文】

　　孝公卒,子惠文君立。是岁,诛卫鞅。鞅之初为秦施法,法不行,太子犯禁。鞅曰:"法之不行,自于贵戚。君必欲行法,先于太子。太子不可黥,黥其傅师。"于是法大用,秦人治。及孝公卒,太子立,宗室多怨鞅,鞅亡,因以为反,而卒车裂以徇秦国。

　　惠文君元年,楚、韩、赵、蜀人来朝。二年,天子贺。三年,王冠。四年,天子致文武胙。齐、魏为王。

【译文】

　　秦孝公去世,儿子惠文君继位。这一年,杀了卫鞅。卫鞅当初在秦国施行新法时,法令不能贯彻实施,太子触犯了禁令。卫鞅说:"法令之所以不能贯彻实施,根源起自国君的亲族。国君果真要实行新法,就要从太子做起。太子不能受刺面的墨刑,就让他的师傅代受墨刑。"从此,法令顺利施行,秦国得到了治理。等到孝公去世,太子即位,秦国的宗室大多怨恨卫鞅,卫鞅逃走,于是就认定他想谋反,最终被车裂处死,并在都城示众。

　　惠文君元年,楚国、韩国、赵国、蜀国派人来朝见。二年,周天子前来祝贺。三年,惠文君年满二十,举行冠礼。四年,天子送来祭祀文王、武王的祭肉。齐国、魏国的国君称王。

五年，阴晋人犀首为大良造。六年，魏纳阴晋，阴晋更名宁秦。七年，公子卬与魏战，虏其将龙贾，斩首八万。八年，魏纳河西地。九年，渡河，取汾阴、皮氏。与魏王会应。围焦，降之。十年，张仪相秦。魏纳上郡十五县。十一年，县义渠。归魏焦、曲沃。义渠君为臣。更名少梁曰夏阳。十二年，初腊。十三年四月戊午，魏君为王，韩亦为王。使张仪伐取陕，出其人与魏。

十四年，更为元年。二年，张仪与齐、楚大臣会啮桑。三年，韩、魏太子来朝。张仪相魏。五年，王游至北河。七年，乐池相秦。韩、赵、魏、燕、齐帅匈奴共攻秦。秦使庶长疾与战修鱼，虏其将申差，败赵公子渴、韩太子奂，斩首八万二千。八年，张仪复相秦。九年，司马错伐蜀，灭之。伐取赵中都、西阳。十年，韩太子苍来质。伐取韩石章。伐败赵将泥。伐取义渠二十五城。十一年，樗里疾攻魏焦，降之。败韩岸门，斩首万，其将犀首走。公子通封于蜀。燕君让其臣子之。十二年，王与梁王会临晋。庶长疾攻赵，虏赵将庄。张仪相楚。十三年，庶长章击楚于丹阳，虏其将屈匄，斩首八万；又攻楚汉中，取地六百里，置汉中郡。楚围雍氏，秦使庶长疾助韩而东攻齐，到满助魏攻燕。十四年，伐楚，取召陵。丹、犁臣，蜀相壮杀蜀侯来降。

惠王卒，子武王立。韩、魏、齐、楚、越皆宾从。

五年，阴晋人犀首任大良造。六年，魏国将阴晋送给秦国，阴晋改名为宁秦。七年，公子卬与魏国交战，俘虏了魏将龙贾，杀了八万人。八年，魏国将河西之地送给秦国。九年，秦军渡过黄河，攻占了汾阴、皮氏。秦王与魏王在应邑会盟。秦军包围了焦城，使焦城投降。十年，张仪做了秦相。魏国将上郡十五县送给秦国。十一年，在义渠设县。将焦城、曲沃归还给魏国，义渠国君称臣。将少梁改名为夏阳。十二年，开始举行腊祭。十三年四月戊午日，魏国国君称王，韩国国君也称王。秦君派张仪攻取陕县，把那里的居民赶出去交给魏国。

十四年，改为元年。二年，张仪与齐国、楚国的大臣在啮桑会盟。三年，韩国、魏国的太子前来朝见。张仪担任魏国国相。五年，惠文王巡游到北河。七年，乐池担任秦相。韩国、赵国、魏国、燕国、齐国率领匈奴一起攻打秦国。秦国派庶长疾在修鱼与他们交战，俘虏了韩国将军申差，打败赵国公子渴、韩国太子奂，杀敌八万二千人。八年，张仪再次担任秦相。九年，司马错攻打蜀国，灭掉了蜀国。攻占了赵国的中都、西阳。十年，韩国太子苍来秦国作人质。攻占了韩国石章，打败了赵国的将军泥。攻占了义渠的二十五座城邑。十一年,秦将樗里疾攻打魏国焦城,使焦城投降。在岸门打败了韩军,杀敌一万人,韩将犀首逃走。公子通被封为蜀侯。燕王让位给他的大臣子之。十二年,秦王与梁王在临晋会盟。庶长疾攻打赵国,俘虏了赵国将军庄。张仪任楚相。十三年,庶长章在丹阳攻打楚军,俘虏了楚将屈丐,杀敌八万人;又攻打楚国的汉中,夺取了六百里土地,设置了汉中郡。楚军围攻雍氏,秦国派遣庶长疾帮助韩国向东攻打齐国,又派甘满帮助魏国攻打燕国。十四年,攻打楚国,攻占了召陵。丹国、犁国向秦国称臣,蜀相陈壮杀死蜀侯前来投降。

惠王去世,儿子武王即位。韩国、魏国、齐国、楚国、赵国都归服秦国。

【原文】

武王元年,与魏惠王会临晋。诛蜀相壮。张仪、魏章皆东出之魏。伐义渠、丹、犁。二年,初置丞相,樗里疾、甘茂为左右丞相。张仪死于魏。三年,与韩襄王会临晋外。南公揭卒,樗里疾相韩。武王谓甘茂曰:"寡人欲容车通三川,窥周室,死不恨矣。"其秋,使甘茂、庶长封伐宜阳。四年,拔宜阳,斩首六万。涉河,城武遂。魏太子来朝。武王有力好戏,力士任鄙、乌获、孟说皆至大官。王与孟说举鼎,绝膑。八月,武王死。族孟说。

武王取魏女为后,无子。立异母弟,是为昭襄王。昭襄母楚人,姓芊氏,号宣太后。武王死时,昭襄王为质于燕,燕人送归,得立。

【译文】

武王元年,武王与魏惠王在临晋会盟。杀了蜀相陈壮。张仪、魏章都离开秦国往东到魏国去了。秦军攻打义渠国、丹国、犁国。二年,开始设置丞相,樗里疾、甘茂分别担任左右丞相。张仪死在魏国。三年,秦王与韩襄王在临晋城外会盟。南公揭去世,樗里疾担任韩相。武王对甘茂说:"我想开一条哪怕只能容车子通过的路,到达洛阳,看一看周王的都城,即使死了也没有什么遗憾了。"这年秋天,派甘茂和庶长封攻打宜阳。四年,攻占了宜阳,杀敌六万人。渡过黄河,在武遂筑城。魏国太子前来朝见。秦武王有力气,喜好角力,大力士任鄙、乌获、孟说都做了大官。武王与孟说举鼎比力气,折断了膝盖骨。八月,武王去世。诛杀了孟说的全族。武王娶魏国女子做王后,没有生儿子。立武王的异母弟弟为王,这就是昭襄王。昭襄王的母亲是楚国人,姓芊,称为宣太后。武王死时,昭襄王在燕国做人质,燕国人送他回国,他才得以继位。

【原文】

昭襄王元年,严君疾为相。甘茂出之魏。二年,彗星见。庶长壮与大臣、诸侯、公子为逆，皆诛，及惠文后皆不得良死。悼武王后出归魏。三年，王冠。与楚王会黄棘，与楚上庸。四年，取蒲阪。彗星见。

五年，魏王来朝应亭，复与魏蒲阪。六年，蜀侯煇反，司马错定蜀。

庶长奂伐楚，斩首二万。泾阳君质于齐。日食，昼晦。七年，拔新城。樗里子卒。八年，使将军芊戎攻楚，取新市。齐使章子，魏使公孙喜，韩使暴鸢共攻楚方城，取唐眜。赵破中山，其君亡，竟死齐。魏公子劲、韩公子长为诸侯。九年，孟尝君薛文来相秦。奂攻楚，取八城，杀其将景快。十年，楚怀王入朝秦，秦留之。薛文以金受免。楼缓为丞相。十一年，齐、韩、魏、赵、宋、中山五国共攻秦，至盐氏而还。秦与韩、魏河北及封陵以和。彗星见。楚怀王走之赵，赵不受，还之秦，即死，归葬。十二年，楼缓免，穰侯魏冄为相。予楚粟五万石。

【译文】

昭襄王元年，严君疾担任秦相。甘茂离开秦国到魏国去了。二年，彗星出现。庶长壮和大臣、诸侯、公子造反，都被杀，连惠文王后也不得善终。悼武王后离开秦国回到魏国。三年，昭襄王举行冠礼，与楚王在黄棘会盟，将上庸还给楚国。四年，攻占了蒲阪。彗星出现。五年，魏王来应亭朝见，秦国又将蒲阪交还给魏国。六年，蜀侯煇反叛，司马错平定了蜀国。庶长奂攻打楚国，杀敌两万人。泾阳君到齐国做人质。出现日食，白天昏暗。七年，攻占了新城。樗里子去世。八年，派将军芊戎攻打楚国，攻占了新市。齐国派章子，魏国派公孙喜，韩国派暴鸢，一起进攻楚国的方城，俘获了唐眜。赵国攻破了中山国，中山国君逃走，最终死在齐国。魏公子劲、韩公子长被封为诸侯。九年，孟尝君薛文来秦国担任丞相。庶长奂攻打楚国，攻占了八座城，杀了楚将景快。十年，楚怀王来秦朝见，秦国扣留了他。薛文因为受金的诋毁而被免去丞相之职，楼缓担任丞相。十一年，齐国、韩国、魏国、赵国、宋国、中山五国共同攻打秦国，军队到达盐氏就退了回去。秦国送给韩国、魏国黄河北边以及封陵的土地来请求讲和。这一年出现了彗星。楚怀王逃到赵国，赵国不敢收留，又将他送还给秦国，不久就死了，秦国把他送还给楚国安葬。十二年，楼缓被罢免，穰侯魏冄担任丞相。秦国送给楚国五万石粮食。

【原文】

十三年，向寿伐韩，取武始。左更白起攻新城。五大夫礼出亡奔魏。任鄙为汉中守。十四年，左更白起攻韩、魏于伊阙，斩首二十四万，虏公孙喜，拔五城。十五年，大良造白起攻魏，取垣，复予之。攻楚，取宛。十六年，左更错取轵及邓。冄免，封公子市宛，公子悝邓，魏冄陶，为诸侯。十七年，城阳君入朝，及东周君来朝。秦以垣为蒲阪、皮氏。王之宜阳。十八年，错攻垣、河雍，决桥取之。十九年，王为西帝，齐为东帝，皆复去之。吕礼来自归。齐破宋，宋王在魏，死温。任鄙卒。二十年，王之汉中，又之上郡、北河。二十一年，错攻魏河内。魏献安邑，秦出其人，募徒河东赐爵，赦罪人迁之。泾阳君封宛。二十二年，蒙武伐齐。河东为九县。与楚王会宛。与赵王会中阳。二十三年，尉斯离与三晋、燕伐齐，破之济西。王与魏王会宜阳，与韩王会新城。二十四年，与楚王会鄢，又会穰。秦取魏安城，至大梁，燕、赵救之，秦军去。魏冉免相。二十五年，拔赵二城。与韩王会新城，与魏王会新明邑。二十六年，赦罪人迁之穰。侯冉复相。二十七年，错攻楚。赦罪人迁之南阳。白起攻赵，取代光狼城。又使司马错发陇西，因蜀攻楚黔中，拔之。二十八年，大良造白起攻楚，取鄢、邓，赦罪人迁之。二十九年，大良造白起攻楚，取郢为南郡，楚王走。周君来。王与楚王会襄陵。白起为武安君。三十年，蜀守若伐楚，取巫郡，及江南为黔中郡。三十一年，白起伐魏，取两城。楚人反我江南。三十二年，相穰侯攻魏，至大梁，破暴鸢，斩首四万，鸢走，魏入三县请和。三十三年，客卿胡阳攻魏卷、蔡阳、长社，取之。击芒卯华阳，破之，斩首十五万。魏入南阳以和。三十四年，秦与魏、韩上庸地为一郡，南阳免臣迁居之。三十五年，佐韩、魏、楚伐燕。初置南阳郡。三十六年，客卿灶攻齐，取刚、寿，予穰侯。三十八年，中更胡阳攻赵阏与，不能取。四十年，悼太子死魏，归葬芷阳。四十一年夏，攻魏，取邢丘、怀。四十二年，安国君为太子。十月，宣太后薨，葬芷阳郦山。九月，穰侯出之陶。四十三年，武安君白起攻韩，拔九城，斩首五万。四十四年，攻韩南阳，取之。四十五年，五大夫贲攻韩，取十城。叶阳君悝出之国，未至而死。四十七年，秦攻韩上党，上党降赵，秦因攻赵，赵发兵击秦，相距。秦使武安君白起击，大破赵于长平，四十余万尽杀之。四十八年十月，韩献垣雍。秦军分为三军。武安君归。王龁将伐赵武安、皮牢，拔之。司马梗北定太原，尽有韩上党。正月，兵罢，复守上党。其十月，五大夫陵攻赵邯郸。四十九年正月，益发卒佐陵。陵战不善，免，王龁代将。其十月，将军张唐攻魏，为蔡尉捐弗守，还斩之。五十年十月，武安君白起有罪，为士伍，迁阴密。张唐攻郑，拔之。十二月，益发卒军汾城旁。武安君白起有罪，死。龁攻邯郸，不拔，去，还奔汾军。二月余攻晋军，斩首六千，晋楚流死河二万人。攻汾城，即从唐拔宁新中，宁新中更名安阳。初作河桥。

 【译文】

　　十三年，向寿攻打韩国，攻占了武始。左更白起攻打新城。五大夫吕礼逃出秦国投奔魏国。任鄙担任汉中郡守。十四年，左更白起在伊阙攻打韩国和魏国，杀敌二十四万，俘虏了公孙喜,攻克五座城。十五年,大良造白起攻打魏国,攻占了垣城,又还给了魏国。攻打楚国,攻占了宛城。十六年,左更错攻占了轵城和邓城。魏冉被免除丞相职务。把公子市封在宛,公子悝封在邓,魏冉封在陶,他们都成了诸侯。十七年,城阳君来朝见,东周国也来朝见。秦国把垣城改为蒲阪、皮氏。秦王到了宜阳。十八年,左更错攻打垣城、河雍,毁断桥梁攻占了两地。十九年,秦王称西帝,齐王称东帝,不久又都取消了帝号。吕礼自愿回到秦国自首。齐国攻破了宋国,宋王逃到魏国,死在温地。任鄙去世。二十年,秦王到了汉中,又到了上郡、北河。二十一年,左更错攻打魏国河内。魏国献出了安邑。秦国赶走城中的魏国人,然后招募秦国人迁到河东地区居住并赐给爵位,又把被赦免的罪人迁到河东。泾阳君被封在宛。二十二年,蒙武攻打齐国。在河东设置了九个县。秦王与楚王在宛城会盟,与赵王在中阳会盟。二十三年,都尉斯离与韩国、赵国、魏国、燕国一起进攻齐国,在济水西岸打败齐军。秦王与魏王在宜阳会盟,与韩王在新城会盟。二十四年,秦王与楚王在鄢城会盟,又在穰城会盟。秦国攻取魏国的安城,一直打到国都大梁,燕国、赵国援救魏国,秦军撤去。魏冉被免去丞相职务。二十五年,秦国攻占赵国两座城池。秦王与韩王在新城会盟,与魏王在新明邑会盟。二十六年,大赦罪人,将他们迁往穰城。魏冉再次担任丞相。二十七年,左更错攻打楚国。赦免了罪犯并将他们迁往南阳。白起攻打赵国,夺取了代地的光狼城。又派司马错从陇西出发,经由蜀地攻打楚国的黔中,攻占了该地。二十八年,大良造白起攻打楚国,攻占了鄢城、邓城,赦免罪犯迁往那里。二十九年,大良造白起攻打楚国,攻占了郢都,改为南郡,楚王逃走。周君来秦朝见。秦王与楚王在襄陵会盟。白起被封为武安君。三十年,蜀中郡守张若攻打楚国,夺取了巫郡和江南,设置黔中郡。三十一年,白起攻打魏国,攻占了两座城池。楚国人在江南反叛秦国。三十二年,丞相穰侯攻打魏国,一直攻到大梁,打败暴鸢,杀了四万人,暴鸢逃走,魏国割让三个县请求讲和。三十三年,客卿胡阳攻打魏国的卷城、蔡阳、长社,都攻了下来。在华阳攻打芒卯,打败了他,杀了十五万人。魏国割让南阳请求讲和。三十四年,秦国把上庸给了韩国和魏国,设立一个郡,让南阳被免罪的臣民迁往那里居住。三十五年,帮助韩国、魏国、楚国攻打燕国,开始设置南阳郡。三十六年,客卿灶攻打齐国,攻占了刚、寿两地,赐给了穰侯。三十八年,中更胡阳攻打赵国的阏与,没有攻下。四十年,悼太子死在魏国,运回国葬在芷阳。四十一年夏天,攻打魏国,攻占了邢丘、怀邑两地。四十二年,安国君立为太子。十月,宣太后去世,埋葬在芷阳郦山。九月,穰侯离开都城到陶地去了。四十三年,武安君白起攻打韩国,攻下九座城池,杀了五万人。四十四年,攻打韩国的南阳,攻了下来。四十五年,五大夫贲攻打韩国,攻下了十座城池。叶阳君悝离开都城前往封国,没有到那里就死了。四十七年,秦国攻打韩国的上党,上党投降了赵国,秦国因此就去攻打赵国,赵国出兵反击秦军,两军相持不下。秦国派武安君白起攻打赵国,在长平打败赵军,四十多万赵兵全部被杀死。四十八年十月,韩国向秦国献出垣雍。秦军分为三部分:武安君率军回国;王龁率兵攻打赵国的武安、皮牢，攻了下来；司马梗率军向北平定了太原，全部占领了韩国的上党。正月，军队停止战斗，驻守在上党。这年十月，五大夫陵攻打赵国的邯郸。四十九年正月，增加兵力帮助五大夫陵。五大夫陵作战不利，被免职，王龁替代他带兵。这年十月，将军张唐攻打魏国，蔡尉防守的地盘丢了，张唐回来就斩杀了他。五十年十月，武安君白起犯了罪，被贬为士兵，迁到阴密。张唐攻打郑地，攻了下来。十二月，增派军队驻扎在汾城旁边。武安君白起有罪，自杀而死。王龁攻打邯郸，没有攻打下来，撤军离去，返回投奔驻扎在汾城旁的军队。两个月以后，攻打魏军，杀了六千人，魏军和楚军逃跑时在河中淹死的有两万人。攻打汾城。接着又跟随张唐攻下了宁新中，将宁新中改名为安阳。开始在黄河上架桥。

【原文】

五十一年，将军摎攻韩，取阳城、负黍，斩首四万。攻赵，取二十馀县，首虏九万。西周君背秦，与诸侯约从，将天下锐兵出伊阙攻秦，令秦毋得通阳城。于是秦使将军摎攻西周。西周君走来自归，顿首受罪，尽献其邑三十六城，口三万。秦王受献，归其君于周。五十二年，周民东亡，其器九鼎入秦。周初亡。

五十三年，天下来宾。魏后，秦使摎伐魏，取吴城。韩王入朝，魏委国听令。五十四年，王郊见上帝于雍。五十六年秋，昭襄王卒，子孝文王立。尊唐八子为唐太后，而合其葬于先王。韩王衰绖入吊祠，诸侯皆使其将相来吊祠，视丧事。

孝文王元年，赦罪人，修先王功臣，褒厚亲戚，弛苑囿。孝文王除丧，十月己亥即位，三日辛丑卒，子庄襄王立。

【译文】

五十一年，将军摎攻打韩国，攻占了阳城、负黍，杀了四万人。攻打赵国，攻占了二十多个县，斩杀、俘虏了九万人。西周君背叛秦国，和各诸侯相约合纵，率领天下的精锐部队出伊阙攻打秦国，使得秦国不能通向阳城。秦国于是派将军摎攻打西周。西周君跑到秦国来自首，叩头认罪，全部献出了他的三十六个城邑和三万人口。秦王接受了他的献礼，将西周君送回了西周。五十二年，西周人向东逃亡，周朝的九鼎被运到秦国。周朝从这时候起就灭亡了。

五十三年，天下都来归服秦国。魏国落在最后，秦国就派将军摎去讨伐魏国，攻占了吴城。韩王来朝见，魏王也把国家托付给秦国听从命令了。五十四年，秦王在雍城郊外祭祀上帝。五十六年秋天，昭襄王去世，儿子孝文王登位。追尊生母唐八子为唐太后，与昭襄王合葬一处。韩王穿着孝服前来祭吊，其他诸侯也都派他们的将相前来祭吊，参与丧事。

孝文王元年，大赦罪人，表彰先王的功臣，厚赐亲属，开放王家的园囿。孝文王服丧期满，十月己亥日即位，三天后辛丑日去世，儿子庄襄王继位。

【原文】

庄襄王元年，大赦罪人，修先王功臣，施德厚骨肉而布惠于民。东周君与诸侯谋秦，秦使相国吕不韦诛之，尽入其国。秦不绝其祀，以阳人地赐周君，奉其祭祀。使蒙骜伐韩，韩献成皋、巩。秦界至大梁，初置三川郡。二年，使蒙骜攻赵，定太原。三年，蒙骜攻魏高都、汲，拔之。攻赵榆次、新城、狼孟，取三十七城。四月日食。王龁攻上党。初置太原郡。魏将无忌率五国兵击秦，秦却于河外。蒙骜败，解而去。五月丙午，庄襄王卒，子政立，是为秦始皇帝。

【译文】

庄襄王元年，大赦罪人，表彰先王的功臣，厚赐亲戚骨肉，向百姓施加恩惠。东周君与诸侯图谋反秦，秦襄王派相国吕不韦前去讨伐，全部兼并了东周的土地。秦国没有断绝周朝的祭祀，把阳人这块地盘赐给周君，让他来继承周朝的祭祀。秦王派蒙骜攻打韩国，韩国献出成皋、巩县。秦国国界到了大梁，开始设置三川郡。二年，秦王派蒙骜攻打赵国，平定了太原。三年，蒙骜攻打魏国的高都、汲县，攻了下来。蒙骜又攻打赵国的榆次、新城、狼孟，攻占了三十七座城池。四月发生日食。王龁攻打上党。初次设置了太原郡。魏国的将军无忌率五国的军队攻打秦军，秦军退到黄河以外。蒙骜战败，冲破围困撤离了。五月丙午日，庄襄王去世，儿子嬴政登位，这就是秦始皇帝。

【原文】

秦王政立二十六年，初并天下为三十六郡，号为始皇帝。始皇帝五十一年而崩，子胡亥立，是为二世皇帝。三年，诸侯并起叛秦，赵高杀二世，立子婴。子婴立月馀，诸侯诛之，遂灭秦。其语在始皇本纪中。

太史公曰：秦之先为嬴姓。其后分封，以国为姓，有徐氏、郯氏、莒氏、终黎氏、运奄氏、菟裘氏、将梁氏、黄氏、江氏、脩鱼氏、白冥氏、蜚廉氏、秦氏。然秦以其先造父封赵城，为赵氏。

【译文】

秦王嬴政即位二十六年，首次统一了天下，设置三十六郡，号称始皇帝。始皇五十一岁去世,儿子胡亥即位,就是二世皇帝。三年,诸侯纷纷起来反叛秦朝,赵高杀死了二世,拥立子婴为皇帝。子婴即位一个多月,诸侯杀了他,于是灭掉了秦朝。这些都记载在《始皇本纪》中。

太史公说:"秦国的祖先姓嬴。他的后代分封各地,各自以所封国名作为姓氏,有徐氏、郯氏、莒氏、终黎氏、运奄氏、菟裘氏、将梁氏、黄氏、江氏、修鱼氏、白冥氏、蜚廉氏、秦氏。而秦国因为它的祖先造父封在赵城,所以是赵氏。

【评析】

《秦本纪》全篇以秦为中心,同时将周王室和其他各诸侯国的情况都穿插进去,勾勒出了春秋战国时代的政治军事形势和社会概貌。秦国的发展与强盛,起关键作用的是有几代励精图治、开明能干的君王,而作者正是抓住了这些人的事迹刻意叙写,如秦缪公、秦孝公、秦惠文王等,这不仅反映了历史的真实,也为后面有关的各篇列传提供了总的背景。

在秦国诸多君王中,秦缪公所用的笔墨最多。他用五张羊皮赎来百里傒,重用蹇叔,对孟明等将领的宽容与信用,诱降由余等,通过这些故事突出了他举贤任能的美德,司马迁深表赞赏。但司马迁对秦缪公也有所批评,那就是他死后用一百七十七人殉葬。司马迁通过君子之口评论了秦缪公的功过。

在《秦本纪》中,司马迁如此详略得当地叙写与描绘,着意揭示秦由弱变强,"文势如阶级",一层紧一层,可以说为秦始皇最后统一天下,做了令人信服的、合理的铺垫。

秦始皇本纪第六

【题解】

《秦始皇本纪》以编年记事的形式,记载了秦始皇及秦二世一生的主要活动和所发生的重大事件,条理清晰,内容丰富,真实地反映了秦朝建立前后四十年间风云变幻的历史场面。

【原文】

秦始皇帝者,秦庄襄王子也。庄襄王为秦质子于赵,见吕不韦姬,悦而取之,生始皇。以秦昭王四十八年正月生于邯郸。及生,名为政,姓赵氏。年十三岁,庄襄王死,政代立为秦王。当是之时,秦地已并巴、蜀、汉中,越宛有郢,置南郡矣;北收上郡以东,有河东、太原、上党郡;东至荥阳,灭二周,置三川郡。吕不韦为相,封十万户,号曰文信侯。招致宾客游士,欲以并天下。李斯为舍人。蒙骜、王齮、麃公等为将军。王年少,初即位,委国事大臣。

晋阳反,元年,将军蒙骜击定之。二年,麃公将卒攻卷,斩首三万。三年,蒙骜攻韩,取十三城。王齮死。十月,将军蒙骜攻魏氏畼、有诡。岁大饥。四年,拔畼、有诡。三月,军罢。秦质子归自赵,赵太子出归国。十月庚寅,蝗虫从东方来,蔽天。天下疫。百姓内粟千石,拜爵一级。五年,将军骜攻魏,定酸枣、燕、虚、长平、雍丘、山阳城,皆拔之,取二十城。初置东郡。冬雷。

六年,韩、魏、赵、卫、楚共击秦,取寿陵。秦出兵,五国兵罢。拔卫,迫东郡,其君角率其支属徙居野王,阻其山以保魏之河内。七年,彗星先出东方,见北方,五月见西方。将军骜死。以攻龙、孤、庆都,还兵攻汲。彗星复见西方十六日。夏太后

死。八年，王弟长安君成蟜将军击赵，反，死屯留，军吏皆斩死，迁其民于临洮。将军壁死，卒屯留、蒲鶮反，戮其尸。河鱼大上，轻车重马东就食。

【译文】

秦始皇是秦国庄襄王的儿子。庄襄王在赵国做秦国的人质时，遇见了吕不韦的妾，很是喜欢，就娶了她，生下了秦始皇。秦始皇是秦昭王四十八年正月在邯郸出生的。出生后取名为政，姓赵。秦始皇十三岁那年，庄襄王去世，政继承王位做了秦王。当时，秦国已经兼并了巴、蜀、汉中，并越过了宛县而占有了郢，还在那里设置了南郡；往北收取了上郡以东的地区，占有了河东、太原和上党郡；往东到荥阳，灭掉了东、西二周，设置了三川郡。吕不韦做了丞相，封邑十万户，封号为文信侯。他招揽宾客游士，想以此来吞并天下。李斯担任舍人。蒙骜、王齮、麃公等人为将军。秦王年纪小，再加上刚刚继位，所以就把国家大事委托给大臣来处理。

晋阳发生叛乱，始皇元年，将军蒙骜前去讨伐并将其平定。二年，麃公率领军队攻打卷邑，斩杀敌军三万人。三年，蒙骜进攻韩国，夺取十三座城邑。这一年王齮去世。十月，将军蒙骜进攻魏国的畼和有诡。这一年闹饥荒。四年，攻下了畼和有诡。三月，停止进军。秦国的人质从赵国返回，赵国的太子也离开秦国回赵国。十月庚寅日，蝗虫从东方飞来，遮天蔽日，天下瘟疫流行。老百姓只要向官府交纳一千石粟，就会授给爵位一级。五年，将军蒙骜攻打魏国，平定了酸枣、燕、虚、长平、雍丘、山阳城，全部都攻了下来，一共夺取了二十座城。开始设置东郡。冬天，有打雷的异常现象发生。

六年，韩、魏、赵、卫、楚一起攻打秦国，并占领了寿陵。秦国出兵反击，五国才停止了进军。秦国攻占了卫国，进逼东郡，卫国国君角率领他的宗族迁居到野王，凭借山势险阻才保住了魏国的河内地区。七年，彗星先出现在东方，后又出现在北方，五月时又出现在西方。将军蒙骜在攻打龙、孤、庆时去世了，返回时又攻打汲。彗星又在西方连续出现了十六日。夏太后去世。八年，秦王的弟弟长安君成蟜将军率兵攻打赵国，中途谋反，死在了屯留，其随从军吏都被斩杀，并将该地民众迁往临洮。将军壁死后，屯留和蒲鶮两地的兵卒又起来造反，对壁的尸体进行鞭戮。黄河的鱼大量涌上河岸，很多人都赶着车马到东方去谋生。

【原文】

嫪毐封为长信侯。予之山阳地，令毐居之。宫室车马衣服苑囿驰猎恣毐。事无小大皆决于毐。又以河西太原郡更为毐国。九年，彗星见，或竟天。攻魏垣、蒲阳。四月，上宿雍。己酉，王冠，带剑。长信侯毐作乱而觉，矫王御玺及太后玺以发县卒及卫卒、官骑、戎翟君公、舍人，将欲攻蕲年宫为乱。王知之，令相国昌平君、昌文君发卒攻毐。战咸阳，斩首数百，皆拜爵，及宦者皆在战中，亦拜爵一级。毒等败走。即令国中：有生得毒，赐钱百万；杀之，五十万。

尽得毒等。卫尉竭、内史肆、佐弋竭、中大夫令齐等二十人皆枭首[①]。车裂[②]以徇，灭其宗。及其舍人，轻者为鬼薪[③]。及夺爵迁蜀四千余家，家房陵。月寒冻，有死者。杨端和攻衍氏。彗星见西方，又见北方，从斗以南八十日。十年，相国吕不韦坐嫪毒免。桓齮为将军。齐、赵来置酒。齐人茅焦说秦王曰："秦方以天下为事，而大王有迁母太后之名，恐诸侯闻之，由此倍秦也。"秦王乃迎太后于雍而入咸阳，复居甘泉宫。

【注释】

①枭首：古代酷刑之一，割下犯人的头，悬挂在木杆上。②车裂：也叫车磔。古代酷刑之一，把犯人绑在几辆车上，拖裂肢体。③鬼薪：秦汉时的一种徒刑。因最初为宗庙采薪而得名。鬼薪从事官府杂役、手工业生产劳动以及其他各种重体力劳动等。

【译文】

嫪毒被封为长信侯，赐给他山阳的土地，让其居住。宫室、车马、衣服、园林、打猎等，嫪毒都可随便使用。大小事务都由嫪毒决定。还将河西太原郡改为嫪毒的封国。

九年，彗星出现，有时光芒横贯天空。秦国进攻魏国的垣城和蒲阳。四月，秦王在雍城留宿。己酉日，秦王举行成年加冠礼，并佩带宝剑。长信侯嫪毒叛乱的事被发现，他就假造秦王的玉玺和太后的印玺，来调动县里的军队、戍卒、侍卫、官骑、戎翟族首领、舍人，企图攻打蕲年宫，发动叛乱。秦王知道后，命相国、昌平君、昌文君率兵攻伐嫪毒。在咸阳作战中，数百兵士被斩首。参加战斗的士卒，连同那些参加作战的宦官都授予爵位一级。嫪毒等人战败而逃亡。当即通令全国：能活捉嫪毒的，赐给赏钱百万；将其杀死的，赐给赏钱五十万。嫪毒等人全部被擒获。

卫尉竭、内史肆、佐弋竭、中大夫令齐等二十人全被斩首、车裂以示众，其宗族也被诛灭。他们的门客，罪轻的罚三年劳役。还有那些被削去爵位并被流放到蜀地的四千多家，都居住在房陵。这个月天寒地冻，有被冻死的。秦将杨端和攻打衍氏。彗星出现在西方，又出现在北方，再由北斗星附近转向南方，一共持续了八十天。十年，相国吕不韦因受嫪毒的牵连而被免去官职。任桓齮为将军。齐、赵两国的使臣受到了秦王酒宴的款待。齐国人茅焦游说秦王说："秦国正处在以统一天下为大业的时候，而大王有流放母后的名声，恐怕诸侯听说了，会因此而背叛秦国。"于是秦王就将太后从雍城接回到咸阳，还是让她居住在甘泉宫中。

【原文】

大索，逐客[①]，李斯上书说，乃止逐客令。李斯因说秦王，请先取韩以恐他国,于是使斯下韩。韩王患之,与韩非谋弱秦。大梁人尉缭来,说秦王曰:"以秦之彊,诸侯譬如郡县之君,臣但恐诸侯合从,翕^②而出不意,此乃智伯、夫差、湣王之所以亡也。原大王毋爱财物,赂其豪臣,以乱其谋,不过亡三十万金,则诸侯可尽。"秦王从其计,见尉缭亢礼^③,衣服食饮与缭同。缭曰:"秦王为人,蜂准^④,长目,挚鸟膺^⑤,豺声,少恩而虎狼心,居约易出人下,得志亦轻食人。我布衣,然见我常身自下我。诚使秦王得志于天下,天下皆为虏矣。不可与久游。"乃亡去。秦王觉,固止,以为秦国尉,卒用其计策。而李斯用事。

十一年,王翦、桓齮、杨端和攻邺,取九城。王翦攻阏与、橑杨,皆并为一军。翦将十八日,军归斗食以下,什推二人从军,取邺安阳,桓齮将。十二年,文信侯不韦死,窃葬。其舍人临者,晋人也逐出之;秦人六百石以上夺爵,迁;五百石以下不临,迁,勿夺爵。自今以来,操国事不道如嫪毐、不韦者籍其门,视此。秋,复嫪毐舍人迁蜀者。当是之时,天下大旱,六月至八月乃雨。

【注释】

①逐客:驱逐居留在秦国的客卿。②翕:收敛,集聚。③亢礼:行平等之礼。④蜂准:高鼻子。⑤挚鸟膺:鸡胸,胸骨突出的样子。

【译文】

秦国进行大规模的搜查,驱逐从各国来秦的客卿,李斯上书劝说,秦王才废止了逐客令。李斯借机劝说秦王,建议秦王先攻取韩国,以此来震慑其他国家,于是秦王就派李斯去进攻韩国。韩王为此非常担忧,就与韩非商议削弱秦国的计谋。大梁人尉缭来到秦国,劝说秦王说:"凭着秦国如此强大,诸侯就像郡县的首脑,我只担心诸侯联合起来对抗秦国,进行出其不意的袭击,这也是智伯、夫差、湣王之所以灭亡的原因。希望大王您不要吝惜财物,馈赠给各国权贵大臣厚礼,以此来打乱诸侯的计谋,这样只不过损失三十万金,而诸侯就可以完全被消灭了。"秦王听从了他的计谋,会见尉缭时以平等的礼节相待,衣服饮食也同尉缭一样。尉缭说:"秦王这个人的相貌,高鼻梁,细长的眼睛,老鹰的胸脯,豺狼般的声音,他缺乏仁德,却有虎狼之心,不得志时很容易对人谦下,得志了也会轻易地食人。我是个平民,可他见我时总是那样谦下。如果秦王夺取天下的心愿得以实现,那天下的人就都将成为他的奴隶。我不能长时间地跟他交往。"于是尉缭就想逃走,秦王觉察后,执意劝止,并任命他为秦国的最高军事长官,还始终采用他的计谋。从这时起,李斯执掌秦国的国政。

十一年,主将王翦、次将桓齮、末将杨端合三军为一军去攻打邺城,先夺取了九座城邑。王翦就另外去攻打阏与和橑杨,还把各路援军合在一起,王翦统率军队十八天,让军中年俸禄不满百石的人撤回,从每十人中挑选二人留在军队。将邺城的安阳攻下后,桓齮被任命为主将。十二年,文信侯吕不韦去世,他的门客将其偷偷地安葬。对于那些参加哭吊的门客,如果是晋国人,就将他们驱逐出秦国;如果是秦国人,俸禄在六百石以上的官员被剥夺爵位,迁到房陵,俸禄在五百石以下而没有参与哭吊的,也迁到房陵,但不剥夺爵位。自此以后,掌管国事不守正道,像嫪毐和吕不韦这样的,就登记没收他的家人充作奴隶,并且不得做官,全部照此办理。秋天,免除迁居蜀郡的嫪毐门客的赋税徭役。当时,天下大旱,从六月开始,一直到八月才下雨。

【原文】

十三年,桓齮攻赵平阳,杀赵将扈辄,斩首十万。王之河南。正月,彗星见东方。十月,桓齮攻赵。十四年,攻赵军于平阳,取宜安,破之,杀其将军。桓齮定平阳、武城。韩非使秦,秦用李斯谋,留①非,非死云阳。韩王请为臣。

十五年,大兴兵,一军至邺,一军至太原,取狼孟。地动。十六年九月,发卒受地韩南阳假守腾。初令男子书年②。魏献地于秦。秦置丽邑。十七年,内史腾攻韩,得韩王安,尽纳其地,以其地为郡,命曰颍川。地动。华阳太后卒。民大饥。

十八年,大兴兵攻赵,王翦将上地,下井陉,端和将河内,羌瘣伐赵,端和围邯郸城。十九年,王翦、羌瘣尽定取赵地东阳,得赵王。引兵欲攻燕,屯中山。秦王之邯郸,诸尝与王生赵时母家有仇怨,皆阬③之。秦王还,从太原、上郡归。始皇帝母太后崩。赵公子嘉率其宗数百人之代,自立为代王,东与燕合兵,军上谷。大饥。

【注释】

①留:羁留,扣留。②书年:指报写年龄。这是为了便于征发兵卒,徭役。③阬(kēng):同"坑"。坑埋,活埋。

【译文】

十三年,桓齮攻打赵国的平阳,杀了赵将扈辄,并斩首十万人。秦王去河南。正月,彗星出现在东方。十月,桓齮攻打赵国。十四年,秦军在平阳攻击赵军,攻占了宜安,打败了赵国军队,杀死了赵国的将军。桓齮平定了平阳、武城。韩非出使秦国,秦王按照李斯的计谋,将韩非扣留,韩非死在云阳。韩王请求向秦国称臣。

十五年,秦国大举出兵,一支军队到达邺县,一支军队到达太原,攻占了狼孟。这年发生了地震。十六年九月,派军队将原韩国南阳一带的土地接收过来,任命腾为代理南阳太守。开始命令男子登记年龄。魏国向秦国献地。秦国设置了丽邑。十七年,内史腾攻打韩国,俘获了韩王安,并将其土地全部收缴。把那个地方设置为郡,命名为颍川郡。

这年又发生了地震。华阳太后去世。百姓遭遇大饥荒。

十八年，秦国又大举发兵攻打赵国，王翦统率上地的军队，攻下了井陉。杨端和率领河内的军队，羌瘣攻打赵国，杨端和包围了邯郸。十九年，王翦、羌瘣彻底平定了赵国的东阳，俘获了赵王。他们又准备率兵攻打燕国，把军队驻扎在中山。秦王去邯郸，凡是当初与秦王生在赵国时的母家有仇的人，就都将他们活埋了。秦王返回，从太原、上郡回到秦国。秦始皇的母亲太后去世。赵国的公子嘉率领着他的宗族几百人来到代地，自立为代王，并向东与燕国的军队会合，驻扎在上谷郡。这年发生大饥荒。

【原文】

二十年，燕太子丹患秦兵至国，恐，使荆轲刺秦王。秦王觉之，体解①轲以徇，而使王翦、辛胜攻燕。燕、代发兵击秦军，秦军破燕易水之西。二十一年，王贲攻蓟，乃益发卒诣王翦军，遂破燕太子军，取燕蓟城，得太子丹之首。燕王东收辽东而王之。王翦谢病老归。新郑反。昌平君徙于郢。大雨雪，深二尺五寸。

二十二年，王贲攻魏，引河沟灌大梁，大梁城坏，其王请降，尽取其地。

二十三年，秦王复召王翦，彊起之，使将击荆。取陈以南至平舆，虏荆王。秦王游至郢陈。荆将项燕立昌平君为荆王，反秦于淮南。二十四年，王翦、蒙武攻荆，破荆军，昌平君死，项燕遂自杀。

二十五年，大兴兵，使王贲将，攻燕辽东，得燕王喜。还攻代，虏代王嘉。王翦遂定荆江南地；降越君，置会稽郡。五月，天下大酺②。

【注释】

①体解：分解人的肢体。古代酷刑之一。②酺(pú)：欢聚饮酒。

【译文】

二十年，燕太子丹担心秦军会打到燕国来，非常恐慌，于是就派荆轲去刺杀秦王。秦王发现后，将荆轲处以肢解之刑来示众，而后派王翦、辛胜去攻打燕国。燕国、代国联合发兵迎击秦军，秦军在易水西边打败了燕军。二十一年，王贲去攻打楚国。秦王增派兵士去支援王翦的军队，终于打败了燕太子的军队，并攻占了燕国的蓟城，拿到了燕太子丹的首级。燕王向东收取了辽东郡的地盘，在那里称王。王翦推说有病，告老还乡。新郑进行叛乱。昌平君被迁谪到郢城。这一年下了大雪，足足有二尺五寸厚。

二十二年，王贲去攻打魏国，引来汴河的水以灌大梁城，大梁城的城墙倒塌，魏王请求投降，于是秦国取得了魏国的全部土地。

二十三年，秦王再次征召王翦，强行起用他，命他去攻打楚国。攻占了陈县往南直到平舆县的土地，俘获了楚王。秦王巡游来到郢都和陈县。楚将项燕拥立昌平君为楚王，在淮河以南反抗秦军。二十四年，王翦、蒙武去攻打楚国，打败楚军，昌平君去世，项燕于是也自杀而死。

二十五年，秦军大规模发动军队，以王贲为将，率军攻打燕国的辽东郡，俘获了燕王姬喜。返回时又去攻打代国，俘获了代王赵嘉。王翦于是平定了楚国长江以南一带，降服了越族的首领，在那里设置了会稽郡。五月，秦王下令宴饮天下以示庆贺。

【原文】

二十六年，齐王建与其相后胜发兵守其西界，不通秦。秦使将军王贲从燕南攻齐，得齐王建。

秦初并天下，令丞相、御史曰："异日韩王纳地效玺，请为藩臣，已而倍约，与赵、魏合从畔秦，故兴兵诛之，虏其王。寡人以为善，庶几息兵革。赵王使其相李牧来约盟，故归其质子。已而倍盟，反我太原，故兴兵诛之，得其王。赵公子嘉乃自立为代王，故举兵击灭之。魏王始约服入秦，已而与韩、赵谋袭秦，秦兵吏诛，遂破之。荆王献青阳以西，已而畔约，击我南郡，故发兵诛，得其王，遂定其荆地。燕王昏乱，其太子丹乃阴令荆轲为贼，兵吏诛，灭其国。齐王用后胜计，绝秦使，欲为乱，兵吏诛，虏其王，平齐地。寡人以眇眇之身，兴兵诛暴乱，赖宗庙之灵，六王咸伏其辜，天下大定。今名号不更，无以称成功，传后世。其议帝号。"

【译文】

二十六年，齐王田建和他的相国后胜派军队驻守齐国西部的边境，不与秦国往来。秦王命将军王贲经由燕国往南进攻齐国，俘获了齐王田建。

秦国刚刚统一了天下，命令丞相、御史说："以前韩王将土地交出，将印玺献上，请求做守卫边境的臣子，但没多久又背弃誓约，同赵国、魏国联合起来反叛秦国，所以派兵去攻打他们，俘获了韩国的国王。我觉得这样很好，因为这样或许就可以停止战争了。赵王派他的相国李牧来订立盟约，因此归还了他们抵押在这里的人质。但是没多久他们也背弃誓约，在太原反叛，因此出兵去讨伐他们，俘获了赵王。赵公子嘉居然自立为代王，因此就派兵去灭了赵国。魏王刚开始已约定归服于秦，但是没多久却与韩国、赵国联合来袭击秦国，秦国的官兵前去讨伐，终于打败了他们。楚王献出了青阳以西的地盘，没多久也背弃誓约，袭击我们的南郡，因此就派兵去讨伐，俘获了楚王，终于平定了楚国。燕王昏庸，燕太子丹暗中派荆轲来做刺客，秦军前去讨伐，灭掉了他的国家。齐王采用后胜的计谋，断绝了与秦国的往来，想要作乱，秦军前去讨伐，俘获了齐王，平定了齐地。我以渺小之身，兴兵诛讨暴乱，依靠的是祖宗的神灵，六国君王都根据他们的罪过而受到了相应的惩罚，天下太平了。现在名号如果不更改，就无法显扬我的功业，并传给后代。请你们商议帝号。"

【原文】

丞相绾、御史大夫劫、廷尉斯等皆曰："昔者五帝地方千里，其外侯服夷服诸侯或朝或否，天子不能制。今陛下兴义兵，诛残贼，平定天下，海内为郡县，法令由一统，自上古以来未尝有，五帝所不及。臣等谨与博士议曰：'古有天皇，有地皇，有泰皇，泰皇最贵。'臣等昧死上尊号，王为'泰皇'。命为'制'，令为'诏'，天子自称曰'朕'。"王曰："去'泰'，著'皇'，采上古'帝'位号，号曰'皇帝'。他如议。"制曰："可。"追尊庄襄王为太上皇。制曰："朕闻太古有号毋谥，中古有号，死而以行为谥。如此，则子议父，臣议君也，甚无谓，朕弗取焉。自今已来，除谥法①。朕为始皇帝。后世以计数，二世三世至于万世，传之无穷。"

始皇推终始五德之传，以为周得火德，秦代周德，从所不胜。方今水德之始，改年始，朝贺皆自十月朔。衣服旄旌节旗皆上黑。数以六为纪，符、法冠皆六寸，而舆六尺，六尺为步，乘六马。更名河曰德水，以为水德之始。刚毅戾深，事皆决于法，刻削毋仁恩和义，然后合五德之数。于是急法，久者不赦。

【注释】

①谥法：评定谥号的法则。上古有号无谥，周初始制谥法，至秦废。

【译文】

丞相王绾、御史大夫冯劫、廷尉李斯等人都说："以前五帝的疆土纵横各千里，外面还划分侯服、夷服等地区，诸侯中有的朝见，有的不朝见，天子不能控制，如今您以正义之师，讨伐四方残贼，平定了天下，在全国设置郡县，法令归于统一，这是自上古以来未曾有过的，五帝也比不上。我们恭谨地跟博士进行商讨说：'古代有天皇、地皇、泰皇，其中以泰皇最为尊贵。'我们就冒着死罪来献上尊号，王称为'泰皇'。发放的教令称为'制书'，下命令称为'诏书'，天子自称为'朕'。"秦王说："将'泰'字去掉，留下'皇'字，采用上古'帝'的位号，称'皇帝'，其他就按诸位讨论的办。"于是下令说："可以。"追尊庄襄王为太上皇。又颁布命令说："我听说上古时的帝王只有号而没有谥，中古时的帝王有号，去世后还要根据生前的品行事迹给个谥号。这样做，就是儿子议论父亲，臣子议论君主，非常没有意义，我不采取这种做法。从此以后，废除谥法。朕就是始皇帝，后代也就从我这里开始计数，称二世、三世直到万世，永远相传，没有穷尽。"

秦始皇按照水、火、木、金、土五行相生相克、终始循环的原理进行推求，认为周朝得到火德的属性，秦朝要取代周朝，就必须推崇周朝的火德所无法抵过的水德。现在是水德的开始之年，要更改一年的开始，群臣都要在十月初一这一天朝见拜贺。衣服、符节、旗帜的装饰，都崇尚黑色。把数目以十为终极改成以六为终极，因此符节和御史所戴的法冠都规定为六寸，车宽度为六尺，六尺为一步，一辆车要用六匹马拉。将黄河改名为"德水"，以此来表示水德的开始。刚毅严厉，万事都要按照法律来裁决，刻薄而不讲仁爱、恩惠、和善、情义，这样才符合五德中水主阴的命数。于是把法令搞得极为严酷，犯了法很长时间都不能得到宽赦。

【原文】

丞相绾等言："诸侯初破，燕、齐、荆地远，不为置王，毋以填①之。请立诸子，唯上幸许。"始皇下其议于群臣，群臣皆以为便。廷尉李斯议曰："周文武所封子弟同姓甚众，然后属疏远，相攻击如仇雠，诸侯更相诛伐，周天子弗能禁止。今海内赖陛下神灵一统，皆为郡县，诸子功臣以公赋税重赏赐之，甚足易制。天下无异意，则安宁之术也。置诸侯不便。"始皇曰："天下共苦战斗不休，以有侯王。赖宗庙，天下初定，又复立国，是树兵也，而求其宁息，岂不难哉！廷尉议是。"

分天下以为三十六郡，郡置守、尉、监。更名民曰"黔首"②。大酺。收天下兵，聚之咸阳，销以为钟鐻，金人十二，重各千石，置廷宫中。一法度衡石丈尺。车同轨。书同文字。地东至海暨朝鲜，西至临洮、羌中，南至北乡户，北据河为塞，并阴山至辽东。徙天下豪富于咸阳十二万户。诸庙及章台、上林皆在渭南。秦每破诸侯，写放其宫室，作之咸阳北阪上，南临渭，自雍门以东至泾、渭，殿屋复道③周阁相属。所得诸侯美人钟鼓，以充入之。

【注释】

①填：同"镇"。镇压，安定。②黔首：也称"黎首"，指百姓。黔，黑色。③复道：楼阁或悬崖间有上下两重通道，称复道。复，通"複"。

【译文】

丞相王绾等进言说："诸侯刚刚被打败，燕国、齐国、楚国地处偏远，不给它们设王，就不能镇抚那里。请封各位皇子为王，希望皇上恩准。"始皇把这个建议下交给群臣商讨，群臣都认为这样做很合适。廷尉李斯议论说："周文王、周武王分封子弟同姓亲属很多，但是他们的后代逐渐疏远了，相互攻击，就像仇人一样，诸侯之间相互征伐，周天子不能阻止。如今天下由于您的神灵之威得到了统一，将其都划分成郡县，对于那些皇子和功臣，只要用公家的赋税重重加以赏赐，就非常容易控制了。使天下人都没有邪异之

连年战争无休无止，就是因为有那些诸侯王。现在我依仗祖宗的神灵，天下刚刚平定，
再设立诸侯国，这是又挑起战争，而要想得到安宁太平岂不是更难吗？还是廷尉说得
对。"

　　于是秦始皇就将天下分为了三十六个郡。每个郡都设置了守、尉、监。改称百姓为
"黔首"。并下令宴饮天下以示庆贺。收集天下的兵器，聚集到咸阳，熔化之后铸成了大
钟，还造了十二个铜人，每个重达千石，放置在宫廷里。统一了法令和度量衡的标准。还
规定了车辆两轮间的宽度。统一了书写的文字。疆土东到大海和朝鲜，西到临洮、羌中，
南到北向户，往北据守黄河作为要塞，沿着阴山往东一直到达辽东郡。迁移天下富豪十
二万户到咸阳居住。各代先祖的陵庙以及章台宫、上林苑都在渭水南岸。秦国每灭掉一
个诸侯，都会照着该国宫室的样子，在咸阳北面的山坡上进行仿造，南边濒临渭水，从
雍门往东一直到泾水、渭水交会的地方，殿屋之间的天桥和环行长廊相互连接。从诸侯
那里获得的美人、钟鼓乐器之类，都放到里面以充实这些宫殿。

【原文】

　　二十七年，始皇巡陇西、北地，出鸡头山，过回中。焉作信宫渭南，已更命信
宫为极庙，象天极。自极庙道通郦山，作甘泉前殿。筑甬道，自咸阳属之。是岁，
赐爵一级。治驰道。

　　二十八年，始皇东行郡县，上邹峄山。立石，与鲁诸儒生议，刻石颂秦德，议
封禅望祭山川之事。乃遂上泰山，立石，封，祠祀。下，风雨暴至，休于树下，因封
其树为五大夫。禅梁父。刻所立石，其辞曰：

　　皇帝临位，作制明法，臣下修饬。二十有六年，初并天下，罔不宾服。亲巡远
方黎民，登兹泰山，周览东极。从臣思迹，本原事业，祗诵功德。治道运行，诸产
得宜，皆有法式。大义休明，垂于后世，顺承勿革。皇帝躬圣，既平天下，不懈于
治。夙兴夜寐，建设长利，专隆教诲。训经宣达，远近毕理，咸承圣志。贵贱分明，
男女礼顺，慎遵职事。昭隔内外，靡不清净，施于后嗣。化及无穷，遵奉遗诏，永
承重戒。

　　于是乃并勃海以东，过黄、腄，穷成山，登之罘，立石颂秦德焉而去。

【译文】

　　二十七年，秦始皇去巡视陇西、北地，穿过鸡头山，路经回中回到京城。于是在渭水
南面建造信宫。不久又将信宫改名为极庙，象征处于天极的北极星。从极庙修筑道路直
达郦山，又修建了甘泉宫的前殿。在驰道两旁修建甬道，从咸阳一直连接到这里。这一

年,普遍赐给爵位一级。修筑了供皇帝巡行用的通向全国各地的大道。

二十八年,始皇到东方去巡视郡县,登上邹县的峄山。在山上立了石碑,又跟鲁地的儒生们商讨,想在石碑上刻碑文以颂扬秦之德业,还商议在泰山祭天,在梁父山祭地和遥祭名山大川的事宜。于是就登上泰山,立起了石碑,并筑起土坛,举行祭天盛典。下山时,狂风暴雨大作,始皇在树下避雨休息,因此赐封那颗树为"五大夫",接着在梁父山举行祭地典礼,在树立的石碑上镌刻了碑文。碑文上写道:

皇帝登基继位,制订了昌明法度,臣下行为端正不违礼义。二十六年,首次统一天下,四方无不归顺。亲自巡视远方的百姓,登上泰山,东方一览无余。随从的大臣追思伟绩,推求创业本源,敬赞其功德。治世之道畅行,各种产业适宜,一切法则大振,大义昌明,传于后代子孙,永世继承不变。皇帝圣明通达,已经将天下平定,还丝毫不懈怠国政。每天早起晚睡,谋求长远利益,专心推崇教诲。训解经义通达,远近通达平治,人人都尊奉圣人的意旨。贵贱清楚分明,男女依礼有别,人人都谨慎地干好自己的工作。光明通照内外,没有不安泰清净的,后世永续德政。教化没有穷尽,一定要遵从先皇遗诏,重大告诫永世遵奉。

于是就沿着渤海岸向东走,途经黄县、腄县,越过成山的顶峰,登上之罘山,立石碑以歌颂秦之功德,然后离去。

【原文】

南登琅邪,大乐之,留三月。乃徙黔首三万户琅邪台下,复十二岁。作琅邪台,立石刻,颂秦德,明得意。曰:

维二十八年,皇帝作始。端平法度,万物之纪。以明人事,合同父子。圣智仁义,显白道理。东抚东土,以省卒士。事已大毕,乃临于海。皇帝之功,勤劳本事。上农除末,黔首①是富。普天之下,抟心揖志。器械一量,同书文字。日月所照,舟舆所载。皆终其命,莫不得意。应时动事,是维皇帝。匡饬异俗,陵水经地。忧恤黔首,朝夕不懈。除疑定法,咸知所辟。方伯分职,诸治经易。举错必当,莫不如画。皇帝之明,临察四方。尊卑贵贱,不逾次行②。奸邪不容,皆务贞良。细大尽力,莫敢怠荒。远迩辟隐,专务肃庄。端直敦忠,事业有常。皇帝之德,存定四极。诛乱除害,兴利致福。节事以时,诸产繁殖。黔首安宁,不用兵革。六亲③相保,终无寇贼。驩欣奉教,尽知法式。六合之内,皇帝之土。西涉流沙,南尽北户。东有东海,北过大夏。人迹所至,无不臣者。功盖五帝,泽及牛马。莫不受德,各安其宇。

【注释】

①黔首：古代称平民；老百姓。②次行：次序；秩序。③六合：天、地、东、西、南、北为六合，这里指普天之下。

【译文】

往南登上了琅邪山，举行了祭祀典礼，在那里停留了三个月。于是迁来三万户百姓来到琅邪山下居住，免除他们十二年的赋税徭役。修建琅邪台，竖立石碑篆刻文字，歌颂秦之功德，表明自己满意的心情。碑文上说：

二十六年，皇帝刚刚登基。端正一切法度，整治万物纲纪。彰明人事之道，提倡父慈子孝。皇帝圣智仁义，宣明各种道理。亲自到东土安抚，并慰劳视察士兵。大事业已经完成，于是又巡行滨海之地。皇帝功勋卓越，操劳根本大事。实行重农抑商，百姓因此而富足。普天之下，团结一心。统一度量衡，统一了书写文字。日月照耀的地方，车船所到的地方，都遵奉王命，没有人不满意。顺应四时行事，自有大秦皇帝。整顿不良习俗，跋山涉水千里。体恤百姓，日夜不肯懈怠。解除疑惑制定法律，人人都遵守法纪。地方长官分职，各级官署治理规范平易，举措必求得当，无不处理完善。皇帝圣明，亲自视察四方。无论尊卑贵贱，不越等级规章。奸邪一律不容，务求忠贞贤良。事情不分大小，没有人敢于懈怠。无论远近偏僻，只求严肃端庄。正直敦厚忠诚，事业才能久长。皇帝的恩德，存恤安抚四方。诛除祸乱灾害，兴利造福国家。劳役不误农时，百业繁荣增殖。百姓安居，不再动用兵戈。六亲终得相保，终无寇乱盗贼。欢欣接受教化，法规全都知晓。天地四方之内，尽是皇帝疆土。西边越过沙漠，南边到达北户。东边抵达东海，北边越过大夏。人们所能到达的地方，没有不称臣归服的。功高盖过五帝，恩惠泽及牛马。没有人不受其恩德，家家安宁和睦。

【原文】

维秦王兼有天下，立名为皇帝，乃抚东土，至于琅邪。列侯武城侯王离、列侯通武侯王贲、伦侯建成侯赵亥、伦侯昌武侯成、伦侯武信侯冯毋择、丞相隗林、丞相王绾、卿李斯、卿王戊、五大夫赵婴、五大夫杨樛从，与议于海上。曰："古之帝者，地不过千里，诸侯各守其封域，或朝或否，相侵暴乱，残伐不止，犹刻金石，以自为纪。古之五帝三王，知教不同，法度不明，假威鬼神，以欺远方，实不称名，故不久长。其身未殁，诸侯倍叛，法令不行。今皇帝并一海内，以为郡县，天下和平。昭明宗庙，体道行德，尊号大成。群臣相与诵皇帝功德，刻于金石，以为表经。"

既已，齐人涂市等上书，言海中有三神山，名曰蓬莱、方丈、瀛洲，仙人居之。请得斋戒，与童男女求之。于是遣涂市发童男女数千人，入海求仙人。

【译文】

秦王兼有天下，建立名号为皇帝，于是就到东土安抚百姓，到达琅邪。列侯武成侯王离、列侯通武侯王贲、伦侯建成侯赵亥、伦侯昌武侯成、伦侯武信侯冯毋择、丞相隗林、丞相王绾、卿李斯、卿王戊、五大夫赵婴、五大夫杨樛随从巡视，他们在海上一起议论皇帝的功德，说道："古代的帝王，拥有的土地不超过千里，诸侯各自守护受封的疆域，有的来朝见，有的不来朝见。他们相互行凶作乱，暴乱残杀不止，还要刻金镂石，立碑来夸耀自己的功业。古代五帝三王，知识教化不同，法令制度不明，借助鬼神的威势，欺压远方的民众，其实与他们的名号不相称，所以不能长久。他们还没有去世，诸侯就已背叛了，法令名存实亡。当今皇帝统一海内，全国设立郡县，天下太平安定。显明祖先宗庙，行公道施德政，皇帝尊号大成。群臣相互称颂皇帝的功业，并将其刻在金石上，作为典范。"

刻石事情完毕，齐地人徐市等上书，说大海之中有三座神山，叫蓬莱、方丈和瀛洲，有仙人在那里居住。希望能斋戒沐浴，带领童男童女前去寻求神仙。于是就派徐市挑选童男童女几千名人，到海中去寻找神仙。

【原文】

始皇还，过彭城，斋戒祷祠，欲出周鼎泗水。使千人没水求之，弗得。乃西南渡淮水，之衡山、南郡。浮江，至湘山祠。逢大风，几不得渡。上问博士曰："湘君神？"博士对曰："闻之，尧女，舜之妻，而葬此。"于是始皇大怒，使刑徒三千人皆伐湘山树，赭其山。上自南郡由武关归。

二十九年，始皇东游。至阳武博狼沙中，为盗所惊。求弗得，乃令天下大索十日。

登之罘，刻石。其辞曰：

维二十九年，时在中春，阳和方起。皇帝东游，巡登之罘，临照于海。从臣嘉观，原念休烈，追诵本始。大圣作治，建定法度，显箸纲纪。外教诸侯，光施文惠，明以义理。六国回辟，贪戾无厌，虐杀不已。皇帝哀众，遂发讨师，奋扬武德。义诛信行，威燀①旁达，莫不宾服。烹灭强暴，振救黔首，周定四极。普施明法，经纬天下，永为仪则。大矣哉。宇县之中，承顺圣意。群臣诵功，请刻于石，表垂于常式。

【注释】

①威焯(chǎn)：比喻威势炽盛。

【译文】

始皇返回时，经过彭城，斋戒祈祷，想要把周鼎从泗水中打捞出来。派了一千人潜入水底寻找，没有找到。于是就向西南渡过淮水，前往衡山、南郡。乘船顺江而下，到达湘山祠。遇上了大风，几乎不能渡过。皇上问博士说："湘君是什么神？"博士说："听说是尧帝的女儿，舜帝的妻子，埋葬在此处。"于是始皇非常生气，就派了三千名服刑役的罪犯将湘山上的树木都砍光了，由于当地是红土，所以山就变成了赭红色。皇上从南郡经由武关回到京城。

二十九年，始皇到东方去巡游。到达阳武县博浪沙时，被刺客所惊吓。始皇没有抓到刺客，就下令全国大规模搜捕十天。

秦始皇登上之罘山，刻石立碑，碑文上说：

二十九年，正值仲春时节，春日阳气上升。皇帝东行游览，巡行登上之罘山，亲临观赏汪洋大海。众臣赞赏景物，想起伟业根源，追颂创业之本。圣君始建治道，确定制度法规，彰明准则纪纲。对外教化诸侯，广施恩德，晓明大义公理。六国之君邪僻，贪婪永不满足，残酷杀害不止。皇帝哀怜民众，才发动军队征讨，有力地宣扬武道。仗义诛讨守信，声威慑服远方，没有不臣服的。彻底消除强暴，努力拯救民众，平定远近四方。普遍施行明法，治理天下，永为法则典范。多么伟大啊！天地神州赤县，顺从遵循圣意。群臣歌颂功德，请求刻于石碑之上，以表率千古不陨。

【原文】

其东观曰：

维二十九年，皇帝春游，览省远方。逮于海隅，遂登之罘，昭临朝阳。观望广丽，从臣咸念，原道至明。圣法初兴，清理疆内，外诛暴彊，武威旁畅，振动四极，禽灭六王。阐并天下，甾害绝息，永偃戎兵。皇帝明德，经理宇内，视听不息。作立大义，昭设备器，咸有章旗。职臣遵分，各知所行，事无嫌疑。黔首改化，远迩同度，临古绝尤。常职既定，后嗣循业，长承圣治。群臣嘉德，祗诵圣烈，请刻之罘。旋，遂之琅邪，道上党入。

三十年，无事。

三十一年十二月，更名腊曰"嘉平"。赐黔首里六石米，二羊。始皇为微行咸阳，与武士四人俱，夜出逢盗兰池，见窘，武士击杀盗，关中大索二十日。米石千六百。

【译文】

在东观刻的碑文上说：

二十九年，皇帝春日出游，视察远方。幸临东海之滨，登上之罘山，观赏初升的朝阳。遥望广阔绚丽的山河，随从的大臣推原追念，圣道英明辉煌。圣法刚刚实行，对内清理异端，对外诛杀暴强。军威远扬四海，震撼四方，终于擒灭六王。开拓一统天下，根除种种灾害，永远收藏兵器。皇帝修明圣德，经营治理天下，明视兼听不懈怠。谋划申明大义，设置种种器物，全有等级标志。大臣尽职守分，明确各自权限，诸事没有嫌疑。百姓移风易俗，远近同一法度，终身坚定守法。贯常职务已定，后人遵循祖业，永远承袭圣治。群臣赞美大德，称颂圣明伟业，请求在之罘山立碑刻字。

事后不久，始皇前往琅邪，经由上党返回京城。

三十年，没有发生什么事情。

三十一年十二月，将腊月改名为"嘉平"。赐给老百姓每个里六石米、两只羊。始皇在咸阳微服私访，和四个武士一起，夜里出来，在兰池遇到了强盗，情势危急，武士打死了盗贼，于是就在关中地区大规模搜查了二十天。米价每石涨到一千六百钱。

【原文】

三十二年，始皇之碣石，使燕人卢生求羡门、高誓。刻碣石门。坏城郭，决通隄防。其辞曰：

遂兴师旅，诛戮无道，为逆灭息。武殄暴逆，文复无罪，庶心咸服。惠论功劳，赏及牛马，恩肥土域。皇帝奋威，德并诸侯，初一泰平。堕坏城郭，决通川防，夷去险阻。地势既定，黎庶无繇，天下咸抚。男乐其畴，女修其业，事各有序。惠被诸产，久并来田，莫不安所。群臣诵烈，请刻此石，垂著仪矩。

因使韩终、侯公、石生求仙人不死之药。始皇巡北边，从上郡入。燕人卢生使入海还，以鬼神事，因奏录图书，曰"亡秦者胡也"。始皇乃使将军蒙恬发兵三十万人北击胡，略取河南地。

【译文】

三十二年，始皇前往碣石，派燕人卢生访求方士羡门和高誓。在碣石山门刻石立碑。毁坏了城墙，挖通了堤防。碑文上说：

皇帝兴师用兵，诛杀无道之君，为了平息叛逆。武力消除暴逆，依法平反良民，民心全都归服。论功行赏，恩惠泽及牛马，皇恩遍布全国。皇帝振奋神威，以德兼并诸侯，天下统一太平。拆除毁坏的城墙，挖通河川堤防，夷平各处险阻。地势既已平坦，百姓不服徭役，天下都得到安抚。男子欣喜耕作，女子制作女红，万事井然有序。皇恩遍及百业，合力勤勉耕田，没有不安居乐业的。群臣敬颂伟业，请求镌刻此石，永留典范规矩于后世。

于是派韩终、侯公、石生去寻找仙人以求不死的灵药。始皇巡视北部边界，经由上郡回到都城。燕人卢生被派入海求仙返回。为了鬼神的事，他奏上了宣扬符命占验的图录之书，上面写着"灭亡秦的是胡"。始皇于是就命将军蒙恬率领三十万士兵向北去攻打胡人，夺取了黄河以南的土地。

【原文】

三十三年，发诸尝逋亡人、赘婿①、贾人略取陆梁地，为桂林、象郡、南海，以適遣戍。西北斥逐匈奴。自榆中并河以东，属之阴山，以为四十四县，城河上为塞。又使蒙恬渡河取高阙、阳山、北假中，筑亭障以逐戎人。適谪，实之初县。禁不得祠。明星出西方。三十四年，適治狱吏不直者，筑长城及南越地。

始皇置酒咸阳宫，博士七十人前为寿。仆射周青臣进颂曰："他时秦地不过千里，赖陛下神灵明圣，平定海内，放逐蛮夷，日月所照，莫不宾服。以诸侯为郡县，人人自安乐，无战争之患，传之万世。自上古不及陛下威德。"始皇悦。博士齐人淳于越进曰："臣闻殷周之王千余岁，封子弟功臣，自为枝辅②。今陛下有海内，而子弟为匹夫，卒有田常、六卿之臣，无辅拂，何以相救哉？事不师古而能长久者，非所闻也。今青臣又面谀③以重陛下之过，非忠臣。"始皇下其议。

【注释】

①赘婿：结婚后住到女家的男子，入赘的女婿。②枝辅：辅佐，辅弼。③面谀：当面恭维。

【译文】

三十三年，征发那些曾经逃亡的犯人，结婚后住到女家的男子以及商贩，去夺取陆梁地区，设置桂林、象郡、南海等郡，派遣受贬谪的人去防守。又在西北驱逐匈奴。从榆中沿着黄河向东一直连接到阴山，划分成四十四个县。沿河修筑城墙作为要塞。又派蒙恬渡过黄河去攻取高阙、阳山、北假中，修筑堡垒屏障以驱逐戎狄。迁移被贬谪的人，把他们充实到新设置的县。发布禁令不准祭祀主稼穑的灵星。彗星出现在西方。三十四年，贬谪执法不正的法官去修筑长城和去戍守南越地区。

秦始皇在咸阳摆酒设宴，七十位博士上前祝酒。仆射周青臣走上前颂扬说："以前秦国土地不过千里,仰仗陛下神灵明圣,平定了天下,驱逐了蛮夷,凡是日月能够照耀到的地方,没有不臣服的。把诸侯国改置为郡县,人人安居乐业,没有战争的祸患,功业可以流传万代。从古至今都没有人能比得上你的威德。"始皇非常高兴。博士齐人淳于越上前说:"我听说殷朝、周朝统治天下一千多年,分封子弟功臣,以辅佐自己。如今陛下拥有了天下,可是您的子弟却都是平民,一旦出现像田常、六卿之类谋杀君主的臣子,没有辅佐,那么您靠谁来救援呢?凡事不师法古人而能长久的,我还从来没有听说过。刚才周青臣又当面奉承,以致加重陛下的过失,这不是忠臣。"始皇把他们的意见交给群臣讨论。

【原文】

丞相李斯曰:"五帝不相复,三代不相袭,各以治,非其相反,时变异也。今陛下创大业,建万世之功,固非愚儒所知。且越言乃三代之事,何足法也?异时诸侯并争,厚招游学。今天下已定,法令出一,百姓当家则力农工,士则学习法令辟禁①。今诸生不师今而学古,以非当世,惑乱黔首。丞相臣斯昧死言:古者天下散乱,莫之能一,是以诸侯并作,语皆道古以害今,饰虚言以乱实,人善其所私学,以非上之所建立。今皇帝并有天下,别黑白而定一尊。私学而相与非法教,人闻令下,则各以其学议之,入则心非,出则巷议,夸主以为名,异取以为高,率群下以造谤。如此弗禁,则主势降乎上,党与成乎下。禁之便。臣请史官非秦记皆烧之。非博士官所职,天下敢有藏诗、书、百家语者,悉诣守、尉杂烧之。有敢偶语②诗书者弃市。以古非今者族。吏见知不举者与同罪。令下三十日不烧,黥为城旦。所不去者,医药卜筮种树之书。若欲有学法令,以吏为师。"制曰:"可。"

【注释】

①辟禁:刑法禁令。②偶语:相聚议论或窃窃私语。

【译文】

丞相李斯说:"五帝的制度不是一代重复一代,三代的国家制度也不是一代因袭一代,他们都凭着各自的制度治理好了,这并不是他们要彼此相反,而是由于时代变化了。现在陛下开创了大业,建立了万世不朽的功勋,这本来就不是那些愚陋的儒生所能理解的。而且淳于越所说的是三代的事,有什么值得效仿的呢?从前诸侯并起纷争,才大量招揽游说之士。现在天下已经平定,法令出于一统,百姓在家就应致力于农工生产,士人就应该学习法令刑禁。现在那些儒生不学习当代的却要学习古代的,以此来诽谤当世，惑乱民心。丞相李斯冒死进言说：古代天下散乱，没有人能够统一，所以诸侯才会并立兴起，说话都是称引古代而损害当今，矫饰虚言来扰乱名实，人们只欣赏自己私下所学的知识，谴责朝廷所建立的制度。当今皇帝已统一天下，分辨了是非黑白，而且一切决定于至尊皇帝一人。可是私学却相互勾结，对法令教化进行非议。这些人一听说法令发布，就各自根据他们自己所学的知识加以议论，入朝就在心里指责，离开朝堂就去街巷谈议，在君主面前他们夸耀自己以求取名利，追求奇异说法以表示自己高明，带领民众制造谣言。像这样的情况却不禁止，就会使在上面的君主威势下降，在下面的朋党的势力就会形成。臣以为禁止这些是合适的。我请求让史官将《秦记》以外的典籍全部烧毁。除博士官署所掌管的之外，天下敢有收藏《诗》、《书》、诸子百家等著作的人，都要将这些人全部都送到地方官那里，一起烧掉。有敢在一起谈论《诗》、《书》，就处以死刑示众，用古代的事情来对今天进行非议的一律满门抄斩。官吏如果知道了而又不举报，以同罪论处。命令下达了三十天还不烧毁，就在其身上刺上黑色的字，然后罚作筑城四年的劳役。不取缔的书籍，是那些关于医药、占卜、种植的书。如果有人想要学习法令，就应以官吏为师。"始皇下诏说："可以。"

【原文】

三十五年，除道，道九原抵云阳，堑山埋谷①，直通之。于是始皇以为咸阳人多，先王之宫廷小，吾闻周文王都丰，武王都镐，丰镐之间，帝王之都也。乃营作朝宫渭南上林苑中。先作前殿阿房，东西五百步，南北五十丈，上可以坐万人，下可以建五丈旗。周驰②为阁道，自殿下直抵南山。表南山之颠以为阙。为复道，自阿房渡渭，属之咸阳，以象天极阁道绝汉抵营室也。阿房宫未成；成，欲更择令名名之。作宫阿房，故天下谓之阿房宫。隐宫徒刑者七十馀万人，乃分作阿房宫，或作丽山。发北山石椁，乃写蜀、荆地材皆至。关中计宫三百，关外四百馀。于是立石东海上朐界中，以为秦东门。因徙三万家丽邑，五万家云阳，皆复不事十岁。

【注释】

①堑山埋谷（ qiàn shān yīn gǔ ）：亦作"埋谷堑山"。指挖山填谷。②周驰：曲折绵延。

【译文】

三十五年，开始修筑大道，经过九原一直修到云阳，挖掉山峰，填平河谷，笔直贯通。这时始皇认为咸阳人口多，先王的宫廷又窄小，听说周文王建都在丰，武王建都在镐，丰、镐两城之间，才是帝王定都的地方。于是就在渭水南面的上林苑内修建朝宫。先在阿房修建前殿，它东西长五百步，南北宽五十丈，宫中可以容纳一万人，下面可以树立五丈高的大旗。四周环绕着回廊通道以供驰走，从宫殿之下一直通到南山。在南山的顶峰建造门阙作为标志。又修建天桥，从阿房跨过渭水，与咸阳连接起来，以象征天上的北极星、阁道星跨过银河抵达营室星。阿房宫没有建成，等建成后，就再给它选择一个好名字。因为此宫是在阿房修建的，所以天下人称它为阿房宫。受过宫刑、徒刑的有七十多万人，分别被派去修建阿房宫，有的去修建骊山。从北山开采山石，从蜀地、荆地运来木料。关中总共修建三百座宫殿，关外修建四百座。于是在东海边的朐山上树立石碑，作为秦朝国境的东门。为此迁徙三万户民众到骊邑，五万户到云阳，都免除他们十年的赋税和徭役。

【原文】

卢生说始皇曰："臣等求芝奇药仙者常弗遇，类物有害之者。方中，人主时为微行以辟恶鬼，恶鬼辟，真人至。人主所居而人臣知之，则害于神。真人者，入水不濡，入火不爇，陵云气，与天地久长。今上治天下，未能恬倓。原上所居宫毋令人知，然后不死之药殆可得也。"于是始皇曰："吾慕真人，自谓'真人'，不称'朕'。"乃令咸阳之旁二百里内宫观二百七十复道甬道相连，帷帐钟鼓美人充之，各案署不移徙。行所幸，有言其处者，罪死。始皇帝幸梁山宫，从山上见丞相车骑众，弗善也。中人或告丞相，丞相后损车骑。始皇怒曰："此中人泄吾语。"案问莫服。当是时，诏捕诸时在旁者，皆杀之。自是后莫知行之所在。听事，群臣受决事，悉于咸阳宫。

【译文】

卢生劝说始皇道："我们去寻求灵芝、奇药和仙人，一直都没有找到，似乎有什么东西伤害了它们。皇上要经常秘密出行以便驱逐恶鬼，恶鬼避开了，神仙真人才会来到。皇上住的地方如果让臣子们知道了，就会妨害神灵。真人入水不会被沾湿，入火不会被烧伤，能够乘驾云气遨游，寿命与天地一样长久。现在皇上治理天下，还没能做到清静恬淡。希望皇上所住的宫室不要让别人知道，这样不死之药可能就会得到。"于是始皇说："我羡慕神仙真人，我就称自己'真人'，不再称'朕'了。"于是就命令咸阳方圆二百里内的二百七十座宫观都用天桥和有围墙的甬道相互连接起来；把帷帐、钟鼓、美人都安置在里面，全部按照所登记的位置不得移动。皇帝所到的地方，如果有人将其说了出去，就判处死罪。皇帝来到梁山宫，从山上看见丞相的随从车马众多，很不赞成。宦官近臣里有人将这件事告诉了丞相，丞相以后就减少了车马数目，始皇生气地说："这是宫中有人泄露了我的话。"经过审问，没有人肯认罪。这时，秦始皇就下诏将当时跟随在旁的人全部抓起来，全部都杀死。从此以后没有人知道皇帝的行踪。处理国事，群臣接受皇帝的决策命令，都在咸阳宫进行。

【原文】

　　侯生、卢生相与谋曰："始皇为人，天性刚戾自用，起诸侯，并天下，意得欲从，以为自古莫及己。专任狱吏，狱吏得亲幸。博士虽七十人，特备员弗用。丞相诸大臣皆受成事，倚辨于上。上乐以刑杀为威，天下畏罪持禄，莫敢尽忠。上不闻过而日骄，下慑伏①谩欺以取容。秦法，不得兼方不验，辄死。然候星气者至三百人，皆良士，畏忌讳谀②，不敢端言其过。天下之事无小大皆决于上，上至以衡石量书，日夜有呈，不中呈不得休息。贪于权势至如此，未可为求仙药。"于是乃亡去。

　　始皇闻亡，乃大怒曰："吾前收天下书不中用者尽去之。悉召文学方术士甚众，欲以兴太平，方士欲练以求奇药。今闻韩众去不报，徐市等费以巨万计，终不得药，徒奸利相告日闻。卢生等吾尊赐之甚厚，今乃诽谤我，以重吾不德也。诸生在咸阳者，吾使人廉问，或为訞言以乱黔首。"于是使御史悉案问诸生，诸生传相告引，乃自除。犯禁者四百六十余人，皆阬之咸阳，使天下知之，以惩后。益发谪徙边。始皇长子扶苏谏曰："天下初定，远方黔首未集，诸生皆诵法孔子，今上皆重法绳之，臣恐天下不安。唯上察之。"始皇怒，使扶苏北监蒙恬于上郡。

【注释】

　　①慑伏：因畏惧而屈服。②讳谀：隐讳不言和阿谀谄媚。

【译文】

　　侯生、卢生一起商量道："始皇为人，天性刚愎暴戾，自以为是，他出身诸侯，却兼并天下，志得意满，为所欲为，认为自古至今没有人能比得上他。他专门任用治狱的官吏，狱吏们都能受到皇帝的亲近和宠幸。博士虽然也有七十人，但只不过是虚设充数却不得任用。丞相和各位大臣都只是接受皇上已经决定了的命令，依仗皇上办事。皇上喜欢用重刑、杀戮来显示自己的威严，官员们害怕获罪，一心想保持住自己的禄位，所以没有人敢真正竭诚尽忠。皇上听不到自己的过错，因而一天比一天骄横。臣子们因担心害怕而说谎欺瞒，屈从讨好。秦法规定，一个方士不能有两种方术，如果方术不能应验，就得被处死。然而占候星象云气以测吉凶的人虽然达三百人，他们都是良士，但由于害怕获罪，就避讳奉承，不敢正直地说出皇帝的过错。天下的事情无论大小都由皇帝来决定，皇上甚至用秤来称各种书写文件的重量，日夜都有定额，如果达不到定额就不能休息。他贪恋权势到如此地步,咱们不能为他去寻求仙药了。"于是就逃跑了。

　　始皇听说二人逃跑了,十分恼怒地说:"我先前查收了天下所有不适用的书将它们都烧掉了,征召了大批文章博学之士和有各种技艺的方术之士,想用他们来振兴太平,这些方士想要炼造仙丹以求得奇药。今天听说韩众逃跑了不再回报。徐市等人花费了数以万计的钱,最终也没有找到奇药,只是我每天听说了他们非法谋利互相告发的消息。卢生等人,我很尊重,并给予他们优厚的赏赐,现在他们却诽谤我,企图加重我的无德。这些人在咸阳的,我派人去查问,有的人妖言惑众企图扰乱民心。"于是派御史去一一审查这些人,他们相互检举揭发,始皇亲自将他们从名籍上除名,一共有四百六十多人,都被活埋在咸阳,让天下的人都知道,以警示后人。征发更多的流放人去戍守边疆。始皇的大儿子扶苏进谏说:"天下刚刚平定,远方的百姓还没有归附,儒生们都诵读诗书,效法孔子,现在皇上都用严刑酷法来制裁他们,我担心天下将会不安定,希望皇上对此进行明察。"始皇听后大怒,就派扶苏到北方上郡去监督蒙恬的军队。

【原文】

　　三十六年,荧惑①守心。有坠星下东郡,至地为石,黔首或刻其石曰"始皇帝死而地分"。始皇闻之,遣御史逐问,莫服,尽取石旁居人诛之,因燔销②其石。始皇不乐,使博士为仙真人诗,及行所游天下,传令乐人歌弦之。秋,使者从关东夜过华阴平舒道,有人持璧遮使者曰:"为吾遗滈池君。"因言曰:"今年祖龙死。"使者问其故,因忽不见,置其璧去。使者奉璧具以闻。始皇默然良久,曰:"山鬼固不过知一岁事也。"退言曰:"祖龙者,人之先也。"使御府视璧,乃二十八年行渡江所沈璧也。于是始皇卜之,卦得游徙吉。迁北河榆中三万家。拜爵一级。

【注释】

　　①荧惑:古指火星。因隐现不定,令人迷惑,故名。②燔销:烧毁。

【译文】

　　三十六年,火星侵入心宿。有颗流星坠落在东郡,落地后变为陨石,百姓中有人在那块陨石上刻道"始皇帝死而土地分"。始皇听说后,就派御史前去查问,没有人供认,于是就将居住在陨石附近的人都抓来杀了,并将那块陨石焚毁了。始皇不高兴,命令博士作了一首《仙真人诗》,等到他巡行天下时,就命令乐师弹奏唱歌。秋天,使者在夜里从关东路经过华阴平舒道,有人手持玉璧拦住使者说:"替我把它送给滈池君。"接着又说:"今年祖龙将会死去。"使者问他原因,那人却忽然不见了,留下那块玉璧离去了。使者捧回玉璧并将所遇见的情况说给秦王听。始皇沉默了很久,说:"山鬼本来不过只能预知一年内的事。"到退朝后他又说:"祖龙就是人的祖先。"始皇让御府察看那块玉璧,竟然是始皇在二十八年巡行渡江时沉入水中的那块。于是始皇为此事进行占卜,占卜的结果是巡游迁徙才吉祥。迁移三万户人家到北河、榆中地区定居,每户授予爵位一级。

【原文】

三十七年十月癸丑,始皇出游。左丞相斯从,右丞相去疾守。少子胡亥爱慕请从,上许之。十一月,行至云梦,望祀虞舜于九疑山。浮江下,观籍柯,渡海渚。过丹阳,至钱唐。临浙江,水波恶,乃西百二十里从狭中渡。上会稽,祭大禹,望于南海,而立石刻颂秦德。

其文曰:皇帝休烈,平一宇内,德惠修长。三十有七年,亲巡天下,周览远方。遂登会稽,宣省习俗,黔首斋庄。群臣诵功,本原事迹,追首高明。秦圣临国,始定刑名,显陈旧章。初平法式,审别职任,以立恒常。六王专倍,贪戾傲猛,率众自彊。暴虐恣行,负力而骄,数动甲兵。阴通间使,以事合从,行为辟方。内饰诈谋,外来侵边,遂起祸殃。义威诛之,殄熄①暴悖,乱贼灭亡。圣德广密,六合之中,被泽无疆。皇帝并宇,兼听万事,远近毕清。运理群物,考验事实,各载其名。贵贱并通,善否陈前,靡有隐情。饰省宣义,有子而嫁,倍死不贞。防隔内外,禁止淫泆②,男女絜诚。夫为寄豭,杀之无罪,男秉义程。妻为逃嫁,子不得母,咸化廉清。大治濯俗,天下承风,蒙被休经。皆遵度轨,和安敦勉,莫不顺令。黔首修絜,人乐同则,嘉保太平。后敬奉法,常治无极,舆舟不倾。从臣诵烈,请刻此石,光垂休铭。

【注释】

①殄熄:亦作"殄息"。消灭;息灭。②淫泆:亦作"淫佚"。恣纵逸乐。

三十七年十月癸丑日，始皇外出巡游。左丞相李斯跟随，右丞相冯去疾在京城留守。小儿子胡亥想去巡游，请求跟随，皇上答应了他。十一月，走到云梦，在九疑山遥祭虞舜。然后坐船沿着长江漂流而下，观览籍柯，渡过海渚，经过丹阳，到达钱塘。来到浙江边上的时候，水波凶险，就向西走了一百二十里，从江面最狭窄的地区渡江。登上会稽山，对大禹进行祭祀，遥望南海。在那里立碑刻字，歌颂秦朝的功德。

碑文上说：皇帝功业伟大，统一平定天下，德惠恩泽久长。三十七年，亲自巡行天下，周游浏览远方。登临会稽山峰，考察民间习俗，百姓严肃诚敬。群臣齐颂功德，推求事迹本原，追溯英明高强。秦朝圣王登位，始定法度刑名，阐述旧有规章。初定公平法则，审慎区分职责，确立永久纲纪。六国之王专横背叛，贪利傲慢凶狠，凭借人多逞强。暴虐横行，倚仗武力骄横，屡次挑起战争。暗中安置坐探，奉行六国合纵，行为卑鄙猖狂。对内修饰狡诈，对外侵犯我边疆，由此引起祸殃。仗义扬威诛讨，消灭残暴悖逆之人，消除了乱臣贼子。圣德广博深厚，天地四海之内，受恩泽无穷。皇帝统一天下，同时治理万事，远处近处清明。执掌管理万物，考察验证事实，分别记录其名。贵贱都能相通，善恶当前陈述，没有一点隐瞒。治有过扬道义，有夫弃子而嫁，视为叛夫不贞。以礼分别内外，禁止恣纵逸乐，男女都要态度真诚。丈夫在外淫乱，杀了没有罪过，男子须遵守规程。妻子弃夫另嫁，子不认她为母，都要感化清正。治理涤荡恶俗，民众承受教化，天下沐浴新风。人人遵循法度，和睦安定互勉，没有不顺从命令的。百姓美善清洁，全都自愿守法，永保天下太平。后人敬奉圣法，永保盛事无极，车船不翻不倾。众臣颂扬伟业，请求刻石作铭，永传千古美名。

还过吴，从江乘渡。并海上，北至琅邪。方士涂市等入海求神药，数岁不得，费多，恐谴，乃诈曰："蓬莱药可得，然常为大鲛鱼所苦，故不得至，原请善射与俱，见则以连弩射之。"始皇梦与海神战，如人状。问占梦，博士曰："水神不可见，以大鱼蛟龙为候。今上祷祠备谨，而有此恶神，当除去，而善神可致。"乃令入海者赍捕巨鱼具，而自以连弩候大鱼出射之。自琅邪北至荣成山，弗见。至之罘，见巨鱼，射杀一鱼。遂并海西。

至平原津而病。始皇恶言死，群臣莫敢言死事。上病益甚，乃为玺书赐公子扶苏曰："与丧会咸阳而葬。"书已封，在中车府令赵高行符玺事所，未授使者。七月丙寅，始皇崩于沙丘平台。丞相斯为上崩在外，恐诸公子及天下有变，乃秘之，不发丧。棺载辒凉车中，故幸宦者参乘，所至上食。百官奏事如故，宦者辄从辒凉车中可其奏事。独子胡亥、赵高及所幸宦者五六人知上死。赵高故尝教胡亥书及狱津令法事，胡亥私幸之。高乃与公子胡亥、丞相斯阴谋破去始皇所封书赐公子扶苏者，而更诈为丞相斯受始皇遗诏沙丘，立子胡亥为太子。更为书赐公子扶苏、蒙恬，数以罪，赐死。语具在李斯传中。行，遂从井陉抵九原。会暑，上辒车臭，乃诏从官令车载一石鲍鱼，以乱其臭。

【译文】

　　始皇返回京城时，路过吴地，从江乘县渡江。沿着海岸北行，到达琅邪。方士徐市等人入海去寻求仙药，好几年也没找到，花费了很多钱财，由于害怕被责罚，就欺骗始皇说："蓬莱的仙药是可以找到的，但由于常被大鲨鱼困扰，所以无法到达，请皇上派善于射箭的人同我们一起去，在遇到大鲨鱼时就连续发射弓弩射它。"始皇做梦与海神交战，海神的形状跟人很像。请占梦的博士给圆梦，博士说："水神是看不到的，它用大鱼蛟龙做侦探。如今皇上您祭祀周到恭敬，反而出现了这种恶神，就应当将其除掉，那么善神就会到来。"于是始皇就命令入海的人携带捕大鱼的工具，而且还亲自带着弓弩去等候大鱼出来以便射它。从琅邪向北一直到荣成山，都没有遇见大鲨鱼。到达了之罘山，遇见了大鱼，并射死了一条。接着又沿海向西行驶。

　　秦始皇到达平原津时生了病。始皇厌恶说"死"这个字，众臣也就没有人敢说死的事。皇帝病情更加严重，就写了一封盖上御印的信给公子扶苏说："到咸阳来参加丧事，在咸阳安葬。"信封好后，就存放在中东府令赵高兼掌印玺事务的办公处，没有交给使者。七月丙寅日，始皇在沙丘平台逝世。丞相李斯认为皇帝逝世在外，恐怕众皇子和各地叛乱，就对此事严守秘密，不发布丧事的消息。将棺材放在既密闭又能通风的辒凉车中，让过去受始皇宠幸的宦官陪乘，每走到合适的地方，就将饭食献上，百官像往常一样向皇上奏事。宦官就在辒凉车中降诏批签。只有胡亥、赵高和五六个曾受宠幸的宦官知道皇上已经死了。赵高曾经教胡亥写字和狱律法令等事情，胡亥私下里很喜欢他。于是赵高与公子胡亥、丞相李斯秘密商讨将始皇赐给公子扶苏的那封已封好的信拆开，又谎称李斯在沙丘接受了始皇遗诏，立皇子胡亥为太子。又写了一封信给公子扶苏和蒙恬，捏造他们的罪状，将他们赐死。这些事都记载在《李斯列传》中。继续前行，从井陉到达九原。正赶上暑天，皇上的尸体在辒凉车中已经发臭，就命随从官员们往车里装一石有腥臭气的咸鱼，以混淆尸臭和鱼臭。

【原文】

　　行从直道至咸阳，发丧。太子胡亥袭位，为二世皇帝。九月，葬始皇郦山。始

皇初即位，穿治郦山，及并天下，天下徒送诣七十馀万人，穿三泉，下铜而致椁，宫观百官奇器珍怪徒臧满之。令匠作机弩矢，有所穿近者辄射之。以水银为百川江河大海，机相灌输，上具天文，下具地理。以人鱼膏为烛，度不灭者久之。二世曰："先帝后宫非有子者，出焉不宜。"皆令从死，死者甚众。葬既已下，或言工匠为机，臧皆知之，臧重即泄。大事毕，已臧，闭中羡，下外羡门，尽闭工匠臧者，无复出者。树草木以象山。

二世皇帝元年，年二十一。赵高为郎中令，任用事。二世下诏，增始皇寝庙牺牲及山川百祀之礼。令群臣议尊始皇庙。群臣皆顿首言曰："古者天子七庙，诸侯五，大夫三，虽万世世不轶毁。今始皇为极庙，四海之内皆献贡职，增牺牲，礼咸备，毋以加。先王庙或在西雍，或在咸阳。天子仪当独奉酌祠始皇庙。自襄公已下轶毁。所置凡七庙。群臣以礼进祠，以尊始皇庙为帝者祖庙。皇帝复自称'朕'。"

【译文】

一路行进，从直道回到咸阳，才发布治丧的公告。太子胡亥继位，就是二世皇帝。九月，把始皇安葬在郦山。始皇刚刚即位时，就挖通治理了郦山，等到他统一天下后，又从全国各地调来七十多万徒役，凿地足足有三重泉水那么深，然后灌注铜水填满缝隙，再把外棺放进去，又修造宫观，还设置了百官位次，并将珍奇器物、珍宝怪石等搬进去，放得满满的。命令工匠制造由机关操纵的弓箭，如果有人盗墓，一靠近就能射死他。用水银做成百川江河大海，通过机器相互灌注输送，顶壁上装有天文图像，下面则置有地理图形。用娃娃鱼的油脂做成火炬，估计很久都不会熄灭。二世说："先帝后宫那些没有子女的妃嫔，放她们出去不合适。"于是就命令这些人全部殉葬，殉葬的人很多。下礼完毕，有人说工匠制造了机械，墓中所藏宝物他们都知道，宝物多而贵重，这很可能会泄露出去。葬礼完毕，宝物已经藏好，就封闭了墓道的中间一道门，又放下墓地最外面的一道门，将工匠们全都封闭在里边，没有一个再出来的。墓上栽种草木，看上去好像一座山。

二世皇帝元年，二世二十一岁，赵高担任郎中令，执掌朝政大权。二世下诏，增加始皇祠庙里用来祭祀的牺畜数量，以及山川各种祭祀的礼仪。命令大臣们讨论推尊始皇庙号的事。大臣们都跪拜叩头说："古时候天子的祖庙为七庙，诸侯五庙，大夫三庙，即使是万世以后也不能毁除。如今始皇庙是至高无上的，四海之内都要进献祭品，增加祭祀用的牺畜的数量。礼仪完全具备，其他庙祭的标准不能再比这个高了。先王庙有的在西雍，有的在咸阳。天子按礼仪应单独捧着经多次酿制而且质醇的酎酒来祭祀始皇庙。从襄公以下的庙都毁除。所建造的祭祀先王的庙共七座。大臣们按照礼法进献祭祀，推尊始皇庙为皇帝始祖庙。皇帝仍自称为'朕'。"

【原文】

二世与赵高谋曰："朕年少，初即位，黔首未集附。先帝巡行郡县，以示彊，威服海内。今晏然不巡行，即见弱，毋以臣畜天下。"春，二世东行郡县，李斯从。到碣石，并海，南至会稽，而尽刻始皇所立刻石，石旁著大臣从者名，以章先帝成功盛德焉。

皇帝曰："金石刻尽始皇帝所为也。今袭号而金石刻辞不称始皇帝，其于久远也如后嗣为之者，不称成功盛德。"丞相臣斯、臣去疾、御史大夫臣德昧死言："臣请具刻诏书刻石，因明白矣。臣昧死请。"制曰："可。"遂至辽东而还。

【译文】

二世跟赵高商量说："我年纪轻，又刚刚即位，百姓还不顺从。先帝通过巡视各郡县，来显示他的强大，威势震慑海内。现在我在皇宫安然享受而不出去巡游，就会被人看作无能，这样就不能统治天下。"春天，二世东行巡视郡县，李斯跟从。到达碣石山后，又沿海向南行进到达会稽，并在始皇所立的石碑上又都刻上了字，碑石旁增刻了随从大臣的名字，以彰扬先帝的功业和盛德。

皇帝说："金石碑刻全由始皇帝建造的。现在我承袭了帝号，可是金石碑刻上不称始皇帝，这样年代久远以后，就好像是后代子孙所树立的，以致不能称扬始皇帝的功业和盛德。"丞相臣李斯、臣冯去疾、御史大夫臣德冒死进言说："我们请求将全部诏书都刻在石碑上，这样就明白了。臣冒死请求。"制书批复说："可以。"接着到达了辽东，由此返回京城。

【原文】

于是二世乃遵用赵高，申法令。乃阴与赵高谋曰："大臣不服，官吏尚彊，及诸公子必与我争，为之柰何？"高曰："臣固愿言而未敢也。先帝之大臣，皆天下累世名贵人也，积功劳世以相传久矣。今高素小贱，陛下幸称举，令在上位，管中事。大臣鞅鞅，特以貌从臣，其心实不服。今上出，不因此时案郡县守尉有罪者诛之，上以振威天下，下以除去上生平所不可者。今时不师文而决于武力，愿陛下遂从时毋疑，即群臣不及谋。明主收举馀民，贱者贵之，贫者富之，远者近之，则上下集而国安矣。"二世曰："善。"

乃行诛大臣及诸公子，以罪过连逮少近官三郎，无得立者，而六公子戮死于杜。公子将闾昆弟三人囚于内宫,议其罪独后。二世使使令将闾曰:"公子不臣,罪当死,吏致法焉。"将闾曰:"阙廷之礼,吾未尝敢不从宾赞①也;廊庙②之位,吾未尝敢失节也;受命应对,吾未尝敢失辞也。何谓不臣?愿闻罪而死。"使者曰:"臣不得与谋,奉书从事。"将闾乃仰天大呼天者三,曰:"天乎!吾无罪!"昆弟三人皆流涕拔剑自杀。宗室振恐。群臣谏者以为诽谤,大吏持禄取容,黔首振恐。

【注释】

①宾赞:举行典礼时导引仪式的人。宾,通"傧"。②廊庙:殿下屋和太庙。指朝廷。

【译文】

于是秦二世就按照赵高的建议,申明法令。他私下里同赵高谋划说:"大臣们都不服从,官吏还有很大的势力,另外还有各位皇子一定要跟我争权,我该怎么办呢?"赵高说:"我本来想跟你说却一直都没敢说。先帝在位时的大臣,都是接连几代有名望的贵人,建功立业,世代相传,已经很久了。如今为臣出身卑贱,幸蒙陛下抬举,让我身居高位,管理宫廷事务。大臣们很不满意,他们只是在表面上服从,心里其实并不服。现在皇上出巡,何不借此机会将郡县守尉中的有罪者杀掉,这样在上可以威慑天下,在下可以除掉皇上一向所不满意的人。现时不能文治而应取决于武力,希望陛下顺应时势不要质疑,这样大臣们就来不及谋算了。英明的君主收集举用那些被弃不用的人。让卑贱的人显贵,让贫穷的人富裕,让疏远的人亲近,这样就能上下团结,国家安定。"二世说:"好!"

于是二世就开始诛杀大臣和皇子,捏造罪名连带拘捕近侍小臣中郎、外郎、散郎,没有一个人得以幸免,六个皇子被杀死在杜县。公子将闾昆兄弟三人被囚禁在内宫,由于议定他们的罪状而被拖延在后。秦二世派使者命令将闾说:"你们不尽臣道,按罪应判处死刑,官吏依法行刑来了。"将闾说:"宫廷的礼节,我从来不敢不顺从宾赞的引导去做;朝廷的位次,我从来不敢有失礼节;奉命应答,我从来不敢说错话。怎么能说不尽臣道呢?我希望能知道罪名而死。"使者说:"我不能参与谋议,只是奉命行事。"将闾仰天大声呼喊了三次说:"天啊!我没有罪!"兄弟三人都流着泪拔剑自杀了。宗室的人为之感到震惊恐慌。大臣们进谏的被认为是诽谤朝政,大官们为保住禄位而屈从讨好,民众震惊恐慌。

【原文】

四月,二世还至咸阳,曰:"先帝为咸阳朝廷小,故营阿房宫。为室堂未就,会上崩,罢其作者,复土郦山。郦山事大毕,今释阿房宫弗就,则是章先帝举事过也。"复作阿房宫。外抚四夷,如始皇计。尽征其材士五万人为屯卫咸阳,令教射狗马禽兽。当食者多,度不足,下调郡县转输菽粟刍藁,皆令自赍粮食,咸阳三百里内不得食其穀。用法益刻深。

七月,戍卒陈胜等反故荆地,为"张楚"。胜自立为楚王,居陈,遣诸将徇地①。山东郡县少年苦秦吏,皆杀其守尉令丞反,以应陈涉,相立为侯王,合从西乡,名为伐秦,不可胜数也。谒者使东方来,以反者闻二世。二世怒,下吏。后使者至,上问,对曰:"群盗,郡守尉方逐捕,今尽得,不足忧。"上悦。武臣自立为赵王,魏咎为魏王,田儋为齐王。沛公起沛。项梁举兵会稽郡。

二年冬,陈涉所遣周章等将西至戏,兵数十万。二世大惊,与群臣谋曰:"奈何?"少府章邯曰:"盗已至,众彊,今发近县不及矣。郦山徒多,请赦之,授兵以击之。"二世乃大赦天下,使章邯将,击破周章军而走,遂杀章曹阳。二世益遣长史司马欣、董翳佐章邯击盗,杀陈胜城父,破项梁定陶,灭魏咎临济。楚地盗名将已死,章邯乃北渡河,击赵王歇等于钜鹿。

【注释】

①徇地:掠取土地。

【译文】

四月,二世返回咸阳,说:"先帝因为咸阳朝廷小,所以才修建阿房宫。室堂还没有建成,就赶上始皇去世,只好让修建的人停下来,到郦山去修建陵墓。郦山修建陵墓的工作已全部完成,现在如果放下阿房宫而不建造,则是表明先帝办事有失误。"于是就又开始修建阿房宫。对外安抚四方的外族,按照始皇的策略,征召五万勇武的士兵守卫咸阳。下令教习射箭,并且学习饲养供宫廷玩赏的狗马禽兽,这些都需要消费很多粮食,估计咸阳仓里的粮食不够用,于是就从下面各郡县征调运来粮食和饲料,让转运粮食的人都自带干粮,咸阳三百里之内不准吃这些粮食。使用刑法更加严酷。

七月,戍边的士兵陈胜等人在以前的楚地造反,国号为"张楚"。陈胜自立为楚王,居住在陈县,派遣各路将领掠取土地。嵎山以东各郡县的年轻人因为受尽秦朝官吏之苦,都将他们的郡守、郡尉、县令、县丞杀了起来造反,以响应陈胜,并相继拥立为侯王,取合起来向西进攻,旗号都是讨伐秦朝,造反的人数不胜数。掌管传达通报的谒者出使山东回来,将造反的情况报告给了二世。二世很生气,就将谒者交给主管官吏去处理。后面的使者回来后,皇上问他,回答道:"只不过是一群盗匪,郡守、郡尉正在追捕,现在已经全部抓获,不值得担忧。"皇上很高兴。武臣自立为赵王,魏咎为魏王,田儋为齐王,沛公在沛县起义。项梁在会稽起兵。

二年冬天,陈胜派遣的周章等人率领军队向西到达戏水,兵力有几十万人。二世大为吃惊,跟群臣商议道:"怎么办呢?"少府章邯说:"盗匪已经到来,人多势众,现在征发附近各县的军队已经来不及了。郦山有很多徒役,请赦免他们,并给他们兵器,让他们去迎击。"于是二世就大赦天下,任用章邯为将,将周章的军队打败了,周章败逃,被杀死在曹阳。二世又增派长史司马欣、董翳去帮助章邯去攻打起义军,在成父杀死了陈胜,在定陶打败了项梁,在临济杀死了魏咎。楚地起义军的名将已经被杀死,章邯就向北渡过黄河,到巨鹿去攻打赵王赵歇等人。

【原文】

赵高说二世曰:"先帝临制天下久,故群臣不敢为非,进邪说。今陛下富于春秋,初即位,奈何与公卿廷决事?事即有误,示群臣短也。天子称朕,固不闻声。"于是二世常居禁中,与高决诸事。其后公卿希得朝见,盗贼益多,而关中卒发东击盗者毋已。右丞相去疾、左丞相斯、将军冯劫进谏曰:"关东群盗并起,秦发兵诛击,所杀亡甚众,然犹不止。盗多,皆以戍漕①转作事苦,赋税大也。请且止阿房宫作者,减省四边戍转。"

二世曰:"吾闻之韩子曰:'尧舜采椽②不刮,茅茨不翦③,饭土塯④,啜土形,虽监门之养,不觳于此。禹凿龙门,通大夏,决河亭水,放之海,身自持筑臿,胫毋毛,臣虏之劳不烈于此矣。'凡所为贵有天下者,得肆意极欲,主重明法,下不敢为非,以制御海内矣。夫虞、夏之主,贵为天子,亲处穷苦之实,以徇百姓,尚何于法?朕尊万乘,毋其实,吾欲造千乘之驾,万乘之属,充吾号名。且先帝起诸侯,兼天下,天下已定,外攘四夷以安边境,作宫室以章得意,而君观先帝功业有绪。今朕即位二年之间,群盗并起,君不能禁,又欲罢先帝之所为,是上毋以报先帝,次不为朕尽忠力,何以在位?"下去疾、斯、劫吏,案责他罪。去疾、劫曰:"将相不辱。"自杀。斯卒囚,就五刑。

【注释】

①戍漕:水运边防军需品。②采椽:栎木或柞木椽子。言俭朴。③茅茨不翦:用茅草覆盖屋顶,而且没有修剪整齐。④土塯:盛饭的瓦器。

【译文】

赵高劝说二世道:"先帝登位治理天下已经很久了,所以群臣不敢做非分之事,不

敢进言异端邪说。如今陛下正年轻,刚刚即位,怎么能跟公卿在朝廷上商决大事呢?如果事情有错误,就会被群臣看出自己的弱点。天子称"朕",本来就是不应该让别人听到他的声音。"于是二世经常居住在深宫之内,只跟赵高决定各种事情。自此以后公卿就很少有机会朝见皇上,各地起义的人也更多,关中军队被征调到东边去攻打起义军一直没有停止。右丞相冯去疾、左丞相李斯、将军冯劫进谏说:"关东各路盗贼纷起,朝廷派军前去诛讨,杀死了很多人,可是还是不能平息。盗贼多都是因为戍边、运输、劳作的事情太劳苦,赋税太重。请求皇上暂停修建阿房宫,减少戍边兵役和运输徭役。"

二世说:"我听韩子说:'尧、舜用柞木做椽子,不进行砍削加工,用芦苇、茅草盖屋顶而不加修剪,用瓦碗吃饭,用瓦罐喝水,即使是看门人的供养,也不会比这再俭薄了。禹平凿龙门,疏通大夏,疏导黄河淤积停滞之水,把水引入大海,亲自拿着杵和锹,小腿上的毛都被磨光了,即使是奴隶的劳苦,也不会比这再厉害了。'人们之所以看重享有天下,就是为了可以纵情享受,为所欲为。做君主重要的是修明法制,这样臣下就不敢胡作非为,就能驾驭天下了。虞、夏的君主,地位尊贵,做了天子,却身处穷苦劳境地,为百姓作出牺牲,这有什么值得效法的呢?朕被称为万乘之主,却没有万乘,我要建造千乘之车驾,设立万乘之徒属,让我的名号和实际相符。再说,先帝出身于诸侯,兼并了天下,天下既已平定,对外排除四方外族以安定边境,对内修建宫室来显示丰功伟绩的得意,你们都看到了先帝功业已经有了好的开始。而现在我登位两年的时间,盗贼纷起,你们不能禁止,又想废除先帝所要做的事。这样做,上无法报答先帝,其次也不是为我尽忠尽力,你们还凭什么身处高位呢?"于是就把冯去疾、李斯、冯劫下交给狱吏,审讯追究三人的其他罪过。冯去疾、冯劫说:"将相不能受侮辱。"自杀了。结果李斯被囚,遭受五刑的刑罚。

【原文】

三年,章邯等将其卒围钜鹿,楚上将军项羽将楚卒注救钜鹿。冬,赵高为丞相,竟案①李斯杀之。夏,章邯等战数卻,二世使人让邯,邯恐,使长史欣请事。赵高弗见,又弗信。欣恐,亡去,高使人捕追不及。欣见邯曰:"赵高用事于中,将军有功亦诛,无功亦诛。"项羽急击秦军,虏王离,邯等遂以兵降诸侯。八月己亥,赵高欲为乱,恐群臣不听,乃先设验,持鹿献于二世,曰:"马也。"二世笑曰:"丞相误邪？谓鹿为马。"问左右，左右或默，或言马以阿顺赵高。或言鹿，高因阴中诸言鹿者以法。后群臣皆畏高。

高前数言"关东盗毋能为也"，及项羽虏秦将王离等钜鹿下而前，章邯等军数却，上书请益助，燕、赵、齐、楚、韩、魏皆立为王，自关以东，大氐尽畔秦吏应诸侯，诸侯咸率其众西乡。沛公将数万人已屠武关，使人私于高，高恐二世怒，诛及其身，乃谢病不朝见。二世梦白虎啮其左骖马，杀之，心不乐，怪问占梦。卜曰："泾水为祟。"二世乃斋于望夷宫，欲祠泾，沈四白马。使使责让高以盗贼事。高惧，乃阴与其婿咸阳令阎乐、其弟赵成谋曰："上不听谏，今事急，欲归祸于吾宗。吾欲易置上，更立公子婴。子婴仁俭，百姓皆载其言。"使郎中令为内应，诈为有大贼，令乐召吏发卒，追劫乐母置高舍。遣乐将吏卒千余人至望夷宫殿门，缚卫令仆射，曰："贼入此，何不止？"

卫令曰："周庐设卒甚谨，安得贼敢入宫？"乐遂斩卫令，直将吏入行射，郎宦者大惊，或走或格，格者辄死，死者数十人。郎中令与乐俱入，射上幄坐帏。二世怒，召左右，左右皆惶扰不斗。旁有宦者一人，侍不敢去。二世入内，谓曰："公何不蚤告我？乃至于此！"宦者曰："臣不敢言，故得全。使臣蚤言，皆已诛，安得至今？"阎乐前即二世数曰："足下骄恣，诛杀无道，天下共畔足下，足下其自为计。"二世曰："丞相可得见否？"乐曰："不可。"二世曰："吾愿得一郡为王。"弗许，又曰："愿为万户侯。"弗许，曰："愿与妻子为黔首，比诸公子。"阎乐曰："臣受命于丞相，为天下诛足下，足下虽多言，臣不敢报。"麾其兵进。二世自杀。

【注释】

①竟案：彻底勘查。

【译文】

二世三年，章邯等率兵包围了巨鹿，楚国上将军项羽率领楚兵前去救援巨鹿。冬天，赵高担任丞相，彻底勘查李斯的案件并将其杀死。夏天，章邯等人作战数次败退，二世派人去谴责章邯，章邯害怕了，就派长史司马欣回京请求指示。赵高既不接见，也不信任。司马欣害怕了，赶紧逃离，赵高命人去追捕，没有追到。司马欣见到章邯说："赵高在朝中掌权，将军您有功会被杀掉，无功也会被杀掉。"这时，项羽加紧攻打秦军，俘虏了王离，章邯等人就率兵投降了诸侯。八月己亥日，赵高想要谋反，但又担心群臣不听从他，就先设下计谋进行试验，他带来一只鹿献给二世，说："这是一匹马。"二世笑着说："丞相错了，把鹿说成是马。"问左右大臣，左右大臣有的保持沉默，有的为了阿谀随顺赵高而说是马，也有的说是鹿，赵高就暗中假借法律陷害那些说是鹿的人。此后，大臣们都畏惧赵高。

赵高以前多次说："关东的盗贼没有什么作为。"等到项羽在巨鹿城下俘虏了王离等人并继续向前，章邯等人的军队多次败退，上书请求增援，燕国、赵国、齐国、楚国、韩国、魏国都自立为王，从函谷关往东，基本上全部背叛了秦朝官吏而去响应诸侯，诸侯都率兵西进。沛公率领几万人攻克了武关，派人秘密与赵高联络。赵高害怕二世发怒，诛杀自己，就假装有病而不去朝见皇上。二世梦见一只白虎咬了他车驾的骖马，他就把那只白虎杀了，但心中还是高兴，觉得奇怪，就去问解梦的人。解梦卜得卦辞说："泾水的水神在作怪。"二世就在望夷宫斋戒，准备祭祀泾水水神，把四匹白马沉入泾水。因为起义者日益逼近的事情，二世派人谴责赵高。赵高惶恐不安，就暗中与他的女婿咸阳县令阎乐、弟弟赵成商议说："皇上不听劝谏，如今事态危急，想要把罪责推给我们家族。我想另立天子，改立公子婴。子婴仁爱谦下，百姓都相信他的话。"就让郎中令作内应，谎称有大盗，命令阎乐召集官吏发兵追捕，又劫持了阎乐的母亲，并安置在赵高府中作人质。派阎乐带领官兵一千多人在望夷宫殿门前，捆绑上卫令仆射，喝问道："盗贼从这里进去，为什么不阻止？"

卫令说："皇宫周围都有重兵把守，十分严密，盗贼怎么敢进入宫中？"阎乐就把卫令斩杀了，带领官兵径直冲进去，边走边射箭，郎官宦官大为吃惊，有的逃跑，有的抵抗，抵抗的都被杀死了，被杀死的有几十人。郎中令和阎乐一同冲进宫殿，用箭射中了二世的帷帐。二世大怒，召来左右的人，左右的人都害怕地不敢动手。旁边有一个宦官，服侍着二世不敢离开。二世进入内宫，对他说："您为何不早告诉我，竟到了现在这种境地！"宦官说："我不敢说，所以得以保住性命，要是早说了，我们这些人早就被您杀掉了，怎么可能活到今天？"阎乐走上前去历数二世的罪状说："你骄横放纵、肆意诛杀，不遵奉天道，天下的人都背叛了你，怎么办还是由你自己考虑吧！"二世说："我可以见丞相吗？"阎乐说："不可以。"二世说："那我希望到一个郡做王。"阎乐不答应。又说："我希望做个万户侯。"还是不答应。二世又说："我情愿和妻子儿女去做普通百姓，跟诸公子一样。"阎乐说："我是奉丞相的命令，来替天下人诛杀你的，你即使说再多的话，我也不敢替你回报。"于是指挥士兵拥上前。二世就自杀了。

【原文】

阎乐归报赵高，赵高乃悉召诸大臣公子，告以诛二世之状。曰："秦故王国，始皇君天下，故称帝。今六国复自立，秦地益小，乃以空名为帝，不可。宜为王如故，便。"立二世之兄子公子婴为秦王。以黔首葬二世杜南宜春苑中。令子婴斋，当庙见，受王玺。斋五日，子婴与其子二人谋曰："丞相高杀二世望夷宫，恐群臣诛之，乃详以义立我。我闻赵高乃与楚约，灭秦宗室而王关中。今使我斋见庙，此欲因庙中杀我。我称病不行,丞相必自来,来则杀之。"高使人请子婴数辈,子婴不行,高果自往,曰:"宗庙重事,王奈何①不行?"子婴遂刺杀高于斋宫,三族高家以徇咸阳。

子婴为秦王四十六日,楚将沛公破秦军入武关,遂至霸上,使人约降子婴。子婴即系颈以组,白马素车,奉天子玺符,降轵道②旁。沛公遂入咸阳,封宫室府库,还军霸上。居月馀,诸侯兵至,项籍为从长,杀子婴及秦诸公子宗族。遂屠咸阳,烧其宫室,虏其子女,收其珍宝货财,诸侯共分之。灭秦之后,各分其地为三,名曰雍王、塞王、翟王,号曰三秦。项羽为西楚霸王,主命分天下王诸侯,秦竟灭矣。后五年,天下定于汉。

【注释】

①奈(nài)何:同"奈何"。②轵道:亭名。在陕西省西安市东北。

【译文】

阎乐回去禀报赵高,赵高就召集来所有的大臣和公子,将诛杀二世的情况告诉他们。赵高说:"秦国本来是个诸侯国,始皇统治了天下,所以称帝。现在六国又重新拥自立了王,秦国地盘越来越小,却还凭着个空名称皇帝,这不可以。应像过去一样称王才合适。"于是就立二世兄长的儿子子婴为秦王。按照百姓的葬仪将二世埋葬在杜南宜春苑中。让子婴斋戒,到宗庙去拜祭祖先,接受国王的印玺。斋戒五天后,子婴和他的两个儿子商议说:"丞相赵高在望夷宫杀死了二世,担心大臣们诛杀他,就假装按照道义立我为王。我听说赵高已经与楚国约定,灭掉秦宗室后他就在关中称王。现在让我斋戒后去朝见宗庙,这是想趁着我在庙中将我杀掉。我推说有病不去,他一定会亲自来,他来了就杀掉他。"赵高派人去请子婴,前后去了好几趟,子婴都不去,赵高果然亲自去请。他说:"这是国家大事,秦王为什么不去呢?"于是子婴就在斋宫将赵高杀死,并诛灭了赵高家三族,在咸阳示众。

子婴做秦王四十六天时,楚将沛公就打败秦军攻入武关,然后就到了霸上,派人前去招降子婴。子婴用丝带系着脖子,坐着白车白马,捧着天子的印玺符节,在轵道亭旁投降。沛公于是就进入了咸阳,封了宫室和府库,然后又退兵驻扎在霸上。过了一个多月,各路诸侯的军队也到了,项羽是各路诸侯的盟主,他杀了子婴和秦公子宗室所有的人。随后屠杀了咸阳城的人,烧毁了秦朝的宫室,俘虏了秦朝的宫女,没收了秦宫的珍宝财物,跟各路诸侯一起分了。灭掉秦朝以后,将原来秦国的疆土划成三份各自为王,即雍王、塞王、翟王,号称三秦。项羽为西楚霸王,主持分割天下,赐封诸侯王,秦朝终于灭亡了。此后五年,天下被汉王室统一。

【原文】

　　太史公曰：秦之先伯翳，尝有勋于唐虞之际，受土赐姓。及殷夏之间微散。至周之衰，秦兴，邑于西垂。自缪公以来，稍蚕食诸侯，竟成始皇。始皇自以为功过五帝，地广三王，而羞与之侔。善哉乎贾生推言之也！曰：

　　秦并兼诸侯山东三十馀郡，缮津关①，据险塞，修甲兵而守之。然陈涉以戍卒散乱之众数百，奋臂大呼，不用弓戟之兵，鉏櫌②白梃，望屋而食，横行天下。秦人阻险不守，关梁不阖，长戟不刺，彊弩不射。楚师深入，战于鸿门，曾无藩篱之艰。于是山东大扰，诸侯并起，豪俊相立。秦使章邯将而东征，章邯因以三军之众要市于外，以谋其上。群臣之不信，可见于此矣。子婴立，遂不寤。藉使子婴有庸主之材，仅得中佐，山东虽乱，秦之地可全而有，宗庙之祀未当绝也。

【注释】

　　①津关：水陆冲要之处所设的关口。②鉏櫌(chú yōu)：亦作"鉏耰"。鉏和耰。锄田去草和碎土平地的农具。

【译文】

　　太史公说：秦朝的祖先伯翳，在唐尧、虞舜时曾建立功勋，被封给土地，赐予了姓氏。到夏朝、商朝时开始衰落了。但是到周朝衰落时，秦国兴起，在西部边境建起了城邑。自穆公以来，对诸侯逐渐侵占，最终成就了始皇。始皇自以为功德高于五帝，地盘比三王宽广，就认为与五帝、三王相比是羞耻的事。贾谊评论的话说得多好啊！他说：

　　秦朝兼并了诸侯，山东有三十多个郡县，修筑渡口关隘，占据险要地势，整顿军队而把守这些要地。但陈涉却凭着几百名散乱的戍边士卒，振臂大呼，不用弓箭矛戟等锐利的武器，凭借锄把和木棍，看到有人家住的房屋就能得到饭吃，纵横驰骋天下。秦朝险阻之地防守不住了，关卡桥梁也无法封销阻挡，长戟不能刺，强弩不能射。楚军进入境内，在鸿门交战，居然连藩篱一样的阻拦都没有遇到。于是山东地区大乱，诸侯纷纷起事，豪杰相立为王。秦王派章邯率兵东征，章邯趁此机会，就凭借三军的众多兵力，在外面跟诸侯订立契约，同诸侯做交易，图谋他的君上。大臣们不能信用，在此就可以看出。子婴登位，最终也不曾省悟，假如子婴有一般君主的才能，即使仅得到中等才能的辅佐大臣，山东地区虽然混乱，秦国的地盘还是可以保全的，宗庙的祭祀也不会断绝。

【原文】

　　秦地被山带河以为固，四塞之国也。自缪公以来，至于秦王，二十馀君，常为诸侯雄。岂世世贤哉？其势居然也。且天下尝同心并力而攻秦矣。当此之世，贤智并列，良将行其师，贤相通其谋，然困于阻险而不能进，秦乃延入战而为之开关，百万之徒逃北而遂坏。岂勇力智慧不足哉？形不利，势不便也。秦小邑并大城，守险塞而军，高垒毋战，闭关据阨，荷戟而守之。诸侯起于匹夫，以利合，非有素王之行也。其交未亲，其下未附，名为亡秦，其实利之也。彼见秦阻之难犯也，必退师。安土息民，以待其敝，收弱扶罢，以令大国之君，不患不得意于海内。贵为天子，富有天下，而身为禽者，其救败非也。

秦国地势有高山阻隔，有大河环绕，形成一个天然的屏障，是个四面都有险要关塞的国家。自秦穆公以来，一直到秦始皇，二十多个国君，都经常在诸侯中称雄。难道说他们代代都贤明吗？这是由于地位形势造成的呀！况且天下各国曾经联合起来进攻秦国。在这种时候，有贤德有才智的人会聚起来，良将指挥各国的军队，有贤相沟通他们的谋略，但依然被险阻困住而不能前进，于是秦就引诱诸侯进入自己的境内作战，为他们打开关塞，结果致使山东百万军队败逃崩溃。难道是因为勇气、力量和智慧不够吗？其实是地形不利，地势不便啊。秦国把小邑兼并为大城，在险要关塞驻军防守，高筑营垒而不轻易跟敌方作战，紧闭关门据守险塞，肩扛矛戟守卫在那里。诸侯们出身平民，是为了利益联合起来的，并没有上古帝王的德行。他们的交往不亲密，他们的下属不亲附。名为灭亡秦朝，其实是为自己牟私利。他们看见秦地险阻难以进犯，一定会退兵。如果他们能够安定本土，让人民休养生息，等待秦朝的衰败，收纳弱小，扶助疲困，那么以此来对大国的国君发号施令，就不必担心自己的愿望在天下实现不了了。可是他们贵为天子，富有天下，自己却遭到擒获，这是因为他们挽救败亡的策略错误啊。

秦王足己不问，遂过而不变。二世受之，因而不改，暴虐以重祸。子婴孤立无亲，危弱无辅。三主惑而终身不悟，亡，不亦宜乎？当此时也，世非无深虑知化之士也，然所以不敢尽忠拂过者，秦俗多忌讳之禁，忠言未卒于口而身为戮没矣。故使天下之士，倾耳而听，重足而立，拑口而不言。是以三主失道，忠臣不敢谏，智士不敢谋，天下已乱，奸不上闻，岂不哀哉！先王知雍蔽之伤国也，故置公卿大夫士，以饰法设刑，而天下治。其疆也，禁暴诛乱而天下服。其弱也，五伯征而诸侯从。其削也，内守外附而社稷存。故秦之盛也，繁法严刑而天下振；及其衰也，百姓怨望而海内畔矣。故周五序得其道，而千馀岁不绝。秦本末并失，故不长久。由此观之，安危之统相去远矣。野谚曰"前事之不忘，后事之师也"。是以君予为国，观之上古，验之当世，参以人事，察盛衰之理，审权势之宜，去就有序，变化有时，故旷日长久而社稷安矣。

【译文】

秦王满足一己之功而不求教于人，一错到底而不改变。二世继承了父亲的罪过，遵循而不改正，残暴苛虐致使祸患加重。子婴孤立无亲，自处危境却没有人辅佐，三位君主昏惑而终生不省悟，秦朝灭亡，不也是很正常吗？这个时候，世上并不是没有深谋远虑懂得形势变化的人，但他们之所以不敢竭诚尽忠，纠正君王的过失，是因为秦朝的风气多有忌讳的禁规，忠言还没有说出口而自己就被杀戮了。所以使得天下士人只能侧着耳朵听，叠足而立，因有所顾忌而闭口不说话。因此，三位君主失去了道义，忠臣不敢进谏，智士不敢谋划，天下已经大乱，可是皇上还不知道，难道不可悲吗？先王知道受到蒙蔽就会损害国家，所以设置公卿、大夫和士，来整治法规设立刑律，天下因而得到治理。强盛时，禁止残暴诛讨叛乱，天下归服；衰弱时，五霸为天子征讨而诸侯顺从；疆土被割削时，可以内守政务外附强宗以使社稷得以保全。所以秦朝强盛时，繁苛的法规条例、严苛的刑法令天下震惊；等到它衰弱时，百姓怨恨，天下背叛。周朝的公、侯、伯、子、男五等爵位合乎大道，因而使得国家延续了一千多年而不灭绝。而秦朝将本末都失去了，所以不能长久。由此看来，安定和危亡的政治纲纪相距太远了！俗话说'前事不忘，后事之师'。所以君子治理国家，就应该考察上古的历史，验证当代的形势，还要通过人事加以检验，从而观察兴盛衰亡的规律，详知谋略和形势是否合宜，做到取舍有序，变化合宜，所以才能历时长久，国家安定。

【原文】

秦孝公据殽函之固，拥雍州之地，君臣固守而窥周室，有席卷天下，包举宇内，囊括四海之意，并吞八荒之心。当是时，商君佐之，内立法度，务耕织，修守战之备，外连衡而斗诸侯，于是秦人拱手而取西河之外。

孝公既没，惠王、武王蒙故业，因遗册，南兼汉中，西举巴、蜀，东割膏腴①之地，收要害之郡。诸侯恐惧，会盟而谋弱秦，不爱珍器重宝肥美之地，以致天下之士，合从缔交，相与为一。当是时，齐有孟尝，赵有平原，楚有春申，魏有信陵。此四君者，皆明知而忠信，宽厚而爱人，尊贤重士，约从离衡，并韩、魏、燕、楚、齐、赵、宋、卫、中山之众。于是六国之士有宁越、徐尚、苏秦、杜赫之属为之谋，齐明、周最、陈轸、昭滑、楼缓、翟景、苏厉、乐毅之徒通其意，吴起、孙膑、带佗、儿良、王廖、田忌、廉颇、赵奢之朋制其兵。

常以十倍之地，百万之众，叩关而攻秦。秦人开关延敌，九国之师逡巡遁逃而不敢进。秦无亡矢遗镞②之费，而天下诸侯已困矣。于是从散约解，争割地而奉秦。秦有馀力而制其敝，追亡逐北，伏尸百万，流血漂橹。因利乘便，宰割天下，分裂河山，彊国请服，弱国入朝。延及孝文王、庄襄王，享国日浅，国家无事。

【注释】

①膏腴：肥沃。②亡矢遗镞(wáng shǐ yí zú)：损失箭和箭头。比喻军事上的细微损失。

【译文】

秦孝公占据殽山、函谷关的险固地势，拥有雍州的土地，君臣坚守而窥伺周朝王室的天下，有席卷天下、包举宇内、囊括四海、并吞八方的雄心。那时候，商君辅佐他，对内建立法令律度，致力于农耕纺织，修治防守和攻战的器械设备，对外采取连横，以挑起诸侯之间的争斗，于是秦国人仅以举手之劳就取得了西河以外的土地。

孝公去世后，惠王、武王继承原有的基业，遵循孝公留下来的策略，向南兼并了汉中，向西夺取了巴、蜀，向东割取了肥沃的土地，占据了险要的郡县。诸侯害怕了，就举行盟会来商议削弱秦国，他们不惜用珍奇的器物、贵重的财宝、肥美的土地，来招揽天下贤士，结成邦交，相互成为一体。那时候，齐国有孟尝君，赵国有平原君，楚国有春申君，魏国有信陵君。这四位君子，个个明达事理、忠诚信实、宽仁爱人、尊重贤士、重用能人，他们结约合纵，拆散连横，聚合起韩、魏、燕、楚、齐、赵、宋、卫、中山等国的众多军队。这时六国的谋士，有宁越、徐尚、苏秦、杜赫为他们出谋划策，有齐明、周最、陈轸、昭滑、楼缓、翟景、苏厉、乐毅为他们沟通各国的意见，有吴起、孙膑、带佗、倪良、王廖、田忌、廉颇、赵奢为他们统率军队。

他们曾凭着比秦国多十倍的土地，率领上百万的军队，去攻打函谷关进攻秦国。秦国将关门敞开放敌人进来打，结果九国的军队退缩奔逃而不敢前进。秦国没有损失箭和箭头，但各国诸侯就已经疲惫不堪了。因此合纵离散了，盟约解除了，诸侯国争着割让土地来侍奉秦国。这就使得秦国有充足的力量利用各国疲困的机会去制服他们，追逐败逃的敌人，杀死敌军上百万人，尸体遍地，血流成河，都可以漂起盾牌。秦国乘着便利的形势，控制了天下，分割诸侯的土地山河，强国请求归服，弱国入秦朝拜。王位传到孝文王、庄襄王，由于他们在位的时间很短，国家也没有发生什么大事。

【原文】

及至秦王，续六世之馀烈，振长策而御宇内，吞二周而亡诸侯，履至尊而制六合，执棰拊以鞭笞天下，威振四海。南取百越之地，以为桂林、象郡，百越之君俯首系颈，委命下吏。乃使蒙恬北筑长城而守藩篱，却匈奴七百余里，胡人不敢南下而牧马，士不敢弯弓而报怨。于是废先王之道，焚百家之言，以愚黔首。堕名城，杀豪俊，收天下之兵聚之咸阳，销锋铸鐻，以为金人十二，以弱黔首之民。然后斩华为城，因河为津，据亿丈之城，临不测之豁以为固。良将劲弩守要害之处，信臣精卒陈利兵而谁何，天下以定。秦王之心，自以为关中之固，金城千里，子孙帝王万世之业也。

秦王既没，馀威振于殊俗。陈涉，瓮牖绳枢①之子，甿隶②之人，而迁徙之徒，才能不及中人，非有仲尼、墨翟之贤，陶朱、猗顿③之富，蹑足行伍之间，而倔起什伯之中，率罢散之卒，将数百之众，而转攻秦。斩木为兵，揭竿为旗，天下云集响应，赢粮而景从，山东豪俊遂并起而亡秦族矣。

【注释】

①瓮牖(yǒu)绳枢：破瓮做窗，绳作门轴。比喻贫穷人家。牖：窗子；枢：门的转轴。②甿隶：农夫与皂隶。泛指社会地位低下的人。③猗顿：战国时大富商。

【译文】

到了秦始皇，继承了六代先人留下来的功业，举起长鞭驾驭各国，吞并了东周、西周，灭亡了诸侯，登临皇帝之位，统一了整个天下，用残酷的刑罚来统治全国，声威震动四海。向南边夺取了百越的土地，改设为桂林、象郡。百越的君长低着头，把绳子系上脖颈，将命运交付给秦国的官吏。于是派蒙恬在北方修筑长城戍守边防，驱赶匈奴到七百多里以外，匈奴人不敢南下牧马，匈奴的军士也不敢张弓报仇。于是废弃了先王的治国之道，焚毁了百家的典籍，对百姓实行愚民政策。拆毁名城，屠杀豪俊，收缴天下的兵器聚集到咸阳，销毁兵刃，熔化乐器，用它们铸成大钟，还有十二尊铜人，以削弱百姓的反抗力量。然后把险峻的华山当作城墙，以黄河作为护城的壕沟，上据

万丈高城，下临无底深渊，以此作为坚固的屏障。有优秀的将领、强劲的弓弩把守着险关要塞，有忠信的大臣，精锐的部队摆开了锐利武器，谁还能把我怎么样呢？天下已经安定。秦始皇认为关中是那样坚固，就像千里长的铜铸城墙，是子子孙孙作帝王的万世基业。

始皇去世后，他的余威仍然震慑着风俗各异的边远地区。陈涉不过是一个以破瓮做窗，以绳作门轴的贫穷人家的孩子，是个为人耕田的雇农，被征服役的戍卒，才能比不上中等人，没有仲尼、墨翟的贤能，没有陶朱、猗顿的富有，出身于士卒行伍，起事于田间村野，带着疲劳涣散的士卒，率领几百人，转过身来攻打秦朝。砍下树枝做武器，举起竹竿做旗帜，天下响应的人像云彩一样地聚集成群，肩负干粮，像影子一样地跟随他，山东地区的豪杰俊士，于是同时起来诛灭了秦朝王族。

【原文】

且夫天下非小弱也，雍州之地，崤函之固自若也。陈涉之位，非尊于齐、楚、燕、赵、韩、魏、宋、卫、中山之君；鉏耰棘矜，非铦于句戟长铩也；適戍之众，非抗于九国之师；深谋远虑，行军用兵之道，非及乡时之士也。然而成败异变，功业相反也。试使山东之国与陈涉度长絜大，比权量力，则不可同年而语矣。然秦以区区之地，千乘之权，招八州而朝同列，百有余年矣。然后以六合为家，崤函为宫，一夫作难而七庙堕，身死人手，为天下笑者，何也？仁义不施而攻守之势异也。

秦并海内，兼诸侯，南面称帝，以养四海，天下之士斐然乡风，若是者何也？曰：近古之无王者久矣。周室卑微，五霸既殁，令不行于天下，是以诸侯力政，强侵弱，众暴寡，兵革不休，士民罢敝。今秦南面而王天下，是上有天子也。既元元之民冀得安其性命，莫不虚心而仰上，当此之时，守威定功，安危之本在于此矣。

【译文】

再说秦朝的天下并没有变小削弱，雍州的土地、崤山和函谷关的坚固像从前一样。陈涉的地位，并不比齐、楚、燕、赵、韩、魏、宋、卫、中山各国的国君尊贵，锄把和木棍，并不比钩戟和长矛锋利；被流放守边的士卒，并不比九国的军队强大；深谋远虑，行军用兵的方略，并不比得上先前六国的谋士。但各自的成功失败却有着异常的变化，功业成就完全相反。如果让山东各国同陈涉比较长短大小，衡量权势实力，实在是无法相提并论。然而秦国却凭着雍州那块小小的地盘，拥有千乘战车的诸侯权力，攻取了八州并兼有了天下，使地位等级相同的六国诸侯都朝拜臣服，长达一百多年。然后统一了天下，以殽山、函谷关为宫殿，谁想到却因一个匹夫带头发难，就使得秦之宗庙被毁，死在他人手中，让天下人耻笑，这是什么原因呢？这是因为不施行仁义，使得夺取天下跟守住天下的形势就不同了。

秦统一了天下，兼并了诸侯，面南而称帝，供养四海，天下的士人顺服地慕风向往，为什么会像这样呢？回答是：近古以来没有统一天下的帝王已经很久了。周王室力量微弱，五霸相继去世后，天子的命令不能通行于天下，因此诸侯凭着武力相互征伐，强大的侵略弱小的，人多的欺凌人少的，战事不曾停止，士兵和百姓都很疲惫。现在秦皇南面称帝统治了天下，这就是在上有了天子啊。这样一来，即使是那些可怜的百姓也希望能靠他安身活命，没有谁不诚心景仰皇上，在这个时候，应该保持威权，稳定功业，安定与危败的关键就在这里了。

【原文】

秦王怀贪鄙之心，行自奋之智，不信功臣，不亲士民，废王道，立私权，禁文书而酷刑法，先诈力而后仁义，以暴虐为天下始。夫并兼者高诈力，安定者贵顺权，此言取与守不同术也。秦离战国而王天下，其道不易，其政不改，是其所以取之守之者异也。孤独而有之，故其亡可立而待。借使秦王计上世之事，并殷周之迹，以制御其政，后虽有淫骄之主而未有倾危之患也。故三王之建天下，名号显美，功业长久。

今秦二世立，天下莫不引领而观其政。夫寒者利裋褐①而饥者甘糟糠，天下之嗷嗷，新主之资也。此言劳民之易为仁也。乡使二世有庸主之行，而任忠贤，臣主一心而忧海内之患，缟素②而正先帝之过，裂地分民以封功臣之后，建国立君以礼天下，虚囹圄而免刑戮，除去收帑汙秽之罪，使各反其乡里，发仓廪，散财币，以振孤独穷困之士，轻赋少事，以佐百姓之急，约法省刑以持其后，使天下之人皆得自新，更节修行，各慎其身，塞万民之望，而以威德与天下，天下集矣。即四海之内，皆讙然各自安乐其处，唯恐有变，虽有狡猾之民，无离上之心，则不轨之臣无以饰其智，而暴乱之奸止矣。

【注释】

①裋褐(shù hè)：粗陋布衣。古代多为贫贱者所服。②缟素：白色。缟与素都是白色的生绢，引申为白色，指丧服，比喻俭朴。

【译文】

秦王怀着贪婪卑鄙之心，只想施展他个人的智慧，不信任功臣，不亲近士民，废弃仁政的王道，树立个人的权威，禁除诗书古籍，实行严刑酷法，将诡诈权势放在前面，将仁德信义丢在后面，以残暴苛虐作为治理天下的前提。兼并天下需要崇尚诡诈和实力，安定国家需要重视顺应时势权衡变化，这就是说打天下和保天下有不同的方法。秦从战国直到统一天下，方法没有改变，政令没有发生变化，这是说它打天下和保天下没有使用不同的方法。秦王孤身无辅却拥有天下，所以他的灭亡很快就会到来。如果秦王考虑到了古代的情况，沿着商、周的道路，来制定实行自己的政策，那么后代即使有骄奢淫逸的君主，也不会有倾覆危亡的祸患。所以夏禹、商汤、周文王和周武王建立了国家，名号显耀而美好，功业长久。

如今秦二世即位，天下人没有不伸长脖子看一看他的政策。受冻的人只要能穿上粗布短袄就觉得很好，饥饿的人只要能吃上糟糠就会觉得香甜无比。天下苦苦哀叫的百姓，正是新皇帝执政的凭借。这就是说对劳苦人民施行仁政是轻而易举的。假如二世有一般君主的德行，任用忠贞贤能的人，君臣一心为天下的苦难而担忧，丧服期间就纠正先帝的过失，分割土地来赏赐功臣的后代，建立国家，拥立君主，以礼对待天下，将犯人从牢狱里放出来，免去刑罚，废除那些没收犯罪者妻子儿女为官家奴婢的杂乱刑罚，让他们各自返回家乡。打开仓库，散发钱财，以赈济孤独穷苦的士人；减轻赋税，减少劳役，以帮助百姓解除危急；简化法律，减少刑罚，给犯罪人以把握以后的机会，使天下的人都能自己改正错误，改变节操，修养品行，各自谨慎对待自身；满足万民的愿望，以威信恩德对待天下人，天下人就归附了。如果天下到处都欢欢喜喜安居乐业，恐怕发生变乱，那么即使有奸诈不轨的人，而民众没有背叛主上的意思，那么图谋不轨的臣子也就无法掩饰不住他的奸诈，暴乱的阴谋就会被阻止。

【原文】

二世不行此术，而重之以无道，坏宗庙与民，更始作阿房宫，繁刑严诛，吏治刻深，赏罚不当，赋敛无度，天下多事，吏弗能纪，百姓困穷而主弗收恤①。然后奸伪②并起，而上下相遁，蒙罪者众，刑戮相望于道，而天下苦之。自君卿以下至于众庶，人怀自危之心，亲处穷苦之实，咸不安其位，故易动也。是以陈涉不用汤武之贤，不藉公侯之尊，奋臂于大泽而天下响应者，其民危也。故先王见始终之变，知存亡之机，是以牧民之道，务在安之而已。天下虽有逆行之臣，必无响应之助矣。故曰"安民可与行义，而危民易与为非"，此之谓也。贵为天子，富有天下，身不免于戮杀者，正倾非也。是二世之过也。

襄公立，享国十二年。初为西畤。葬西垂。生文公。文公立，居西垂宫。五十年死，葬西垂。生静公。静公不享国而死。生宪公。宪公享国十二年，居西新邑。死，葬衙。生武公、德公、出子。出子享国六年，居西陵。庶长弗忌、威累、参父三人，率贼贼出子鄙衍，葬衙。武公立。武公享国二十年。居平阳封宫。葬宣阳聚东南。三庶长伏其罪。德公立。

【注释】

①收：收容救济。②奸伪：诡诈虚假。

【译文】

二世不实行这种办法，却更加暴虐无道，他破坏宗庙，残害百姓，重新修建阿房宫，使刑罚更加繁多，杀戮更加严酷，官吏办事苛刻狠毒，赏罚又不恰当，赋税搜刮没有限度，国家的事务太多，官吏们都治理不过来；百姓艰难窘迫而君主却又不收容救济。于是奸险欺诈之事纷起，上下互相欺瞒，蒙受罪罚的人很多，路上遭受刑戮的人相互观望，连绵不断，天下的人都陷入了苦难之中。从君卿往下直到普通民众，人人自危，身处穷苦的境地，到处都不得安宁，所以容易动乱。因此陈涉不凭商汤、周武王那样的贤能，不借公侯那样的尊贵，在大泽乡振臂一呼而天下响应，其原因就在于人民正处于危难之中。所以古代圣王能够洞察开端与结局的变化，知道生存与灭亡的关键，知道统治人民的方法，旨在使他们安定而已。这样，天下即使有叛逆的臣子，也一定没有人响应帮助他们。所谓"处于安定状态的人民可以共同行仁义，处于危难之中的人民容易一起做坏事"，说的就是这种情况。尊贵到做了天子，富足到拥有天下，可是自身却不能免于被杀戮，就是因为挽救倾覆局势的方法错了。这就是二世的过错。

襄公即位，在位十二年。开始建造西畤。葬在西垂。生了文公。文公即位后，居住在西垂宫。在位五十年去世，葬在西垂。生了静公。静公还没即位就去世了。生了宪公。宪公在位十二年。居住在西新邑。去世后葬在衙县。生了武公、德公、出子。出子在位六年，居住在西陵。庶长弗忌、威累和参父三人，带着刺客将出子杀死在鄙衍，葬在衙县。武公即位。武公在位二十年。居住在平阳封宫。葬在宣阳聚东南。三个庶长都受到了相应的惩罚。德公即位。

【原文】

德公享国二年。居雍大郑宫。生宣公、成公、缪公。葬阳。初伏，以御蛊。宣公享国十二年。居阳宫。葬阳。初志闰月。成公享国四年，居雍之宫。葬阳。齐伐山戎、孤竹。缪公享国三十九年。天子致霸。葬雍。缪公学著人。生康公。康公享国十二年。居雍高寝。葬竘社。生共公。共公享国五年，居雍高寝。葬康公南。生桓公。桓公享国二十七年。居雍太寝。葬义里丘北。生景公。景公享国四十年。居雍高寝，葬丘里南。生毕公。毕公享国三十六年。葬车里北。生夷公。夷公不享国。死，葬左宫。生惠公。惠公享国十年。葬车里。生悼公。悼公享国十五年。葬僖公西。城雍。生剌龚公。剌龚公享国三十四年。葬入里。生躁公、怀公。其十年，彗星见。躁公享国十四年。居受寝。葬悼公南。其元年，彗星见。怀公从晋来。享国四年。葬栎圉氏。生灵公。诸臣围怀公，怀公自杀。

【译文】

德公在位二年。居住在雍邑大郑宫。生了宣公、成公、缪公。葬在阳地。开始规定伏日，以抵御热毒邪气。宣公在位十二年。居住在阳宫。葬在阳地。开始记载闰月。成公在位四年。居住在雍邑的宫殿。葬在阳地。齐国攻打山戎、孤竹。缪公在位三十九年。周天子为他称霸而致贺。葬在雍邑。缪公曾向宫殿的侍卫学习。生了康公。康公在位十二年。居住在雍邑高寝。葬在衬社。生了共公。共公在位五年。居住在雍邑高寝。葬在康公南面。生了桓公。桓公在位二十七年。居住在雍邑太寝。葬在义里丘的北边。生了景公。景公在位四十年。居住在雍邑高寝。葬在丘里南边。生了毕公。毕公在位三十六年。葬在车里北边。生了夷公。夷公没有即位。死后葬在左宫，生了惠公。惠公在位十年。葬在车里。生了悼公。悼公在位十五年。葬在僖公西面。在雍邑修筑城墙。生了剌龚公。剌龚公在位二十四年。葬在入里。生了躁公、怀公。第十年，出现了彗星。躁公在位十四年。居住在受寝。葬在悼公南面。躁公元年，出现了彗星。怀公从晋国回来。在位四年。葬在栎圉氏。生了灵公。大臣们包围怀公，怀公自杀。

【原文】

肃灵公，昭子子也。居泾阳。享国十年。葬悼公西。生简公。简公从晋来。享国十五年。葬僖公西。生惠公。其七年，百姓初带剑。惠公享国十三年。葬陵圉。生出公。出公享国二年。出公自杀，葬雍。献公享国二十三年。葬嚣圉。生孝公。孝公享国二十四年。葬弟圉。生惠文王。其十三年，始都咸阳。惠文王享国二十七年。葬公陵。生悼武王。悼武王享国四年，葬永陵。昭襄王享国五十六年。葬茝阳。生孝文王。孝文王享国一年。葬寿陵。生庄襄王。庄襄王享国三年。葬茝阳。生始皇帝。吕不韦相。献公立七年，初行为市。十年，为户籍相伍。孝公立十六年。时桃李冬华。惠文王生十九年而立。立二年，初行钱。有新生婴儿曰"秦且王"。悼武王生十九年而立。立三年，渭水赤三日。昭襄王生十九年而立。立四年，初为田开阡陌。孝文王生五十三年而立。

肃灵公是昭子的儿子。居住在泾阳。在位十年。葬在悼公西面,生了简公。简公从晋国回来。在位十五年。葬在僖公西面。生了惠公。第七年,百官开始佩剑。惠公在位十三年。葬在陵圉。生了出公。出公在位二年。出公自杀。葬在雍邑。献公在位二十三年。葬在嚣圉。生了孝公。孝公在位二十四年。葬在弟圉。生了惠文王。孝公十三年开始建都咸阳。惠文王在位二十七年。葬在公陵。生了悼武王。悼武王在位四年。葬在永陵。昭襄王在位五十六年。葬在芷阳。生了孝文王。孝文王在位一年。葬在寿陵。生了庄襄王。庄襄王在位三年。葬在芷阳。生了始皇帝,吕不韦任相国。献公登位第七年,开始设立集市。第十年,登记户口,五户相连共为一伍。孝公登位第十六年,这年桃树李树在冬天开了花。惠文王十九岁即位。即位第二年,开始使用钱币。有个新生婴儿说:"秦国将称王。"悼武王十九岁即位。即位第三年,渭水变红了三天。昭襄王十九岁即位。即位第四年,开始开辟井田制下的田埂。孝文王五十三岁即位。

【原文】

庄襄王生三十二年而立。立二年,取太原地。庄襄王元年,大赦,修先王功臣,施德厚骨肉,布惠于民。东周与诸侯谋秦,秦使相国不韦诛之,尽入其国。秦不绝其祀,以阳人地赐周君,奉其祭祀。

始皇享国三十七年。葬郦邑。生二世皇帝。始皇生十三年而立。二世皇帝享国三年。葬宜春。赵高为丞相安武侯。二世生十二年而立。右秦襄公至二世,六百一十岁。

孝明皇帝十七年十月十五日乙丑,曰:

周历已移,仁不代母。秦直其位,吕政残虐。然以诸侯十三,并兼天下,极情纵欲,养育宗亲。三十七年,兵无所不加,制作政令,施于后王。盖得圣人之威,河神授图,据狼、狐,蹯参、伐,佐政驱除,距之称始皇。

始皇既殁,胡亥极愚,郦山未毕,复作阿房,以遂前策。云"凡所为贵有天下者,肆意极欲,大臣至欲罢先君所为"。诛斯、去疾,任用赵高。痛哉言乎!人头畜鸣。不威不伐恶,不笃不虚亡,距之不得留,残虐以促期,虽居形便之国,犹不得存。

【译文】

庄襄王三十二岁即位。即位的第二年,夺取了太原地区。庄襄王元年,大赦天下,表彰先王功臣,给予恩惠,厚待骨肉至亲,对百姓施以惠泽。东周联合诸侯谋划攻打秦国,秦国派相国吕不韦征讨诸侯，将东周土地全部占领。秦国不断绝东周的祭祀，将阳人地赐给周君，让他供奉祖宗祭祀。

秦始皇在位三十七年，葬在郦邑。生了二世皇帝。秦始皇是十三岁即位的。二世皇帝在位三年，葬在宜春苑。赵高任丞相，并被封为安武侯。二世是十二岁即位的。以上从秦襄王到秦二世，共计六百一十年。

汉孝明皇帝十七年十月十五日，这一天是乙丑日，孝明皇帝向班固询问秦二世亡天下的原因，班固说：

周朝的命数已经过去，周属木德，汉为火德，木生火，就是说周为汉母，子不代母，所以汉朝的仁德还不能直接代替周朝。但是秦朝正好赶上了木德与火德之间的帝王之位。始皇嬴政残忍暴虐。但他却以一个十三岁的诸侯王，兼并了天下，放纵妄为，却又养育家族宗亲。三十七年间，四处征伐，他制定政策和法令，传留给后代帝王。这大概是他获得了圣人的神威，河神授予了象征帝王受命的河图，依据主弓矢的狼星、狐星之气，践踏着主斩杀的参星、伐星的威严，帮助嬴政消除了天下诸侯，直到他自称始皇帝。

秦始皇去世后，胡亥极其愚蠢，郦山还没有修建完成，却又重新修建阿房宫，以完成先王的计划。还说"对于那些尊贵的君临天下的人，就是可以肆意妄为，大臣们居然想要废弃先王想干的事"。他杀了李斯、冯去疾，任用赵高。二世的话叫人多么痛心啊！就好像长着人的脑袋，却发出牲畜一样的叫声。如果不是他逞淫威，人们就不会讨伐他的罪恶；如果他的罪恶不深重，就不至于国败身亡。直到帝位保不住了，残酷暴虐又加速了他的灭亡，即使占据着地形有利的国土，还是无法生存。

【原文】

子婴度次得嗣，冠玉冠，佩华绂，车黄屋，从百司，谒七庙。小人乘非位，莫不帨忽失守，偷安日日，独能长念却虑，父子作权，近取于户牖之间，竟诛猾臣，为君讨贼。高死之后，宾婚未得尽相劳，餐未及下咽，酒未及濡唇，楚兵已屠关中，真人翔霸上，素车婴组，奉其符玺，以归帝者。郑伯茅旌鸾刀，严王退舍。河决不可复壅，鱼烂不可复全。贾谊、司马迁曰："向使婴有庸主之才，仅得中佐，山东虽乱，秦之地可全而有，宗庙之祀未当绝也。"秦之积衰，天下土崩瓦解，虽有周旦之材，无所复陈其巧，而以责一日之孤，误哉！俗传秦始皇起罪恶，胡亥极，得其理矣。复责小子，云秦地可全，所谓不通时变者也。纪季以酅，春秋不名。吾读秦纪，至于子婴车裂赵高，未尝不健其决，怜其志。婴死生之义备矣。

子婴越序继承了王位,戴上玉饰的王冠,佩上系着华美丝带的御玺,乘坐上帝王的黄屋车,由百官随从,去朝拜七庙。小人物登上了本不属于他的高位,没有不惶恐不安,六神无主的,每天苟且偷安。而子婴却能谋虑长远,排除顾虑,父子一起权衡策划,在一屋之内就将赵高擒获,终于诛杀了奸臣,为先君诛讨了逆贼。赵高死后,子婴还没有来得及一一慰劳宾客亲属,饭还没有来得及咽下,酒还没有来得及沾唇,楚军就已经屠灭了关中,真人天子已经飞临霸上,于是子婴不得不驾着白马白车,脖颈上系着丝带,手捧符节、御玺,献给称帝的人。这就像春秋时的郑伯持祭祀用的礼器茅旌和鸾刀投降一样,使楚庄王退兵三十里。然而河堤决裂了就不可能再堵住,鱼腐烂了就不能再复原。贾谊、司马迁说:"如果子婴有一般君主的才能,仅仅得到中等的辅佐大臣,山东地区即使混乱不堪,秦国原有的土地还是可以保全的,宗庙的祭祀也不会断绝。"秦朝的长期衰弱,使天下已经土崩瓦解,即使有周公旦那样的才能,也无法施展他的良策,而贾谊、司马迁却以秦朝的灭亡来责备登位没几天的子婴,实在是错误啊!民间传说是秦始皇兴起的罪恶,胡亥将它推到了顶点,这话是很有道理的。贾谊、司马迁又指责子婴、说原来秦国的土地可以保全,这就是所谓的不通晓时势变化呀。纪季将酅邑献给齐国以保住宗庙,《春秋》不写出他的名字,就是为了赞美他。我读《秦始皇本纪》,读到子婴车裂赵高时,未尝不感到他果断、干练,怜爱他的志气。子婴对待生死大义,已经是完美无缺了。

秦始皇在秦国历代君主积蓄力量的基础上吞并六国,统一天下,第一次建立了中央集权制的国家,但在《秦始皇本纪》中,这些内容比较简略,而是对秦始皇的过错做了详细的描写,如拒谏饰非、滥杀无辜、大兴土木、听信方士的谎言追求长生不老等等。可以说,《秦始皇本纪》不是秦始皇的功劳簿,而是他的罪恶史。

在此篇中,司马迁不是一味地谴责,而是以朴素的唯物主义历史观,将考察秦朝"成败兴坏之纪"的思想贯穿于全篇,不仅给人们展示了秦始皇这个大誉大毁集于一身的封建帝王的一生,而且一直在探寻着秦朝的统一及灭亡的原因,他在篇末的论赞中大段引述西汉政论家贾谊《过秦论》的内容,并称赞说:"善哉乎贾生之推言之也!"所谓"过秦",就是批评秦的过失。《过秦论》是一篇气势磅礴、很有感染力的政论文,它把秦朝灭亡的原因归结为"仁义不施,攻守之势异也",这对我们认识秦朝的历史有一定参考意义。

项羽本纪第七

【题解】

　　此篇记述了项羽自会稽起兵后用了三年时间，消灭了秦军主力，入关分封诸侯，自称西楚霸王，获得巨大成功，而后又在四年的楚汉之争中，被刘邦打败，自刎乌江的悲壮历程，塑造了项羽这个悲剧英雄形象。

【原文】

　　项籍者，下相人也，字羽。初起时，年二十四。其季父①项梁，梁父即楚将项燕，为秦将王翦所戮者也。项氏世世为楚将，封于项，故姓项氏。

　　项籍少时，学书不成，去学剑，又不成。项梁怒之。籍曰："书足以记名姓而已。剑一人敌，不足学，学万人敌②。"于是项梁乃教籍兵法，籍大喜，略知其意，又不肯竟学③。项梁尝有栎阳逮，乃请蕲狱掾④曹咎书抵栎阳狱掾司马欣，以故事得已。项梁杀人，与籍避仇于吴中。吴中贤士大夫皆出项梁下。每吴中有大繇役及丧，项梁常为主办，阴以兵法部勒宾客及子弟，以是知其能。秦始皇帝游会稽，渡浙江，梁与籍俱观。籍曰："彼可取而代也。"梁掩其口，曰："毋妄言，族矣！"梁以此奇籍。籍长八尺馀，力能扛鼎，才气过人，虽吴中子弟皆已惮籍矣。

【注释】

　　①季父：叔父。亦指最小的叔父。②万人敌：这里指兵法。③竟学：完成全部学业。竟，终了。④狱掾(yù yuàn)：狱曹的属吏。

【译文】

　　项籍是下相人，字羽。最初起事的时候，年仅二十四岁。他的叔父是项梁，项梁的父亲是楚国的将军项燕，就是被秦国将军王翦所杀的那个楚国将军。项氏世世代代做楚国的大将，被封在项地，因此而姓项。

　　项籍小时候，读书写字没什么成就，于是就把这些放弃转而去学习剑术，也没有什么成就。项梁对此很是生气。项籍说："读书写字不过写姓名罢了。学好剑术也不过是能抵抗得住一个人,不值得学,我要学习能够打败万人的本领。"于是项梁就教项籍兵法,项籍很高兴,但只是粗略地学了点兵法的大意,又不肯下功夫彻底学完。项梁曾因犯罪被栎阳县逮捕,他就请蕲县的狱掾曹咎给栎阳县的狱掾司马欣写了一封讲情的信,事情因此才得以了结。后来项梁又杀了人,为躲避仇家,他就带着项羽逃到了吴中地区。吴中地区贤士大夫的才能都比不过项梁。所以每当吴中地区有大的徭役和丧事时,项梁经常做主办人,并暗中用兵法部署组织宾客和青年,借此来了解他们的才能。秦始皇游览会稽,在渡过浙江时,项梁和项羽都去观看。项羽说:"那个人我可以取而代之。"项梁捂住他的嘴,说:"不要胡说,这是要灭族的!"项梁因此认为项羽很不一般。项羽身高八尺有余,力气大得能举起大鼎,勇武过人,即使是吴中当地的年轻人也都很惧怕项羽。

【原文】

秦二世元年七月,陈涉等起大泽中。其九月,会稽守通谓梁曰:"江西皆反,此亦天亡秦之时也。吾闻先即制人,后则为人所制①。吾欲发兵,使公及桓楚将。"是时桓楚亡在泽中。梁曰:"桓楚亡,人莫知其处,独籍知之耳。"梁乃出,诫籍持剑居外待。梁复入,与守坐,曰:"请召籍,使受命召桓楚。"守曰:"诺。"梁召籍入。须臾,梁眴②籍曰:"可行矣!"于是籍遂拔剑斩守头。项梁持守头,佩其印绶③。门下大惊,扰乱,籍所击杀数十百人。一府中皆慑伏④,莫敢起。梁乃召故所知豪吏,谕以所为起大事,遂举吴中兵。使人收下县,得精兵八千人。梁部署吴中豪杰为校尉、候、司马。有一人不得用,自言于梁。梁曰:"前时某丧使公主某事,不能办,以此不任用公。"众乃皆伏。于是梁为会稽守,籍为裨将,徇下县。

【注释】

①先即制人,后则为人所制:指先下手为强。即,则。②眴(shùn):使眼色。③印绶:印信和系印信的丝带。古人印信上系有丝带,佩带在身。④慑(shè)伏:因畏惧而屈服。

【译文】

秦二世元年七月,陈涉等人在大泽乡起义。这一年九月,会稽郡守殷通对项梁说:"长江以西全都造反了,这也是上天要灭亡秦国的时候啊。我听说率先采取行动就可控制他人,落后一步就会被别人控制。我打算起兵反秦,让你和桓楚作为将军。"当时桓楚正逃亡在草泽之中。项梁说:"桓楚正在逃亡,别人都不知道他的去处,只有项羽知道。"于是项梁出来命项羽带着剑在外面等候。项梁再次进入屋内,和郡守殷通坐在一起,他说："请您召见项羽，让他接受您的命令去把桓楚召来。"郡守说："好。"项梁就把项羽叫了进来。一会儿，项梁给项羽使了个眼色说："可以行动了！"于是项羽就拔出剑斩下了郡守的头。项梁手中提着郡守的头，身上佩带着郡守的官印。郡守的部下看见这种情况

都大吃一惊，乱作一团，项羽一连杀了有近百人。府中所有的人都吓得趴在地上，没有一个人敢站起来。于是项梁召集以前所熟悉的豪强官吏，把自己要起义成就大事业的事情告诉他们，然后就在吴中地区发兵起义了。项梁派人接收吴中郡下的各县，共收得精兵八千人。项梁安排吴中地区的豪杰分别担任军中的校尉、候、司马。有一个人没有被任用，自己去跟项梁说。项梁说："前些日子某家办丧事，我派你去办一件事，你没有办成，所以不能任用你。"众人听了全都服气了。于是项梁做了会稽郡守，项羽为副将，去巡行下属各县并使之顺从。

【原文】

广陵人召平于是为陈王徇广陵，未能下。闻陈王败走，秦兵又且至，乃渡江矫陈王命，拜梁为楚王上柱国。曰："江东已定，急引兵西击秦。"项梁乃以八千人渡江而西。闻陈婴已下东阳，使使欲与连和俱西。陈婴者，故东阳令史，居县中，素信谨，称为长者。东阳少年杀其令，相聚数千人，欲置长，无适用，乃请陈婴。婴谢不能，遂彊立婴为长，县中从者得二万人。少年欲立婴便为王，异军苍头特起。陈婴母谓婴曰："自我为汝家妇，未尝闻汝先古之有贵者。今暴得大名，不祥。不如有所属，事成犹得封侯，事败易以亡，非世所指名也。"婴乃不敢为王。谓其军吏曰："项氏世世将家，有名于楚。今欲举大事，将非其人，不可。我倚名族，亡秦必矣。"于是众从其言，以兵属项梁。项梁渡淮，黥布、蒲将军亦以兵属焉。凡六七万人，军下邳。

【译文】

广陵人召平当时正奉陈王之命攻打广陵，没有攻下来。召平听说陈王战败逃走，秦兵又快要到了，就渡过长江假借陈王的命令，拜项梁为楚王的上柱国。召平说："长江以东已经平定，赶快率军向西攻打秦国。"项梁就带着八千人渡过长江向西进攻。听说陈婴已攻取了东阳，项梁就派使臣去东阳，想要与陈婴联合起来向西进攻。陈婴，原先是

东阳县的令史，在县城中居住，一向诚信谨慎，被尊称为长者。东阳县的年轻人把他们的县令杀了，聚集了数千人，想推举一位首领，但没有合适的人选，于是就来请陈婴。陈婴推辞说自己没有能力，他们就强行立陈婴为首领。县中追随的人有两万人，年轻人想索性立陈婴为王，为与其他军队相区别就用黑头巾包头。陈婴的母亲对陈婴说："自从我做了你们陈家的媳妇，还没听说过你的先辈中有显贵的人。现在你突然得到这么大的名声，不是吉祥的征兆。你还不如去归属别人，事业成功还能被封侯，事业失败也容易逃亡，因为那样你就不是世人所注意的人了。"于是陈婴就不敢称王。对他的军吏们说："项氏家族世世代代做大将，在楚国是名门。现今我们要成就大业，那就非得项家的人不可。我们依靠名门望族，灭亡秦国就确定无疑了。"于是众人听从了他的话，把军队归属于项梁。项梁渡过淮河，黥布、蒲将军也分别率领军队前来归附。这样项梁统领的军队共计六七万人，驻扎在下邳。

【原文】

当是时，秦嘉已立景驹为楚王，军彭城东，欲距项梁。项梁谓军吏曰："陈王先首事，战不利，未闻所在。今秦嘉倍陈王而立景驹，逆无道。"乃进兵击秦嘉。秦嘉军败走，追之至胡陵。嘉还战一日，嘉死，军降。景驹走死梁地。项梁已并秦嘉军，军胡陵，将引军而西。章邯军至栗，项梁使别将朱鸡石、馀樊君与战。馀樊君死。朱鸡石军败，亡走胡陵。项梁乃引兵入薛，诛鸡石。项梁前使项羽别攻襄城，襄城坚守不下。已拔，皆阬之。还报项梁。项梁闻陈王定死，召诸别将会薛计事。此时沛公亦起沛，往焉。

居鄛人范增，年七十，素居家，好奇计，往说项梁曰："陈胜败固当。夫秦灭六国，楚最无罪。自怀王入秦不反，楚人怜之至今，故楚南公曰'楚虽三户，亡秦必楚'也。今陈胜首事，不立楚后而自立，其势不长。今君起江东，楚蜂午①之将皆争附君者，以君世世楚将，为能复立楚之后也。"于是项梁然其言，乃求楚怀王孙心民间，为人牧羊，立以为楚怀王，从民所望也。陈婴为楚上柱国，封五县，与怀王都盱台。项梁自号为武信君。

【注释】

①蜂午：犹言蜂拥而起。

【译文】

当时，秦嘉已经立景驹做了楚王，驻扎在彭城以东，准备阻挡项梁西进。项梁对军中的官吏说道："陈王最先起事，作战不是很顺利，现在不知道他在哪里。现在秦嘉背叛陈王而拥立景驹,这是大逆不道。"于是就进军攻打秦嘉。秦嘉的军队战败而逃,项梁的军队追击他到达胡陵,秦嘉就又掉头与项梁军交战了一天,秦嘉战死,其军队投降。景驹逃走,死在梁地。项梁兼并了秦嘉的军队以后,驻扎在胡陵,准备率军向西进攻。秦将章邯的军队到达了栗县,项梁派别将朱鸡石、余樊君和章邯交战。结果余樊君战死,朱鸡石的军队被打败,向胡陵逃亡。项梁于是率军进入薛县,杀了朱鸡石。此前项梁曾派项羽另率一路军队去进攻襄城,襄城严密防守而一时无法攻克。项羽攻破襄城后,将那里的军民全活埋了,然后回来向项梁报告。项梁得知陈王确实已死,就召集诸位别将在薛县计议大事。此时沛公也在沛县起兵,应召前往薛县计议大事。

居鄛人范增,七十岁了,平常在家居住,善出奇谋,他前去劝导项梁说:"陈胜的失败是理所当然的。秦国消灭了六国,其中楚国是最没有罪的一个。自从楚怀王被骗入秦国没有返回,楚国人至今还在同情他,所以楚南公说:'楚国即使只剩下三户人家,灭亡秦国的也一定是楚国。'现在陈胜率先起事,不立楚王的后代反而自立为王,他的势运一定不会长久。现在您从江东起事,楚国各地的将领都争先归附您,是因为您家世世代代做楚国大将,是因为您能够扶立楚王的后代为王。"于是项梁相信了他的话,就到民间寻找了楚怀王的孙子熊心,当时熊心正在为人家放羊,项梁拥立他为楚怀王,这是为了顺从楚国民众的心愿。陈婴任楚国的上柱国,封给他五个县,和怀王一同居住在都城盱眙。项梁自己号称武信君。

【原文】

居数月,引兵攻亢父,与齐田荣、司马龙且军救东阿,大破秦军于东阿。田荣即引兵归,逐其王假。假亡走楚。假相田角亡走赵。角弟田间故齐将,居赵不敢归。田荣立田儋子市为齐王。项梁已破东阿下军①,遂追秦军。数使使趣齐兵,欲与俱西。田荣曰:"楚杀田假,赵杀田角、田间,乃发兵。"项梁曰:"田假为与国之王,穷来从我,不忍杀之。"赵亦不杀田角、田间以市于齐。齐遂不肯发兵助楚。项梁使沛公及项羽别攻城阳,屠之。西破秦军濮阳东,秦兵收入濮阳。沛公、项羽乃攻定陶。定陶未下,去,西略地至雍丘,大破秦军,斩李由。还攻外黄,外黄未下。

项梁起东阿,西,比至定陶,再破秦军,项羽等又斩李由,益轻秦,有骄色。宋义乃谏项梁曰:"战胜而将骄卒惰者败。今卒少惰矣,秦兵日益,臣为君畏之。"项梁弗听。乃使宋义使于齐。道遇齐使者高陵君显,曰:"公将见武信君乎?"曰:"然。"曰:"臣论武信君军必败。公徐行即免死,疾行则及祸。"秦果悉起兵益章邯，击楚军，大破之定陶，项梁死。沛公、项羽去外黄攻陈留，陈留坚守不能下。沛公、项羽相与谋曰："今项梁军破，士卒恐。"乃与吕臣军俱引兵而东。吕臣军彭城东，项羽军彭城西，沛公军砀。

【注释】

①下军：古代军事编制称谓。大国分上、中、下三军。次国分上、下二军。

【译文】

过了几个月，项梁率兵攻打亢父，又和齐将田荣、司马龙且率领的军队一起援救东阿，在东阿大败秦军。田荣随即领军回到齐国，赶走了齐王假。假逃亡到楚国，假的丞相田角逃亡到赵国。田角的弟弟田间原本为齐将，居住在赵国不敢回齐国。田荣扶立田儋的儿子田市为齐王。项梁打败东阿的秦军后，紧接着又追击秦军。他多次派使者催促齐国出兵，想与齐军一起向西进攻。田荣说："楚国杀掉田假，赵国杀掉田角、田间，齐国才能出兵。"项梁说："田假是我们盟国的国王，在走投无路时来投奔我，我实在不忍心杀掉他。"赵国也没有杀掉田角、田间与齐国做交易。于是齐国就不肯出兵援助楚国。项梁派遣沛公和项羽另率一支军队去攻打城阳，他们屠杀了城阳。又向西进攻，在濮阳以东大败秦军，秦军收兵退到濮阳城。于是沛公和项羽就去攻打定陶。定陶没有攻下，就撤离了，向西攻取城邑到达雍丘，大败秦军，杀了李由。然后回过头来攻打外黄，外黄没有攻打下来。

项梁在东阿西北起兵，来到定陶，又一次将秦军打败，此时项羽等人又斩杀了李由，因此更加轻视秦国，渐渐显露出骄傲的神态。于是宋义就劝谏项梁说："打了胜仗，将领骄傲、士兵们懒惰的军队必然会失败。现在士卒们有点怠惰了，而秦兵却在一天天地强大，我为您感到担忧。"项梁不听。于是就派宋义出使到齐国。宋义在途中遇见齐国的使者高陵君显，问道："您是准备去见武信君吗？"高陵君说："是的。"宋义说："我敢断言武信君的军队必然会失败。您要是慢点走就可免于被杀，快走就会赶上灾祸。"秦国果然发动全部军队来增援章邯，大举进攻楚军，在定陶大败楚军，项梁战死。沛公、项羽撤离外黄去攻打陈留，陈留坚守，攻不下来。沛公、项羽一块商量说："现在项梁的军队被打败了，士卒们都很惊恐。"于是他们和吕臣的军队一起向东撤退。吕臣的军队驻扎在彭城的东面，项羽的军队驻扎在彭城的西面，沛公的军队驻扎在砀。

【原文】

章邯已破项梁军，则以为楚地兵不足忧，乃渡河击赵，大破之。当此时，赵歇为王，陈馀为将，张耳为相，皆走入钜鹿城。章邯令王离、涉间围钜鹿，章邯军其南,筑甬道而输之粟。陈馀为将,将卒数万人而军钜鹿之北,此所谓河北之军也。

楚兵已破于定陶,怀王恐,从盱台之彭城,并项羽、吕臣军自将之。以吕臣为司徒,以其父吕青为令尹。以沛公为砀郡长,封为武安侯,将砀郡兵。

初,宋义所遇齐使者高陵君显在楚军,见楚王曰:"宋义论武信君之军必败,居数日,军果败。兵未战而先见败徵,此可谓知兵矣。"王召宋义与计事而大说之,因置以为上将军,项羽为鲁公,为次将,范增为末将,救赵。诸别将皆属宋义,号为卿子冠军。行至安阳,留四十六日不进。项羽曰:"吾闻秦军围赵王钜鹿,疾引兵渡河,楚击其外,赵应其内,破秦军必矣。"宋义曰:"不然。夫搏牛之虻不可以破虮虱①。今秦攻赵,战胜则兵罢①,我承其敝;不胜,则我引兵鼓行而西,必举②秦矣。故不如先斗秦赵。夫被坚执锐,义不如公;坐而运策,公不如义。"因下令军中曰:"猛如虎,狠如羊,贪如狼,彊不可使者,皆斩之。"乃遣其子宋襄相齐,身送之至无盐,饮酒高会③。天寒大雨,士卒冻饥。

【注释】

①罢:通"疲",疲惫。②举:克,拔掉。③高会:高大的盛会。

【译文】

章邯打败项梁的军队以后,就认为楚国的军队没有什么可担忧的,于是就渡过黄河攻打赵国,大败赵军。这时,赵歇为赵王,陈馀任将军,张耳任国相,他们都一起逃入巨鹿城。章邯命令王离和涉间包围巨鹿,章邯的军队驻扎在巨鹿的南面,并修筑两边有高墙的甬道给他们输送军粮。陈馀作为将领,率领几万名士卒驻扎在巨鹿的北面,这就是所谓的河北军。楚军在定陶被打败以后,怀王惊恐,从盱眙来到彭城,合并项羽和吕臣的军队由自己亲自统率。任吕臣为司徒,任吕臣的父亲吕青为令尹。任沛公为砀郡长,封为武安侯,统领砀郡的军队。

当初,宋义所遇到的那位齐国使者高陵君显正好在楚军中,他求见楚王说:"宋义断言武信君的军队一定失败,没过几天,武信君的军队果真就战败了。军队没有作战却能预见有失败的征兆,这可以称得上是懂得用兵了。"楚王于是召见宋义并与他共商大计,非常欣赏他,因而任命他为上将军,项羽为鲁公,担任次将军,范增任末将军,他们共同率军救援赵国。其余各路军队都隶属于宋义,号称卿子冠军。大军到了安阳,停留了四十六天不向前进。项羽说:"我听说秦军将赵王围困于巨鹿,应赶快率军渡过黄河,楚军在外面攻打秦军,赵军在里面接应,一定可以打败秦军。"宋义说:"并非如此。能叮咬大牛的牛虻却损伤不了小小的虮虱。如今秦国攻打赵国,如果秦军打胜了,士兵也会叮疲惫不堪,我军可利用他们的疲惫予以攻击;如果秦军没有胜利,我们就率领军队擂鼓向西进攻,一定会歼灭秦军。因此现在不如先让秦、赵两方相斗。如果是身披坚固的铠甲,手持锐利的武器上阵杀敌,我比不上你;如果是坐下来运筹决策,你就比不上我宋义。"于是他在军中下令说:"那些凶猛如虎、违逆如羊、贪婪如狼、倔强而不听从差遣的人,一律斩杀。"后来宋义又派他的儿子宋襄到齐国去做相国,并亲自把他送到无盐,置备酒宴,大会宾客。当时天气寒冷,下着大雨,士卒一个个又冷又饿。

【原文】

项羽曰:"将戮力而攻秦,久留不行。今岁饥民贫,士卒食芋菽,军无见粮①,乃饮酒高会,不引兵渡河因赵食,与赵并力攻秦,乃曰'承其敝'。夫以秦之强,攻新造之赵,其势必举赵。赵举而秦强,何敝之承!且国兵新破,王坐不安席,埽境内而专属于将军,国家安危,在此一举。今不恤士卒而徇其私,非社稷之臣。"项羽晨朝上将军宋义,即其帐中斩宋义头,出令军中曰:"宋义与齐谋反楚,楚王阴令羽诛之。"当是时,诸将皆慑服,莫敢枝梧。皆曰:"首立楚者,将军家也。今将军诛乱。"乃相与共立羽为假上将军。使人追宋义子,及之齐,杀之。使桓楚报命于怀王。怀王因使项羽为上将军,当阳君、蒲将军皆属项羽。

项羽已杀卿子冠军,威震楚国,名闻诸侯。乃遣当阳君、蒲将军将卒二万渡河,救钜鹿。战少利,陈馀复请兵。项羽乃悉引兵渡河,皆沈船,破釜甑②,烧庐舍,持三日粮,以示士卒必死,无一还心。于是至则围王离,与秦军遇,九战,绝其甬道,大破之,杀苏角,虏王离。涉间不降楚,自烧杀。当是时,楚兵冠诸侯。诸侯军救钜鹿下者十余壁,莫敢纵兵。及楚击秦,诸将皆从壁上观。楚战士无不一以当十,楚兵呼声动天,诸侯军无不人人惴恐③。于是已破秦军,项羽召见诸侯将,入辕门,无不膝行而前,莫敢仰视。项羽由是始为诸侯上将军,诸侯皆属焉。

【注释】

①见粮:现时可用的粮食。②釜甑(fǔ zèng):釜和甑。皆古炊煮器名。③惴恐:震恐,惊恐。

【译文】

项羽说:"我们大家是想奋力进攻秦军的,他却久久停留不向前行。今年遇到饥荒灾害而百姓贫困,士卒们吃的都是芋头,军中没有存粮,他却置备酒宴,大会宾客,而不是率军渡过黄河依靠赵国提供的粮食,同赵国合力攻打秦军,却说'等到秦军疲惫了再攻打'。以秦军的强大,攻打刚刚建立起来的赵国,那形势肯定是秦国攻占赵国。如果赵国被攻占而秦军反而强大,有什么疲乏的机会可以利用呢?况且我们的军队刚被攻破,怀王坐立不安,把全国的军队全部由将军统领指挥,国家的安危,就在此一举了。现在他不体恤士卒却徇私情,这不是国家真正的贤良之臣。"项羽早晨去拜见上将军宋义,就在帐中斩了宋义的头,出帐来向军中发令说:"宋义和齐国人阴谋反叛楚国,楚王密令我处死他。"此时,众将领都畏服项羽,没有谁敢抗拒,都说:"当初扶立楚王的,是将军家,现在将军又诛杀了阴谋叛乱的人。"于是就一起拥立项羽担任代理上将军。项羽派人追赶宋义的儿子,追到齐国境内,把他杀了。又派桓楚把此事报告给了怀王。怀王因此拜项羽为上将军,当阳君、蒲将军都归属于项羽。

项羽杀了宋义后,威势震撼了楚国,声名传扬到各个诸侯。他首先派遣当阳君、蒲将军率领二万士兵渡过漳水,救援巨鹿。经过一番交战,没能取胜,陈馀再次请求出兵。于是项羽就率领全部军队渡过漳河,沉没所有的渡船,砸烂所有做饭的锅碗等炊具,烧毁所有住的房屋,只携带三天的口粮,以此向士卒表明一定要决死战斗,毫无退还之心。楚军到达巨鹿就包围了王离的军队,和秦军遭遇,激战多次后,终于断绝了秦军的甬道,大败秦军,杀了苏角,俘虏了王离。涉间不投降楚军,自焚而死。当时,楚军的强大居诸侯之首。在巨鹿城下援救赵国的诸侯各军筑有十几座营垒,没有一个敢发兵出战。到楚军攻打秦军时,各诸侯都在营垒中观望。楚国的战士没有一个不是以一当十,楚军士兵的呼声撼天动地,诸侯的军队人人心怀畏惧。楚军在攻破秦军以后,项羽召见诸侯将领,他们进入辕门以后,没有一个不是跪着用膝盖前行,没有谁敢抬头仰视。项羽从此就成了诸侯的上将军,诸侯们都隶属于他。

【原文】

章邯军棘原,项羽军漳南,相持未战。秦军数却,二世使人让章邯。章邯恐,使长史欣请事。至咸阳,留司马门三日,赵高不见,有不信之心。长史欣恐,还走其军,不敢出故道,赵高果使人追之,不及。欣至军,报曰:"赵高用事于中,下无可为者。今战能胜,高必疾妒吾功;战不能胜,不免于死。原将军孰计之。"陈馀亦遗章邯书曰:"白起为秦将,南征鄢郢,北阬马服,攻城略地,不可胜计,而竟赐死。蒙恬为秦将,北逐戎人,开榆中地数千里,竟斩阳周。何者?功多,秦不能尽封,因以法诛之。"

"今将军为秦将三岁矣,所亡失以十万数,而诸侯并起滋益多。彼赵高素谀日久,今事急,亦恐二世诛之,故欲以法诛将军以塞责,使人更代将军以脱其祸。夫将军居外久,多内郤,有功亦诛,无功亦诛。且天之亡秦,无愚智皆知之。

今将军内不能直谏，外为亡国将，孤特独立而欲常存，岂不哀哉！将军何不还兵与诸侯为从，约共攻秦，分王其地，南面称孤，此孰与身伏铁质，妻子为僇乎？"章邯狐疑，阴使候始成使项羽，欲约。约未成，项羽使蒲将军日夜引兵度三户，军漳南，与秦战，再破之。项羽悉引兵击秦军汙水上，大破之。

【原文】

章邯的军队驻扎在棘原，项羽的军队驻扎在漳河以南，相互对峙没有交战。秦军屡次退却，秦二世派人责问章邯。章邯害怕了，就派长史司马欣到咸阳去请求指示。司马欣到了咸阳后，在司马门外呆了三天，赵高不接见，有不信任的意思。司马欣非常害怕，赶快回到棘原军中，都没敢顺原路走。赵高果然命人追赶他，但没追上。司马欣到达军中，向章邯回报说："赵高在朝廷中独揽大权，下面的人不可能有什么作为。如今和楚军交战能取得胜利，赵高必然会嫉妒我们的功劳；如果交战不能取得胜利，我们更免不了一死。请将军您仔细斟酌此事。"陈馀也给章邯写信说："白起是秦国的大将，征伐南边的鄢郢，活埋了北方赵括的军队，他为秦国攻克的城邑和占领的土地，数不胜数，但最终却被赐死。蒙恬是秦国的将军，北面赶跑了戎人，在榆中地区开辟了数千里的疆土，但最终被杀于阳周。这是为什么呢？就是因为他们功劳太多，秦国不可能每个人都予以封赏，所以就借用法律诛杀了他们。"

"现在将军担任秦将已经三年了，士卒伤亡损失数以万计，而各地诸侯一时并起，越来越多。那赵高平素总是阿谀奉承而隐瞒军情已经有很长时间了，如今事态紧急，他也怕秦二世杀他，所以才想用法律诛杀将军以此来推卸罪责，让别人来代替将军以免去他自己的灾祸。将军您在朝外时间长了，朝廷里跟您有嫌隙的人就多，有功也是被杀，没功也是被杀。况且上天要灭亡秦国，世人无论是智者还是愚者都知道这种形势。现在将军您在朝内无法直言进谏，在朝外已成为亡国的将军，独自一人支撑着却还想维持长久，难道不可悲吗？将军还不如率兵掉转回头和诸侯联合，相约一同进攻秦国，共分秦地，各自为王，南面称孤。这同身受刑诛、妻儿被杀相比哪样更好呢？"章邯犹豫不决，暗派军候始成到项羽军中，想要订立和约。和约没有达成，项羽就派蒲将军日夜不停地率军渡过三户津，在漳河以南驻扎下来，和秦军展开交战，再次打败秦军。项羽率领全军在汙水上对秦军发动进攻，把秦军打得大败。

【原文】

章邯使人见项羽，欲约。项羽召军吏谋曰："粮少，欲听其约。"军吏皆曰："善。"项羽乃与期洹水南殷虚上。已盟，章邯见项羽而流涕，为言赵高。项羽乃立章邯为雍王，置楚军中。使长史欣为上将军，将秦军为前行。到新安。诸侯更卒异时故繇使屯戍过秦中，秦中吏卒遇之多无状，及秦军降诸侯，诸侯吏卒乘胜多奴虏使之，轻折辱秦吏卒。秦吏卒多窃言曰："章将军等诈吾属降诸侯，今能入关破秦，大善；即不能，诸侯虏吾属而东，秦必尽诛吾父母妻子。"诸侯微闻其计，以告项羽。项羽乃召黥布、蒲将军计曰："秦吏卒尚众，其心不服，至关中不听，事必危，不如击杀之，而独与章邯、长史欣、都尉翳入秦。"于是楚军夜击阬秦卒二十馀万人新安城南。

行略定秦地。函谷关有兵守关，不得入。又闻沛公已破咸阳，项羽大怒，使当阳君等击关。项羽遂入，至于戏西。沛公军霸上，未得与项羽相见。沛公左司马曹无伤使人言于项羽曰："沛公欲王关中，使子婴为相，珍宝尽有之。"项羽大怒，曰："旦日飨士卒，为击破沛公军！"当是时，项羽兵四十万，在新丰鸿门，沛公兵十万，在霸上。范增说项羽曰："沛公居山东时，贪于财货，好美姬。今入关，财物无所取，妇女无所幸，此其志不在小。吾令人望其气，皆为龙虎，成五采，此天子气也。急击勿失。"

【译文】

章邯派人求见项羽，希望订立和约。项羽召集军中官吏商议说："我们军粮少，我想接受章邯的和约。"军吏们都说："好。"于是项羽就和章邯约定了时间在洹水南岸的殷墟上会晤。订完盟约后，章邯见了项羽，禁不住流下眼泪，向项羽诉说赵高的种种劣迹。项羽于是就把章邯立为雍王，安置在楚军中。任命长史司马欣为上将军，率领着秦军担当先头部队。大军行进到新安。诸侯军的官兵以前曾因服徭役或驻守边塞而途经秦中，秦中的官兵对待他们很不像样子，等到秦军投降了诸侯，诸侯军中的官兵又大多借着胜利奴役使唤他们，轻视凌辱他们。秦军官兵很多人私下议论说："章将军等人欺骗我们投降了诸侯，现在如果能够入关攻破秦军，当然很好；如果不能取胜，诸侯军就会逼迫我们退回关东，秦国一定会杀死我们的父母妻儿。"诸侯的将领们私下听到了这些议论，就报告了项羽。项羽于是召见黥布、蒲将军商议说："秦军官兵人数还很多，他们内心还不服，如果到达关中不听指挥，事情就危险了，不如把他们杀掉，只带章邯、长史司马欣、都尉董翳进入秦境。"于是楚军趁夜将二十余万秦军击杀活埋在新安城南。

项羽带兵向西行攻取秦国的土地。到了函谷关，关内有军队把守，没能进去。又听说沛公已攻下咸阳城，项羽大怒，派当阳君等人率军进攻函谷关。项羽这才进入了关中，到达戏水之西。沛公的军队驻扎在霸上，没有与项羽相见。沛公的左司马曹无伤派人告诉项羽说："沛公想要在关中称王，让秦王子婴做丞相，珍奇珠宝都占为己有。"项羽大怒，说："明天一早用酒食犒劳士卒，给我把沛公的军队打败！"此时，项羽有军队四十万，驻扎在新丰鸿门，沛公有军队十万，驻扎在霸上。范增劝项羽说："沛公在山东

地区时,贪图财货,宠爱美女。现在入关后,却什么财物都不索取,美女也没亲近一个,这说明他的志向可不小。我派人去观望他那边的云气,都呈现为龙虎的形状,五彩斑斓,这是天子的瑞气啊。要立即向他进攻,不要错失良机。"

【原文】

楚左尹项伯者,项羽季父也,素善留侯张良。张良是时从沛公,项伯乃夜驰之沛公军,私见张良,具告以事,欲呼张良与俱去。曰:"毋从俱死也。"张良曰:"臣为韩王送沛公,沛公今事有急,亡去不义,不可不语。"良乃入,具告沛公。沛公大惊,曰:"为之奈何?"张良:"谁为大王为此计者?"曰:"鲰生说我曰'距关,毋内诸侯,秦地可尽王也'。故听之。"良:"料大王士卒足以当项王乎?"沛公默然,曰:"固不如也,且为之奈何?"张良曰:"请往谓项伯,言沛公不敢背项王也。"沛公曰:"君安与项伯有故?"张良曰:"秦时与臣游,项伯杀人,臣活之。今事有急,故幸来告。"

沛公曰"孰与君少长?"良曰:"长于臣。"沛公曰"君为我呼入,吾得兄事之。"张良出,要项伯。项伯即入见沛公。沛公奉卮酒为寿,约为婚姻,曰:"吾入关,秋豪不敢有所近,籍吏民,封府库,而待将军。所以遣将守关者,备他盗之出入与非常也。日夜望将军至,岂敢反乎!原伯具言臣之不敢倍德也。"项伯许诺。谓沛公曰:"旦日不可不蚤自来谢项王。"沛公曰:"诺。"于是项伯复夜去,至军中,具以沛公言报项王。因言曰:"沛公不先破关中,公岂敢入乎?今人有大功而击之,不义也,不如因善遇之。"项王许诺。

【译文】

楚国的左尹项伯,是项羽的叔父,平素和留侯张良要好。张良此时跟随沛公,项伯于是连夜骑马赶到沛公军中,私下会见张良,把事情都告诉了张良,想叫张良和他一起离开。他说:"不要跟沛公一起送死。"张良说:"我是代表韩王来送沛公的,现在沛公有危急,我如果逃走就是不仁不义,不能不告诉他。"张良于是进入军帐中,把项伯的话全都告诉了沛公,沛公大为吃惊,他说:"该怎么办呢?"张良说:"是谁劝大王派兵把守函谷关的?"刘邦说:"一个鄙陋小人劝我说'守住函谷关,阻止诸侯入关,秦国的土地就可全部归您所有',所以我听信了他的计策。"张良说:"您的士卒能够敌得过项王吗?"沛公沉默了一会儿说:"当然敌不过,那现在怎么办呢?"张良说:"请让我前去告诉项伯,就说沛公您不敢背叛项王。"沛公说:"你怎么会和项伯认识?"张良说:"秦朝的时候项伯和我有交往,项伯杀了人,我使他免了死罪。如今情况危急,所以他前来相告。"

沛公说："你俩谁的年龄大？"张良说："他比我大。"沛公说："请替我把项伯叫进来，我要像对待兄长一样对待他。"张良出来邀请项伯。项伯立即进去见沛公。沛公捧起酒杯向项伯祝寿，又订了儿女婚约，沛公说："我进入函谷关后，连细小的东西都没敢动，登记了官民的户口，查封了仓库，只等着将军到来。我之所以派军队把守函谷关，是为了防备有其他的盗贼窜入和意外的变故。我日夜盼望将军的到来，怎敢谋反呢！请项伯跟将军详细说明我是不敢忘恩负义的。"项伯答应了。他对沛公说："明天一早务必要亲自前来向项王认错。"沛公说："是。"于是项伯就连夜离开，回到军营，把沛公所说的话一一报告了项羽。接着说："如果不是沛公先攻破关中，您怎么敢进入关中呢？如今人家立下大功却要攻打人家，这是不仁义的，不如趁此机会好好对待他。"项王答应了。

【原文】

沛公旦日从百馀骑来见项王，至鸿门，谢曰："臣与将军戮力而攻秦，将军战河北，臣战河南，然不自意能先入关破秦，得复见将军于此。今者有小人之言，令将军与臣有郤。"项王曰："此沛公左司马曹无伤言之；不然，籍何以至此。"项王即日因留沛公与饮。项王、项伯东乡坐。亚父南乡坐。亚父者，范增也。沛公北乡坐，张良西乡侍。范增数目项王，举所佩玉玦以示之者三，项王默然不应。范增起，出召项庄，谓曰："君王为人不忍，若入前为寿，寿毕，请以剑舞，因击沛公于坐，杀之。不者，若属皆且为所虏。"庄则入为寿，寿毕，曰："君王与沛公饮，军中无以为乐，请以剑舞。"项王曰："诺。"项庄拔剑起舞，项伯亦拔剑起舞，常以身翼蔽沛公，庄不得击。于是张良至军门，见樊哙。樊哙曰："今日之事何如？"良曰："甚急。今者项庄拔剑舞，其意常在沛公也。"哙曰："此迫矣，臣请入，与之同命。"

【译文】

沛公第二天一早就带着一百多名随从来见项王。到了鸿门，沛公对项王赔罪说："我与将军合力攻打秦军，您在河北作战，我在河南作战，却没想到我能先入关攻破秦军，才得以在这里又见到将军。现在有小人说了什么坏话，使将军和我之间有了嫌隙。"项王说："是沛公的左司马曹无伤说的，不然我怎么会这样"项王当天就留请沛公一同喝酒。项王、项伯面东而坐，亚父面南而坐。亚父，就是范增。沛公面北而坐，张良面向西陪侍着。范增好几次给项王使眼色，又多次举起身上所佩饰的玉玦项王示意，项王只是沉默着不回应。范增起身出来，叫来项庄，对他说："君王为人心肠太软，你进去上前敬酒祝寿，然后请求舞剑，趁机刺杀沛公，把他杀死在坐席上。不然，你们都得成为他的俘虏。"于是项庄就进去敬酒祝寿。祝酒完毕，他说："君王和沛公饮酒，军中没什么可助乐的,请让我来舞剑为您助兴吧。"项王说:"好。"项庄就拔剑起舞,项伯也拔剑起舞,常常用自己的身体来掩护沛公,项庄没有办法刺杀沛公。见此情景,张良来到军门,见了樊哙。樊哙问:"现在的情况怎么样?"张良说:"十分危急。现在项庄正在舞剑,其用意一直在沛公身上。"樊哙说:"这么说太危险了,请让我进去,我要与沛公同生死。"

【原文】

哙即带剑拥盾入军门。交戟之卫士欲止不内,樊哙侧其盾以撞,卫士仆地。哙遂入,披帷西乡立,瞋目视项王,头发上指,目眦尽裂①。项王按剑而跽曰:"客何为者?"张良曰:"沛公之参乘②樊哙者也。"项王曰:"壮士,赐之卮酒。"则与斗卮酒。哙拜谢,起,立而饮之。项王曰:"赐之彘肩。"则与一生彘肩。樊哙覆其盾于地,加彘肩上,拔剑切而啗之。项王曰:"壮士,能复饮乎?"樊哙曰:"臣死且不避,卮酒安足辞!夫秦王有虎狼之心,杀人如不能举,刑人如恐不胜,天下皆叛之。怀王与诸将约曰'先破秦入咸阳者王之'。今沛公先破秦入咸阳,豪毛不敢有所近,封闭宫室,还军霸上,以待大王来。故遣将守关者,备他盗出入与非常也。劳苦而功高如此,未有封侯之赏,而听细说,欲诛有功之人。此亡秦之续耳,窃为大王不取也。"项王未有以应,曰:"坐。"樊哙从良坐。坐须臾,沛公起如厕,因招樊哙出。

【注释】

①目眦尽裂:眼眶都瞪裂了。形容愤怒到了极点。目眦(zì):眼眶。②参乘:亦作"骖乘",古时乘车,坐在车右担任警卫的人。

【译文】

樊哙立刻带着宝剑拿着盾牌闯入军门。交叉持戟侍立的卫士想阻止不让他进入,樊哙侧过手中的盾牌往前一撞,卫士们就被撞倒在地,樊哙于是就进入军门内,他挑开帷帐面西而立,睁圆眼睛怒视着项王,头发向上直立,眼眶都快要瞪裂了。项王伸手握住宝剑,直起上身说:"这位客人是干什么的?"张良说:"是沛公的护卫樊哙。"项王说:"真是位壮士啊,赐他一杯酒。"手下的人就给了他一大杯酒。樊哙拜谢,起身饮了这杯酒。项王说:"赐他一只猪肘。"手下的人就给了他一只生猪肘。樊哙把盾牌反扣在地上,然后把猪肘放在盾上,拔出剑来边切边吃。项王说:"壮士,还能再喝吗?"樊哙说:"臣连死都不在乎,一杯酒又有什么可推辞的!那秦王怀揣虎狼之心,杀人无数,好像唯恐杀不完;给人加刑,好像唯恐用不尽,天下人都背叛了他。怀王和诸侯相约说:'先攻破秦军而进入咸阳的就让他做王。'如今沛公先攻破了秦军进入了咸阳，连毫毛那么细小的财物都没敢动，封闭秦王宫室，把军队撤回到霸上，等待大王的到来。所以沛公派将士把守函谷关，是为了防备其他的盗贼窜入和意外的变故。沛公如此劳苦功高，没有得到封侯的奖赏，您反而听信小人谗言，想要杀害有功之人。这样做只能是走秦朝灭亡的老路，我私下认为大王是不会采取这种做法的。"一番话说得项王无话可说，只是说："坐。"樊哙于是挨着张良坐下。坐了一会儿，沛公起身上厕所，顺便把樊哙叫了出来。

【原文】

沛公已出，项王使都尉陈平召沛公。沛公曰："今者出，未辞也，为之奈何？"樊哙曰："大行不顾细谨①，大礼不辞小让。如今人方为刀俎②，我为鱼肉，何辞为。"于是遂去。乃令张良留谢。良问曰："大王来何操？"曰："我持白璧一双，欲献项王，玉斗一双，欲与亚父，会其怒，不敢献。公为我献之"张良曰："谨诺。"当是时，项王军在鸿门下，沛公军在霸上，相去四十里。沛公则置车骑，脱身独骑，与樊哙、夏侯婴、靳彊、纪信等四人持剑盾步走，从郦山下，道芷阳间行。沛公谓张良曰："从此道至吾军，不过二十里耳。度我至军中，公乃入。"沛公已去，间至军中，张良入谢，曰："沛公不胜桮杓③，不能辞。谨使臣良奉白璧一双，再拜献大王足下；玉斗一双，再拜奉大将军足下。"项王曰："沛公安在？"良曰："闻大王有意督过之，脱身独去，已至军矣。"项王则受璧，置之坐上。亚父受玉斗，置之地，拔剑撞而破之，曰："唉！竖子不足与谋。夺项王天下者，必沛公也，吾属今为之虏矣。"沛公至军，立诛杀曹无伤。

【注释】

①细谨：小心谨慎的言行。②刀俎：刀和砧板，原为宰割的工具，比喻宰割者或迫害者。③桮杓(bēi sháo)：亦作"杯勺"。亦作"杯杓"。亦作"杯勺"。酒杯和勺子。借指饮酒。

【译文】

沛公出去后，项王派都尉陈平去叫沛公。沛公说："现在我出来了，没有告辞，怎么办？"樊哙说："干大事不必顾及小的礼节，讲大节不必在乎小的责备。如今人家好比是菜刀和砧板，我们则好比是鱼肉，还告辞干什么！"于是沛公就离去了，让张良留下致谢。张良问："大王来时带了什么礼物？"沛公说："我带了白璧一双，准备献项王；玉斗一双，准备献给亚父，正赶上他们发怒，就没敢献上。你替我献给他们。"张良说："遵命。"这时，项王的军队驻扎在鸿门一带，沛公的军队驻扎在霸上，相距四十里。沛公扔下车马、侍从，脱身而去，他独自一人骑马，樊哙和夏侯婴、靳彊、纪信等四人手持剑、盾，跟在后面徒步奔跑，由郦山而下，经过芷阳抄小道而行。沛公临行前对张良说："从这条路到我们军营，不过二十里。你估计我到了军营，你就进去。"沛公已经离去，从小道回到军营。张良进去致歉说："沛公酒量不大，不能亲自来告辞，委派臣下谨奉白璧一双，拜献给大王；玉斗一双，拜奉给大将军。"项王说："沛公在哪里？"张良说："沛公听说大王有意责怪他的过错，就脱身独自一人离去了，已经到了军营。"项王接过玉璧，把它放在座位上。亚父接过玉斗，扔在地上，拔出剑来将玉斗击碎了，说："唉！项伯这些人实在是不能够和他们共谋大事。夺取项王天下的人，必定是沛公。我们这些人就要成为他的俘虏了。"沛公回到军中，立刻杀了曹无伤。

【原文】

　　居数日，项羽引兵西屠咸阳，杀秦降王子婴，烧秦宫室，火三月不灭；收其货宝妇女而东。人或说项王曰："关中阻山河四塞，地肥饶，可都以霸。"项王见秦宫皆以烧残破，又心怀思欲东归，曰："富贵不归故乡，如衣绣夜行，谁知之者！"说者曰："人言楚人沐猴而冠耳，果然。"项王闻之，烹说者。

　　项王使人致命怀王。怀王曰："如约。"乃尊怀王为义帝。项王欲自王，先王诸将相。谓曰："天下初发难时，假立诸侯后以伐秦。然身被坚执锐首事，暴露于野三年，灭秦定天下者，皆将相诸君与籍之力也。义帝虽无功，故当分其地而王之。"诸将皆曰："善。"乃分天下，立诸将为侯王。项王、范增疑沛公之有天下，业已讲解，又恶负约，恐诸侯叛之，乃阴谋曰："巴、蜀道险，秦之迁人皆居蜀。"乃曰："巴、蜀亦关中地也。"故立沛公为汉王，王巴、蜀、汉中，都南郑。而三分关中，王秦降将以距塞汉王。

【译文】

　　过了几天，项羽率领军队向西屠戮咸阳，杀了秦朝投降的王子婴，烧毁了秦朝的宫室，大火烧了三个月都没有熄灭；劫掠了秦朝的财宝、妇女往东走了。有人劝项王说："关中地区有山河阻塞四方，土地肥沃富饶，可以在这里建立都城而称霸。"项王看到秦朝的宫室都已经被大火烧得残破不堪，再加上心里思念故土想东归，就说："富贵了不回故乡，就好比穿着锦绣衣裳在夜间行走，谁知道你的荣华富贵呢！"那个劝说项王的人说："人们说楚国人像是猴子戴了人的帽子，果真是如此。"项王听到后，就把那个人烹杀了。

　　项王派人向怀王报告入关破秦的情况。怀王说："就按照以前约定的那样办。"于是就尊怀王为义帝。项王想要自立为王，就先把手下的将相们立为王，并对他们说："天下刚开始发动起义时，假借拥立诸侯的后代以讨伐秦国。但是亲身披挂着坚固的铠甲、手持锋利的兵器,首先起义反秦,暴露在野外作战长达三年,灭亡了秦朝而平定天下,全靠诸位将相和我项籍的力量。义帝虽没有战功,但是分给他土地让他做王,本来也是应该的。"众将领都说:"好。"于是就分封天下,立各位将相为侯王。项王和范增担心沛公会据有天下,但是也已经讲和了,又不愿担负负约的名声,怕诸侯反叛,因此两人就私下商议道:"巴、蜀地区道路险峻,秦朝流放的人都住在蜀地。"于是他们说:"巴、蜀也是关中地区。"因而把沛公立为汉王,统治巴、蜀、汉中地区,建都南郑。而把关中地区分为三份,封秦朝的降将为王以阻隔汉王东出之路。

【原文】

项王乃立章邯为雍王,王咸阳以西,都废丘。长史欣者,故为栎阳狱掾,尝有德于项梁;都尉董翳者,本劝章邯降楚。故立司马欣为塞王,王咸阳以东至河,都栎阳;立董翳为翟王,王上郡,都高奴。徙魏王豹为西魏王,王河东,都平阳。瑕丘申阳者,张耳嬖臣也,先下河南,迎楚河上,故立申阳为河南王,都洛阳。

韩王成因故都,都阳翟。赵将司马卬定河内,数有功,故立卬为殷王,王河内,都朝歌。徙赵王歇为代王。赵相张耳素贤,又从入关,故立耳为常山王,王赵地,都襄国。当阳君黥布为楚将,常冠军,故立布为九江王,都六。鄱君吴芮率百越佐诸侯,又从入关,故立芮为衡山王,都邾。义帝柱国共敖将兵击南郡,功多,因立敖为临江王,都江陵。徙燕王韩广为辽东王。燕将臧荼从楚救赵,因从入关,故立荼为燕王,都蓟。徙齐王田市为胶东王。齐将田都从共救赵,因从入关,故立都为齐王,都临淄。故秦所灭齐王建孙田安,项羽方渡河救赵,田安下济北数城,引其兵降项羽,故立安为济北王,都博阳。田荣者,数负项梁,又不肯将兵从楚击秦,以故不封。成安君陈馀弃将印去,不从入关,然素闻其贤,有功于赵,闻其在南皮,故因环封三县。番君将梅鋗功多,故封十万户侯。项王自立为西楚霸王,王九郡,都彭城。

【译文】

项王于是立章邯为雍王,统治咸阳以西地区,建都废丘。长史司马欣,以前担任栎阳狱掾,曾经有恩于项梁;都尉董翳,当初曾劝章邯投降楚国。所以就立司马欣为塞王,统治咸阳以东直到黄河的地区,建都栎阳;立董翳为翟王,统治上郡地区,建都高奴。改立魏王豹为西魏王,统治河东地区,建都平阳。瑕丘县公申阳,原是张耳宠幸的大臣,曾率先攻下河南郡,在黄河岸上迎接楚军,所以立申阳为河南王,建都洛阳。

韩王成仍居旧都，建都阳翟。赵将司马卬平定河内地区，屡次立下战功，所以立司马卬为殷王，统治河内地区，建都朝歌。改立赵王歇为代王。赵相张耳平素贤能，又随从楚军入关，所以立张耳为常山王，统治赵地，建都襄国。当阳君黥布担任楚军大将，战功在楚军中一直属第一，所以立黥布为九江王，建都六城。鄱君吴芮曾率领百越军队协助诸侯讨伐秦国，又随从楚军进关，所以立吴芮为衡山王，建都邾城。义帝的柱国共敖率军攻打南郡，立功颇多，所以立共敖为临江王，建都江陵。改立燕王韩广为辽东王。燕国的将领臧荼跟从楚军救援赵国，又随从楚军入关，所以立臧荼为燕王，建都蓟城。改立齐王田市为胶东王。齐国将领田都随从楚军救援赵国，又随从楚军入关，所以立田都为齐王，建都临菑。以前被秦朝所吞灭的齐国国王建的孙子田安，在项羽刚刚渡河救援赵国的时候，田安曾攻下济水之北的几座城池，并率领他的军队投降了项羽，所以立田安为济北王，建都博阳。田荣多次背弃项梁，还不肯率军随从楚军攻伐秦军，所以不封。成安君陈馀放弃将印离去，不跟从楚军入关攻伐秦军，但由于他一向以贤能闻名，又对赵国有功，听说他在南皮，因此就把南皮周围的三个县封给了他。番君的将领梅鋗屡建战功，所以封梅鋗为十万户侯。项王自立为西楚霸王，管辖九个郡，建都彭城。

【原文】

汉之元年四月，诸侯罢戏下，各就国。项王出之国，使人徙义帝，曰："古之帝者地方千里，必居上游。"乃使使徙义帝长沙郴县。趣义帝行，其群臣稍稍背叛之，乃阴令衡山、临江王击杀之江中。韩王成无军功，项王不使之国，与俱至彭城，废以为侯，已又杀之。臧荼之国，因逐韩广之辽东，广弗听，荼击杀广无终，并王其地。

田荣闻项羽徙齐王市胶东，而立齐将田都为齐王，乃大怒，不肯遣齐王之胶东，因以齐反，迎击田都。田都走楚。齐王市畏项王，乃亡之胶东就国。田荣怒，追击杀之即墨。荣因自立为齐王，而西杀击济北王田安，并王三齐①。荣与彭越将军印，令反梁地。陈馀阴使张同、夏说说齐王田荣曰："项羽为天下宰，不平。今尽王故王于丑地，而王其群臣诸将善地，逐其故主，赵王乃北居代，馀以为不可。闻大王起兵，且不听不义，原大王资馀兵，请以击常山，以复赵王，请以国为扞蔽。"齐王许之，因遣兵之赵。陈馀悉发三县兵，与齐并力击常山，大破之。张耳走归汉。陈馀迎故赵王歇于代，反之赵。赵王因立陈馀为代王。

【注释】

①三齐：秦亡，项羽以齐国故地分立齐、胶东、济北三国，皆在今山东东部，后泛称"三齐"。

汉元年四月,诸侯在戏下散去,各自回到封国。项王出关前往封国,派人迁徙义帝,并说:"古代的帝王拥有方圆千里的土地,而且一定要居住在河流的上游。"于是就派人将义帝迁到长沙郴县。他们督促义帝起程,义帝的群臣渐渐叛离了项羽,项羽又暗中命令衡山王和临江王将义帝杀死在江中。韩王成没有军功,项王不让他回到自己的封国,而是让他与自己一起到彭城,并将他废为诸侯,不久又杀死了他。臧荼到了封国,要将韩广驱逐到辽东,韩广不听从,臧荼就将他杀死在无终,兼并了他的土地。

田荣听说项羽将齐王田市迁为胶东王,而将齐将田都立为齐王,于是大怒,不肯将齐王迁往胶东,因而在齐国反叛,迎头攻击田都。田都逃到楚国。齐王田市畏惧项王,就逃到胶东接受封国。田荣大怒,就去追击齐王,将他杀死在即墨。田荣于是自立为齐王,向西进攻并杀死了济北王田安,还兼并了三齐的国土。田荣将将军的印符授给彭越,让他在梁地反击项王。陈馀暗中派张同、夏说劝说齐王田荣,说道:"项羽主宰天下,办事不公平。现在将贫瘠的土地全都分给了原来的诸侯王,而将好的土地都封给了他的群臣诸将,并驱逐了原来的诸侯王。赵王被迁到北方的代地。我认为这是不应该的。听说大王发动军队反击楚军,并且不听任不义的行为,希望大王用剩余的军队资助我,让我去攻打常山,以恢复赵王原有的封地,我情愿用我们的国土来为你们齐国作屏障。"齐王答应了他们的请求,因此派军队去赵国。陈馀将三个县的军队全部发动起来,同齐国的军队一起去攻打常山,将常山国的守军击败,张耳逃走去归附汉王。陈馀将原来的赵王歇从代地迎回,然后返回赵地。赵王因此立陈馀为代王。

是时,汉还定三秦。项羽闻汉王皆已并关中,且东,齐、赵叛之:大怒。乃以故吴令郑昌为韩王,以距汉。令萧公角等击彭越。彭越败萧公角等。汉使张良徇韩,乃遗项王书曰:"汉王失职,欲得关中,如约即止,不敢东。"又以齐、梁反书遗项王曰:"齐欲与赵并灭楚。"楚以此故无西意,而北击齐。徵兵九江王布。布称疾不注,使将将数千人行。项王由此怨布也。汉之二年冬,项羽遂北至城阳,田荣亦将兵会战。田荣不胜,走至平原,平原民杀之。遂北烧夷齐城郭室屋,皆阬田荣降卒,系虏其老弱妇女。徇齐至北海,多所残灭。齐人相聚而叛之。于是田荣弟田横收齐亡卒得数万人,反城阳。项王因留,连战未能下。

当时,汉军回军平定了三秦。项羽听说汉王已经兼并了关中,并且东进,齐国和赵国也反叛他,十分愤怒。于是就将原来的吴令郑昌封为韩王,用韩国来抵抗汉军。又命令萧公角等人去攻打彭越。彭越打败萧公角等人。汉王刘邦派张良去攻打韩地,并送给项王一封书信说:"汉王失去了做关中王的封职,他想要得到关中地区,如果能履行以前的约定,就立即停止,汉王不敢向东前进。"又把齐国、梁国反叛的书信送给项王说:"齐国准备联合赵国来一起灭掉楚国。"楚国因此没有了向西进攻汉王的打算,而向北进攻齐国。项王征集九江王黥布的军队,黥布推说有病而不肯前往,只派部将率领几千人前去。项王因此怨恨黥布。汉二年冬天,项羽向北到达城阳,田荣也率军前来会战。田荣没有打胜,逃到了平原,平原的百姓将他杀了。于是楚军向北进军,烧毁了齐国的屋室,夷平了齐国的城池,将田荣手下投降的士兵全部活埋,俘虏了齐国的老弱妇女。项羽夺取齐地直到北海,许多城邑被摧残毁灭,齐国人聚集起来一起反叛楚军。于是田荣的弟弟田横收集了齐国逃散的军卒几万人,在城阳反击楚军。项王因而停留在城阳,一连打了好几仗也没有攻克城阳。

【原文】

春,汉王部五诸侯兵,凡五十六万人,东伐楚。项王闻之,即令诸将击齐,而自以精兵三万人南从鲁出胡陵。四月,汉皆已入彭城,收其货宝美人,日置酒高会。项王乃西从萧,晨击汉军而东,至彭城,日中,大破汉军。汉军皆走,相随入榖、泗水,杀汉卒十馀万人。汉卒皆南走山,楚又追击至灵璧东睢水上。汉军却,为楚所挤,多杀,汉卒十馀万人皆入睢水,睢水为之不流。围汉王三匝。于是大风从西北而起,折木发屋,扬沙石,窈冥昼晦,逢迎楚军。楚军大乱,坏散,而汉王乃得与数十骑遁去,欲过沛,收家室而西;楚亦使人追之沛,取汉王家:家皆亡,不与汉王相见。汉王道逢得孝惠、鲁元,乃载行。楚骑追汉王,汉王急,推堕孝惠、鲁元车下,滕公常下收载之。如是者三。曰:"虽急不可以驱,奈何弃之?"于是遂得脱。求太公、吕后不相遇。审食其从太公、吕后间行,求汉王,反遇楚军。楚军遂与归,报项王,项王常置军中。

是时吕后兄周吕侯为汉将兵居下邑,汉王间往从之,稍稍收其士卒。至荥阳,诸败军皆会,萧何亦发关中老弱未傅①悉诣②荥阳,复大振。楚起于彭城,常乘胜逐北,与汉战荥阳南京、索间,汉败楚,楚以故不能过荥阳而西。

【注释】

①未傅:尚未登入丁壮册籍的少年人。傅,著录,登记。②悉诣:全部送到。

【译文】

这一年春天,汉王统率五个诸侯国的军队,共五十六万人,向东讨伐楚国。项王听说后，随即命令诸将继续攻打齐国，而他亲自率领精兵三万向南从鲁县穿过胡陵。四月，汉军已全部进入彭城，收取了那里的财宝、美人，每天都设置酒宴大会宾客。项王于是率军向西到达萧地，早上从萧地向东对汉军发动进攻，中午到达彭城，大败汉军。汉军纷纷逃散，前后相随掉入谷水、泗水，楚军杀死了汉军十多万人。汉军士卒纷纷向南逃入山地，楚军又追杀到灵壁东面的睢水边上。汉军败退，被楚军围困，很多人被杀，汉军十多万人全都掉入睢水，睢水因此而无法流通。楚军把汉王里外包围了三层。就在此时，从西北方向刮起了大风，狂风折断了树木、掀毁了房屋，扬起沙石，顿时天昏地暗，向着楚军迎面扑来。楚军方寸大乱，队阵破散，汉王才得以和几十名骑兵逃离包围。汉王准备经过沛县，接取家室向西逃。楚国也派人追到沛县，去抓汉王的家人；但汉王的家人已逃散，没能和汉王相见。汉王在路上遇到孝惠帝和鲁元公主，于是就让他们上车一起西行。楚军的骑兵追杀汉王，汉王情急之下，就将孝惠帝、鲁元公主推落车下，滕公总是下车将他们重新扶上车，这样推下去扶上来好几次。滕公对汉王说："情况虽然紧急，车马也无法驱赶得更快，可是怎么能将他们丢弃呢？"于是孝惠帝、鲁元公主才得以脱险。汉王到处寻找太公、吕后，没有找到。审食其跟随着太公、吕后走小道，也在寻找汉王，却反而遇上了楚军。楚军于是就将他们带回军中，报告给项王，项王便将他们留置在军中。

当时，吕后的哥哥周吕侯为汉王统领军队驻扎在下邑，汉王抄小路去投奔他，逐渐收聚起了他的士卒。到了荥阳，各路败军都会聚到这里，萧何也将关中地区的老弱和尚未登入丁壮册籍的少年人全都带到荥阳，汉军兵威再次大振。楚军从彭城出发，一路上常常借着胜利追击败逃的汉军，与汉军在荥阳南面的京邑和索邑之间展开交战，汉军打败了楚军，楚军因此没能越过荥阳向西进攻。

【原文】

项王之救彭城，追汉王至荥阳，田横亦得收齐，立田荣子广为齐王。汉王之败彭城，诸侯皆复与楚而背汉。汉军荥阳，筑甬道属之河，以取敖仓粟。

汉之三年，项王数侵夺汉甬道，汉王食乏，恐，请和，割荥阳以西为汉。项王欲听之。历阳侯范增曰："汉易与耳，今释弗取，后必悔之。"项王乃与范增急围荥阳。汉王患之，乃用陈平间项王。项王使者来，为太牢具，举欲进之。见使者，详惊愕曰："吾以为亚父使者，乃反项王使者。"更持去，以恶食食项王使者。使者归报项王，项王乃疑范增与汉有私，稍夺之权。范增大怒，曰："天下事大定矣，君王自为之。愿赐骸骨归卒伍。"项王许之。行未至彭城，疽发背而死。

汉将纪信说汉王曰："事已急矣，请为王诳楚为王，王可以间出。"于是汉王夜出女子荥阳东门被甲二千人，楚兵四面击之。纪信乘黄屋车，傅左纛^①，曰：
"城中食尽，汉王降。"楚军皆呼万岁。汉王亦与数十骑从城西门出，走成皋。项
王见纪信，问："汉王安在？"曰："汉王已出矣。"项王烧杀纪信。

【注释】

①左纛(dào)：古代皇帝乘舆上的饰物，以牦牛尾或雉尾制成，设在车衡左边或左騑上。

【译文】

项王去援救彭城，追击汉王到荥阳，这时田横也收取了齐国的土地，他立田荣的儿
子田广为齐王。汉王在彭城战败，使诸侯又全都归顺了楚国而背叛汉国。汉军驻扎在荥
阳，修筑了连接到黄河岸边的甬道，用来获取敖仓的粮食。

汉王三年，项王多次侵夺汉军的甬道，汉王粮食匮乏，非常恐慌，就请求与楚国讲
和，将荥阳以西地区的土地割让给汉国。历阳侯范增说："打败汉军轻而易举，如果现在
放走而不去征服它，以后一定会后悔。"项王于是就和范增立即将荥阳包围。汉王非常
担忧，就采用陈平的计谋来离间项王。项王的使者来了，汉王置办了有猪、牛、羊在内的
丰盛筵席，端过来刚要进献时，看见使者，故作惊讶地说："我以为是亚父的使者，没想
到是项王的使者。"于是便端走更换，拿来粗劣的饭菜给项王的使者食用。使者回去后
将这件事报告了项王，项王于是就怀疑范增私下与汉王有交往，逐渐剥夺了他的权力。
范增气愤地说："天下大局已定，君王您自己看着办吧。希望您把我这副老骨头赏赐给
我，让我告老还乡吧。"项王答应了他的请求。范增启程还没有到达彭城，就因背上的毒
疮发作而去世了。

汉军将领纪信劝汉王说："事态已十分危急，请大王允许我扮成您去欺骗楚兵，您
可以趁机逃走。"于是汉王在夜间从荥阳东门放出两千名身披铠甲的女子，楚兵从四面
围攻她们。纪信乘坐着黄屋车，车辕横木的左方插着有羽毛的旗帜。他说："城中的粮食
已经用尽，汉王请降。"楚军听后都高呼万岁。汉王这时也带着几十名骑兵从荥阳西门
出城，逃到成皋。项王见到纪信，问道："汉王在哪里？"纪信说："汉王已经出城了。"于
是项王就将纪信烧死了。

【原文】

汉王使御史大夫周苛、枞公、魏豹守荥阳。周苛、枞公谋曰："反国之王，难
与守城。"乃共杀魏豹。楚下荥阳城，生得周苛。项王谓周苛曰："为我将，我以
公为上将军，封三万户。"周苛骂曰："若不趣降汉，汉今虏若，若非汉敌也。"项
王怒，烹周苛，并杀枞公。

汉王之出荥阳，南走宛、叶，得九江王布，行收兵，复入保成皋。汉之四年，项王进兵围成皋。汉王逃，独与滕公出成皋北门，渡河走修武，从张耳、韩信军。诸将稍稍得出成皋，从汉王。楚遂拔成皋，欲西。汉使兵距之巩，令其不得西。

是时，彭越渡河击楚东阿，杀楚将军薛公。项王乃自东击彭越。汉王得淮阴侯兵，欲渡河南。郑忠说汉王，乃止壁河内。使刘贾将兵佐彭越，烧楚积聚。项王东击破之，走彭越。汉王则引兵渡河，复取成皋，军广武，就敖仓食。项王已定东海来，西，与汉俱临广武而军，相守数月。

【译文】

汉王派御史大夫周苛、枞公、魏豹留守荥阳。周苛、枞公商议道："魏豹是投降过楚国的一个封王，难以和他一起守城。"于是他们就一起将魏豹杀死了。楚军攻下荥阳城后，活捉了周苛。项王对周苛说："你给我做将领，我任命你为上将军，封你为三万户侯。"周苛骂道："你还不赶快投降汉王，汉王就要俘虏你了，你不是汉王的对手。"项王大怒，烹了周苛，并杀了枞公。

汉王逃出荥阳城，向南逃到宛县、叶县，遇到了九江王黥布，他在行进途中将散亡的汉军收集起来，又重新进入成皋防守。汉王四年，项王进兵围困成皋。汉王逃走，只和滕公出了成皋北门，渡过黄河逃到修武，去投奔张耳、韩信的军队，诸将也陆续逃出成皋，跟随汉王。楚军这才攻克了成皋，准备向西进攻。汉军派军队在巩县阻击，使他们不能向西进攻。

这时，彭越率军渡过黄河去进攻楚国的东阿，杀死了楚国将军薛公。项王于是就亲自率军东进攻打彭越。汉王得到淮阴侯的军队，准备渡过黄河向南进攻。郑忠劝说汉王，汉王才停止南进，在黄河北岸修筑壁垒拒守。汉王派遣刘贾率军援助彭越，烧毁了楚军积聚的物资。项王向东打败了刘贾，并将彭越赶跑了。汉王则率军渡过黄河，重新又拿下了成皋，驻扎在广武，就近取得敖仓的粮食。项王将东海平定后又返回向西攻打，和汉军都在广武驻军，两军相持据守了几个月之久。

【原文】

当此时，彭越数反梁地，绝楚粮食，项王患之。为高俎，置太公其上，告汉王曰："今不急下，吾烹太公。"汉王曰："吾与项羽俱北面受命怀王，曰'约为兄弟'，吾翁即若翁，必欲烹而翁，则幸分我一桮羹。"项王怒，欲杀之。项伯曰："天下事未可知，且为天下者不顾家，虽杀之无益，祇益祸耳。"项王从之。

楚汉久相持未决，丁壮苦军旅，老弱罢转漕①。项王谓汉王曰："天下匈匈数岁者，徒以吾两人耳，原与汉王挑战决雌雄，毋徒苦天下之民父子为也。"汉王笑谢曰:"吾宁斗智,不能斗力。"项王令壮士出挑战。汉有善骑射者楼烦,楚挑战三合,楼烦辄射杀之。项王大怒,乃自被甲持戟挑战。楼烦欲射之,项王瞋目叱之,楼烦目不敢视,手不敢发,遂走还入壁,不敢复出。汉王使人间问之,乃项王也。汉王大惊。于是项王乃即汉王相与临广武间而语。汉王数之,项王怒,欲一战。汉王不听,项王伏弩射中汉王。汉王伤,走入成皋。

【注释】

①转漕:转运粮饷。古时陆运称"转",水运称"漕"。

【译文】

就在此时,彭越数次往返梁地,断绝了楚军的粮食,项王对此非常担忧。他做了一个高大的案板,将太公放置在上面,对汉王说:"现在你如果不赶快投降,我就烹杀了太公。"汉王说:"我和项羽一同作为臣子接受怀王的命令,曾说'相约结为兄弟',我的父亲也就是你的父亲,你如果非要烹杀了他,就请你别忘了分给我一杯肉汤。"项王大怒,要杀太公。项伯说:"天下的事还不知道,况且要夺取天下的人是不会顾及家人的,即使杀了太公也没有什么好处,只会增加祸患罢了。"项王听从了项伯的建议。

　　楚、汉相持了很久都没有决定胜负,青壮年男子苦于军旅生涯,老弱疲于粮草的运输。项王对汉王说:"天下动乱好几年,只是因为我们两人的缘故,我希望能与汉王单独挑战,一决雌雄,不要再让百姓老老小小白白地受苦了。"汉王笑着回绝说:"我宁愿斗智,不能斗力。"项王命令勇士出阵挑战。汉军中有一位擅长骑射的人,名叫楼烦,楚军挑战了三个回合,楼烦每次都将他们射杀。项王大怒,就亲自披甲持戟挑战。楼烦想要射杀项王,项王就瞪着眼睛向他怒吼,楼烦吓得眼睛不敢正视,手也不敢发射,就转身逃回营垒,再也不敢出来。汉王派人私下打听,才知道是项王。汉王听后大为吃惊。于是项王就靠近汉王,分别在广武之间东西两边相互对话。汉王一一列举项王的罪状,项王大怒,要和汉王决一死战。汉王不同意,项王埋伏下的弓箭手正好射中了汉王。汉王受伤,逃进成皋城中。

【原文】

项王闻淮阴侯已举河北,破齐、赵,且欲击楚,乃使龙且注击之。淮阴侯与战,骑将灌婴击之,大破楚军,杀龙且。韩信因自立为齐王。项王闻龙且军破,则恐,使盱台人武涉涉注说淮阴侯。淮阴侯弗听。是时,彭越复反,下梁地,绝楚粮。项王乃谓海春侯大司马曹咎等曰:"谨守成皋,则汉欲挑战,慎勿与战,毋令得东而已。我十五日必诛彭越,定梁地,复从将军。"乃东,行击陈留、外黄。

外黄不下。数日,已降,项王怒,悉令男子年十五已上诣城东,欲阬之。外黄令舍人儿年十三,注说项王曰:"彭越彊劫外黄,外黄恐,故且降,待大王。大王至,又皆阬之,百姓岂有归心?从此以东,梁地十馀城皆恐,莫肯下矣。"项王然其言,乃赦外黄当阬者。东至睢阳,闻之皆争下项王。

【译文】

项王听说淮阴侯已经攻下了黄河以北地区,打败了齐国、赵国,并准备进攻楚国,于是就派龙且前往迎击。淮阴侯和龙且交战,骑将灌婴也赶来进击龙且的军队,大败楚军,并杀死了龙且。韩信因此自立为齐王。项王听说龙且被打败,很惊恐,派盱眙人武涉前去游说淮阴侯。淮阴侯不听。这时,彭越再次反击,攻下了梁地,断绝了楚军的粮食。项王就对海春侯大司马曹咎等人说:"谨慎地守住成皋,如果汉军来挑战,千万不要与他们交战,只要不让汉军向东进攻就行。我在十五天之内一定要杀死彭越,平定梁地,回来再与将军们会合。"于是项王率军向东进军,攻击陈留和外黄。

外黄没有攻下。几天后投降了,项王大怒,命令凡是十五岁以上的男子全都到城东集合,想要活埋他们。外黄县令舍人的儿子十三岁,前去劝说项王道:"彭越凭借强力威胁外黄,外黄人很害怕,因此且暂且投降彭越,为的是等待大王的到来。大王来了,又要全部活埋他们,百姓们怎么会有归附之心呢?从这里往东,梁地十多座城邑中的百姓都会害怕,就没有肯归附您了。"项王认为他的话对,就赦免了那些应当被活埋的外黄人。项王向东到达睢阳,听说此事的人都争着归附项王。

【原文】

汉果数挑楚军战,楚军不出。使人辱之,五六日,大司马怒,渡兵汜水。士卒半渡,汉击之,大破楚军,尽得楚国货赂①。大司马咎、长史翳、塞王欣皆自刭汜水上。大司马咎者,故蕲狱掾,长史欣亦故栎阳狱吏,两人尝有德于项梁,是以项王信任之。当是时,项王在睢阳,闻海春侯军败,则引兵还。汉军方围钟离眛于荥阳东,项王至,汉军畏楚,尽走险阻。

是时,汉兵盛食多,项王兵罢食绝。汉遣陆贾说项王,请太公,项王弗听。汉王复使侯公注说项王,项王乃与汉约,中分天下,割鸿沟以西者为汉,鸿沟而东者为楚。项王许之，即归汉王父母妻子。军皆呼万岁。汉王乃封侯公为平国君。匿弗肯复见。曰："此天下辩士，所居倾国，故号为平国君。"项王已约，乃引兵解而东归。

汉欲西归，张良、陈平说曰："汉有天下太半，而诸侯皆附之。楚兵罢食尽，此天亡楚之时也，不如因其机而遂取之。今释弗击，此所谓'养虎自遗患'也。"汉王听之。汉五年，汉王乃追项王至阳夏南，止军，与淮阴侯韩信、建成侯彭越期会而击楚军。

【注释】

①货赂：财物。

【译文】

汉军多次向楚军挑战，楚军不出城应战。汉王就派人羞辱了他们五六天，大司马曹咎被激怒，就率军渡过汜水。士卒刚渡到一半时，汉军就向他们发起进攻，汉军打败了楚军，并全部缴获了楚军的宝物财货。大司马曹咎、长史董翳、塞王司马欣都在汜水岸上自杀而死。大司马曹咎，就是原来的蕲县狱掾，长史司马欣也就是原来的栎阳狱吏，两人曾经有恩于项梁，所以项王信任他们。这时，项王在睢阳，听说海春侯的军队被打败，就率兵往回返。汉军正在荥阳的东面围困钟离眛，项王赶到，汉军畏惧楚军，全都逃入险阻的山地。

这时，汉军士兵正盛，粮食充足，而项王士兵疲惫，粮食短缺。汉王派陆贾去劝说项王，请求放回太公，项王不答应。汉王又派侯公前去劝说，项王才与汉王约定，平分天下，割让鸿沟以西的土地给汉，鸿沟以东的地区划归楚。项王接受了这个条件，立即放回了汉王的父母妻子。士卒们都高呼万岁。于是汉王就封侯公为平国君。可是侯公却隐匿起来不肯再见。汉王说："此人是天下的辩士，他住在哪儿就能使哪国倾覆，所以才赐予他平国君的封号。"项王接受盟约后，就率军解除对汉军的威胁而回到东方。

汉王也准备西归，张良、陈平劝说道："汉已拥有了大半天下，而诸侯国又都归附汉国。楚军士卒疲惫，粮食短缺，这是上天灭亡楚国的好时机，不如因此趁机将楚国消灭。现在放走他们而不攻击，这就是所谓的"养虎给自己留下祸患"。汉王听取了他们的意见。

【原文】

至固陵，而信、越之兵不会。楚击汉军，大破之。汉王复入壁，深堑而自守。谓张子房曰："诸侯不从约，为之奈何？"对曰："楚兵且破，信、越未有分地，其不至固宜。君王能与共分天下，今可立致也。即不能，事未可知也。君王能自陈以东傅海,尽与韩信;睢阳以北至榖城,以与彭越;使各自为战,则楚易败也。"汉王曰:"善。"于是乃发使者告韩信、彭越曰:"并力击楚。楚破,自陈以东傅海与齐王,睢阳以北至榖城与彭相国。"使者至,韩信、彭越皆报曰:"请今进兵。"韩信乃从齐往,刘贾军从寿春并行,屠城父,至垓下。大司马周殷叛楚,以舒屠六,举九江兵,随刘贾、彭越皆会垓下,诣项王。

项王军壁垓下,兵少食尽,汉军及诸侯兵围之数重。夜闻汉军四面皆楚歌,项王乃大惊曰:"汉皆已得楚乎?是何楚人之多也!"项王则夜起,饮帐中。有美人名虞,常幸从;骏马名骓,常骑之。于是项王乃悲歌慷慨,自为诗曰:"力拔山兮气盖世,时不利兮骓不逝。骓不逝兮可奈何,虞兮虞兮奈若何!"歌数阕,美人和之。项王泣数行下,左右皆泣,莫能仰视。

【译文】

汉军到达固陵,而韩信、彭越的军队却没有来会合。楚军对汉军发动进攻,大败汉军。汉王又逃回营垒,深挖壕沟自行坚守。汉王对张子房说:"诸侯们不遵守盟约,该怎么办呢?"张良说:"楚军将要被打败,韩信、彭越却都还没有得到分封的土地,他们不来也是很自然的。君王如果能和他们共分天下,他们马上就能赶来。如果不能,天下的事势也就难预料了。君王如果能把陈县以东到海滨一带的土地,全都封给韩信;睢阳以北到谷城的土地,全都封给彭越。使促他们各自为自己而战,楚军就很容易被打败了。"汉王说:"好。"于是就派使者告诉韩信和彭越说:"你们跟汉王合力攻打楚国,楚国被的打败后,陈县以东至海滨一带的土地封给齐王,睢阳以北到榖城的土地封给彭相国。"使者到达后,韩信和彭越都回报说:"请求现在就进兵攻打楚军。"于是韩信从齐地前往,刘贾的军队也从寿春赶来一同进兵,屠戮了城父,到达垓下。大司马周殷背叛楚国,以舒城的兵力屠戮了六县,发动九江的军队,随同刘贾、彭越一起会合在垓下,进逼项王。

项王的军队驻扎在垓下,兵少粮绝,汉军和诸侯的军队将他们重重包围。夜里听到汉军营中四面都唱楚地的歌,项王于是非常吃惊地说:"汉军已经将楚国全部占领了吗?为什么楚国人这么多呢?"项王就半夜起来,在帐中饮酒。有一位名叫虞姬的美人,因平素得到项王的宠幸而跟在项王身边;项王有一匹名叫骓的骏马,经常骑着它。于是项王就慷慨悲歌,自己作诗道:"力量可以拔起大山,豪气世上无人可比,可是这时势对我不利,我的骓马再也跑不起来了,骓马不前进我能怎么办?虞姬啊虞姬,我可把你怎么办呢?"项王唱了几遍,美人虞姬也在一边应和。项王的眼泪一道道流下来,左右随从也都跟着一起哭,没有一个人抬起头来看他。

【原文】

　　于是项王乃上马骑,麾下壮士骑从者八百馀人,直夜溃围南出,驰走。平明,汉军乃觉之,令骑将灌婴以五千骑追之。项王渡淮,骑能属者百馀人耳。项王至阴陵,迷失道,问一田父,田父绐曰"左"。左,乃陷大泽中。以故汉追及之。项王乃复引兵而东,至东城,乃有二十八骑。汉骑追者数千人。项王自度不得脱。谓其骑曰:"吾起兵至今八岁矣,身七十馀战,所当者破,所击者服,未尝败北,遂霸有天下。然今卒困于此,此天之亡我,非战之罪也。今日固决死,原为诸君快战,必三胜之,为诸君溃围,斩将,刈旗,令诸君知天亡我,非战之罪也。"乃分其骑以为四队,四乡。汉军围之数重。项王谓其骑曰:"吾为公取彼一将。"令四面骑驰下,期山东为三处。于是项王大呼驰下,汉军皆披靡,遂斩汉一将。是时,赤泉侯为骑将,追项王,项王瞋目而叱之,赤泉侯人马俱惊,辟易数里与其骑会为三处。汉军不知项王所在,乃分军为三,复围之。项王乃驰,复斩汉一都尉,杀数十百人,复聚其骑,亡其两骑耳。乃谓其骑曰:"何如?"骑皆伏曰:"如大王言。"

【译文】

　　于是项王就骑上战马,部下八百多名壮士骑马跟在后面,趁夜突出重围,向南冲去,急驰而逃。天快亮时,汉军才发觉,命骑兵将领灌婴率骑兵五千前去追击。项王渡过淮河,骑兵能够跟得上的就只有一百多名。项王到达阴陵,迷失了道路,去问一个农夫,农夫骗他说:"向左。"项王就向左走,于是就陷入大沼泽之中,因此被汉军追上。项王又率军向东,到达东城,身边的骑兵就剩下了二十八个。汉军骑兵追击的有有几千人。项王自己估计不能逃脱,就对身边的骑兵说:"我带兵起义至今已有八年,亲身经历了七十多次战斗,所有阻挡我的军队没有一个不被我攻破的,所有进攻我的人没有一个不被我征服的,从来没有失败过,所以才能够称霸天下。可是现在我却被困在这里,这是上天要灭亡我,而这绝不是作战的过失。如今固然非决战而死不可,我愿意为各位痛快决战,一定要胜汉军三次,为诸位冲破突围,斩杀汉将,砍断汉军的军旗,让诸位知道是上天要灭亡我,而并不是我作战的过失。"于是项王把他的骑兵划分成四队,面朝四个方向。汉军将他们包围了几层。项王对他的骑兵说:"我为你们拿下一名汉将。"他命令四面骑士奔驰而下,约定冲到山的东边分三个会合地点。于是项王高声呼喊奔驰而下,汉军都溃败了,项王就斩杀了一员汉军将领。此时,赤泉侯杨喜作为骑兵将领,追击项王,项王瞪着双眼冲他怒吼,赤泉侯连人带马都受到了惊吓,倒退了好几里。项王就同他的骑士会聚成三处,汉军不知项王的去处,于是就将部队分为三路,重新把楚军包围。项王就在汉军中奔驰,又斩杀了一名汉军的都尉,杀死了近百名汉军士卒,又重新将他的骑士聚集，仅损失了两名骑兵。于是对他的骑士说："怎么样？"骑士们都敬佩地说："正如大王所说。"

【原文】

于是项王乃欲东渡乌江。乌江亭长檥船待，谓项王曰："江东虽小，地方千里，众数十万人，亦足王也。原大王急渡。今独臣有船，汉军至，无以渡。"项王笑曰："天之亡我，我何渡为！且籍与江东子弟八千人渡江而西，今无一人还，纵江东父兄怜而王我，我何面目见之？纵彼不言，籍独不愧于心乎？"乃谓亭长曰："吾知公长者。吾骑此马五岁，所当无敌，尝一日行千里，不忍杀之，以赐公。"乃令骑皆下马步行，持短兵接战。独籍所杀汉军数百人。项王身亦被十余创。顾见汉骑司马吕马童，曰："若非吾故人乎？"马童面之，指王翳曰："此项王也。"项王乃曰："吾闻汉购我头千金，邑万户，吾为若德。"乃自刭而死。王翳取其头，余骑相蹂践争项王，相杀者数十人。最其后，郎中骑杨喜，骑司马吕马童，郎中吕胜、杨武各得其一体。五人共会其体，皆是。故分其地为五：封吕马童为中水侯，封王翳为杜衍侯，封杨喜为赤泉侯，封杨武为吴防侯，封吕胜为涅阳侯。

【译文】

于是项王就准备向东渡过乌江。乌江亭长把船划靠到岸边等候项王，对项王说："江东地方虽然小，但方圆千里，民众有几十万人，也足够称王了。请大王尽快渡江。现在只有我有船，汉军到达后，就没有办法渡江了。"项王大笑说："是上天要灭亡我。我还渡江干什么！再说我当年和八千名江东子弟兵渡江西征，现在没有一个人回来，纵然江东父兄可怜我而将我拥立为王，我又有什么脸面去见他们呢？就算他们不说什么，难道我心中就没有愧疚吗？"于是对亭长说："我知道您是一位长者。我骑着这匹马五年了，所向无敌，曾日行千里，我不忍心将它杀掉，就将它送给您吧。"于是命令骑士全部下马步行，手持短小的兵器同汉军交战。只项羽一人就杀死了汉军几百名。项羽身上也有十几处伤，他回头看见汉军骑兵中的司马吕马童，说："难道你不是我的故人吗？"吕马童仔细看后，就指着他对王翳说："这人就是项王。"项王说："我听说汉王用黄金千斤，封邑万户侯悬赏购求我的人头，我把这个好处送给你吧。"于是自刭而死。王翳割下项羽的头颅，其余的汉军骑士都相互厮杀争夺项王的尸身，自相残杀的有几十人。最后郎中骑杨喜，骑司马吕马童，郎中吕胜、杨武各自夺得项王的一部分尸身。五个人把所得的部分合并一处，正好是项羽的全身。于是就把悬赏的封地划分为五份：封吕马童为中水侯，封王翳为杜衍侯，封杨喜为赤泉侯，封杨武为吴防侯，封吕胜为涅阳侯。

【原文】

项王已死，楚地皆降汉，独鲁不下。汉乃引天下兵欲屠之，为其守礼义，为主死节，乃持项王头视鲁，鲁父兄乃降。始，楚怀王初封项籍为鲁公，及其死，鲁最后下，故以鲁公礼葬项王谷城。汉王为发哀，泣之而去。

诸项氏枝属，汉王皆不诛。乃封项伯为射阳侯。桃侯、平皋侯、玄武侯皆项氏，赐姓刘。

太史公曰：吾闻之周生曰"舜目盖重瞳子"，又闻项羽亦重瞳子。羽岂其苗裔邪？何兴之暴也！夫秦失其政，陈涉首难，豪杰蜂起，相与并争，不可胜数。然羽非有尺寸乘势，起陇亩之中，三年，遂将五诸侯灭秦，分裂天下，而封王侯，政由羽出，号为"霸王"，位虽不终，近古以来未尝有也。及羽背关怀楚，放逐义帝而自立，怨王侯叛己，难矣。自矜功伐，奋其私智而不师古，谓霸王之业，欲以力征经营天下，五年卒亡其国，身死东城，尚不觉寤而不自责，过矣。乃引"天亡我，非用兵之罪也"，岂不谬哉！

【译文】

项王去世后，楚地全部归降汉王，只有鲁地不肯投降。汉王于是就率领天下的军队准备屠杀鲁地，但考虑到他们恪守礼义，誓死为君王守节，于是就拿来项王的头给鲁地人看，鲁地百姓这才投降。当初，楚怀王封项籍为鲁公，等他去世后，鲁地又是最后一个投降的地方，因此就按照鲁公这一封号的礼仪将项王安葬在谷城。汉王为他发丧致哀，哭了一通后离去。

对于项氏宗族各支属的人，汉王都没有诛杀。还将项伯封为射阳侯。桃侯、平皋侯、玄武侯都属于项氏，汉王赐他们姓刘。

太史公说：我听周生说"舜的眼睛是两个瞳子"，还听说项羽也是两个瞳子。项羽难道是舜的后代吗？不然为什么会兴起得这么突然呢！秦朝失去了治理国家的正道，陈涉首先发难，而后天下豪杰蜂拥而起，相互兼并争夺，数不胜数。项羽虽然没有尺寸封地，却能乘势兴起于田间陇亩之中，只三年的时间，就率领五路诸侯灭掉了秦朝，分割天下，封王封侯，政令全都有项羽发出，号称"霸王"。他的势位虽然没能保持长久，但近古以来也是没有过的。至项羽舍弃关中而怀念楚

地,放逐义帝而自立为王,而又去埋怨诸侯背叛自己,想成大事也就很难了。他自夸战功,竭力施展个人的聪明而不师法古人,认为霸王的功业,要靠武力征服来统治天下。五年之间灭亡了国家,死在东城,临死前还不觉悟、不自责,错得实在是不轻。他竟然拿"是上天要灭亡我,并不是我用兵的过失"来解脱自己,这难道不是很荒谬吗?

【评析】

《项羽本纪》是《史记》中最精彩、最动人的篇章之一,它既是秦末农民战争与楚汉战争的生动历史画卷,又是带有许多艺术夸张,充满作者浓厚感情的传记文学杰作。

项羽是司马迁笔下最生动、最豪迈的悲剧英雄,他的功勋在于巨鹿之战中打破秦军主力,从而促成了秦王朝内部的连续政变,并为刘邦入关灭秦提供了方便。项羽是一个战场上的英雄,但对政治斗争却一无所知,项羽与刘邦较量的失败是必然的,但项羽作为一个反秦的英雄自有其不可磨灭的历史功勋。

司马迁在追述项羽的功绩时,一方面强调他创业的艰难,同时又突出他发迹的迅速,他在历史上的重要地位。秦末豪杰并起,项羽没有尺寸之地,却在短短的三年时间里成为了天下的霸主,确实是历史的奇迹,是几百年来没有出现的英雄人物。正因为如此,虽然项羽没有履践天子之位,但司马迁依然将他列入了专为帝王设置的本纪中。司马迁认为他顺应了历史的潮流,抓住了机遇,同时又具有杰出的才能。这两者结合在一起,成就了项羽的丰功伟业。

高祖本纪第八

【题解】

《高祖本纪》叙述了刘邦斩蛇起义、入关破秦、灭楚称帝,创立制度以及建国初期为稳定局势所采取的诛杀功臣、平定叛乱等,是一篇既突出地表现了刘邦个人,同时也兼顾了全局的典范性的传记杰作。

【原文】

高祖,沛丰邑中阳里人,姓刘氏,字季。父曰太公,母曰刘媪①。其先刘媪尝息大泽之陂②,梦与神遇。是时雷电晦冥③,太公注视,则见蛟龙于其上。已而有身,遂产高祖。

高祖为人,隆准④而龙颜⑤,美须髯⑥,左股有七十二黑子。仁而爱人,喜施,意豁如⑦也。常有大度,不事家人⑧生产作业。及壮,试为吏,为泗水亭长⑨,廷中吏无所不狎侮⑩。好酒及色。常从王媪、武负贳⑪酒,醉卧,武负、王媪见其上常有龙,怪之。高祖每酤留饮,酒雠⑫数倍。及见怪,岁竟,此两家常折券弃责。

高祖常繇⑬咸阳,纵观⑭,观秦皇帝,喟然太息曰:"嗟乎,大丈夫当如此也!"

【注释】

①父曰太公,母曰刘媪(ǎo):太公、刘媪皆非人之姓名,大概是由于下层人其名不雅,故史公以此称之。②陂(bēi):水边,水岸。③晦冥:昏暗;阴沉。④隆准:高鼻梁儿。⑤龙颜:上额突起状。颜,上额。⑥须髯(rán)络腮胡子。⑦豁如:开阔,旷达。⑧家人:平常百姓。⑨亭长:古代官名。秦汉时县下设乡,乡下每十里设一亭,亭有亭长,主管该地的治安警卫、民事争讼及征丁征粮等事。⑩狎侮(xiá wǔ):轻慢侮弄。⑪贳(shì):赊欠。⑫酒雠(chóu):即卖酒所得报酬。⑬繇(yáo):同"徭"。徭役。⑭纵观:恣意观看。

【译文】

高祖是沛县丰邑中阳里人,姓刘,字季。父亲叫太公,母亲叫刘媪。高祖出生前,刘媪曾在水泽边的堤岸上休息,梦中与神相交合。那时电闪雷鸣,天色阴暗,太公前去寻找,看见一条蛟龙趴在刘媪身上。不久刘媪就怀孕了,然后生下了高祖。

高祖的相貌，高鼻梁，上额突起，胡须很美，左腿上有七十二颗黑痣。他性情宽厚爱人，喜欢施舍，心胸豁达。常显出大度宽宏的心怀，不愿干一般人所从事的谋生职业。他成年后，曾尝试着去做官，当了泗水亭长，对官府中的官吏没有不轻慢侮弄的。他贪酒好色，常常从王媪、武负那里赊酒。他醉倒后，武负和王媪常见他的上面有龙出现，她们感到很奇怪。每逢高祖去买酒喝的那一天，她们的酒要比平时多卖好几倍。由于这些怪现象，所以每到年底结账时，她们两家常常将赊账的竹简折断而放弃高祖所欠的酒钱。

高祖曾到咸阳出徭役，正好赶上许可百姓观看秦始皇，刘邦看到秦始皇的车驾，深有感慨地叹了一口气说："啊，大丈夫就应当这样啊！"

【原文】

单父人吕公善沛令，避仇从之客，因家沛焉。沛中豪桀吏闻令有重客，皆往贺。萧何为主吏，主进，令诸大夫曰："进不满千钱，坐之堂下。"高祖为亭长，素易诸吏，乃绐为谒曰"贺钱万"，实不持一钱。谒入，吕公大惊，起，迎之门。吕公者，好相人，见高祖状貌，因重敬之，引入坐。萧何曰："刘季固多大言，少成事。"高祖因狎侮诸客，遂坐上坐，无所诎。酒阑，吕公因目固留高祖。高祖竟酒，后。吕公曰："臣少好相人，相人多矣，无如季相，愿季自爱。臣有息女①，愿为季箕帚妾②。"酒罢，吕媪怒吕公曰："公始常欲奇此女，与贵人。沛令善公，求之不与，何自妄许与刘季？"吕公曰："此非儿女子所知也。"卒与刘季。吕公女乃吕后也，生孝惠帝、鲁元公主。

【注释】

①息女：亲生女儿。②箕帚妾：亦作"箕箒妾"。持箕帚的奴婢，借作妻妾之谦称。

【译文】

单父人吕公与沛县县令要好，为了躲避仇人投奔到县令这里来做客，因此就在沛县安了家。沛县地区的豪杰和官吏听说县令有贵客，都前来祝贺。萧何当时是县令的属官，掌管收贺礼的事情，他对众宾客说："所送贺礼不满千钱的人，在堂下就座。"高祖身为亭长，平常就看不起这些官吏，于是就在进见的帖子上谎称"贺钱一万"，其实他一文钱都没有带。他进门拜见，吕公见到他大为惊奇，起身到门前去迎接。吕公喜欢给人相面，他看到高祖的相貌，就非常敬重他，引他入座。萧何说："刘季一向总说大话，很少做成过什么事。"高祖趁机侮弄众宾客，就坐在了上座，毫不谦让。酒喝到尽兴时，吕公用眼示意让高祖一定留下。高祖喝完了酒，就留在了后面。吕公说："我年轻时就喜欢给人看相，经我看相的人已经很多了，没有一个比得上你的相貌，希望你能好自珍爱。我有一个女儿,愿意把她嫁给你做你的妻妾。"酒宴结束后,吕媪气愤地对吕公说:"你平时总认为女儿奇特不寻常,要把她嫁给贵人。沛县县令和你交好,他来求婚你不答应,为什么你却盲目地将女儿许嫁给刘季呢?"吕公说:"这不是你们妇人家所能懂得的。"最终还是将女儿嫁给了刘季。吕公的女儿就是吕后,她生了孝惠帝和鲁元公主。

【原文】

高祖为亭长时,常告归之田。吕后与两子居田中耨,有一老父过请饮,吕后因餔之。老父相吕后曰:"夫人天下贵人。"令相两子,见孝惠,曰:"夫人所以贵者,乃此男也。"相鲁元,亦皆贵。老父已去,高祖适从旁舍来,吕后具言客有过,相我子母皆大贵。高祖问,曰:"未远。"乃追及,问老父。老父曰:"乡者夫人婴儿皆似君,君相贵不可言。"高祖乃谢曰:"诚如父言,不敢忘德。"及高祖贵,遂不知老父处。

高祖为亭长,乃以竹皮为冠,令求盗之薛治之,时时冠之,及贵常冠,所谓"刘氏冠"乃是也。

【译文】

高祖做亭长时,经常请假回家处理农事。有一次吕后带两个孩子在田里除草,有一老汉从这里经过讨水喝,吕后顺便还给了他一些饭吃。老汉观看了吕后的相貌后说:"夫人是天下的贵人。"吕后又让他给两个孩子相面,老汉看见孝惠帝说:"夫人所以能尊贵,就是因为这个男孩子。"他为鲁元公主看相,也说是贵人相。老汉走后,高祖正好从一旁的房舍走来,吕后就详细地讲述了有一位路过的老汉,给他们母子看相,说他们都是大贵人。高祖问这个人现在在哪里,吕后说:"还没有走远。"于是高祖追上了老汉,问他刚才的事。老汉说:"刚才我看过的夫人和孩子都和你的面相相似,你的相貌更是贵不可言。"高祖于是道谢说:"如果真如老人家所说,我不会忘记您的恩德。"等到高祖显贵了,却不知道这位老汉在哪里。

高祖做亭长时,常戴用竹皮做成的帽子,他让担任求盗吏的人到薛地去找人制作,经常戴着,等到后来显贵了还经常戴着,人们所说的"刘氏冠"指的就是这种帽子。

【原文】

高祖以亭长为县送徒郦山,徒多道亡。自度比至皆亡之,到丰西泽中,止饮,夜乃解纵所送徒。曰:"公等皆去,吾亦从此逝矣!"徒中壮士愿从者十余人。高祖被酒,夜泾泽中,令一人行前。行前者还报曰:"前有大蛇当泾,愿还。"高祖醉,曰:"壮士行,何畏!"乃前,拔剑击斩蛇。蛇遂分为两,径开。行数里,醉,因卧。后人来至蛇所,有一老妪夜哭。人问何哭,妪曰:"人杀吾子,故哭之。"人曰:"妪子何为见杀?"妪曰:"吾子,白帝子也,化为蛇,当道,今为赤帝子斩之,故哭。"人乃以妪为不诚,欲告之,妪因忽不见。后人至,高祖觉。后人告高祖,高祖乃心独喜,自负。诸从者日益畏之。

秦始皇帝常曰"东南有天子气",于是因东游以厌之。高祖即自疑,亡匿,隐于芒、砀山泽岩石之间。吕后与人俱求,常得之。高祖怪问之。吕后曰:"季所居上常有云气,故从往常得季。"高祖心喜。沛中子弟或闻之,多欲附者矣。

【译文】

高祖以亭长的身份为县里押送苦役去郦山,很多苦役在道中逃跑了。高祖估计等不及到达郦山苦役就都逃光了,他们行至丰邑西的大泽中,停下来饮酒,到了夜里就将押送的苦役都解开了。高祖说:"你们都逃走吧,我从此也远走高飞逃命去了!"苦役中有十余人愿意跟随高祖。高祖带着酒意,夜里行走在草泽中的小道上,他命令一个人在前面探路。那人回来报告说:"前面有一条大蛇挡住了去路,我们往回走吧。"高祖已醉,说道:"大丈夫走路,有什么好怕的!"于是就上前,拔剑斩杀了那条大蛇。大蛇被砍为两段,道路也就打开了。又走了几里,酒醉得厉害,于是就卧倒在地。后面的人来到斩蛇的地方,看到有个老妇人在夜里哭泣,人们问她为什么哭,老妇人说:"有人杀了我的儿子,所以才哭。"人们问道:"你的儿子为什么被杀了?"老妇人说:"我的儿子是白帝的儿子,变化成蛇,挡住了道路,现在被赤帝的儿子杀了,所以我才哭。"人们以为老妇人不诚实,正要打他,老妇人却突然不见了。后面的人赶上了高祖,高祖酒醒,后面的人将刚才的事情告诉了高祖,高祖于是心里暗喜,更加自负。跟随他的人也一天天地对他敬畏起来。

秦始皇常说"东南方有象征天子的云气",于是他巡视东方想借此将它压下去。高祖怀疑自己带着这团云气,于是就逃跑并躲藏起来,躲在芒山和砀山一带的山泽岩石之间,吕后和别人一起寻找高祖,总是能找到他,高祖奇怪地问她怎么找到的,吕后说:"刘季你所在的地方,上空总是有一团云气,所以顺着云气找总是能找到你。"高祖心中很是高兴。沛县的一些年轻人听说此事后,很多人都愿意跟随他。

【原文】

秦二世元年秋,陈胜等起蕲,至陈而王,号为"张楚"。诸郡县皆多杀其长吏以应陈涉。沛令恐,欲以沛应涉。掾、主吏萧何、曹参乃曰:"君为秦吏,今欲背之,率沛子弟,恐不听。愿君召诸亡在外者,可得数百人,因劫众,众不敢不听。"

194

乃令樊哙召刘季。刘季之众已数十百人矣。

于是樊哙从刘季来。沛令后悔，恐其有变，乃闭城城守①，欲诛萧、曹。萧、曹恐，逾城保②刘季。刘季乃书帛射城上，谓沛父老曰："天下苦秦久矣。今父老虽为沛令守，诸侯并起，今屠沛。沛令共诛令，择子弟可立者立之，以应诸侯，则家室完。不然，父子俱屠，无为也。"父老乃率子弟共杀沛令，开城门迎刘季，欲以为沛令。刘季曰："天下方扰，诸侯并起，今置将不善，壹败涂地。吾非敢自爱，恐能薄③，不能完父兄子弟。此大事，愿更相推择可者。"萧、曹等皆文吏，自爱，恐事不就，后秦种族其家，尽让刘季。诸父老皆曰："平生所闻刘季诸珍怪，当贵，且卜筮之，莫如刘季最吉。"于是刘季数让。众莫敢为，乃立季为沛公。祠黄帝，祭蚩尤于沛庭，而衅鼓旗，帜皆赤。由所杀蛇白帝子，杀者赤帝子，故上赤。于是少年豪吏如萧、曹、樊哙等皆为收沛子弟二三千人，攻胡陵、方与，还守丰。

【注释】

①城守：据城而守。②保：依，投靠。③能薄：能力不强。

【译文】

秦二世元年的秋天，陈胜等人在蕲县起义，到了陈地时，陈胜自立为王，定国号为"张楚"。很多郡县都杀了他们的长官来响应陈胜。沛县县令害怕了，也想率领沛县的人响应陈胜。狱掾曹参、主吏萧何就说："你作为秦朝的官吏，现在想反叛秦朝，率领沛县的子弟起义，他们恐怕不会听从。希望你召集那些逃亡在外的人，这样可以得到几百人，用他们来胁迫众人，众人不敢不听从。"于是县令就命令樊哙去召来刘季。此时刘季的部众已经有几十近百人了。

于是樊哙跟着刘季一起回来了。沛县县令开始后悔了，他担心刘季来了会发生变故，于是就关闭城门，据守城池，准备杀掉曹参和萧何。曹参和萧何害怕了，就逃出城来辅佐刘季。于是刘季就用帛写了一封信射到城上，对沛县的百姓宣布说："天下百姓为秦政所苦已经很久了。现在你们虽然为沛县县令守城，但是诸侯全部都起来反秦，现在就要屠戮到沛县了。如果沛县的人现在共同将县令诛杀了，从年轻人中选择可以拥立的人并立他为首领，以此来响应诸侯，那样家室就可以得到保全。否则，父亲和儿子都会被屠戮，那时就什么都做不成了。"于是沛县父老就率领年轻人一起杀掉了县令，打开城门迎接刘季，想要让他做县令。刘季说："天下正值大乱，诸侯纷纷起事，如果现在安排的首领不妥当，就会一败涂地。我不是顾惜自己的性命，而是怕能力不强，不能保全沛县的父老兄弟。这是一件大事，希望大家重新推选出能胜任的人。"萧何、曹参都是文官，而且他们都很顾惜自己的身体，害怕事败后被秦诛灭家族，就极力地推让给刘季。乡亲父老都说："平时常听说刘季各种奇异之事，一定会显贵，而且还占卜过，没有谁比得上你刘季最吉利。"刘季还是多次推让，但是众人还是没有人肯出任首领，于是就拥立刘季为沛公。刘季对黄帝进行祭祀，然后又在沛县的公庭中祭祀了蚩尤，将血涂在旗鼓上。旗帜都是红色的，这是因为被杀的那条蛇是白帝的儿子，而将蛇杀死的人是赤帝的儿子，所以崇尚红色。于是那些少年豪吏，如萧何、曹参、樊哙等为沛公在沛县召集年轻人，共有两三千人，一起攻打胡陵、方与，然后退回驻守丰邑。

【原文】

秦二世二年，陈涉之将周章军西至戏而还。燕、赵、齐、魏皆自立为王。项氏起吴。秦泗川监平将兵围丰，二日，出与战，破之。命雍齿守丰，引兵之薛。泗州守壮败于薛，走至戚，沛公左司马得泗川守壮，杀之。沛公还军亢父，至方与，未战。陈王使魏人周市略地。周市使人谓雍齿曰："丰，故梁徙也。今魏地已定者数十城。齿今下魏，魏以齿为侯守丰。不下，且屠丰。"雍齿雅不欲属沛公，及魏招之，即反为魏守丰。沛公引兵攻丰，不能取。沛公病，还之沛。沛公怨雍齿与丰子弟叛之，闻东阳宁君、秦嘉立景驹为假王，在留，乃往从之，欲请兵以攻丰。是时秦将章邯从陈，别将司马尸将兵北定楚地，屠相，至砀。东阳宁君、沛公引兵西，与战萧西，不利。还收兵聚留，引兵攻砀，三日乃取砀。因收砀兵，得五六千人。攻下邑，拔之。还军丰。闻项梁在薛，从骑百馀往见之。项梁益沛公卒五千人，五大夫将十人。沛公还，引兵攻丰。

【译文】

秦二世二年，陈涉的将领周章率军向西进攻到戏水后退回。燕、赵、齐、魏各国都自立为王。项氏在吴地起兵。秦国泗川郡监平率领秦军包围了丰邑，两天后，沛公率领众人出城与秦军交战，打败了秦军。沛公命雍齿守卫丰邑，自己带兵去了薛地。泗川郡守壮在薛地被打败，逃到了戚县，沛公的左司马在那里捕获了泗川郡守壮，并将他诛杀。沛公返回到亢父，到达了方与。周市也来进攻方与，还没有交战。陈王派魏国人周市去夺取土地。周市派人对雍齿说："丰邑，本来是梁国被秦灭后迁徙的地方。如今魏地已经平定了几十座城邑。你如果现在归降魏国，魏国就封你为侯驻守丰邑。如果不归降，就要屠戮丰邑了。"雍齿本来就不想归属沛公，等到魏国来招降他，他就立即反叛，为魏国驻守丰邑。沛公带人攻打丰邑，没能攻下。沛公病倒，退兵回到沛县。沛公怨恨雍齿和丰邑的子弟背叛他，他听说东阳的宁君、秦嘉扶立景驹为代理王，驻守在留县，就去那里附从他们，想让他们一起出兵攻打丰邑。此时，秦国的将领章邯由陈地进攻其他地区，别将司马尸率军向北平定楚地，屠戮了相县，到达砀郡。东阳宁君、沛公率军向西进攻，和司马尸在萧县的西面交战，战势不利，就退回来收兵聚集在留县，然后又率军攻打砀郡，经过三天才将砀郡攻取下来。于是收集了砀地的兵卒，共得五六千人。接着他们攻打下邑，攻了下来，退兵驻扎在丰邑。沛公听说项梁在薛地，就率领随从骑兵一百多名前去见项梁，项梁又给了他五千名兵卒以及十名五大夫级别的将领。沛公回来后，就率军攻打丰邑。

【原文】

从项梁月馀，项羽已拔襄城还。项梁尽召别将居薛。闻陈王定死，因立楚后怀王孙心为楚王，治盱台。项梁号武信君。居数月，北攻亢父，救东阿，破秦军。齐军归，楚独追北，使沛公、项羽别攻城阳，屠之。军濮阳之东，与秦军战，破之。

秦军复振，守濮阳，环水。楚军去而攻定陶，定陶未下。沛公与项羽西略地至雍丘之下，与秦军战，大破之，斩李由。还攻外黄，外黄未下。

项梁再破秦军，有骄色。宋义谏，不听。秦益章邯兵，夜衔枚击项梁，大破之定陶，项梁死。沛公与项羽方攻陈留，闻项梁死，引兵与吕将军俱东。吕臣军彭城东，项羽军彭城西，沛公军砀。

章邯已破项梁军，则以为楚地兵不足忧，乃渡河，北击赵，大破之。当是之时，赵歇为王，秦将王离围之钜鹿城，此所谓河北之军也。

【译文】

沛公跟从项梁一个多月，项羽已经攻下襄城回来了。项梁将各路将领全部召到薛县。他听说陈王确实已死，就拥立楚王的后代怀王的孙子熊心为楚王，建都盱眙。项梁号称武信君。呆了几个月，项梁向北攻打亢父，援救东阿，打败秦军。齐国的军队回到齐地，楚军单独追击败逃的敌人，另外派沛公、项羽分别率军进攻城阳，屠戮了城阳。将军队驻扎在濮阳的东面，和秦军交战，打败秦军。

秦军重新振作，据守在濮阳，把河堤决开，放水环卫全城。楚军离开濮阳去攻打定陶，定陶没有攻下。沛公和项羽向西夺取土地直到雍丘城下，和秦军交战，打败了秦军，并斩杀了李由。他们又返回攻打外黄，外黄没有攻下。

项梁再次打败秦军，露出骄傲的神色。宋义进谏，项梁不听。秦国给章邯增派了军队，夜里让士兵口中衔着竹枚去偷袭项梁，在定陶打败了项梁的军队，项梁战死。沛公和项羽正在进攻陈留，听说项梁战死，就率军和吕将军一起向东进军。吕臣的军队驻扎在彭城的东面，项羽的军队驻扎在彭城的西面，沛公的军队驻扎在砀县。

章邯打败了项梁的军队后，就认为楚地的军队不值得担忧，于是便渡过黄河，向北攻打赵国，打败赵国。在这个时候，赵歇立为赵王，秦将王离将赵歇的军队包围在了巨鹿城,这就是所谓的河北军。

【原文】

秦二世三年,楚怀王见项梁军破,恐,迁盯台都彭城,并吕臣、项羽军自将之。以沛公为砀郡长,封为武安侯,将砀郡兵。封项羽为长安侯,号为鲁公。吕臣为司徒,其父吕青为令尹。

赵数请救,怀王乃以宋义为上将军,项羽为次将,范增为末将,北救赵。令沛公西略地入关。与诸将约,先入定关中者王之。

当是时,秦兵疆,常乘胜逐北,诸将莫利先入关。独项羽怨秦破项梁军,奋,愿与沛公西入关。怀王诸老将皆曰:"项羽为人僄悍①猾贼。项羽尝攻襄城,襄城无遗类②,皆阬之,诸所过无不残灭。且楚数进取,前陈王、项梁皆败。不如更遣长者③扶义④而西,告谕秦父兄。秦父兄苦其主久矣,今诚得长者注,毋侵暴,宜可下。今项羽僄悍,今不可遣。独沛公素宽大长者,可遣。"卒不许项羽,而遣沛公西略地,收陈王、项梁散卒。乃道砀至成阳,与杠里秦军夹壁,破秦二军。楚军出兵击王离,大破之。

【注释】

①僄悍:敏捷勇猛。②遗类:指残存者。③长者:厚道人,仁义之人。④扶义:仗义,一切行事以仁义为本。

【译文】

秦二世三年,楚怀王看到项梁的军队被打败,害怕了,就将都城从盯眙迁到彭城,并将吕臣和项羽的军队合在一起由自己亲自率领。任沛公为砀郡长,封为武安侯,率领砀郡的军队。封项羽为长安侯,封号为鲁公。吕臣任司徒,他的父亲吕青任令尹。

赵国多次向楚国请求救援,楚怀王就任宋义为上将军,项羽为次将军,范增为末将,率军向北救援赵国。命令沛公向西攻取土地进入关中。与各位将领约定,先进入平定关中的就可被封为此地的王。

这个时候,秦军强大,常乘胜追击败退的军队,诸将领没有人认为先入关是

件有利的事。只有项羽痛恨秦军打败了项梁的军队，所以很激愤，愿意和沛公一起向西攻入关中。怀王手下老将们都说："项羽这个人敏捷勇猛而又奸猾。他曾攻下襄城，襄城没有一个残存者，全城的人都被他活埋了，他所经过的地方没有不被毁灭的。而且楚军多次进攻，前面的陈王、项梁都被打败。不如改派一位长者，以仁义的方式向西进攻，给秦国的父老兄弟讲明道理。秦国民众已经因他们君主的残暴而受苦很久了，现在如果真的能有位长者前往，不侵犯暴掠，秦地应该是可以不攻自破的。如今项羽敏捷勇猛，不能派他去。只有沛公一向忠厚老实，且年长稳重，可派他前去。"怀王最终没有答应项羽，而是派沛公向西夺取土地。一路收集陈王、项梁被秦军打散的士卒。沛公经过砀县到达成阳，和杠里的秦军对垒，击败了秦国的两支军队。楚军又出兵攻打王离，打败了王离。

【原文】

沛公引兵西，遇彭越昌邑，因与俱攻秦军，战不利。还至栗，遇刚武侯，夺其军，可四千馀人，并之。与魏将皇欣、魏申徒武蒲之军并攻昌邑，昌邑未拔。西过高阳。郦食其为监门，曰："诸将过此者多，吾视沛公大人长者。"乃求见说沛公。沛公方踞床①，使两女子洗足。郦生不拜，长揖，曰："足下必欲诛无道秦，不宜踞见长者。"于是沛公起，摄衣②谢之，延上坐。食其说沛公袭陈留，得秦积粟。乃以郦食其为广野君，郦商为将，将陈留兵，与偕攻开封，开封未拔。西与秦将杨熊战白马，又战曲遇东，大破之。杨熊走之荥阳，二世使使者斩以徇。南攻颍阳，屠之。因张良遂略韩地轘辕。

【注释】

①踞床：坐在板凳上。床，坐具，如今板凳一类的。②摄衣：整饬衣装。

【译文】

沛公率军西进，在昌邑县遇到了彭越，于是就和彭越一起进攻秦军，战事不利，他们撤军返回到栗县，遇到刚武侯，就夺了他的军队，获得了大约四千多人，并入了自己的军队，然后同魏将皇欣、魏国申徒武蒲的军队联合攻打昌邑，昌邑没有攻下来。又向西路过高阳。高阳人郦食其对守城门的官吏说："路过这里的将领有很多，我看只有沛公是一位心胸宽大的长者。"于是就前去求见并游说沛公。沛公正在床边坐着，让两名女子给他洗脚。郦食其见了并没有叩拜，只是作了一个揖，他说："您如果真想诛伐无道的暴秦，就不能坐着接见长者。"于是沛公起身，整理好衣服向他道歉，请他坐在上座。郦食其劝说沛公袭击陈留，得到了秦国积存在陈留的粮食。于是沛公就封郦食其为广野君,任命他的弟弟郦军为将军,率领陈留的军队,同沛公一起攻打开封,开封没有攻下。又率军向西和秦将杨熊在白马交战,又在曲遇东面交战,打败秦军。杨熊逃到荥阳,秦二世派使者将他斩首示众。沛公又向南攻打颍阳,屠戮了颍阳。又凭借张良之力也将韩地轘辕占领了。

【原文】

当是时,赵别将司马卬方欲渡河入关,沛公乃北攻平阴,绝河津。南,战雒阳东,军不利,还至阳城,收军中马骑,与南阳守齮战犨东,破之。略南阳郡,南阳守齮走,保城守宛。沛公引兵过而西。张良谏曰:"沛公虽欲急入关,秦兵尚众,距险。今不下宛,宛从后击,彊秦在前,此危道也。"于是沛公乃夜引兵从他道还,更旗帜,黎明,围宛城三匝。南阳守欲自刭。其舍人陈恢曰:"死未晚也。"乃逾城见沛公,曰:"臣闻足下约,先入咸阳者王之。今足下留守宛。宛,大郡之都也,连城数十,人民众,积蓄多,吏人自以为降必死,故皆坚守乘城。今足下尽日止攻,士死伤者必多;引兵去宛,宛必随足下后:足下前则失咸阳之约,后又有彊宛之患。为足下计,莫若约降,封其守,因使止守,引其甲卒与之西。诸城未下者,闻声争开门而待,足下通行无所累。"沛公曰:"善。"乃以宛守为殷侯,封陈恢千户。引兵西,无不下者。至丹水,高武侯鳃、襄侯王陵降西陵。还攻胡阳,遇番君别将梅鋗,与皆,降析、郦。遣魏人宁昌使秦,使者未来。是时章邯已以军降项羽于赵矣。

【译文】

这时候,赵国的别将司马卬正打算渡过黄河进入关中,沛公就向北攻打平阴,截断黄河渡口。又向南进军,在洛阳东面同秦军交战,战事不利,退回到阳城,聚集军中的战马车骑,与南阳太守吕齮在南阳的东面交战,打败了吕齮。占领了南阳郡,南阳太守吕齮逃跑,退守宛城。沛公率军绕过宛城继续向西进军。张良劝谏说:"沛公虽然想着攻入关中,但秦军仍然很多,而且又凭借着险关拒守。现在如果攻不下宛城,宛城的秦军就会从我军后方攻击,强大的秦军又在前面挡着,这种做法很危险。"于是沛公在夜里率军从另一条道路返回,更换了旗帜,黎明时分,将宛城重重包围。南阳太守想自杀,他的门客陈恢说:"现在死还太早。"于是他越过城墙去见沛公,说:"我听说您与众将领约定,先入咸阳的就可以在哪里做王。现在您停下来围攻宛城。宛城是大郡的都城,联结着几十座城市,人口众多,积蓄充足,官吏们认为投降一定会被杀,所以都据城坚守。现今您整天停留在这里进行攻城,士卒死去和受伤的一定很多;如果您率军离开宛城,宛城的军队一定会跟随在您的后面追击。这样,您向西就会错过先进咸阳在那里称王的约定,后面又有强大的宛城军队袭击的后患。我为您着想,还不如约定条件投降,封赏它的太守,让他留守南阳,您率领他的军队一起向西。那些还没有被攻下的城邑,听说这个消息,一定会争先恐后地打开城门来迎接您,这样您向咸阳行进的道路就会畅通无阻,不必担心什么了。"沛公说:"好。"于是就封宛城的太守为殷侯,封陈恢为千户侯。沛公率军西进,城邑没有不攻下的。到了丹水,高武侯戚鳃、襄阳侯王陵都在西陵投降。沛公返回来进攻胡阳,遇到番君的别将梅鋗,便跟他一起,降服了析城和郦城。沛公派魏人宁昌出使秦国,使者还没有回来,这时的章邯就已经在赵地率领秦军投降了项羽。

【原文】

初,项羽与宋义北救赵,及项羽杀宋义,代为上将军,诸将黥布皆属,破秦将王离军,降章邯,诸侯皆附。及赵高已杀二世,使人来,欲约分王关中。沛公以为诈,乃用张良计,使郦生、陆贾注说秦将,啖以利①,因袭攻武关,破之。又与秦军战于蓝田南,益张疑兵旗帜,诸所过毋得掠卤②,秦人憙,秦军解,因大破之。又战其北,大破之。乘胜,遂破之。

汉元年十月,沛公兵遂先诸侯至霸上。秦王子婴素车白马,系颈以组,封皇帝玺符节,降轵道旁。诸将或言诛秦王。沛公曰:"始怀王遣我,固以能宽容;且人已服降,又杀之,不祥。"乃以秦王属吏,遂西入咸阳。欲止宫休舍,樊哙、张良谏,乃封秦重宝财物府库,还军霸上。召诸县父老豪桀曰:"父老苦秦苛法久矣,诽谤者族,偶语者弃市。吾与诸侯约,先入关者王之,吾当王关中。与父老约,法三章耳:杀人者死,伤人及盗抵罪。馀悉除去秦法。诸吏人皆案堵如故。凡吾所以来,为父老除害,非有所侵暴,无恐!且吾所以还军霸上,待诸侯至而定约束耳。"乃使人与秦吏行县乡邑,告谕之。秦人大喜,争持牛羊酒食献飨军士。沛公又让不受,曰:"仓粟多,非乏,不欲费人。"人又益喜,唯恐沛公不为秦王。

【注释】

①啖以利:以利益吸引之。啖,喂以食物。②掠卤:指抢物抢人。

【译文】

当初,项羽和宋义向北救援赵国,等到项羽杀了宋义,代替他当上了上将军,黥布等众将领都归了项羽,打败了秦将王离的军队,降服了章邯,诸侯都来归附。赵高杀了秦二世后,就派人前来,想与沛公约定在关中分割土地各自称王。沛公认为有诈,就用张良的计策,派郦食其、陆贾前去劝说秦国的将领,用利益引诱他们,沛公趁机进攻武关,攻了下来。接着又同秦军在蓝田南面展开交战,用多种旗帜来造成沛公军队众多的假象,所过之处不准掳掠,秦国人很高兴,秦军瓦解,因而得以打败秦军。接着又在蓝田北面同秦军展开交战,打败秦军,又乘胜追击,才打败了秦军。

汉元年十月,沛公的军队先于诸侯们的军队到达霸上。秦王子婴坐着用白马拉着的素车,把绳子套在脖颈上,奉上皇帝的玺印符节,在轵道旁向沛公投降。将领中有的人说要诛杀秦王。沛公说:"当初楚怀王派我向西进军关中,就是认为我能宽容待人,况且人家已经屈服投降,如果再杀掉他,这样做不吉祥。"于是就把秦王交给了主管官吏,就向西进入咸阳。沛公想住进秦宫里休息,樊哙、张良劝阻,这才下令封好了秦国的贵重宝器财物和府库,退回后驻军霸上。沛公召来各县父老豪杰说:"父老乡亲苦于秦朝苛刻的法令已经很久了,评论朝政的人要诛灭家族,相聚议论的人要诛杀示众。我和诸侯约定,谁先进入关中就做关中地区的王,因此我应该当关中王。我与父老们约定,只约法三章:杀人的处死刑,伤人和盗抢他人的要依法治罪,其余秦法全部废除。各级官吏都像以前那样各司其职。我之所以来到这里,就是为了替父老乡亲除害,而不是对你们侵犯暴掠,请不要害怕!而且我所以将军队撤回到霸上,是为了等候诸侯到来共同制定一个约法。"于是就派人和秦朝官吏巡行各县乡城邑,向民众讲明情况。秦国的人很高兴,争着送来牛羊酒食,慰劳士兵,沛公推辞不肯接受,说:"仓库中粮食很多,并不缺乏,不想让大家破费。"众人更加高兴,都担心沛公不在关中做秦王。

【原文】

或说沛公曰:"秦富十倍天下,地形彊。今闻章邯降项羽,项羽乃号为雍王,王关中。今则来,沛公恐不得有此。可急使兵守函谷关,无内诸侯军,稍徵关中兵以自益,距之。"沛公然其计,从之。十一月中,项羽果率诸侯兵西,欲入关,关门闭。闻沛公已定关中,大怒,使黥布等攻破函谷关。十二月中,遂至戏。沛公左司马曹无伤闻项王怒,欲攻沛公,使人言项羽曰:"沛公欲王关中,令子婴为相,珍宝尽有之。"欲以求封。亚父劝项羽击沛公。方飨士,旦日[1]合战。是时项羽兵四十万,号百万。沛公兵十万,号二十万,力不敌。会项伯欲活张良,夜往见良,因以文谕项羽,项羽乃止。沛公从百馀骑,驱之鸿门,见谢项羽。项羽曰:"此沛公左司马曹无伤言之。不然,籍何以生此!"沛公以樊哙、张良故,得解归。归,立诛曹无伤。

项羽遂西,屠烧咸阳秦宫室,所过无不残破。秦人大失望,然恐,不敢不服耳。

【注释】

①旦日:太阳初出时;天亮时。

【译文】

有人劝沛公说："秦国的富足是全天下的十倍，地理形势又好。如今听说章邯投降了项羽，项羽给他的封号为雍王，让他称王关中。现在他们如果来到关中，沛公您恐怕就不能拥有关中地区了。您可以立即派兵把守函谷关，阻止诸侯军队进入。并逐步征集关中的兵卒来加强自己的军力，以抵抗他们。"沛公认为很有道理，就依从了他的计谋。十一月中旬，项羽果然率领诸侯军向西行进，想要进入函谷关，可是关门闭着。项羽听说沛公已经平定了关中，非常生气，就派黥布等人攻克了函谷关。十二月中旬，到达戏地。沛公的左司马曹无伤听说项羽大怒，准备攻打沛公，就派人对项羽说："沛公想在关中称王，让子婴担任丞相，秦国的珍宝都据为己有。"他想借此求得项羽的封赏。亚父范增劝项羽攻打沛公。项羽当时正在犒劳士兵，准备第二天天亮同沛公交战。这时项羽的军队为四十万，号称百万。沛公的军队为十万，号称二十万，实力抵不过项羽。正好项伯想救张良，就在夜里前往军营见张良，于是趁机向项羽说了一番道理，项羽这才停止攻打沛公。沛公率领一百多名随从骑兵来到鸿门，见了项羽并向他道歉。项羽说："这是沛公您的左司马曹无伤告诉我的，要不然我怎么会起疑心？"沛公凭借樊哙和张良，才得以返回军中。沛公回到军中，就立即诛杀了曹无伤。

项羽于是就向西进军，屠戮和焚烧了咸阳城内的秦朝宫室，项羽所经过的地方没有不遭到摧毁破坏的。秦地人感到很失望，但由于害怕，也不敢不服从。

【原文】

项羽使人还报怀王。怀王曰："如约。"项羽怨怀王不肯令与沛公俱西入关，而北救赵，后天下约。乃曰："怀王者，吾家项梁所立耳，非有功伐①，何以得主约②！本定天下③，诸将及籍也。"乃详尊怀王为义帝，实不用其命。

正月，项羽自立为西楚霸王，王梁、楚地九郡，都彭城。负约，更立沛公为汉王，王巴、蜀、汉中，都南郑。三分关中，立秦三将：章邯为雍王，都废丘；司马欣为塞王，都栎阳；董翳为翟王，都高奴。楚将瑕丘申阳为河南王，都洛阳。赵将司马卬为殷王，都朝歌。赵王歇徙王代。赵相张耳为常山王，都襄国。当阳君黥布为九江王，都六。怀王柱国共敖为临江王，都江陵。番君吴芮为衡山王，都邾。燕将臧荼为燕王，都蓟。故燕王韩广徙王辽东。广不听，臧荼攻杀之无终。封成安君陈馀河间三县，居南皮。封梅鋗十万户。

【注释】

①功伐：犹言"功劳"、"功勋"。②主约：主持约定的兑现，亦即主持分封之事。③本定天下：指

真正打天下的人。

【译文】

项羽派人回去报告怀王。怀王说："按照约定行事。"项羽怨恨怀王不肯让他与沛公一起西进入关，却让他向北进军去救援赵国，才使他在争取谁先入关称王的盟约中落后。项羽说："怀王，是我家项梁扶立的，他并没有功劳，凭什么来主持订立盟约！真正平定天下，是各将军和我项籍。"于是就假意尊奉怀王为义帝，但实际上并不听从他的命令。

正月，项羽自立为西楚霸王，统治梁、楚地区的九个郡，建都彭城。他违背约定，另立沛公为汉王，统治巴、蜀、汉中地区，建都南郑。将关中分为三份，封立秦国的三位降将为王，章邯为雍王，建都废丘；司马欣为塞王，建都栎阳；董翳为翟王，建都高奴；楚将瑕丘申阳为河南王，建都洛阳，赵国的将军司马卬为殷王，建都朝歌，赵王歇被迁为代王。赵相张耳为常山王，建都襄国；当阳君黥布为九江王，建都六县；怀王的柱国共敖为临江王，建都江陵。番君吴芮为衡山王，建都邾县；燕国将军臧荼为燕王，建都蓟县；原来的燕王韩广被迁到辽东为王。韩广不听，臧荼就在无终攻打并杀死了他。项羽又封给安君陈馀河间地区的三个县，让他居住在南皮。封给梅鋗十万户。

【原文】

四月，兵罢戏下，诸侯各就国。汉王之国，项王使卒三万人从，楚与诸侯之慕从者数万人，从杜南入蚀中。去辄烧绝栈道，以备诸侯盗兵袭之，亦示项羽无东意。至南郑，诸将及士卒多道亡归，士卒皆歌思东归。韩信说汉王曰："项羽王诸将之有功者，而王独居南郑，是迁也。军吏士卒皆山东之人也，日夜跂而望归，及其锋而用之，可以有大功。天下已定，人皆自宁，不可复用。不如决策东乡，争权天下。"

项羽出关，使人徙义帝。曰："古之帝者地方千里，必居上游。"乃使使徙义帝长沙郴县，趣义帝行，群臣稍倍叛之，乃阴令衡山王、临江王击之，杀义帝江南。

项羽怨田荣，立齐将田都为齐王。田荣怒，因自立为齐王，杀田都而反楚；予彭越将军印，令反梁地。楚令萧公角击彭越，彭越大破之。陈馀怨项羽之弗王己也，令夏说说田荣，请兵击张耳。齐予陈馀兵，击破常山王张耳，张耳亡归汉。迎赵王歇于代，复立为赵王。赵王因立陈馀为代王。项羽大怒，北击齐。

【译文】

四月，各路诸侯军在戏下解散，诸侯各自回到自己的封国。汉王前往封国去，项王派了三万士兵随从前往，楚军和诸侯军中因仰慕汉王而跟从的有几万人。汉王的军队从杜县往南进入蚀地的山谷中。过去后就将栈道全部烧毁，为的是防备诸侯或强盗侵袭，也是向项王表明没有向东进攻的意思。到了南郑，部将和士兵有很多人在途中就已经逃回去了，士兵们都唱想要东归回家的歌。韩信劝汉王说："项羽将立功的各位将军分封为王，而唯独让您居住在南郑，这是对您的流放。军中的官吏、士兵都是崤山以东的人，他们日夜踮起脚跟东望，盼着回归故乡，如果趁着这种心气极高的时候利用他们，可以建立大功。倘若天下已经安定，人人都安居乐业，就再也用不上他们了，不如立即决策向东进发，争夺统治天下的大权。"

项羽出了函谷关，派人去迁徙义帝。他说："古时候的帝王拥有方圆千里的地域，一定要居住在江河的上游。"于是他就让使者将义帝迁到长沙郴县，催促义帝赶快前往。群臣于是渐渐背叛了项羽，项羽就暗中命令衡山王、临江王攻击他们，将义帝杀死在江南。

项羽怨恨田荣，就立齐将田都为齐王。田荣很生气，于是就自立为齐王，杀死了田都并反叛楚国，他将将军印授予彭越，命他在梁地反楚。楚国命萧公角攻打彭越，被彭越打败。陈馀怨恨项羽不封自己为王，就命夏说去游说田荣，请他出兵去攻打张耳。齐国给了陈馀一些军队，打败了常山王张耳，张耳逃走归附了汉王。陈馀从代地将赵王歇迎请回来，重新立为赵王。赵王因此将陈馀封为代王。项羽大怒，向北进军攻打齐国。

【原文】

八月，汉王用韩信之计，从故道还，袭雍王章邯。邯迎击汉陈仓，雍兵败，还走；止战好畤，又复败，走废丘。汉王遂定雍地。东至咸阳，引兵围雍王废丘，而遣诸将略定陇西、北地、上郡。令将军薛欧、王吸出武关，因王陵兵南阳，以迎太公、吕后于沛。楚闻之，发兵距之阳夏，不得前。令故吴令郑昌为韩王，距汉兵。

二年，汉王东略地，塞王欣、翟王翳、河南王申阳皆降。韩王昌不听，使韩信击破之。于是置陇西、北地、上郡、渭南、河上、中地郡；关外置河南郡。更立韩太尉信为韩王。诸将以万人若以一郡降者，封万户。缮治①河上塞。诸故秦苑囿园池，皆令人得田之，正月，虏雍王弟章平。大赦罪人。

汉王之出关至陕，抚关外父老，还，张耳来见，汉王厚遇之。

二月，令除秦社稷，更立汉社稷。

①缮治:整理;修补。

【译文】

八月,汉王采用韩信的计谋,从原先的道路返回关中,袭击雍王章邯。章邯在陈仓迎击汉军,雍王的军队被打败,退兵逃走。在好畤停下来又和汉军交战,再次战败,逃到了废丘。汉王于是平定了雍地。向东行进到达咸阳,另派一支军队在废丘包围雍王,然后又派众将领攻克平定陇西、北地、上郡。命令将军薛欧、王吸率军出武关,借助王陵的军队驻扎在南阳,到沛县去迎接太公、吕后。楚国得知此事,派兵在阳夏阻挡,汉军不能前进。楚国又封原吴县县令郑昌为韩王,在韩地阻挡汉军。

二年,汉王向东夺取土地,塞王司马欣、翟王董翳、河南王申阳都投降了汉王。韩王郑昌不顺从,汉王就命韩信打败了他。于是就设置了陇西、北地、上郡、渭南、河上、中地等郡。在关外设置了河南郡。改立韩国太尉信为韩王。众将领凡是率领万人或以一个郡投降的,就封为万户侯。修治河上郡的要塞。原来秦国所拥有的苑囿园地,都允许人们作为田地耕种。正月,俘虏了雍王的弟弟章平。大赦天下罪犯。

汉王出了函谷关到达陕县,安抚关外百姓。返回后,张耳来拜见,汉王给予优厚的待遇。

二月,下令除去秦朝的社稷,改立汉朝的社稷。

【原文】

三月,汉王从临晋渡,魏王豹将兵从。下河内,虏殷王,置河内郡。南渡平阴津,至洛阳。新城三老①董公遮说汉王以义帝死故。汉王闻之,袒而大哭。遂为义帝发丧,临②三日。发使者告诸侯曰:"天下共立义帝,北面事之。今项羽放杀③义帝于江南,大逆无道。寡人亲为发丧,诸侯皆缟素。悉发关内兵,收三河士,南浮江汉以下,愿从诸侯王击楚之杀义帝者。"

是时项王北击齐,田荣与战城阳。田荣败,走平原,平原民杀之。齐皆降楚。楚因焚烧其城郭,系虏其子女。齐人叛之。田荣弟横立荣子广为齐王,齐王反楚城阳。项羽虽闻汉东,既已连齐兵,欲遂破之而击汉。汉王以故得劫五诸侯兵,遂入彭城。项羽闻之,乃引兵去齐,从鲁出胡陵,至萧,与汉大战彭城灵壁东睢水上,大破汉军,多杀士卒,睢水为之不流。乃取汉王父母妻子于沛,置之军中以为质。当是时,诸侯见楚彊汉败,还皆去汉复为楚。塞王欣亡入楚。

【注释】

①三老：古代掌教化之官。乡、县、郡均曾先后设置。②临：哭吊。③放杀：放逐并杀害。

【译文】

三月，汉王从临晋县渡过黄河，魏王豹率军随从，攻下了河内地区，俘虏了殷王，设置了河内郡。然后向南渡过平阳津，到达洛阳。由于义帝被杀的缘故，身为新城三老的董公拦路将怀王被杀的消息告诉汉王。汉王听后，袒露着左臂大声痛哭。然后就为义帝发丧，哭吊三天。汉王遣使者通告诸侯说："天下人共同拥立义帝，我们都臣服于他。现在项羽在江南放逐并杀害义帝，这是大逆不道。我亲自为义帝办理丧事，诸侯都应身穿素白孝衣。我将调动关内所有的军队，召集河南、河东、河内三郡的兵士，向南顺着长汉、汉水漂浮南下，我愿意同诸侯王一起攻打楚国杀害义帝的人。"

这时候项王正向北攻打齐国，田荣和他在城阳交战。田荣失败，逃到平原，平原的百姓将他杀了。齐国各地都投降了楚国。楚国因此焚烧了齐国的城邑，掳掠了齐人的子女。齐人又反叛了楚国。田荣的弟弟田横立田荣的儿子田广为齐王，齐王在城阳举兵反楚。项羽虽听说汉军东进，但既然已和齐军交战，就准备打败齐军后再去攻打汉军。汉王因此得以挟持五路诸侯的军队，攻入彭城。项羽得知此事，就率军离开齐国，由鲁县出发路过胡陵，到达萧县，与汉军在彭城灵壁东面的睢水上展开交战，打败汉军，杀了许多汉军士卒，睢水因此而不能畅流。而后又在沛县抓来沛公的父母、妻子和儿女，将他们安置在军中作为人质。那时，诸侯看到楚国强大而汉军失败，又都背离了汉王重新归附楚王。塞王司马欣逃到了楚国。

【原文】

吕后兄周吕侯为汉将兵，居下邑。汉王从之，稍收士卒，军砀。汉王乃西过梁地，至虞。使谒者①随何②之九江王布所，曰："公能令布举兵叛楚，项羽必留击之。得留数月，吾取天下必矣。"随何往说九江王布，布果背楚。楚使龙且往击之。

汉王之败彭城而西，行使人求家室，家室亦亡，不相得。败后乃独得孝惠，六月，立为太子，大赦罪人。令太子守栎阳，诸侯子在关中者皆集栎阳为卫。引水灌废丘，废丘降，章邯自杀。更名废丘为槐里。于是令祠官祀天地四方上帝山川，以时祀之。兴关内卒乘塞③。

是时九江王布与龙且战，不胜，与随何间行归汉。汉王稍收士卒，与诸将及关中卒益出，是以兵大振荥阳，破楚京、索间。

①谒者：官名，帝王身边主管赞礼与收发传达的官员。②随何：刘邦部下的参谋人员，与郦食其、陆贾等皆以辞令、口辩著称。③乘塞：守卫边疆要塞。

【译文】

吕后的哥哥周吕侯为汉王统率军队，驻扎在下邑。汉王去投奔他，逐渐收集士卒，驻扎在砀县。汉王就向西经过梁地，到达虞县。汉王派谒者随何到九江王黥布的住地，对随何说："你如果能让黥布举兵反楚，项羽一定会留下来攻打他。只要项羽能停留几定个月，我一定能取得天下。"随何前去劝说九江王黥布，黥布果然背叛了楚国。楚国派龙且前去攻打黥布。

汉王在彭城失败后就向西撤退，途中派人寻求自己的家人，家人也已出逃，没有找到他们。失败后只找到了孝惠。六月，汉王将孝惠立为太子，大赦天下罪人。命令太子守卫栎阳，诸侯王的儿子在关中的都聚集到栎阳守卫。汉军引来河水灌淹废丘城，废丘城守兵投降了汉军，章邯自杀。将废丘更名为槐里。于是就命令负责祭祀的官员祭祀天地、四方、上帝、山川，根据时令举行祭祀。又发动关内的士卒守卫要塞。

这时候，九江王黥布和龙且交战，没有取得胜利，他就与随何一起抄小路归附汉王。汉王逐渐收集了一些士卒和将领，等待关中增援的士卒到来，于是荥阳汉军势力大振，在京、索地区打败了楚军。

【原文】

三年，魏王豹谒归视亲疾，至即绝河津，反为楚。汉王使郦生说豹，豹不听。汉王遣将军韩信击，大破之，虏豹。遂定魏地，置三郡，曰河东、太原、上党。汉王乃令张耳与韩信遂东下井陉击赵，斩陈馀、赵王歇。其明年，立张耳为赵王。

汉王军荥阳南，筑甬道属之河①，以取敖仓②。与项羽相距岁馀。项羽数侵夺汉甬道，汉军乏食，遂围汉王。汉王请和，割荥阳以西者为汉。项王不听。汉王患之，乃用陈平之计，予陈平金四万斤，以间疏楚君臣。于是项羽乃疑亚父。亚父是时劝项羽遂下荥阳，及其见疑，乃怒，辞老，愿赐骸骨归卒伍，未至彭城而死。

汉军绝食，乃夜出女子东门二千馀人，被甲，楚因四面击之。将军纪信乃乘王驾，诈为汉王，诳楚，楚皆呼万岁，之城东观，以故汉王得与数十骑出西门遁。令御史大夫周苛、魏豹、枞公守荥阳。诸将卒不能从者，尽在城中。周苛、枞公相谓曰："反国之王，难与守城。"因杀魏豹。

【注释】

①属之河:指从荥阳南一直向北通连到黄河边上。属,连接。②敖仓:秦朝在荥阳县西北敖山上所筑的大粮仓。

【译文】

三年,魏王豹请假回家探望得病的父母,一到魏地,他就断绝了黄河渡口,反叛汉王而归附楚国。汉王派郦食其去劝说魏王豹,魏王豹不听从。汉王派将军韩信攻打他,将其打败,俘虏了魏王豹。这才平定了魏地,并里设置了三个郡,分别是河东郡、太原郡、上党郡。汉王于是就命令张耳和韩信继续东进占领井陉进而攻打赵国,斩杀了陈馀、赵王歇。第二年,汉王封张耳为赵王。

汉王驻扎在荥阳南面,修筑了一条连通到黄河岸边的甬道,用来取得敖仓的粮食。汉王和项羽对峙了一年之久。项羽多次侵夺汉军的甬道,汉军粮食缺乏,项羽于是包围了汉军。汉王请求讲和,希望划割荥阳以西的地区给汉。项羽不答应。汉王对此非常担忧,就采用陈平的计策,给了陈平黄金四万斤,用来离间楚国的君臣。于是项羽就怀疑亚父范增。亚父当时劝项羽攻下荥阳,待他被项羽猜疑后,非常气愤,就推说年老,希望项羽将他这副老骨头赏赐给他,让他告老还乡,结果还没有到达彭城就去世了。

汉军的粮食绝尽,于是就趁夜在东门放出两千多名身披铠甲的女子,楚军就从四面攻击,将军纪信乘坐汉王的车驾,假扮成汉王,以迷惑楚军。楚军一起高呼万岁,来到东城去观看,汉王因此才得以带着几十名骑兵从西门逃走。汉王临走时命令御史大夫周苛、魏豹、枞公守卫荥阳。那些不能随从汉王出城的将领和士卒,都留在城中。周苛、枞公相互商量后说:"叛国的君王,很难与他一起守卫城池。"于是就将魏豹杀了。

【原文】

汉王之出荥阳入关,收兵欲复东。袁生说汉王曰:"汉与楚相距荥阳数岁,汉常困。原君王出武关,项羽必引兵南走,王深壁,令荥阳成皋间且得休。使韩信等辑河北赵地,连燕齐,君王乃复走荥阳,未晚也。如此,则楚所备者多,力分,汉得休,复与之战,破楚必矣。"汉王从其计,出军宛叶间,与黥布行收兵。

项羽闻汉王在宛,果引兵南。汉王坚壁不与战。是时彭越渡睢水,与项声、薛公战下邳,彭越大破楚军。项羽乃引兵东击彭越。汉王亦引兵北军成皋。项羽已破走①彭越,闻汉王复军成皋,乃复引兵西,拔荥阳,诛周苛、枞公,而房韩王信,遂围成皋。

【注释】

①破走：击破败走。

【译文】

汉王逃出荥阳进入关中，收集军队准备再次东进。袁生劝汉王说："汉和楚在荥阳相持了几年，汉军常常被困。希望汉王向武关出兵，项羽一定会率军向南转移，那时您深挖壕沟、高筑壁垒，让荥阳、成皋地区的汉军得到休整的机会。派韩信等人去黄河以北的赵地进行安抚，联合燕国、齐国，到那时您再进军荥阳也不迟。这样，楚国所要防备的地区就会增多，力量分散，而汉军却得以休整，再同楚军交战，打败楚军是一定的。"汉王听从了他的计策，发兵在宛县、叶县之间，和黥布在行途中收集军队。

项羽得知汉王在宛县，果然率军向南进兵。汉王加固壁垒而不同楚军交战。这时彭越的军队渡过睢水，他与项声、薛公交战在下邳，彭越打败楚军。项羽于是就率军向东攻打彭越。汉王也率领军队北进，驻扎在成皋。项羽将彭越的军队打败而迫使他逃走后，听说汉王又驻军在成皋，于是又率军西进，攻下荥阳，诛杀了周苛、枞公，俘虏了韩王信，接着包围了成皋。

【原文】

汉王跳①，独与滕公共车出成皋玉门，北渡河，驰宿修武。自称使者，晨驰入张耳、韩信壁，而夺之军。乃使张耳北益收兵赵地，使韩信东击齐。汉王得韩信军，则复振。引兵临河，南飨军小修武南，欲复战。郎中郑忠乃说止汉王，使高垒深堑，勿与战。汉王听其计，使卢绾、刘贾将卒二万人，骑数百，渡白马津，入楚地，与彭越复击破楚军燕郭西，遂复下梁地十馀城。

淮阴已受命东，未渡平原。汉王使郦生注说齐王田广，广叛楚，与汉和，共击项羽。韩信用蒯通计，遂袭破齐。齐王烹郦生，东走高密。项羽闻韩信已举河北兵破齐、赵，且欲击楚，则使龙且、周兰注击之。韩信与战，骑将灌婴击，大破楚军，杀龙且。齐王广饹彭越。当此时，彭越将兵居梁地，注来苦楚兵，绝其粮食。

【注释】

①跳：通"逃"。逃走。

【译文】

汉王逃走，只和滕公共同乘坐一辆车从皋城北边的玉门逃出，向北渡过黄河，驱马

跑到夜晚，住宿在修武。汉王自称自己为使者，早晨的时候急驰进入张耳、韩信的营中，夺了他们的军权。然后派张耳往北到赵地去收集士卒，派韩信向东攻打齐国。汉王得到韩信的军队，则重新振作起来，率军来到黄河边，在小修武的南面犒赏军队，准备再次和楚军交战。郎中郑忠就劝阻汉王，让他先高筑壁垒，深挖壕沟，不要同楚军交战。汉王听从了他的计策，派卢绾、刘贾率军两万人，骑兵几百名，渡过白马津，进入楚地，同彭越的军队在燕县的西边再次打败了楚军，接着又攻下了梁地的十几座城池。

淮阴侯韩信接受命令向东进军，还没有渡过平原城，汉王派郦食其前去游说齐王田广，田广反叛楚国，与汉和好，一起攻打项羽。韩信采用蒯通的计策，袭击并攻破了齐军。齐王将郦食其烹杀后，向东逃到高县。项羽得知韩信已率领黄河以北的军队攻占了齐国、赵国，并且准备攻打楚国，就派龙且、周兰前去攻打韩信。韩信同他们交战，骑兵将领灌婴出击，打败楚军，并杀了龙且。齐王田广投奔了彭越。这时，彭越率军驻扎在梁地，往来袭击骚扰楚军，断绝了楚军的粮食供给。

【原文】

四年，项羽乃谓海春侯大司马曹咎曰："谨守成皋。若汉挑战，慎勿与战，无令得东而已。我十五日必定梁地，复从将军。"乃行击陈留、外黄、睢阳，下之。汉果数挑楚军，楚军不出，使人辱之五六日，大司马怒，度兵汜水。士卒半渡，汉击之，大破楚军，尽得楚国金玉货赂。大司马咎、长史欣皆自刭汜水上。项羽至睢阳，闻海春侯破，乃引兵还。汉军方围钟离眛于荥阳东，项羽至，尽走险阻。

韩信已破齐，使人言曰："齐边楚，权轻，不为假王，恐不能安齐。"汉王欲攻之。留侯曰："不如因而立之，使自为守。"乃遣张良操印绶立韩信为齐王。

项羽闻龙且军破，则恐，使盱台人武涉往说韩信。韩信不听。

【译文】

四年，项羽对海春侯大司马曹咎说："你要谨慎守护成皋。如果汉军来挑战，千万不要与他们交战，只要不让他们向东进军就可以了。我在十五天内一定能平定梁地，然后再来与将军们会合。"于是项羽率军去攻打陈留、外黄、睢阳，都攻了下来。汉军果真多次地向楚军挑战，楚军不出战，汉军派人辱骂了他们五六天，大司马大怒，率军渡过汜水。士卒刚渡到一半，汉军攻击，打败了楚军，缴获了楚国所有的金玉财货。大司马曹咎、长史司马欣都在汜水岸边自杀了。项羽到了睢阳，听说海春侯被打败，就率军返回。汉军正在荥阳的东面围攻钟离眛，项羽来到，汉军就都向险阻地带逃走。

韩信打败齐国后，派人对汉王说："齐国靠近楚国，我的权力太小，如果不立为代理齐王，恐怕不能安定齐国。"汉王打算攻打他，留侯张良说："不如趁机立他为王，让他为自己守卫齐地。"于是汉王派张良拿着印绶去立韩信为齐王。

项羽听说龙且的军队被打败，就害怕了，就派盱眙人武涉前去游说韩信。韩信没有听从。

【原文】

楚汉久相持未决，丁壮苦军旅，老弱罢转饟。汉王项羽相与临广武之间而语。项羽欲与汉王独身挑战。汉王数^①项羽曰："始与项羽俱受命怀王，曰先入定关中者王之，项羽负约，王我于蜀汉，罪一。秦项羽矫杀^②卿子冠军而自尊，罪二。项羽已救赵，当还报，而擅劫诸侯兵入关，罪三。怀王约入秦无暴掠，项羽烧秦宫室，掘始皇帝冢，私收其财物，罪四。又彊杀秦降王子婴，罪五。诈阬秦子弟新安二十万，王其将，罪六。项羽皆王诸将善地，而徙逐故主，令臣下争叛逆，罪七。项羽出逐义帝彭城，自都之，夺韩王地，并王梁楚，多自予，罪八。项羽使人阴弑义帝江南，罪九。夫为人臣而弑其主，杀已降，为政不平，主约不信^③，天下所不容，大逆无道，罪十也。吾以义兵从诸侯诛残贼，使刑余罪人击杀项羽，何苦乃与公挑战！"项羽大怒，伏弩射中汉王。汉王伤匈，乃扪足曰："虏中吾指！"汉王病创卧，张良彊请汉王起行劳军，以安士卒，毋令楚乘胜于汉。汉王出行军^④，病甚，因驰入成皋。

【注释】

①数：列举其罪而责之。②矫杀：假借名义而杀害。③不信：不公平，不守信义。④行军：视察、检阅军队。

【译文】

楚汉双方长久相持不下，壮年男子厌倦了行军作战，老弱由于转运军粮物资疲惫不堪，汉王和项羽相互在广武之间对话。项羽想和汉王单独挑战。汉王列举项羽的罪状说："当初我和你一同受怀王之命，说先进入并平定关中地区的人就做关中王，项羽你违背约定，将我封蜀汉地区为王，这是第一条罪状。项羽你假借诏令杀害卿子冠军宋义而自立为上将军，这是第二条罪状。项羽你解救了赵国后，应当回来报告怀王，而你却擅自劫持诸侯率军入关，这是第三条罪状。怀王约定进入秦地后不要抢劫掠夺，项羽你却烧毁了秦国的宫室，挖掘了始皇帝的墓地，私自收取秦地的财物，这是第四条罪状。你又强杀了秦国投降的君王子婴，这是第五条罪状。以欺诈的手段将秦国子弟二十万人活埋在新安,却将他们的将领封为王,这是第六条罪状。项羽你将自己的部将都封在好地方为王,却迁贬驱逐原有的君主,使他们的臣子因为争王位而反叛,这是第七条罪状。你将义帝驱逐出彭城,自己却在那里建都,夺取韩王的土地,把梁、楚的地方合并在一起而据为己有,多分给自己封土,这是第八条罪状。项羽你派人在江南暗杀义帝,这是第九条罪状。你身为人臣却谋杀君主,杀害已经投降的人,处理政事不公平,主持盟约不讲信用,这是天下所无法容忍的,是大逆不道的,这是第十条罪状。我以正义之军联合诸侯诛杀残暴的贼子,驱使那些受过刑的罪犯就可以杀掉你项羽,又何必劳累我来跟你挑战呢!"项羽勃然大怒,埋伏下弓弩射中了汉王。汉王的胸部被射中,却用手捂着脚,说:"贼虏射中了我的脚趾!"汉王因受伤而病倒,张良坚决请汉王起来去慰劳军队,以此来稳定军心,不使楚军占胜利的威势压倒汉军。汉王出来巡视军中,病情更加严重,因此急驰进入成皋。

【原文】

病愈,西入关,至栎阳,存问①父老,置酒,枭故塞王欣头栎阳市。留四日,复如军,军广武。关中兵益出。

当此时,彭越将兵居梁地,往来苦楚兵,绝其粮食。田横注从之。项羽数击彭越等,齐王信又进击楚。项羽恐,乃与汉王约,中分天下,割鸿沟而西者为汉,鸿沟而东者为楚。项王归汉王父母妻子,军中皆呼万岁,乃归而别去。

项羽解而东归。汉王欲引而西归,用留侯、陈平计,乃进兵追项羽,至阳夏南止军,与齐王信、建成侯彭越期会而击楚军。至固陵,不会。楚击汉军,大破之。汉王复入壁,深堑而守之。用张良计,于是韩信、彭越皆注。及刘贾入楚地,围寿春,汉王败固陵,乃使使者召大司马周殷举九江兵而迎武王,行屠城父,随刘贾、齐梁诸侯皆大会垓下。立武王布为淮南王。

【注释】

①存问:慰问;慰劳。多指尊对卑,上对下。

【译文】

汉王痊愈后,向西进入函谷关,到了栎阳后,慰问父老,设酒宴款待他们,在栎阳市中将原塞王司马欣的头砍下挂在木杆上示众。汉王在栎阳停留了四天,又回到军中,驻扎在广武。关中的军队出关参战的也增多了。

这时候,彭越率军驻扎在梁地,往来袭击骚扰楚军,断绝楚军的粮食供给。田横前往跟从他。项羽多次攻打彭越等人，齐王韩信又攻打楚军。项羽害怕了，就同汉王约定，平分天下，鸿沟以西的地区划归汉，鸿沟以东的地区划归楚。项王归还了汉王的父母、妻子、儿女，军中官兵高呼万岁，就回师分别到各自的属地去。

项羽退兵后回到东方。汉王也准备率军回到西方，但又采用留侯张良和陈平的计策，率军追击项羽，到阳夏南面后让部队驻扎下来，同齐王韩信、建成侯彭越约定了会合的时间，联合攻打楚军。汉王到达固陵后，韩信和彭越没有来会合，楚军攻打汉军，将汉军打败。汉王又进入营垒，深挖沟壑据守。采用张良的计策而使韩信和彭越都率军前来。等刘贾进入楚地，围攻寿春，汉王在固陵被打败，于是就派使者召来大司马周殷，让他出动九江的军队来迎接武王黥布。武王黥布在行军途中屠戮了城父县，随后刘贾、齐、梁诸侯的军队都在垓下会合。汉王封武王黥布为淮南王。

【原文】

五年，高祖与诸侯兵共击楚军，与项羽决胜垓下。淮阴侯将三十万自当之，孔将军居左，费将军居右，皇帝在后，绛侯、柴将军在皇帝后。项羽之卒可十万。淮阴先合，不利，却。孔将军、费将军纵，楚兵不利，淮阴侯复乘之，大败垓下。项羽卒闻汉军之楚歌，以为汉尽得楚地，项羽乃败而走，是以兵大败。使骑将灌婴追杀项羽东城，斩首八万，遂略定楚地。鲁为楚坚守不下。汉王引诸侯兵北，示鲁父老项羽头，鲁乃降。遂以鲁公号葬项羽穀城。

还至定陶，驰入齐王壁，夺其军。

正月，诸侯及将相相与共请尊汉王为皇帝。汉王曰："吾闻帝贤者有也，空言虚语，非所守也，吾不敢当帝位。"群臣皆曰："大王起微细，诛暴逆，平定四海，有功者辄裂地而封为王侯。大王不尊号①，皆疑不信。臣等以死守之。"汉王三让，不得已，曰："诸君必以为便，便国家。"甲午②，乃即皇帝位氾水之阳。

【注释】

①不尊号：指不当皇帝，不立尊号。②甲午：汉五年阴历二月初三。即皇帝位氾水之阳：这里是指定陶县城北的氾北岸。

【译文】

五年，高祖和诸侯的军队联合攻打楚军，与项羽决战于垓下。淮阴侯率领三十万士卒与楚军正面对阵，孔将军在左边，费将军在右边，汉王刘邦领兵在后，绛侯周勃、柴将军跟在汉王的后面。项羽的士卒大概有十万。淮阴侯韩信的军队首先同楚军交战，战斗

失利,向后退却。孔将军、费将军从左右两边纵兵攻上来,楚军失利,淮阴侯再次趁机进攻,将楚军打败在垓下。项羽的士卒听到汉军唱楚地的歌,以为汉军已全部占领了楚地,项羽于是就败退而逃,楚军因此大败。汉王派骑兵将领灌婴追杀项羽到东城,杀死了八万楚军,终于攻克平定了楚地。鲁县为楚国坚守不降。汉王率领诸侯的军队向北进军,将项羽的人头给鲁县的父老看,鲁县这才投降。于是汉王就按照鲁公的名号将项羽安葬在谷城。

汉王回师定陶,骑马奔入齐王的军营,夺取了他的军权。

正月,诸侯和将相们共同请求尊奉汉王为皇帝。汉王说:"我听说只有贤德的人才能据有皇帝的尊号,不实在的话,是不能据守的,我可承担不了皇帝的尊号。"群臣都说:"大王您从平民起事,诛除暴逆,平定四海,有功的人就分赏土地并封为王侯。如果您不称皇帝的尊号,那么功臣们对您的封赏也就都不相信了。我们这些臣子愿意以死请求。"汉王再三推让,实在推辞不过,才说:"诸位如果真的认为这样有利,那我也就从有利于国事上来考虑吧。"甲午日,汉王就在汜水的北岸即皇帝位。

【原文】

皇帝曰义帝无后。齐王韩信习楚风俗,徙为楚王,都下邳。立建成侯彭越为梁王,都定陶。故韩王信为韩王,都阳翟。徙衡山王吴芮为长沙王,都临湘。番君之将梅鋗有功,从入武关,故德番君。淮南王布、燕王臧荼、赵王敖皆如故。

天下大定。高祖都洛阳,诸侯皆臣属。故临江王骓为项羽叛汉,令卢绾、刘贾围之,不下。数月而降,杀之洛阳。

五月,兵皆罢①归家。诸侯子在关中者复之十二岁,其归者复之六岁,食之一岁。

高祖置酒洛阳南宫。高祖曰:"列侯诸将无敢隐朕,皆言其情。吾所以有天下者何?项氏之所以失天下者何?"高起、王陵对曰:"陛下慢而侮人,项羽仁而爱人。然陛下使人攻城略地,所降下者因以予之,与天下同利也。项羽妒贤嫉能,有功者害之,贤者疑之,战胜而不予人功,得地而不予人利,此所以失天下也。"高祖曰:"公知其一,未知其二。夫运筹策帷帐之中,决胜于千里之外,吾不如子房。镇国家,抚百姓,给馈饷②,不绝粮道,吾不如萧何。连百万之军,战必胜,攻必取,吾不如韩信。此三者,皆人杰也,吾能用之,此吾所以取天下也。项羽有一范增而不能用,此其所以为我擒也。"

【注释】

①罢归:辞职或免官归里。 ②给馈饷(kuì xiǎng):供应前方粮食。

皇帝说义帝没有后代,齐王韩信了解楚地风俗,就将韩信迁为楚王,定都下邳。封建成侯彭越为梁王,定都定陶。原来的韩王信仍为韩王,定都阳翟。衡山王吴芮被迁为长沙王,定都临湘。番君的将军梅鋗立有战功,跟从皇帝攻入武关,所以感激番君。淮南王黥布、燕王臧荼、赵王敖封号都没有改变。

天下已平定,高祖定都洛阳,诸侯都称臣归附他。原来的临江王共驩为了项羽,反叛了汉朝,高祖命令卢绾、刘贾围攻他,没有攻下。几个月后他投降,刘邦在洛阳将他杀了。

五月,士兵们都解甲回家。诸侯之子留在关中的都免除十二年的赋税徭役,回到封国的都免除六年的赋税徭役,国家供养他们一年。

高祖在洛阳南宫摆酒设宴。高祖说:"列侯和各位都不要对我隐瞒,都要说真心话。我能取得天下是因为什么呢?项羽之所以失去天下又是因为什么呢?"高起、王陵回答说:"陛下为人傲慢而且爱轻视戏侮别人,项羽为人宽厚而且爱护别人。但陛下在派人攻打城池夺取土地后,所攻克降服的地区就封给他们,和天下人共享其利益。项羽嫉妒贤能,有功的人就加害,贤能的人就猜疑,打了胜仗不给别人授功,得到土地不给别人利益,这就是他失天下的原因。"高祖说:"你们只知其一,不知其二。在帷帐当中运筹谋划,而能决定千里以外的战争取得胜利,我比不上张子房;镇守国家,安抚百姓,供给粮食,保证粮草运输不断,我比不上萧何;统领百万大军,战必胜,攻必克,我比不上韩信。这三个人,都是人中豪杰,我能够任用他们,这就是我之所以能得天下的原因。项羽有一位范增却不能任用,这就是他被我擒获的原因。"

高祖欲长都洛阳,齐人刘敬说,乃留侯劝上入都关中,高祖是日驾,入都关中。六月,大赦天下。

十月,燕王臧荼反,攻下代地。高祖自将击之,得燕王臧荼。即立太尉卢绾为燕王。使丞相哙将兵攻代。

其秋,利几反,高祖自将兵击之,利几走。利几者,项氏之将。项氏败,利几为陈公,不随项羽,亡降高祖,高祖侯之颍川。高祖至洛阳,举通侯籍召之,而利几恐,故反。

六年,高祖五日一朝太公,如家人父子礼。太公家令①说太公曰:"天无二日,土无二王。今高祖虽子,人主也;太公虽父,人臣也。奈何令人主拜人臣!如此,则威重不行。"后高祖朝,太公拥篲②,迎门却行。高祖大惊,下扶太公。太公曰："帝,人主也,奈何以我乱天下法!"于是高祖乃尊太公为太上皇。心善家令言,赐金五百斤。

【注释】

①家令:汉代皇家的属官,主管家事,诸侯国亦设此职。后世仅有太子家令。②篲(huì):扫帚。

【译文】

高祖想要长期定都洛阳,齐人刘敬劝说高祖,直到留侯张良劝说皇上进入关中,高祖才在当天起驾入关,定都关中。六月,大赦天下。

十月,燕王臧荼造反,攻下了代地。高祖亲自率军攻打他,俘获了燕王臧荼。随即封太尉卢绾为燕王,命丞相樊哙率军去攻打代地。

就在这一年的秋天,利几谋反,高祖亲自率军攻打,利几逃走。利几是项羽的部将,项羽战败时,他担任陈县县令,没有追随项羽,而是逃出投降了高祖,高祖封他在颍川为侯。高祖来到洛阳,按照所有诸侯的名籍征召他,利几害怕了,所以就造反了。

六年,高祖每五天朝拜太公一次,就像平常人家那样行父子相见的礼节。太公的家令劝说太公道:"天上不会有两个太阳,地上不会有两个君主。现在高祖虽然是您的儿子,但他还是君主;太公您虽然是他的父亲,却还是臣子,怎么能让君主拜见臣子呢!如果这样,那么皇帝的威严就不能遍行天下了。"以后高祖再来朝拜,太公就抱着扫帚,对着门口倒退着走。高祖大为吃惊,忙下车扶住太公。太公说:"皇帝是君主,怎么能因为我而乱了天下的法度!"于是高祖就尊奉太公为太上皇。心中认为家令说得好,就赏赐给他黄金五百斤。

【原文】

十二月,人有上变事告楚王信谋反,上问左右,左右争欲击之。用陈平计,乃伪游云梦,会诸侯于陈,楚王信迎,即因执之。是日,大赦天下。田肯贺,因说高祖曰:"陛下得韩信,又治秦中①。秦,形胜之国,带河山之险,县隔千里,持戟②百万,秦得百二焉。地埶便利,其以下兵于诸侯,譬犹居高屋之上建瓴水也。夫齐，东有琅邪、即墨之饶，南有泰山之固，西有浊河之限，北有勃海之利。地方二千里，持戟百万，县隔千里之外，齐得十二焉。故此东西秦也。非亲子弟，莫可使王齐矣。"高祖曰："善。"赐黄金五百斤。

后十馀日，封韩信为淮阴侯，分其地为二国。高祖曰将军刘贾数有功，以为荆王，王淮东。弟交为楚王，王淮西。子肥为齐王，王七十馀城，民能齐言者皆属齐。乃论功，与诸列侯剖符行封。徙韩王信太原。

【注释】

①秦中：古地区名。指今陕西中部平原地区，因春秋、战国时地属秦国而得名。也称关中。②持戟：指战士。

【译文】

十二月，有人上书举报楚王韩信谋反，皇上询问左右大臣对策，他们都争着想去攻打韩信。高祖采用了陈平的计策，假称去游览云梦泽，在陈县会集诸侯，楚王韩信到此迎接，就趁机拘捕了他。这一天，高祖大赦天下。田肯前来祝贺，趁机劝说高祖道："陛下擒获了韩信，又统治着关中。秦地是形势险要之地，它具有河山所形成的险阻，又与其他地区相隔千里。倘若关东拥有百万士卒前来攻击，秦只要两万的兵力就可抵挡。秦地地势便利，如果对诸侯用兵，就好像从高屋的房顶上往下倒水一样势不可挡。再说齐地，它东有琅邪、即墨环绕，南有泰山的险固，西有黄河的险要，北有渤海的地利，土地纵横两千里，如果有百万的军队，从隔绝千里以外的地区前来攻打，齐国只要二十万的兵力就可抵挡。所以齐秦二地实际上是东西二秦，如果不是陛下的亲属子弟，就不要派去做齐王。"高祖说："对。"赏赐给他黄金五百斤。

十几天后，高祖封韩信为淮阴侯，将他原有的土地分割成两个王国。高祖说将军刘贾屡次立功，就封他为荆王，统治淮水以东。封皇弟刘交为楚王，统治淮水以西。封皇子刘肥为齐王，统治齐地七十多座城池，老百姓凡是能说齐地方言的都归属于齐国。于是就评定功绩，与各列侯剖开刻有字符的符节进行封赏。将韩王信迁徙到太原。

【原文】

七年，匈奴攻韩王信马邑，信因与谋反太原。白土曼丘臣、王黄立故赵将赵利为王以反，高祖自注击之。会天寒，士卒堕指者什二三，遂至平城。匈奴围我平城，七日而后罢去。令樊哙止定代地。立兄刘仲为代王。

二月，高祖自平城过赵、洛阳，至长安。长乐宫成，丞相已下徙治长安。

八年，高祖东击韩王信馀反寇于东垣。

萧丞相营作①未央宫，立东阙、北阙、前殿、武库、太仓。高祖还，见宫阙壮甚，怒，谓萧何曰："天下匈匈苦战数岁，成败未可知，是何治宫室过度也？"萧何曰："天下方未定，故可因遂就宫室。且夫天子四海为家，非壮丽无以重威，且无令后世有以加也。"高祖乃说。

高祖之东垣，过柏人，赵相贯高等谋弑高祖，高祖心动②，因不留。代王刘仲弃国亡，自归③洛阳，废以为合阳侯。

九年，赵相贯高等事发觉，夷三族。废赵王敖为宣平侯。是岁，迁贵族楚昭、屈、景、怀、齐田氏关中。

【注释】

①营作：建造。②心动：指心跳，突感不安。③自归：自行投案；自行归顺。

【译文】

七年，匈奴在马邑攻打韩王信，韩王信趁机与匈奴共同在太原叛乱。白土县的曼丘臣、王黄扶立原来的赵将赵利为王而反叛，高祖亲自率军前去攻打他们。正赶上天气寒冷，士卒冻掉手指的有十分之二三，因此就只到了平城。匈奴将汉军围困在平城，七天后才撤军离去。高祖命樊哙留下平定代地。封哥哥刘仲为代王。

二月，高祖从平城经过赵地、洛阳，到达长安。长乐宫建成了，丞相以下的官吏都迁居到长安来治理政务。

八年，高祖率军东进，在东垣攻打韩王信的残余贼寇。

丞相萧何负责建造未央宫，未央宫设有东阙、北阙、前殿、武库、太仓。高祖回来，看到宫殿非常壮观，很生气，对萧何说："天下战乱，苦苦征战很多年，成败还不知道，你为什么将宫室建造得如此豪华呢？"萧何说："就是因为现在天下还没有安定，所以才能趁机建成宫室。而且天子以四海为家，宫室不壮丽就不能显示天子的威严，并且也不能让后世超过呀。"高祖这才高兴起来。

高祖去东垣，路过柏人县，赵国相贯高等人阴谋杀害高祖，高祖突感不安，因此就没在那里留宿。代王刘仲放弃封国逃亡，到洛阳自行投案，皇帝废掉了他的王位，改封为合阳侯。

九年，赵相贯高等人阴谋杀害高祖的事被发觉，诛灭了他们的三族。废除了赵王张敖的王位，改封为宣平侯。这一年，高祖将楚国的贵族昭氏、屈氏、景氏、怀氏、齐国的田氏迁徙到关中地区。

【原文】

未央宫成。高祖大朝诸侯群臣，置酒未央前殿。高祖奉玉卮，起为太上皇寿,曰:"始大人常以臣无赖①,不能治产业,不如仲力。今某之业所就孰与仲多?"殿上群臣皆呼万岁,大笑为乐。

十年十月,淮南王黥布、梁王彭越、燕王卢绾、荆王刘贾、楚王刘交、齐王刘肥、长沙王吴芮皆来朝长乐宫。春夏无事。

七月,太上皇崩栎阳宫。楚王、梁王皆来送葬。赦栎阳囚。更命郦邑曰新丰。

八月,赵相国陈豨反代地。上曰:"豨尝为吾使,甚有信。代地吾所急也,故封豨为列侯,以相国守代,今乃与王黄等劫掠代地!代地吏民非有罪也。其赦代吏民。"九月,上自东往击之。至邯郸,上喜曰:"豨不南据邯郸而阻漳水,吾知其无能为也。"闻豨将皆故贾人也,上曰:"吾知所以与之。"乃多以金啖豨将,豨将多降者。

【注释】

①无赖:没有才干,不中用。

【译文】

未央宫建成了。高祖大会诸侯群臣,在未央宫前殿摆设酒宴。高祖手捧玉杯,起身给太上皇祝酒,说:"当年您常认为我没有才干,不能经营产业,不如刘仲努力。现在我所成就的产业和刘仲相比谁多?"殿上的群臣都高呼万岁,大笑取乐。

十年十月,淮南王黥布、梁王彭越、燕王卢绾、荆王刘贾、楚王刘交、齐王刘肥、长沙王吴芮都来到长乐宫朝见高祖。春天和夏天没有发生什么事。

七月,太上皇在栎阳宫中去世。楚王、梁王都来送葬。高祖赦免了栎阳的囚徒。将郦邑改名为新丰。

八月,赵相国陈豨在代地叛乱。皇上说:"陈豨曾经给我做事,非常有信用。代地我认为是很重要的地方,所以封陈豨为列侯,以相国的职位守卫代地,现在他却和王黄等人大肆劫掠代地!代地的官吏和百姓没什么罪,因此就赦免了代地的官吏和百姓。"九月,皇上亲自向东去征伐陈豨。到了邯郸,皇上高兴地说:"陈豨不向南据守邯郸而借漳水阻挡,我就知道他没有什么作为了。"又听说陈豨的部将都是原来的商贾,皇上说:"我知道怎么对付他了。"就用许多黄金去诱惑陈豨的部将,陈豨的部将很多人都投降了。

【原文】

十一年,高祖在邯郸诛豨等未毕,豨将侯敞将万馀人游行①,王黄军曲逆,张春渡河击聊城。汉使将军郭蒙与齐将击,大破之。太尉周勃道太原入,定代地。至马邑,马邑不下,即攻残之。

豨将赵利守东垣,高祖攻之,不下。月馀,卒骂高祖,高祖怒。城降,令出骂者斩之,不骂者原之。于是乃分赵山北,立子恒以为代王,都晋阳。

春,淮阴侯韩信谋反关中,夷三族。

夏,梁王彭越谋反,废迁蜀;复欲反,遂夷三族。立子恢为梁王,子友为淮阳王。

秋七月,淮南王黥布反,东并荆王刘贾地,北渡淮,楚王交走入薛。高祖自往击之。立子长为淮南王。

十二年,十月,高祖已击布军会甀,布走,令别将追之。

【注释】

①游行:指作战时迂回运动。

【译文】

十一年,高祖在邯郸诛除陈豨等人还没有结束,陈豨的部将侯敞率领一万多人在各地往来运动作战,王黄的军队驻扎在曲逆,张春渡过黄河攻打聊城。汉朝派将军郭蒙和齐国将领进攻他们,将他们打败。太尉周勃路过太原率军进入并平定了代地。到了马邑,马邑没有攻下,周勃就摧毁了马邑。

陈豨的部将赵利据守在东垣,高祖率军攻打,没有攻下。一个多月后,有士卒骂高祖,高祖大怒。东垣投降后,高祖命令将骂过他的人找出来斩杀,没有骂的就宽恕了他们。于是就将赵国常山以北的地区划归代地,立皇子刘恒为代王,定都晋阳。

这年春天,淮阴侯韩信在关中叛乱,被诛灭三族。

这年夏天,梁王彭越反叛,废掉王位,将他流放到蜀地;他再次反叛,结果被诛灭三族。立皇子刘恢为梁王,皇子刘友为淮阳王。

这年秋天七月,淮南王黥布谋反,向东侵并了荆王刘贾的土地,向北渡过淮河,楚王刘交逃到薛城。高祖亲自去征伐黥布。立皇子刘长为淮南王。

十二年十月,高祖在会甀攻打黥布的军队,黥布逃走,高祖命令别将继续追击。

【原文】

高祖还归,过沛,留。置酒沛宫,悉召故人父老子弟纵酒,发沛中儿得百二十人,教之歌。酒酣,高祖击筑①,自为歌诗曰:"大风起兮云飞扬,威加海内兮归故乡,安得猛士兮守四方!"令儿皆和习之。高祖乃起舞,慷慨②伤怀③,泣数行下。谓沛父兄曰:"游子悲故乡。吾虽都关中,万岁④后吾魂魄犹乐思沛。且朕自沛公以诛暴逆,遂有天下,其以沛为朕汤沐邑,复其民,世世无有所与。"沛父兄诸母⑤故人日乐饮极驩，道旧故为笑乐。十馀日，高祖欲去，沛父兄固请留高祖。高祖曰："吾人众多，父兄不能给。"乃去。沛中空县皆之邑西献。高祖复留止，张饮⑥三日。沛父兄皆顿首曰："沛幸得复，丰未复，唯陛下哀怜之。"高祖曰："丰吾所生长，极不忘耳，吾特为其以雍齿故反我为魏。"沛父兄固请，乃并复丰，比沛。于是拜沛侯刘濞为吴王。

汉将别击布军洮水南北，皆大破之，追得斩布鄱阳。

樊哙别将兵定代，斩陈豨当城。

【注释】

①击筑：筑，古代一种弦乐器，似筝，以竹尺击之，声音悲壮。②慷慨：情绪激昂。③伤怀：伤心。④万岁：帝王之死之讳称。⑤诸母：称与父亲同辈或年龄相近的妇女；老妇。⑥张饮：设帷帐以饮。张，通"帐"。

【译文】

高祖返回途中，经过沛县，停留了下来。在沛宫设置酒宴，招来所有的老朋友和父老子弟纵情畅饮，从沛县儿童中挑选了一百二十人，教他们唱歌。喝到尽兴时，高祖亲自弹筑奏乐，自己作诗唱道："大风起兮云飞扬，威加海内兮归故乡，安得猛士兮守四方！"命令那些孩子都跟着学唱。高祖于是就跳起舞来，情绪激昂，伤心悲哀，眼泪不断地往下掉。高祖对沛县父老兄弟说："外居的游子一想到故乡就会伤感。我虽然定都关中，但等我死后我的魂魄还会思念沛县。而且我是以沛公的职位来诛除凶暴忤逆的人，这才拥有了天下，所以要把沛县作为我的沐浴的地方，把沛县百姓的赋税徭役免除，世世代代不用交税服役。"沛县的父老兄弟、长辈妇女、老朋友整天痛快畅饮，叙谈过去的事并拿来取笑作乐。十几天过去了，高祖准备离去，沛县的父老兄弟坚决恳请高祖留下。高祖说："我带的人太多了，父老兄弟不能承担起他们的供给。"于是离去。沛县城里空了，百姓都赶到沛县的西边进献。高祖又停留了下来，设置帷帐同他们痛饮三天。沛县父老兄弟都叩头说："沛县有幸得以免除赋税徭役，可丰邑的百姓还没有免除赋税徭役，希望您怜悯他们。"高祖说："丰邑是我生长的地方，我最不能忘记，我只是因为他们随从雍齿反叛我而附归于魏才不予免除的。"沛县父老兄弟坚决恳请，才一并将丰邑的赋税徭役免除了，跟沛县一样。于是封沛侯刘濞为吴王。

汉将在洮水南北分别攻打黥布的军队，全部打败了黥布的军队，乘胜追击，在鄱阳擒获并斩杀了黥布。

樊哙另率领一支军队平定了代地，在当城斩杀陈豨。

【原文】

十一月，高祖自布军至长安。

十二月，高祖曰："秦始皇帝、楚隐王陈涉、魏安釐王、齐缗王、赵悼襄王皆绝无后，予守冢各十家，秦皇帝二十家，魏公子无忌五家。"赦代地吏民为陈豨、赵利所劫掠者，皆赦之。

陈豨降将言豨反时，燕王卢绾使人之豨所，与阴谋。上使辟阳侯迎绾，绾称病。辟阳侯归，具言绾反有端矣。二月，使樊哙、周勃将兵击燕王绾，赦燕吏民与反者。立皇子建为燕王。

高祖击布时，为流矢①所中，行道病。病甚，吕后迎良医，医入见，高祖问医，医曰："病可治。"于是高祖嫚骂之曰："吾以布衣提三尺剑取天下，此非天命乎？命乃在天，虽扁鹊何益！"遂不使治病，赐金五十斤罢之。已而吕后问："陛下百岁后，萧相国即死，令谁代之？"上曰："曹参可。"问其次，上曰："王陵可。然陵少戆，陈平可以助之。陈平智有余，然难以独任。周勃重厚少文②，然安刘氏者必勃也，可令为太尉。"吕后复问其次，上曰："此后亦非而所知也。"

【注释】

①流矢：乱飞的或无端飞来的箭。②重厚少文：持重敦厚而少于文饰。

【译文】

十一月，高祖从征伐黥布的军中返回到长安。

十二月，高祖说："秦始皇、楚隐王、陈涉、魏安釐王、齐缗王、赵悼襄王都断绝了子嗣没有后代，分别赐予他们十户人来守护冢墓，给秦皇帝二十户，魏公子无忌五户。"代地那些被陈豨和赵利所劫持强迫的官吏和平民，全部赦免。

投降的陈豨部将说陈豨谋反时，燕王卢绾派人到陈豨的住所，同他一起谋划。皇上派辟阳侯召卢绾进京，卢绾假称有病不来。辟阳侯回到长安，详细地说明卢绾造反的事确有些端倪。二月，派樊哙、周勃率军攻打燕王卢绾。赦免了燕国参与造反的官吏和百姓。立皇子刘建为燕王。

高祖攻打黥布时，曾被飞箭击中，在行军途中伤口发作，伤势很重，吕后请来一位好医生。医生入宫觐见，高祖问他病情。医生说："病可以治疗。"因而高祖辱骂医生说："我一介平民提着三尺宝剑得到了天下，难道这不是天命吗？我的命运取决于上天，即使是扁鹊，又有什么益处！"于是就不让他治病，赏赐他五十斤黄金了事。事后吕后问高祖："陛下百年之后，萧相国也去世了，让谁来代替他做相国呢？"高祖说："曹参可以。"吕后又问曹参以后的事，高祖说："王陵可以，但王陵迂愚刚直，陈平能够协助他。陈平的智略有余，但他难以单独胜任。周勃持重敦厚而少于文饰，但安定刘氏天下的人一定是他，可以任命他为太尉。"吕后再问以后的事，高祖说："以后的事也不是你所能知道的了。"

【原文】

卢绾与数千骑居塞下候伺，幸上病愈自入谢。

四月甲辰，高祖崩长乐宫。四日不发丧。吕后与审食其谋曰："诸将与帝为编户民，今北面为臣，此常怏怏，今乃事少主，非尽族是，天下不安。"人或闻之，语郦将军。郦将军往见审食其，曰："吾闻帝已崩，四日不发丧，欲诛诸将。诚如此，天下危矣。陈平、灌婴将十万守荥阳，樊哙、周勃将二十万定燕、代，此闻帝崩，诸将皆诛，必连兵还乡以攻关中。大臣内叛，诸侯外反，亡可翘足而待也。"审食其入言之，乃以丁未发丧，大赦天下。

卢绾闻高祖崩，遂亡入匈奴。

丙寅，葬。己巳，立太子，至太上皇庙。群臣皆曰："高祖起微细，拨乱世反之正，平定天下，为汉太祖，功最高。"上尊号为高皇帝。太子袭号为皇帝，孝惠帝也。令郡国诸侯各立高祖庙，以岁时祠。

【译文】

卢绾和几千名骑兵在塞下等待时机，希望皇上病好后亲自去谢罪。

四月甲辰日，高祖在长乐宫去世。过了四天还不发丧。吕后和审食其谋划说："众将军和皇帝都是编入户籍册的平民，现在他们面北称臣，这总让他们心中不快，现在又要侍奉年少的君王，如果不全部诛灭他们，天下就不会安宁。"有人听说了这些话，就告诉了将军郦商。将军郦商前去拜见审食其，说："我听说皇帝已经去世，四天过去了还不发丧，想要诛杀众将军。若真是这样，天下就危险了。陈平、灌婴率领十万军队守卫荥阳，樊哙、周勃率领二十万军队去平定燕地、代地，如果他们得知皇帝去世，众将领都被诛杀，一定会联合军队调转方向攻打关中。那时大臣在朝内叛乱，诸侯在朝外造反，天下灭亡就指日可待了。"审食其进宫将此事报告了吕后，才在丁未日发丧，大赦天下。

卢绾听说高祖去世，就逃到了匈奴。

丙寅日，高祖被安葬。己巳日，立太子刘盈为皇帝，前往太上皇庙。群臣都说："高祖起事于平民，拨治乱世使之返归正道，平定天下，成为汉朝的太祖，功业最高。"奉上尊号为高皇帝。太子承袭皇帝称号，即孝惠帝。下令在各个郡国诸侯都分别建造高祖庙，每年按时祭祀。

【原文】

及孝惠五年，思高祖之悲乐沛，以沛宫为高祖原庙。高祖所教歌儿百二十人，皆令为吹乐，后有缺，辄补之。

高帝八男：长庶齐悼惠王肥；次孝惠，吕后子；次戚夫人子赵隐王如意；次代王恒，已立为孝文帝，薄太后子；次梁王恢，吕太后时迁为赵共王；次淮阳王友，吕太后时迁为赵幽王；次淮南厉王长；次燕王建。

太史公曰：夏之政忠。忠之敝，小人以野，故殷人承之以敬。敬之敝，小人以鬼，故周人承之以文。文之敝，小人以僿，故救僿莫若以忠。三王之道若循环，终而复始。周秦之间，可谓文敝矣。秦政不改，反酷刑法，岂不缪乎？故汉兴，承敝易变，使人不倦，得天统①矣。朝以十月。车服黄屋左纛。葬长陵。

【注释】

①天统：天之统绪；天之正统。

【译文】

到孝惠帝五年，孝惠帝想起高祖生前在沛县伤心高兴的事，就将沛宫作为高祖的原庙。高祖教过唱歌的一百二十个孩子，都让他们在原庙奏乐唱歌，以后有了缺员，就立即补上。

高祖有八个儿子：长子为庶出，是齐悼惠王刘肥；次子孝惠帝，是吕后的儿子；三子是戚夫人所生的儿子赵隐王刘如意；四子是代王刘恒，后来被立为孝文帝，是薄太后所生；五子是梁王刘恢，吕太后时被迁为赵共王；六子是淮阳王刘友，吕太后时被迁为赵幽王；七子是淮南厉王刘长；八子是燕王刘建。

太史公说：夏朝的政治以忠厚为主。忠厚的弊端，是使百姓粗野无礼，所以殷朝用恭敬来乘续夏政。恭敬的弊端是使百姓迷信鬼神，所以周朝用礼仪来乘续殷政。礼仪的弊端是使百姓虚伪，所以解救虚伪的弊端莫若奉行忠厚。三王的治国之道就像是循环往复，终而复始。在周、秦之际，可以说礼仪之弊已经达到了极点。但是秦朝没有更改，反而使刑法更加残酷，这难道不是很荒谬吗？所以汉朝兴起，承接前代的弊病而加以改变，使人们不至于倦怠，这正是得到了天道循环的统绪。把十月定为朝会的岁首。又规定皇帝的车驾要用黄缎子做顶篷，车驾的左上方要插用牦牛尾或野鸡毛做成的装饰。高祖葬在长陵。

【评析】

《高祖本纪》是《史记》中记述史实最重要，文字也最生动的篇章之一。它与《项羽本纪》共同描述了秦末义军灭秦，及楚汉战争刘邦打败项羽的全过程，两篇相辅相成，必须参照阅读才能大体看到其全貌。两篇所不同的是，从时段上说，《高祖本纪》还进一步写了刘邦称帝后为解决地方割据与巩固边境安全所做出的种种努力；但即使在同一时段的诸侯反秦与楚汉战争时，《高祖本纪》也是除了战争，还兼带写了战争以外的有关全国性的一些事情。

刘邦是一个天才的政治家，同时也是一个流氓无赖。《史记》可以说是将这个人写活了。司马迁将刘邦写得这样好，除了他的历史天才、文学天才外，更重要的还有他的忠于历史、忠于事实的良心和他大无畏的勇气，这就是章学诚所说的"史德"。

吕太后本纪第九

【题解】

《吕太后本纪》成功地塑造了吕后这样一个残忍刻毒、权欲熏心的乱政后妃的形象,详细地记述了吕后篡权及其覆灭的过程。

【原文】

吕太后者,高祖微时妃也,生孝惠帝、女鲁元太后。及高祖为汉王,得定陶戚姬,爱幸,生赵隐王如意。孝惠为人仁弱,高祖以为不类我,常欲废太子,立戚姬子如意,如意类我。

戚姬幸,常从上之关东①,日夜啼泣,欲立其子代太子。吕后年长,常留守,希见上,益疏。如意立为赵王后,几代太子者数矣,赖大臣争之,及留侯策,太子得毋废。

吕后为人刚毅,佐高祖定天下,所诛大臣多吕后力。吕后兄二人,皆为将。长兄周吕侯死事②,封其子吕台为郦侯,子产为交侯;次兄吕释之为建成侯。

高祖十二年四月甲辰,崩长乐宫,太子袭号为帝。是时高祖八子:长男肥,孝惠兄也,异母,肥为齐王;徐皆孝惠弟,戚姬子如意为赵王,薄夫人子恒为代王,诸姬子子恢为梁王,子友为淮阳王,子长为淮南王,子建为燕王。高祖弟交为楚王,兄子濞为吴王。非刘氏功臣番君吴芮子臣为长沙王。

【注释】

①关东:函谷关以,指今河南、河北、山东等地区。②死事:指为国事而死。

【译文】

吕太后,在高祖还没有显贵时的妻子,她生有孝惠帝刘盈,女儿鲁元太后。等高祖做了汉王,娶了定陶人戚姬,戚姬受到高祖的宠幸,生下了赵隐王刘如意。孝惠帝为人仁爱懦弱,高祖认为他不像自己,经常想废掉太子,而立戚姬的儿子如意,因为他认为如意像他。

戚姬受到宠幸,常跟随皇上到关东去,她日夜在高祖面前哭诉,想让自己的儿子取代孝惠帝做太子。吕后年纪大了，经常在关中留守，很少见到皇上，和皇上越来越疏远。如意被立为赵王后，好几次险些取得太子的地位。依靠大臣们的力争，以及留侯张良的计谋，太子才没有被废除。

吕后为人刚毅，辅佐太祖平定天下，高祖所诛杀的大臣也多是由吕后出力献策。吕后有两个哥哥，都是高祖的部将。大哥周吕侯为国事而死，高祖封他的儿子吕台为郦侯，吕产为交侯。二哥吕释之被封为建成侯。

高祖于十二年四月甲辰日，在长乐宫去世，太子承袭尊号继承帝位。当时高祖有八个儿子：长子刘肥，是孝惠帝的异母哥哥，刘肥被封为齐王；其他的都是孝惠帝的弟弟，戚姬的儿子如意被封为赵王，薄夫人的儿子刘恒被封为代王，其他嫔妃的儿子，刘恢被封为梁王，刘友被封为淮阳王，刘长被封为淮南王，刘建被封为燕王。高祖的弟弟刘交被封为楚王，高祖兄长的儿子刘濞被封为吴王。不是刘氏的有功之臣番君吴芮的儿子吴臣被封为长沙王。

【原文】

吕后最怨戚夫人及其子赵王，乃令永巷囚戚夫人，而召赵王。使者三反，赵相建平侯周昌谓使者曰："高帝属臣赵王，赵王年少。窃闻太后怨戚夫人，欲召赵王并诛之，臣不敢遣王。王且亦病，不能奉诏。"吕后大怒，乃使人召赵相。赵相征至长安，乃使人复召赵王。王来，未到。孝惠帝慈仁，知太后怒，自迎赵王霸上，与入宫，自挟与赵王起居饮食。太后欲杀之，不得间。孝惠元年十二月，帝晨出射。赵王少，不能蚤起。太后闻其独居，使人持酖饮之。犁明①，孝惠还，赵王已死。于是乃徙淮阳王友为赵王。夏，诏赐郦侯父追谥为令武侯。太后遂断戚夫人手足，去眼，煇②耳，饮瘖药③，使居厕中，命曰"人彘"。居数日，乃召孝惠帝观人彘。孝惠见，问，乃知其戚夫人，乃大哭，因病，岁余不能起。使人请太后曰："此非人所为。臣为太后子，终不能治天下。"孝惠以此日饮为淫乐，不听政，故有病也。

【注释】

①犁明：黎明。犁，通"黎"。②煇(xūn)：古同"熏"，用火烧灼。③瘖(yīn)药：服用后使人失音变哑的毒药。

【译文】

吕后很是痛恨戚夫人和她的儿子赵王，于是就下

令将戚夫人囚禁在永巷宫,还派人召来赵王。使者去了好几次,赵王的丞相建平侯周昌对使者说:"高祖皇帝将赵王托付给我,赵王年纪还小。我私下里听说太后怨恨戚夫人,想要将赵王召去一同诛杀了,我不敢遣送赵王前去。况且赵王还有病,不能接受命令。"吕后非常生气,就派人召来赵王的丞相周昌。赵王的丞相周昌一被征召到长安,就又派人再去召赵王。赵王奉命前来,还没有到达京城。孝惠帝慈善仁爱,知道太后发怒后,就亲自到霸上去迎接赵王,和他一起进宫,亲自保护,并同赵王一起同吃同睡。太后想杀掉赵王,却一直没有机会。孝惠帝元年十二月,皇帝早晨出宫狩猎。赵王年纪小,不能早起。太后听说赵王独自在家,就命人拿去毒酒让他喝了。黎明时分,孝惠帝回到宫中,赵王已经死了。于是吕后将淮阳王刘友迁为赵王。这年夏天,下诏赐给谥号追封郦侯的父亲为令武侯。太后随即砍断了戚夫人的手脚,挖去眼睛,熏聋耳朵,并灌她喝下哑药,让她居住在猪圈里,叫她"人猪"。过了几天,吕太后找孝惠帝去观看人猪。惠帝看后,一问才知道是戚夫人,于是大哭,因此病倒了,一年多都不能起来。孝惠帝派人请来太后说:"这不是人做的事情,我是太后的儿子,最终难以治理天下。"孝惠帝从此整日在宫中饮酒淫乐,不理朝政,所以就患上了疾病。

【原文】

二年,楚元王、齐悼惠王皆来朝。十月,孝惠与齐王燕饮太后前,孝惠以为齐王兄,置上坐,如家人之礼。太后怒,乃令酌两卮酖,置前,令齐王起为寿。齐王起,孝惠亦起,取卮欲俱为寿。太后乃恐,自起泛孝惠卮。齐王怪之,因不敢饮,详醉去。问,知其酖,齐王恐,自以为不得脱长安,忧。齐内史[1]士说王曰:"太后独有孝惠与鲁元公主。今王有七十馀城,而公主乃食数城。王诚以一郡上太后,为公主汤沐邑,太后必喜,王必无忧。"于是齐王乃上城阳之郡,尊公主为王太后。吕后喜,许之。乃置酒齐邸,乐饮,罢,归齐王。

三年,方筑长安城,四年就半,五年六年城就。诸侯来会。十月朝贺。

七年秋八月戊寅,孝惠帝崩。发丧,太后哭,泣不下。留侯子张辟彊为侍中,年十五,谓丞相曰:"太后独有孝惠,今崩,哭不悲,君知其解乎?"丞相曰:"何解?"辟彊曰:"帝毋壮子,太后畏君等。君今请拜吕台、吕产、吕禄为将,将兵居南北军,及诸吕皆入宫,居中用事,如此则太后心安,君等幸得脱祸矣。"丞相乃如辟彊计。太后说,其哭乃哀。吕氏权由此起。乃大赦天下。九月辛丑,葬。太子即位为帝,谒高庙。

【注释】

①内史:官名。秦官,掌治理京师。汉景帝分置左右内史。汉武帝太初元年改右内史为

京兆尹,左内史为左冯翊。

【译文】

二年,楚元王、齐悼惠王都来朝见。十月,孝惠帝与齐王在太后面前宴饮,孝惠帝因为齐王是兄长,于是就让他坐上座,就按照家人的礼节。太后非常生气,就令人倒了两杯毒酒,放在齐王面前,让齐王起身向她献酒祝寿。齐王站了起来,孝惠帝也跟着站了起来,拿来杯子准备和齐王一起向太后祝寿。太后害怕了,亲自起来倒掉了孝惠帝的酒。齐王觉得奇怪,所以就没敢喝,假装酒醉而离去。事后打听,才知道原来是毒酒,齐王害怕了,自己认为不能从长安脱身,非常担忧。齐国的内史士劝说齐王说:"太后只有孝惠帝和鲁元公主。现在大王您拥有七十多座城邑,可公主却只享食几座城邑的贡赋。大王如果肯将一个郡的封地献给太后,作为公主的汤沐邑,太后一定会很高兴,那么您就不必再担忧了。"于是齐王就献上城阳郡给公主,并尊公主为王太后。吕后很高兴,就答应了他的请求。并在齐王府设置酒宴,尽情宴饮,酒宴结束,就让齐王回到了封地。

三年,开始修建长安城,四年修到了一半,五年、六年就修好了。诸侯们都来京聚会。十月,诸侯们入朝祝贺。

七年秋季八月戊寅日,孝惠帝去世。发丧时,太后只是干哭,眼泪却没有掉下。留侯张良的儿子张辟强担任侍中,当时年仅十五岁,他对丞相说:"太后只有孝惠帝,现今孝惠帝去世了,她干哭而不悲痛,您知道这是为什么吗?"丞相问:"是为什么?"张辟强说:"皇帝没有成年的儿子,太后担心你们这些大臣。您现在去请求太后拜任吕台、吕产、吕禄为将军,统领南北军队,并让吕家的人都进入宫中,在宫中执掌朝政,这样做太后就会心安,你们也就可以侥幸避免祸患了。"丞相于是就按照张辟强说的计策去办。太后果真很高兴,才哭得哀痛起来。吕家人掌握大权就是从这时开始的。于是就大赦天下。九月辛丑日,孝惠帝下葬。太子即位做了皇帝,到高祖庙进行朝拜。

【原文】

元年,号令一出太后。

太后称制①,议欲立诸吕为王,问右丞相王陵。王陵曰:"高帝刑白马盟曰'非刘氏而王,天下共击之'。今王吕氏,非约也。"太后不说。问左丞相陈平、绛侯周勃。勃等对曰:"高帝定天下,王子弟,今太后称制,王昆弟诸吕,无所不可。"太后喜,罢朝。王陵让陈平、绛侯曰:"始与高帝喋血盟,诸君不在邪?今高帝崩,太后女主,欲王吕氏,诸君从欲阿意背约,何面目见高帝地下?"陈平、绛侯曰:"于今面折②廷争③,臣不如君;夫全社稷,定刘氏之后,君亦不如臣。"王陵无以应之。十一月,太后欲废王陵,乃拜为帝太傅,夺之相权。王陵遂病免归。乃以左丞相平为右丞相，以辟阳侯审食其为左丞相。左丞相不治事，令监宫中，如郎中令。食其故得幸太后，常用事，公卿皆因而决事。乃追尊郦侯父为悼武王，欲以王诸吕为渐。

【注释】

①称制：代行皇帝的职权。②面折：当面批评，指责。③廷争：在朝廷上向皇帝极力谏诤。

【译文】

元年，朝廷的号令都出自吕太后。太后代行皇帝的职权，召集大臣商议，准备立吕氏诸子为王，询问右丞相王陵。王陵说："高帝曾斩白马立盟誓说：'不是刘氏子弟却称王，天下人共同讨伐他。'如今封吕氏为王，是违背了盟约。"太后很不高兴。又问左丞相陈平和绛侯周勃。周勃等人回答说："高帝平定天下，封自己的子弟为王；如今太后代行皇帝的职权，将吕氏诸兄弟封为王，没有什么不可以。"太后非常高兴。退朝后，王陵责备陈平和周勃道："当初和高帝订立盟约时，你们各位不在吗？现今高帝去世，太后作女主，想封吕氏子弟为王，你们竟然纵容太后的私欲，迎合她的意愿违背盟约，还有什么脸面到九泉之下去见高帝？"陈平和绛侯说："像今天这样当面指责，在朝廷上极力谏诤，我们比不过您，但是要说保全社稷，安定刘氏后代的基业，您比不上我们。"王陵无话可说。

十一月，太后想罢免王陵，就封他为皇帝的太傅，夺取了他的相权。王陵就称病免职回家，于是任命左丞相陈平为右丞相，任命辟阳侯审食其为左丞相。左丞相不负责处理政务，只对宫中事务进行监管，就像郎中令一样。审食其因而得到了太后的宠幸，经常决断大事，公卿都通过他来对某些事务作出决定。接着就追尊郦侯的父亲为悼武王，想逐渐封诸吕为王。

【原文】

四月，太后欲侯诸吕，乃先封高祖之功臣郎中令无择为博城侯。鲁元公主薨，赐谥为鲁元太后。子偃为鲁王。鲁王父，宣平侯张敖也。封齐悼惠王子章为朱虚侯，以吕禄女妻之。齐丞相寿为平定侯。少府延为梧侯。乃封吕种为沛侯，吕平为扶柳侯，张买为南宫侯。

太后欲王吕氏，先立孝惠后宫子彊为淮阳王，子不疑为常山王，子山为襄城侯，子朝为轵侯，子武为壶关侯。太后风大臣，大臣请立郦侯吕台为吕王，太后许之。建成康侯释之卒，嗣子有罪，废，立其弟吕禄为胡陵侯，续康侯后。二年，常山王薨，以其弟襄城侯山为常山王，更名义。十一月，吕王台薨，谥为肃王，太子嘉代立为王。三年，无事。四年，封吕婴为临光侯，吕他为俞侯，吕更始为赘其侯，吕忿为吕城侯，及诸侯丞相五人。

【译文】

四月，太后想要封吕家的人为侯，就先将高祖的功臣郎中令冯无择封为博城侯。鲁元公主去世，赐谥号为鲁元太后。封她的儿子张偃为鲁王。鲁王的父亲就是宣平侯张敖。封齐悼王的儿子刘章为朱虚侯，将吕禄的女儿嫁给他做妻子。封齐王的丞相齐寿为平定侯。封少府阳成延为梧侯。然后就封吕种为沛侯，封吕平为扶柳侯，封张买为南宫侯。

太后想封吕氏为王，就先立孝惠帝后宫妃嫔所生的儿子刘强为淮阳王，刘不疑为常山王，刘山为襄城侯，刘朝为轵侯，刘武为壶关侯。太后暗示大臣们，大臣们就请求立封郦侯吕台为吕王，太后答应了。建成康侯吕释之去世，继位的儿子因犯了罪而被废黜，于是就立他的弟弟吕禄为胡陵侯，作为接续康侯的后代。二年，常山王去世，封他的弟弟襄城侯刘山为常山王，改名为刘义。十一月，吕王吕台去世，封谥号为肃王，他的儿子吕嘉继承王位。三年，没有大事。四年，封吕婴为临光侯，吕他为俞侯，吕更始为赘其侯，吕忿为吕城侯，还将五位诸侯王的丞相封为侯。

【原文】

宣平侯女为孝惠皇后时，无子，详为有身，取美人子名之，杀其母，立所名子为太子。孝惠崩，太子立为帝。帝壮，或闻其母死，非真皇后子，乃出言曰："后安能杀吾母而名我？我未壮，壮即为变。"太后闻而患之，恐其为乱，乃幽之永巷中，言帝病甚，左右莫得见。太后曰："凡有天下治为万民命者，盖之如天，容之如地，上有欢心以安百姓，百姓欣然以事其上，欢欣交通而天下治。今皇帝病久不已，乃失惑①惛乱，不能继嗣奉宗庙祭祀，不可属天下，其代之。"群臣皆顿首言："皇太后为天下齐民计所以安宗庙社稷甚深，群臣顿首奉诏。"帝废位，太后幽杀②之。五月丙辰，立常山王义为帝，更名曰弘。不称元年者，以太后制天下事也。以轵侯朝为常山王。置太尉官，绛侯勃为太尉。五年八月，淮阳王薨，以弟壶关侯武为淮阳王。

六年十月，太后曰吕王嘉居处骄恣，废之，以肃王台弟吕产为吕王。夏，赦天下。封齐悼惠王子兴居为东牟侯。

【注释】

①失惑：失去理智，精神错乱。②幽杀：囚禁处死。

【译文】

宣平侯的女儿做惠帝皇后时，没有儿子，就假装怀孕，将后宫美人生的儿子夺了过来说是自己的儿子，杀了孩子的母亲，立这个冒充的儿子为太子。孝惠帝去世后，太子立为皇帝。皇帝长大成人，偶尔听说他的母亲已经去世，自己并不是皇后的亲生儿子，就说道："皇后怎么能杀了我的母亲而又拿我来充当她的儿子呢？我还没有长大，等长大后我就造反。"太后听后非常担心，害怕他作乱，就将他幽禁在永巷中，宣称皇帝病得很厉害，左右侍臣谁也见不到他。太后说："凡是拥有天下而掌握万民命运的人，就要像天一样覆盖庇护他们，要像地一样包容抚育他们，君上用欢乐之心来安抚百姓，百姓就会欣然侍奉君上，上下欢欣交融天下才能大治。现在皇帝病了很久还不见好转，以致精神错乱，不能继承帝位供奉宗庙祭祀了，不能将天下交付给他，应该找人代替他。'群臣们都叩头说："皇太后为天下百姓谋划，所以才会对于安定宗庙社稷的谋虑很深，我们群臣叩头尊奉诏旨。"皇帝被废，太后就囚禁处死了少帝。五月丙辰日，立常山王刘义为帝，改名为刘弘。没有改称元年，是由于太后在行使着皇帝的职权。任用轵侯刘朝为常山王。设置太尉职位，任绛侯周勃为太尉。五年八月，淮阳王去世，就任用他的弟弟壶关侯刘武为淮阳王。

六年十月，太后说吕王嘉行为骄傲放纵，就废掉了他，任用肃王吕台的弟弟吕产为吕王。这年夏天，大赦天下。封齐悼王的儿子刘兴居为东牟侯。

【原文】

七年正月，太后召赵王友。友以诸吕女为受后，弗爱，爱他姬，诸吕女妒，怒去，谗之于太后，诬以罪过，曰："吕氏安得王！太后百岁后，吾必击之"。太后怒，以故召赵王。赵王至，置邸不见，令卫围守之，弗与食。其群臣或窃馈，辄捕论之，赵王饿，乃歌曰："诸吕用事兮刘氏危，迫胁王侯兮彊授我妃。我妃既妒兮诬我以恶，谗女乱国兮上曾不寤。我无忠臣兮何故弃国？自决中野兮苍天举直！于嗟不可悔兮宁蚤自财。为王而饿死兮谁者怜之！吕氏绝理兮托天报仇。"丁丑，赵王幽死，以民礼葬之长安民冢次。

己丑，日食，昼晦。太后恶之，心不乐，乃谓左右曰："此为我也。"

二月，徙梁王恢为赵王。吕王产徙为梁王，梁王不之国，为帝太傅。立皇子平昌侯太为吕王。更名梁曰吕，吕曰济川。太后女弟吕嬃有女为营陵侯刘泽妻，泽为大将军。太后王诸吕，恐即崩后刘将军为害，乃以刘泽为琅邪王，以慰其心。

【译文】

七年正月，太后召见赵王刘友。刘友以吕氏的女儿为王后，他不喜欢，却喜欢其他的姬妾，吕氏的女儿很嫉妒，愤怒地离去，在太后面前说赵王的坏话，诬陷赵王有罪，说赵王曾说："吕氏怎么能够封为王！太后去世后，我一定攻打他们。"太后大怒，因此就召来赵王。赵王到京后，将他安置在官邸而不接见，并派侍卫围守着，不给他饭吃。他的臣下有人偷着给他吃的，就被抓起来问罪。赵王饿了，就作歌唱道："吕氏之人当权执政啊，刘氏江山就有危险。逼迫威胁王侯啊，强行授给我吕氏之女为妻。我妃子由于嫉妒啊，诬告我有罪恶。进谗言的女人祸乱国家啊，君上却没有省悟。我无忠臣啊，为何失去了封国？我在野外之中自决啊，上天能辨曲直。我没有什么可以悔悟的啊，宁愿早些自杀。作为封王而被饿死啊，有谁会来可怜我？吕氏之人弃绝事理啊，我要托付上天来为我报仇。"丁丑日，赵王在囚禁中死去，按照平民的礼仪将他埋葬在长安百姓的坟墓旁。

乙丑日，出现日食，白天光线昏暗。太后非常厌恶，心中不高兴，就对左右的人说："这是由于我的缘故啊。"

二月，改封梁王刘恢为赵王。吕王吕产被封为梁王，梁王没有去封国，被任命为皇帝的太傅。立皇子平昌侯刘太为吕王。将梁国改名为吕国，将吕国改名为济川国。太后的妹妹吕嬃有个女儿嫁给营陵侯刘泽为妻，刘泽是大将军。太后封吕氏为王，害怕她将来去世以后刘泽作乱，于是就封刘泽为琅邪王，以此来稳住他的心。

【原文】

梁王恢之徙王赵，心怀不乐。太后以吕产女为赵王后。王后从官皆诸吕，擅权①，微伺②赵王，赵王不得自恣。王有所爱姬，王后使人酖杀③之。王乃为歌诗四章，令乐人歌之。王悲，六月即自杀。太后闻之，以为王用妇人弃宗庙礼，废其嗣。

宣平侯张敖卒，以子偃为鲁王，敖赐谥为鲁元王。

秋，太后使使告代王，欲徙王赵。代王谢，愿守代边。

太傅产、丞相平等言，武信侯吕禄上侯，位次第一，请立为赵王。太后许之，追尊禄父康侯为赵昭王。

九月，燕灵王建薨，有美人子，太后使人杀之，无后，国除。

八年十月，立吕肃王子东平侯吕通为燕王，封通弟吕庄为东平侯。

三月中，吕后祓④，还过轵道，见物如苍犬，据高后掖，忽弗复见。卜之，云赵王如意为祟。高后遂病掖伤。

高后为外孙鲁元王偃年少，蚤失父母，孤弱，乃封张敖前姬两子，侈为新都侯，寿为乐昌侯，以辅鲁元王偃。及封中大谒者张释为建陵侯，吕荣为祝兹侯。诸中宦者令丞皆为关内侯，食邑五百户。

【注释】

①擅权：专权，揽权。②微伺：亦作"微司"。暗中观察。③酖(dān)杀：以毒酒杀人。④祓(fú)：古代用斋戒沐浴等方法除灾求福，亦泛指扫除。

【译文】

梁王刘恢被改封为赵王后，心中不高兴。太后让吕产的女儿来做赵王的王后。赵王后的随从官吏都是吕家的人，独揽大权，暗中伺察赵王。赵王不能随意行动。赵王有一位宠爱的姬妾，王后就派人用毒酒杀死了她。赵王于是就作了诗歌四章，让乐工歌唱。赵王十分悲伤，六月就自杀了。太后听说后，认为赵王为了女人而丢弃了宗庙礼法，于是就废除了他后代的王位继承权。

宣平侯张敖去世，封他的儿子张偃为鲁王，赐给张敖谥号鲁元王。

秋天，太后派使者告诉代王，想要改封他为赵王。代王辞谢了，表示愿意镇守边远的代国。

太傅吕产、丞相陈平等人说，武信侯吕禄是上侯，在列侯中排在第一，请求立他为赵王。太后答应了。追封吕禄的父亲康侯为赵昭王。

九月，燕灵王刘建去世，有一个姬妾生的儿子，太后派人杀死了他，燕灵王没有后代，封国被废除。

八年十月，立吕肃王的儿子东平侯吕通为燕王，封吕通的弟弟吕庄为东平侯。

三月中旬，太后举行除灾求福的祭礼，返回途中经过轵道，看见一个东西好像苍犬，一下子钻到她的腋下，忽然之间又不见了。命人占卜，说是赵王如意在作怪。太后就得了腋下伤痛的病。

高后因为外孙鲁元王张偃年纪小，很早又失去了父母，孤单微弱，就封了张敖前妻所生的两个儿子，封张侈为新都侯，封张寿为乐昌侯，以辅佐鲁元王张偃。接着又封中大谒者张释为建陵侯，吕荣为祝兹侯。宫中宦官担任令、丞的都封为关内侯，赐予封地五百户。

七月中，高后病甚，乃令赵王吕禄为上将军，军北军；吕王产居南军。吕太后诫产、禄曰："高帝已定天下，与大臣约，曰'非刘氏王者，天下共击之'。今吕氏王，大臣弗平。我即崩，帝年少，大臣恐为变。必据兵卫宫，慎毋送丧，毋为人所制。"辛巳，高后崩，遗诏赐诸侯王各千金，将相列侯郎吏皆以秩赐金。大赦天下。以吕王产为相国，以吕禄女为帝后。

高后已葬，以左丞相审食其为帝太傅。

朱虚侯刘章有气力，东牟侯兴居其弟也。皆齐哀王弟，居长安。当是时，诸吕用事擅权，欲为乱，畏高帝故大臣绛、灌等，未敢发。朱虚侯妇，吕禄女，阴知其谋。恐见诛，乃阴令人告其兄齐王，欲令发兵西，诛诸吕而立。朱虚侯欲从中与大臣为应。齐王欲发兵，其相弗听。八月丙午，齐王欲使人诛相，相召平乃反，举兵欲围王，王因杀其相，遂发兵东，诈夺琅邪王兵，并将之而西。语在齐王语中。

【译文】

七月中旬，高后病情加重，就封赵王吕禄为上将军，统领北军；吕王吕产统领南军。吕太后告诫吕产、吕禄说："高祖平定天下后，与大臣立下盟约，说'不是刘氏子弟却称王的，天下的人可共同讨伐他'。如今吕家的人被封王，大臣们都不满。我一旦逝世，皇帝年纪又小，大臣们恐怕要作乱。你们一定要掌握军队，守卫皇宫，千万不要为我送丧，以免被人所控制。"辛巳日，高后去世，遗诏说赐每个诸侯王黄金一千斤，将、相、列侯、郎、吏都按照各自的级别赐予黄金。大赦天下。任吕王吕产为相国，任吕禄的女儿为皇后。

高后安葬以后，由左丞相审食其担任皇帝的太傅。

朱虚侯刘章勇武有力，东牟侯刘兴居是他的弟弟，他们都是齐哀王的弟弟，居住在长安。当时，吕氏执政专权，打算叛乱，但畏惧高祖皇帝时的老臣绛侯周勃、灌婴等人，没有敢叛乱！朱虚侯刘章的妻子，也就是吕禄的女儿，私下里得知了他们的阴谋，害怕被诛杀，就私下派人告诉了他的哥哥齐王，想让齐王发兵向西攻进，诛杀吕氏之人而自立为帝。朱虚侯准备与大臣一起在朝中做内应。齐王准备发兵，他的丞相不听从。八月丙午日，齐王准备派人杀掉丞相，丞相召平于是造反，发动军队想要围困齐王。齐王因此杀了他的丞相，接着发动军队向东进攻，用诈术夺取了琅邪王的军队，合并后统领两国军队向西进发。此事在《齐悼惠王世家》中有记载。

【原文】

齐王乃遗诸侯王书曰："高帝平定天下,王诸子弟,悼惠王王齐。悼惠王薨,孝惠帝使留侯良立臣为齐王。孝惠崩,高后用事,春秋高,听诸吕,擅废帝更立,又比①杀三赵王②,灭梁、赵、燕以王诸吕,分齐为四。忠臣进谏,上惑乱弗听。今高后崩,而帝春秋富③,未能治天下,固恃大臣诸侯。而诸吕又擅自尊官,聚兵严威,劫列侯忠臣,矫制以令天下,宗庙所以危。寡人率兵入诛不当为王者。"汉闻之,相国吕产等乃遣颍阴侯灌婴将兵击之。灌婴至荥阳,乃谋曰:"诸吕权兵关中,欲危刘氏而自立。今我破齐还报,此益吕氏之资也。"乃留屯荥阳,使使谕齐王及诸侯,与连和,以待吕氏变,共诛之。齐王闻之,乃还兵西界待约。

吕禄、吕产欲发乱关中,内惮绛侯、朱虚等,外畏齐、楚兵,又恐灌婴畔之,欲待灌婴兵与齐合而发,犹豫未决。当是时,济川王太、淮阳王武、常山王朝名为少帝弟,及鲁元王吕后外孙,皆年少未之国,居长安。赵王禄、梁王产各将兵居南北军,皆吕氏之人。列侯群臣莫自坚其命。

【注释】

①比:挨个,一连。②三赵王:指刘如意、刘友、刘恢,皆刘邦之子。③春秋富:即年轻,未来的时光尚长。

【译文】

齐王写信给各诸侯王说:"高皇帝平定了天下,封刘氏的各个子弟为王,悼惠王被封在齐国。悼惠王去世,孝惠帝命令留侯张良立我为齐王。孝惠帝去世,高后执政,她年事已高,听信吕氏之人,擅自废除少帝而另立他人,又接连杀了三任赵王,灭掉了梁、赵、燕,改封姓吕的去那里为王,还将齐国分成了四份。忠臣劝谏,皇上迷惑昏乱而不不听从。现在高后去世,而皇帝又年幼,还不能治理天下,本应依靠大臣和诸侯。可吕氏之人又擅自主持封赏,集聚士卒以逞威严,逼迫列侯、忠臣、假传皇帝的命令来号令天下,所以刘氏的宗庙面临危险。我率领军队入关来就是要杀不该为王的人。"朝廷听说后,相国吕产等人派颍阴侯灌婴领兵前去迎击齐王。灌婴到了荥阳,就和将士们谋划说:"吕氏之人在关中握有军权,想要危及刘氏而自立为皇帝。现今我攻破了齐军回去报告,这就会增长吕氏的实力。"于是就将军队驻扎在荥阳,派使者告谕齐王和诸侯,希望同他们联合,等待吕氏叛乱,然后一起来诛杀他们。齐王听后,率兵回到齐国的西界,以等待约定行事。

吕禄、吕产准备在关中发动叛乱,但是由于他们在朝内畏惧绛侯周勃、朱虚侯刘章等人，在朝外又畏惧齐、楚的军队，还担心灌婴会背叛他们，于是准备等着灌婴的军队和齐国交战后再叛乱，为此犹豫不决。当时，名义上为少帝弟弟的济川王刘太、淮阳王刘武、常山王刘朝，以及吕后的外孙鲁元王，都因年少没有前往封国，而是居住在长安。赵王吕禄、梁王吕产分别统领着南北军，他们都为吕氏之人。列侯和群臣没有人认为能保住性命。

【原文】

太尉绛侯勃不得入军中主兵。曲周侯郦商老病，其子寄与吕禄善。绛侯乃与丞相陈平谋，使人劫郦商。令其子寄注绐说吕禄曰："高帝与吕后共定天下，刘氏所立九王，吕氏所立三王，皆大臣之议，事已布告诸侯，诸侯皆以为宜。今太后崩，帝少，而足下佩赵王印，不急之国守藩，乃为上将，将兵留此，为大臣诸侯所疑。足下何不归印，以兵属太尉？请梁王归相国印，与大臣盟而之国，齐兵必罢，大臣得安，足下高枕而王千里，此万世之利也。"吕禄信然其计，欲归将印，以兵属太尉。使人报吕产及诸吕老人，或以为便，或曰不便，计犹豫未有所决。吕禄信郦寄，时与出游猎。过其姑吕媭，媭大怒，曰："若为将而弃军，吕氏今无处矣。"乃悉出珠玉宝器散堂下，曰："毋为他人守也"

左丞相食其免。

【译文】

太尉绛侯周勃不能进入军营统领军队。曲周侯郦商年老多病，他的儿子郦寄和吕禄关系很好。绛侯周勃于是就和丞相陈平谋划，派人去劫持郦商，让他的儿子郦寄前去欺骗吕禄说："高祖与吕后一起平定天下，刘氏的人被封立了九个王，吕氏的人被封立了三个王，这都是大臣们商讨决定的，此事已经通告诸侯，诸侯都认为很合适。如今太后去世，皇帝幼小，而您却佩戴着赵王的印，不赶紧前往封国去镇守藩地，却担任上将军，统领军队留驻在此，被大臣诸侯们所猜疑。您为什么不归还将军的印信，将军队交给太尉呢？请梁王归还相国的印信，与大臣订立盟约而前往封国，这样齐国一定会罢兵，大臣们就能够心安，您也可以高枕无忧地统治方圆千里的土地了，这可是有利于子孙万代的好事啊。"吕禄听从了他的计策，准备归还将军的印信，将军队交给太尉。他命人将此事报告给吕产和吕家的长辈们，有的认为这样做好，有人认为这样做不好，计策还在犹豫没有决定。吕禄信任郦寄，经常和他一同外出游玩打猎。一次经过姑母吕媭的府第，吕媭大怒道："你身为将军却离开军队，吕家的人如今就要没有容身之地了。"于是就将所有的珠玉宝器散在堂下，说："我不替别人保存它们了。"

左丞相审食其被免官。

【原文】

八月庚申旦，平阳侯窋行御史大夫事，见相国产计事。郎中令贾寿使从齐来，因数产曰："王不蚤之国，今虽欲行，尚可得邪？"具以灌婴与齐楚合从，欲诛诸吕告产，乃趣产急入宫。平阳侯颇闻其语，乃驰告丞相、太尉。太尉欲入北军，不得入。襄平侯通尚符节，乃令持节矫内太尉北军。太尉复令郦寄与典客刘揭先说吕禄曰："帝使太尉守北军，欲足下之国，急归将印辞去，不然，祸且起。"吕禄以为郦兄不欺己，遂解印属典客，而以兵授太尉。太尉将之入军门，行令军中曰："为吕氏右襢，为刘氏左襢。"军中皆左襢为刘氏。太尉行至，将军吕禄亦已解上将印去，太尉遂将北军。

然尚有南军。平阳侯闻之，以吕产谋告丞相平，丞相平乃召朱虚侯佐太尉。太尉令朱虚侯监军门。令平阳侯告卫尉："毋入相国产殿门。"吕产不知吕禄已去北军，乃入未央宫，欲为乱，殿门弗得入，裴回往来。平阳侯恐弗胜，驰语太尉。太尉尚恐不胜诸吕，未敢讼言诛之，乃遣朱虚侯谓曰："急入宫卫帝。"朱虚侯请卒，太尉予卒千余人。入未央宫门，遂见产廷中。日餔①时，遂击产。产走，天风大起，以故其从官乱，莫敢斗。逐产，杀之郎中府吏厕中。

【注释】

①日餔：日交申时而食。指申时。

【译文】

八月庚申日早晨，平阳侯曹窋代行处理御史大夫的职事，去会见相国吕产商讨政事。郎中令贾寿从齐国出使回来，趁机指责吕产说："大王您不早去封国，如今即使你想去，还能去得了吗？"于是就将灌婴和齐楚联合，准备共同诛杀吕家的事详细地告诉了吕产，并催促吕产赶快进宫。平阳侯曹窋大体听到了他们的谈话，就赶忙去报告丞相、太尉。太尉想进入北军，没有进去。襄平侯纪通主管皇帝的符节印信，他派人拿着皇帝的符节假称奉皇帝诏命要太尉进入北军。太尉又命郦寄和典客刘揭先去劝说吕禄道："皇帝派太尉统领北军,想要您回到封国,立刻归还将军的印辞职离去,不然灾祸就要临头了。"吕禄认为郦寄不会欺骗自己的,于是就解下将印交给了典客,而将军权交给太尉。太尉佩带将印进入军门,在军中发号施令说:"愿为吕氏效忠的人袒露右胸,愿为刘氏效忠的人袒露左胸。"士卒都袒露左胸以示愿为刘氏效忠。太尉来到时,将军吕禄也已经解下将军印离开了军营,太尉于是就统率了北军。

但南军还在吕氏之人手中。平阳侯曹窋听说后,就将吕产的阴谋告诉了丞相陈平,丞相陈平就召来朱虚侯刘章去辅助太尉。太尉命朱虚侯监守军门,命平阳侯告诉卫尉说:"不要让相国吕产进入殿门。"吕产不知道吕禄已经离开了北军,就进入未央宫,准备作乱,但殿门无法进入,他在殿门前走来走去。平阳侯担心不能取胜,就急驰飞报太尉。太尉还是担心不能战胜吕家的人,就没敢公开说要诛杀吕产,于是就派朱虚侯前去对他说:"快进宫保卫皇帝。"朱虚侯要求派兵,太尉调给他一千多名士卒。朱虚侯进入未央宫门,就看见吕产在宫中。申时,朱虚侯就攻击吕产,吕产逃跑。这时天空狂风大作,于是吕产的随从官吏乱作一片,没有人敢抵抗。朱虚侯追赶吕产,并将他杀死在郎中府的厕所中。

【原文】

朱虚侯已杀产,帝命谒者持节劳朱虚侯。朱虚侯欲夺节信,谒者不肯,朱虚侯则从与载,因节信驰走,斩长乐卫尉吕更始。还,驰入北军,报太尉。太尉起,拜贺朱虚侯曰:"所患独吕产,今已诛,天下定矣。"遂遣人分部悉捕诸吕男女,无少长皆斩之。辛酉,捕斩吕禄,而笞杀吕媭。使人诛燕王吕通,而废鲁王偃。壬戌,以帝太傅食其复为左丞相。戊辰,徙济川王王梁,立赵幽王子遂为赵王。遣朱虚侯章以诛诸吕氏事告齐王,令罢兵。灌婴兵亦罢荥阳而归。

诸大臣相与阴谋曰:"少帝及梁、淮阳、常山王,皆非真孝惠子也。吕后以计诈名他人子,杀其母,养后宫,令孝惠子之,立以为后,及诸王,以彊吕氏。今皆已夷灭诸吕,而置所立,即长用事,吾属无类①矣。不如视诸王最贤者立之。"或言"齐悼惠王高帝长子,今其适子为齐王,推本言之,高帝适长孙,可立也"。大臣皆曰:"吕氏以外家恶而几危宗庙,乱功臣今齐王母家驷,驷钧,恶人也。即立齐王,则复为吕氏。"欲立淮南王,以为少,母家又恶。乃曰:"代王方今高帝见子,最长,仁孝宽厚。太后家薄氏谨良②。且立长故顺,以仁孝闻于天下,便。"乃相与共阴使人召代王。代王使人辞谢。再反,然后乘六乘传③。后九月晦日④己酉,至长安,舍代邸。大臣皆往谒,奉天子玺上代王,共尊立为天子。代王数让,群臣固请,然后听。

【注释】

①无类：犹言无遗类，无幸存者。②谨良：谨慎善良。③乘传：乘坐驿车。传，驿站的马车。④晦日：农历每月的最后一天。

【译文】

朱虚侯诛杀了吕产以后，皇帝就命谒者持节来慰劳他。朱虚侯想夺取皇帝的符节印信，谒者不肯交给他，朱虚侯就与谒者同坐一车，依靠皇帝的节信驱马奔跑，斩杀了长乐宫卫尉吕更始。回来后又飞驰进入北军，向太尉报告。太尉起身，向朱虚侯行礼祝贺道："我最担心的就是吕产，现在他已经被诛杀，天下就安定了。"随即派人分别将吕氏的男女全都逮捕起来，不分老少，全都斩杀了。辛酉日，捕获并诛杀了吕禄，用鞭杖竹板打死了吕媭。派人诛杀了燕王吕通，废除了鲁王张偃。壬戌日，皇帝的太傅审食其重新被任命为左丞相。戊辰日，改封济川王刘太为梁王，立赵幽王的儿子刘遂为赵王。命朱虚侯刘章告知齐王诛杀吕家人的情况，让他收兵。灌婴的军队也从荥阳收兵回京。

朝廷众臣聚集在一起暗地讨论道："少帝和梁王、淮阳王、常山王，都不是孝惠帝真正的儿子。吕后用欺诈的手段，将别人的儿子抱来谎称是孝惠帝的儿子，杀掉他们的生母，将他们养在后宫，让孝惠帝将他们认作自己的儿子，立为继承人，或是被封为诸侯王，以增强吕家的势力。现在吕家的势力都已经被消灭了，但还留着吕氏所立的人，一旦他们长大后掌握了政权，我们就要被灭族。不如从封王中挑选出一位最贤明的立为皇帝。"有人说："齐悼惠王是高祖的长子，如今他的嫡子是齐王，从根本上来说，他就是高祖的嫡长孙，可以立为皇帝。"大臣们都说："吕氏凭借自己外戚的身份作恶，几乎毁灭了宗庙社稷，杀害了功臣。现在齐王母亲的娘家姓驷，驷钧，是个恶人，如果扶立齐王，就又造出了一个吕氏。"众臣想要立淮南王刘长，但因为刘长年纪小，母亲的娘家也很凶恶。于是众臣就说："代王是当今健在的高祖的儿子，也是年龄最大的，他为人仁孝宽厚。太后薄氏娘家谨慎善良。况且立长本来就合乎礼制，代王又以仁爱孝敬名闻天下，立他为帝合适。"于是就共同暗中派人召代王进京，代王派人推辞谢绝。使者又去迎请，代王这才乘坐六辆驿车前往。闰九月月末己酉日到达长安，住在代王的府邸。众臣都前来拜见，将天子的玺印奉献给他，共同尊立代王为天子。代王一再谦让，群臣坚持请求，最后他才答应了。

【原文】

东牟侯兴居曰："诛吕氏吾无功，请得除宫。"乃与太仆汝阴侯滕公入宫，前谓少帝曰："足下非刘氏，不当立。"乃顾麾左右执戟者掊兵罢去。有数人不肯去兵，宦者令张泽谕告，亦去兵。滕公乃召乘舆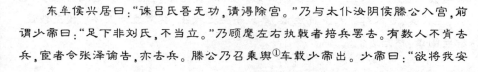车载少帝出。少帝曰："欲将我安

之乎？"滕公曰"出就舍。"舍少府。乃奉天子法驾，迎代王于邸。报曰："宫谨除。"代王即夕入未央宫。有谒者十人持戟卫端门，曰："天子在也，足下何为者而入？"代王乃谓太尉。太尉往谕，谒者十人皆掊兵而去。代王遂入而听政。夜，有司分部诛灭梁、淮阳、常山王及少帝于邸。

代王立为天子。二十三年崩，谥为孝文皇帝。

太史公曰：孝惠皇帝、高后之时，黎民得离战国之苦，君臣俱欲休息乎无为，故惠帝垂拱②，高后女主称制，政不出房户，天下晏然。刑罚罕用，罪人是希。民务稼穑，衣食滋殖。

【注释】

①乘舆：古代特指天子和诸侯所乘坐的车子，泛指皇帝用的器物。②垂拱：垂衣拱手。谓不亲理事务。

【译文】

东牟侯刘兴居说："诛杀吕氏我没有功劳，请让我去清理皇宫。"于是就和太仆汝阴侯滕公夏侯婴进入皇宫，上前对少帝说："您并非刘氏的后代，不应当立为皇帝。"说完回过头就挥手示意少帝左右持戟护卫的兵士放下兵器离开。其中几个人不肯放下兵器，宦者令张泽告诫他们，他们也放下了兵器。滕公于是召来车子载着少帝出了皇宫。少帝说："你准备带我去哪里？"滕公说："出去找个地方住。"少帝被安置在少府居住。于是就奉着天子的法驾，到代王府邸去迎请代王。向代王报告说："宫室已经谨慎地清理了。"代王就在当天傍晚进入未央宫。有十位谒者手执着戟守卫端门，他们说："天子还在，你是什么人要进宫？"代王就对太尉说了，太尉就上前告诉他们，这十位谒者都放下兵器后离去。代王于是就进入宫中开始执掌朝政。当夜，主管部门分别将梁王、淮阳王、常山王以及少帝诛杀在他们的府邸。

代王被立为天子。在位二十三年去世，谥号为孝文皇帝。

太史公说：孝惠皇帝和高后统治时期，百姓得以脱离战乱时的苦难，君臣上下都想通过无为来休养生息，因此孝惠帝不亲理朝政，高后以女主身份代行皇帝的职权，颁布政令却不出门户，天下安定太平。刑罚很少使用，犯罪的人也很少见。百姓致力于农耕生产，衣食富足起来了。

【评析】

《吕太后本纪》写了刘邦死后十五年间汉王朝宫廷内部与朝廷各派大臣之间的尖锐复杂矛盾和惊涛骇浪般的夺权争斗。这十五年本来分为两段，前七年是惠帝在位时期；后八年是惠帝的儿子在位当傀儡，吕后公开出面执政时期。司马迁认为惠帝在位的七年和惠帝儿子在位的八年，实际都是吕后掌权，故而干脆就用《吕太后本纪》为名叙述了两代皇帝共十五年的历史。而作品在实际上又只是写了吕后与功臣、吕后与刘氏两大政治集团的矛盾斗争，以及功臣与刘氏两大集团联合除灭了吕后集团的过程，故而这篇作品说是一篇"本纪"，实际上乃是一篇有关吕后的传记。

司马迁笔下的吕后，是一个有气魄、有毅力，对维持汉初局势稳定有过一定贡献的人。但由于她心胸狭隘、私心太重、报复心强，没有政治家的风度；且又自以为是，总把自己的主观意志强加于人，以至于闹得众叛亲离，逼得刘氏与功臣联合起来，把个对创立汉王朝有重大功勋的吕氏家族毁灭的一干二净，其中可总结的经验教训与应该申明的问题是很多的。

孝文本纪第十

【题解】

本篇记载了西汉第五位皇帝汉文帝刘恒在位二十三年间的种种德行仁政，重点叙述了他继续执行休养生息和轻徭薄赋的政策，赞颂了他宽厚仁爱、谦让俭朴的品德，刻画出一个完美贤圣的封建君主的形象。

【原文】

孝文皇帝，高祖中子^①也。高祖十一年春，已破陈豨军，定代地，立为代王，都^②中都。太后薄氏子。即位十七年，高后八年七月，高后崩。九月，诸吕吕产等欲为乱，以危刘氏，大臣共诛之，谋召立代王，事在《吕后》语中。

丞相陈平、太尉周勃等使人迎代王。代王问左右郎中令张武等。张武等议曰："汉大臣皆故高帝时大将，习兵，多谋诈，此其属意非止此也，特畏高帝、吕太后威耳。今已诛诸吕，新啑血京师^③，此以迎大王为名，实不可信。愿大王称疾毋往，以观其变。"中尉宋昌进曰："群臣之议皆非也。夫秦失其政，诸侯豪杰并起，人人自以为得之者以万数，然卒践天子之位者，刘氏也，天下绝望，一矣。高帝封王子弟，地犬牙相制，此所谓盘石^④之宗也，天下服其强，二矣。汉兴，除秦苛政，约法令，施德惠，人人自安，难动摇，三矣。夫以吕太后之严，立诸吕为三王，擅权专制，然而太尉以一节^⑤入北军，一呼士皆左袒，为刘氏，叛诸吕，卒以灭之。此乃天授，非人力也。今大臣虽欲为变，百姓弗为使，其党宁能专一邪？方今内有朱虚、东牟之亲外畏吴、楚、淮南、琅邪、齐、代之强。方今高帝子独淮南王与大王，大王又长，贤圣仁孝，闻于天下，故大臣因天下之心而欲迎立大王，大王勿疑也。"代王报太后计之，犹与未定。卜之龟^⑥，卦兆得大横^⑦。占曰："大横庚庚^⑧，余为天王，夏启以光。"代王曰："寡人固已为王矣，又何王？"卜人曰："所谓天王者乃天子。"于是代王乃遣太后弟薄昭见绛侯，绛侯等具为昭言所以迎立王意。薄昭还报曰："信矣，毋可疑者。"代王乃笑谓宋昌曰："果如公言。"乃命宋昌参乘，张武等六人乘传诣长安。至高陵休止，而使宋昌先驰之长安观变。

【注释】

①中子:排行居中的儿子。刘邦有八个儿子,刘恒居第四。②都:定都、建都,在这里当作动词用。③啑血京师:指吕后死后,陈平、周勃等诛灭诸吕之事。啑血,形容激战而血流遍地。啑,通"喋",踏。④盘石:巨大的石头。盘,同"磐"。⑤节:符节。古代朝廷用做信物的凭证。⑥卜之龟:用龟甲占卜这件事。古人用火烧灼龟甲,根据龟甲的纵横裂纹推测吉凶。⑦大横:指龟甲被烧灼后出现的大的横向裂纹。⑧庚庚:变更,更替。《索隐》:"庚庚犹'更更',言以诸侯更帝位也。"

【译文】

　　孝文皇帝刘恒,是高祖排行居中的儿子,即八个儿子中的第四个。高祖十一年春天,打败了陈豨叛军,平定了代地,立刘恒为代王,建都中都。他是薄太后所生的儿子。在他做代王的第十七年,即吕后八年七月,吕后去世。九月,吕氏家族的吕产等企图叛乱,危害刘氏天下,大臣们共同诛灭了诸吕,商议迎立代王为皇帝,详细情况记载在《吕太后本纪》中。

　　丞相陈平、太尉周勃等派人去迎接代王。代王就此事征求左右大臣和郎中令张武等人的意见。张武等人议论说:"朝廷大臣都是当初高帝时的大将,熟习兵事,多谋善诈,他们的用意恐怕不止于此,这样做只是畏惧高帝、吕太后的威势罢了。如今他们刚刚诛灭诸吕,血染京城,此时来人名义上说是迎接大王,其实不可轻信。希望大王借口有病,不要前去,来静观其变。"中尉宋昌进言说:"众位大臣的议论都不是正确的。当初秦朝政治混乱,诸侯豪杰纷纷起事,自以为能得天下的人数以万计,然而最终登上天子之位的是刘氏,天下豪杰已经不再存有做皇帝的愿望了,这是第一点。高帝封刘氏子弟为王,封地象犬牙一样彼此交错,互相制约,这就是古人所说的宗族坚固,有如磐石,天下人都为刘氏的强大所折服,这是第二点。汉朝建立以后,废除了秦朝的苛刻政令,与民商定新的法令,对百姓施以恩德,人心安定,难以动摇,这是第三点。再者凭着吕后的威严,吕氏已有三人被立为王,把持朝政,独断专行,然而太尉凭朝廷一支符节进入吕氏把持的北军,只是一声招呼,将士们就都袒露左臂,表示要辅佐刘氏而抛弃吕氏,最终消灭诸吕。这是天意,而不是人力所能做到的。现在即使大臣们想要作乱,百姓也不会听任他们驱使,他们的党羽难道能够同心一致吗?如今京城内有朱虚侯、东牟侯这样的亲族,京城外有吴、楚、淮南、琅邪、齐、代这样强大的诸侯,谁都惧怕他们。现在高帝的儿子就只有淮南王和大王您了,而大王您又年长,贤圣仁孝闻名天下,所以大臣们是根据天下人的意愿来迎立大王做皇帝,大王您不必怀疑。"代王又禀报太后商议这件事,还是犹豫,没拿定主意。于是就烧灼龟甲进行占卜,龟甲上显现出一条大的横向裂纹,卜辞是:"大横预示着更替,我将做天王,象夏启那样,使父业光大发扬。"代王说:"我本来就是王了,还做什么王?"占卜的人说:"所谓天王就是天子。"于是代王就派太后的弟弟薄昭前往京城会见绛侯周勃。周勃等人原原本本地向薄昭说明了为什么要迎立代王。薄昭回来报告说："全是真的，没什么可怀疑的。"代王于是笑着对宋昌说："果然像你说的那样。"随即命宋昌担任随车的参乘，张武等六人也乘驿车随代王一同前往长安。走到高陵停了下来，派宋昌先驱车前去长安观察情况有无变化。

【原文】

昌至渭桥，丞相以下皆迎。宋昌还报。代王驰至渭桥，群臣拜谒称臣。代王下车拜。太尉勃进曰："愿请间言①。"宋昌曰："所言公，公言之。所言私，王者不受私。"太尉乃跪上天子玺符。代王谢曰："至代邸②而议之。"遂驰入代邸。群臣从至。丞相陈平、太尉周勃、大将军陈武、御史大夫张苍、宗正刘郢、朱虚侯刘章、东牟侯刘兴居、典客刘揭皆再拜言曰："子弘等皆非孝惠帝子，不当奉宗庙。臣谨请（与）阴安侯列侯顷王后与琅邪王、宗室、大臣、列侯、吏二千石③议曰：'大王高帝长子，宜为高帝嗣。'愿大王即天子位。"代王曰："奉高帝宗庙，重事也。寡人不佞，不足以称宗庙④。愿请楚王计宜者，寡人不敢当。"群臣皆伏固请。代王西乡让者三，南乡让者再。丞相平等皆曰："臣伏计⑤之，大王奉高帝宗庙最宜称，虽天下诸侯万民以为宜。臣等为宗庙社稷计，不敢忽。愿大王幸听臣等。臣谨奉天子玺符再拜上。"代王曰："宗室将相王列侯以为莫宜寡人，寡人不敢辞。"遂即天子位。

【注释】

①间言：指私下进言。②代邸：代王在京城的官邸。③二千石：指年俸二千石的官员。汉代内自九卿郎将，外至郡守尉的俸禄等级，都是年俸二千石。④称宗庙：意思是能胜任祭祀宗庙。称，相称，适合，配得上。⑤伏计：伏地考虑。这是臣对君陈述自己意见时所用的敬词。"伏"，指身体前倾，面向下。

【译文】

宋昌刚到渭桥，丞相以下的官员都来迎接。宋昌返回禀报。代王驱车到了渭桥，群臣都来拜见称臣。代王也下车答拜群臣。太尉周勃上前说："我希望单独向大王禀报。"宋昌说："你要说的如果是公事，就请公开说；如果是私事，在王位的人不受理私事。"太尉于是跪下献上皇帝的玉玺和符节。代王辞谢说："等到代邸再行商议吧。"然后驱车进入代王官邸。群臣也都跟随着。丞相陈平、太尉周勃、大将军陈武、御史大夫张苍、宗正刘郢、朱虚侯刘章、东牟侯刘兴居、典客刘揭都上前行礼，拜了两拜，然后说："皇子刘弘等人都不是孝惠皇帝的儿子，不应当继位祭奉宗庙。我们恭敬地与阴安侯、顷王后、琅邪王以及宗室、大臣、列侯、二千石以上的官员商议，大家都说：'大王如今是高帝的长子，最应该做高帝的继承人。'希望大王继任天子之位。"代王说："祭奉高帝宗庙，这是大事。我没有才能，胜任不了祭奉宗庙的大事。恳请叔父楚王考虑最合适的人，我不敢担此重任。"群臣全都趴在地上，坚决请求。代王先是面向西坐在主人的位置谦让了几次，群臣扶他面向南坐在天子的位置上，他又谦让了两次。丞相陈平等人都说："我们再三考

虑，认为大王祭奉高帝宗庙是最合适的。即使是天下诸侯和百姓考虑，也会认为是合适的。我们臣子是为宗庙社稷着想，绝不敢轻率疏忽。希望大王听从我们的建议，我们将感到无比荣幸。现在，我们恭敬地奉上天子的玉玺和符节。"代王说："既然宗室、将相、诸王、列侯都认为没有人比我更合适，那我就不敢推辞了。"于是，代王即位做了天子。

【原文】

　　群臣以礼次侍。乃使太仆婴与东牟侯兴居清宫①，奉天子法驾②，迎于代邸。皇帝即日夕入未央宫③。乃夜拜宋昌为卫将军，镇抚南北军。以张武为郎中令，行殿中。还坐前殿。于是夜下诏书曰："间者诸吕用事擅权，谋为大逆，欲以危刘氏宗庙，赖将相列侯宗室大臣诛之，皆伏其辜④。朕初即位，其赦天下。赐民爵一级⑤，女子百户牛酒⑥，酺五日⑦。

　　孝文皇帝元年十月庚戌，徙立故琅邪王泽为燕王。

　　辛亥，皇帝即阼⑧，谒高庙。右丞相平徙为左丞相，太尉勃为右丞相，大将军灌婴为太尉。诸吕所夺齐楚故地，皆复与之。

【注释】

　　①清宫：清理皇宫。这里指将吕氏的残余势力从宫室中清除出去。②法驾：天子举行典礼时所乘坐的车驾，也叫金银车。③未央宫：汉宫名。当时常作为群臣朝见皇帝的场所。④辜：罪。⑤赐民爵一级：《会注考证》引颜师古曰："赐爵者，谓一家之长得之也。"⑥百户牛酒：《索隐》引《封禅书》云："百户牛一头，酒十石。"又引乐产云："妇人无夫或无子不沾爵，故遗之也。"⑦酺：命令特许的大聚饮。秦汉时，三人以上无故相聚饮酒，要罚金四两。这里为庆祝皇帝登基，特许百姓聚饮五天。⑧即阼：即位，登位。阼，帝王即位或主持祭祀时所登的台阶。

【译文】

　　群臣按照礼仪依次陪侍皇帝。于是派太仆夏侯婴与东牟侯刘兴居去清理皇宫。然

后用天子乘坐的法驾，来代邸迎接皇帝。皇帝当天晚上就进入未央宫。当天夜里就任命宋昌为卫将军，统领南北军；任命张武为郎中令，负责巡视殿中。皇帝回到前殿坐朝，连夜下诏说："近来诸吕把持朝政，独断专行，阴谋叛逆，企图危害刘氏天下，全靠众位将相、列侯、宗室和大臣铲除了他们，使他们的罪恶全都受到了惩罚。如今我刚即位，下令大赦天下，赐给民家户主每人一级爵位，赐给无夫无子的女子每百户一头牛，十石酒，允许百姓聚会饮酒五天。

孝文皇帝元年十月庚戌日，改封原琅邪王刘泽为燕王。

辛亥日，文帝正式即位，在高祖庙举行典礼向高祖禀报。右丞相陈平改任左丞相，太尉周勃任右丞相，大将军灌婴任太尉。诸吕所掠夺的原齐、楚两国的封地，全部还给齐王和楚王。

【原文】

壬子，遣车骑将军薄昭迎皇太后于代。皇帝曰："吕产自置为相国，吕禄为上将军，擅矫①遣灌将军婴将兵击齐，欲代刘氏，婴留荥阳弗击，与诸侯合谋以诛吕氏。吕产欲为不善，丞相陈平与太尉周勃谋夺吕产等军。朱虚侯刘章首先捕吕产等。太尉身率襄平侯通持节承诏入北军。典客刘揭身夺赵王吕禄印。益封太尉勃万户，赐金五千斤。丞相陈平、灌将军婴邑各三千户，金二千斤。朱虚侯刘章、襄平侯通、东牟侯刘兴居邑各二千户，金千斤。封典客揭为阳信侯，赐金千斤。"

十二月，上曰："法者，治之正也②，所以禁暴而率善人也。今犯法已论，而使毋罪之父母妻子同产③坐之，及为收帑④，朕甚不取。其议之。"有司皆曰："民不能自治，故为法以禁之。相坐坐收⑤，所以累其心，使重犯法，所从来远矣。如故便。"上曰："朕闻法正则民悫⑥，罪当则民从。且夫牧民⑦而导之善者，吏也。其既不能导，又以不正之法罪之，是反害于民为暴者也。何以禁之？朕未见其便，其孰计⑧之。"有司皆曰："陛下加大惠，德甚盛，非臣等所及也。请奉诏书，除收帑诸相坐律令。"

【注释】

①矫：假托君命，假传命令。②正：通"证"，凭证、依据。③同产：指同胞的兄弟姐妹。④收帑：把罪犯的妻子儿女抓来，收为官府奴婢。帑，通"孥"，妻子儿女。⑤坐收：因犯罪而被逮捕。⑥悫：忠厚，谨慎。⑦牧民：即统治人民。《逸周书·命训》中有"古之明王""牧万民"的说法。⑧孰计：仔细考虑。孰，同"熟"。

【译文】

壬子日，文帝派车骑将军薄昭去代国迎接皇太后。文帝说："吕产自任为相国，吕禄为上将军，擅自假托皇帝诏令，派遣将军灌婴带领军队攻打齐国，企图取代刘氏，而灌婴留驻荥阳不发兵攻齐，并与诸侯共谋诛灭了吕氏。吕产心怀不轨，丞相陈平与太尉周勃谋划夺了吕产等人的兵权，朱虚侯刘章首先捕杀了吕产等人。太尉周勃亲自率领襄平侯纪通持节奉诏进入北军。典客刘揭亲自夺了赵王吕禄的将军印。为此，加封太尉周勃食邑一万户，赐黄金五千斤；加封丞相陈平、将军灌婴食邑各三千户，赐黄金两千斤；加封朱虚侯刘章、襄平侯纪通、东牟侯刘兴居食邑各二千户，赐黄金一千斤；封典客刘揭为阳信侯，赐黄金一千斤。"

十二月，文帝说："法令是治理国家的准绳，是用来制止暴行，引导人们向善的工具。如今犯罪的人已经受到惩处，却还要连累他们无罪的父母、妻子、儿女和兄弟，甚至将他们收为奴婢。我认为这种做法不可取，希望你们再商议商议吧。"主管官员都说："百姓不能自治，所以制定法令来禁止他们做坏事。无罪的亲属连坐，和犯人一起缉拿判罪，就是要使人们心有牵挂，感到犯法干系重大。这种做法由来已久，还是依照原来的做法不予改变为宜。"文帝说："我听说法令公正百姓就忠厚，判罪得当百姓就心服。再说治理百姓引导他们向善，要靠官吏。如果既不引导百姓向善，又使用偏颇的法令惩处他们，这样反倒是逼迫百姓去干凶暴的事。又怎么能禁止他们犯罪呢？这样的法令，我看不出它有哪些适宜的地方，请你们再仔细考虑考虑吧。"官员们都说："陛下施予百姓大恩大惠，功德无量，这不是我们这些臣下所能想到的。我们遵从诏书，废除拘执罪犯家属，收为奴婢等各种连坐的法令。"

【原文】

正月，有司言曰："蚤①建太子，所以尊宗庙。请立太子。"上曰："朕既不德，上帝神明未歆享②，天下人民未有嗛③志。今纵不能博求天下贤圣有德之人而禅天下焉，而曰豫④建太子，是重吾不德也。谓天下何？其安之。"有司曰："豫建太子，所以重宗庙社稷，不忘天下也。"上曰："楚王，季父也，春秋高⑤，阅天下之义理多矣，明于国家之大体。吴王于朕，兄也，惠仁以好德。淮南王，弟也，秉德以陪朕。岂为不豫哉！诸侯王宗室昆弟有功臣，多贤及有德义者，若举有德以陪朕之不能终，是社稷之灵，天下之福也。今不选举焉，而曰必子，人其以朕为忘贤有德者而专于子，非所以忧天下也。朕甚不取也。"有司皆固请曰："古者殷周有国，治安皆千余岁，古之有天下者莫长焉，用此道也。立嗣必子，所从来远矣。高帝亲率士大夫，始平天下，建诸侯，为帝者太祖。诸侯王及列侯始受国者皆亦为其国祖。子孙继嗣，世世弗绝，天下之大义也，故高帝设之以抚海内。今释宜建而更选于诸侯及宗室，非高帝之志也。更议不宜。子某最长，纯厚慈仁，请建以为太子。"上乃许之。因赐天下民当代父后者爵各一级。封将军薄昭为轵侯。

【注释】

①蚤：通"早"。②歆享：祭祀时神灵享受祭品的香气。③嗛：通"慊"，满足。④豫：同"预"，预先。⑤春秋高：指年纪大。

【译文】

　　正月，主管大臣进言说："趁早确立太子，是尊奉宗庙的一种保障。请皇帝确立太子。"皇帝说："我的德薄，上帝神明还没有欣然享受我的祭品，天下的人民心里还没有满意。倘若我不能广泛求访贤圣有德的人把天下禅让给他，却说预先确立太子，这是加重我的无德。我怎样向天下人交待呢？还是缓缓再说吧。"主管大臣又说："预先确立太子，正是为了尊奉宗庙社稷，不违背天下。"皇帝说："楚王是我的叔父，年岁大，经验阅历比较丰富，深明国家大体。吴王是我的兄长，贤惠仁慈，德行美好。淮南王是我的弟弟，禀守才德辅佐我。他们难道还不是预先做了安排吗？诸侯王、宗室、兄弟和有功的大臣，很多都是有才能有德义的人，倘若推举有德之人辅佐我这不能做到底的皇帝，这也将是国家的幸运，百姓的福分。现在不选举他们，却说一定要确立太子，人们就会认为我忘掉了贤能有德的人，而只想着自己的儿子，不是为天下人考虑。我觉得这样做很不好。"大臣们都坚决请求说："古代殷、周立国，太平安定都达一千多年，古来享有天下的王朝没有比它们更长的了，就是因为采取了立太子这个办法。确立继承人必须是自己的儿子，这是由来已久的。高帝亲自率领众将士最早平定天下，封建诸侯，成为本朝皇帝的太祖。诸侯王和列侯首先接受封国的，也都是成为他们各自侯国的始祖。子孙传承，世代不绝，这是天下的大原则，因此高帝设立了这种制度来安抚天下人心。现在如果抛开应当立为太子的人，却改从诸侯或宗室中选取他人，那就违背高帝的本意了。另议他人不合适。陛下的儿子启最大，纯厚仁爱，请立他为太子。"文帝这才同意了。于是赐给全国民众中应当继承父业的人每人一级爵位。封将军薄昭为轵侯。

【原文】

　　三月，有司请立皇后。薄太后曰："诸侯皆同姓，立太子母为皇后。"皇后姓窦氏。上为立后故，赐天下鳏寡孤独①穷困及年八十已上，孤儿九岁已下布帛米肉各有数。上从代来，初继位，施德惠天下，填抚②诸侯四夷皆洽欢，乃循③从代来功臣。上曰："方大臣之诛诸吕迎朕，朕狐疑，皆止朕，唯中尉宋昌劝朕，朕以得保奉宗庙。已尊昌为卫将军，其封昌为壮武侯。诸从朕六人，官皆至九卿。"
上曰："列侯从高帝入蜀、汉中者六十八人皆益封各三百户，故吏二千石以上从
高帝颍川守尊等十人食邑六百户，淮阳守申徒嘉等十人五百户，卫尉定等十人
四百户。封淮南王舅父赵兼为周阳侯，齐王舅父驷钧为清郭侯。"秋，封故常山
丞相蔡兼为樊侯。

人或说右丞相曰："君本诛诸吕，迎代王，今又矜④其功，受上赏，处尊位，祸
且及身。"右丞相勃乃谢病⑤免罢，左丞相平专为丞相。

【注释】

①鳏寡孤独：老而无妻叫作"鳏"，老而无夫叫作"寡"，幼而无父叫作"孤"，老而无子叫作
"独"。这里"鳏寡孤独"是泛指失去依靠，需要照顾的人。②填抚：安抚，安定。③循：安抚，慰问。
④矜：自我夸耀。⑤谢病：称病辞职。

【译文】

三月，主管大臣请求皇帝封立皇后。薄太后说："皇帝的儿子都是同母所生，就立太
子的母亲为皇后吧。"皇后姓窦。文帝因为立了皇后的缘故，于是赐给天下无妻、无夫、
无父、无子的穷困人，以及年过八十的老人，不满九岁的孤儿每人若干布、帛、米、肉。文
帝从代国来到京城，即位不久，就对天下施以德惠，安抚诸侯和四方边远的部族，使各
方面的上上下下都融洽欢乐，于是慰问从代国随同来京的功臣。文帝说："当朝廷大臣
诛灭了诸吕迎接我的时候，我犹疑不绝，代国的大臣们也都劝阻我，只有中尉宋昌劝我
入京，我才得以祭奉宗庙。前已提拔宋昌为卫将军，现在加封他为壮武侯。另外随我进
京的六个人，都任命为九卿。"

文帝说："当年随从高帝进入蜀郡和汉中的列侯六十八人，都加封食邑三百户；原
先官禄在二千石以上曾跟随高帝的颍川郡守刘尊等十人，各赐封食邑六百户；淮阳郡
郡守申徒嘉等十人，各赐封食邑五百户；卫尉定等十人，各赐封食邑四百户。封淮南王
的舅父赵兼为周阳侯，齐王的舅父驷钧为清郭侯。"这年秋天，封原常山国的丞相蔡兼
为樊侯。

有人劝说右丞相道："您原先诛杀诸吕，迎立代王；如今又夸耀功劳，受到高厚的赏
赐，居于尊贵的地位，灾祸就要落到您头上了。"于是右丞相周勃就推说有病辞去职位，
由左丞相陈平一人专任丞相。

【原文】

二年十月，丞相平卒，复以绛侯勃为丞相。上曰："朕闻古者诸侯建国千余

（岁），各守其地，以时入贡，民不劳苦，上下欢欣，靡^①有遗德。今列侯多居长安，邑远^②，吏卒给输费苦，而列侯亦无由教驯^③其民。其令列侯之国，为吏及诏所止者，遣太子。"

十一月晦^④，日有食之。十二月望^⑤，日又食。上曰："朕闻之，天生蒸民，为之置君以养治之。人主不德，布政不均，则天示之以灾，以诫不治。乃十一月晦，日有食之，适^⑥见于天，灾孰大焉！朕获保宗庙，以微眇之身托于兆民君王之上，天下治乱，在朕一人，唯二三执政犹吾股肱^⑦也。朕下不能理育群生，上以累三光之明，其不德大矣。令至，其悉思朕之过失，及知见思之所不及，匄^⑧以告朕。及举贤良方正能直言极谏者，以匡朕之不逮。因各饬^⑨其任职，务省繇费以便民。朕既不能远德，故然念外人之有非，是以设备未息。今纵不能罢边屯戍，而又饬兵厚卫，其罢卫将军军。太仆见马遗财足，余皆以给传置^⑩。"

【注释】

①靡：无，没有。②邑远：指列侯的封邑离长安远。③驯：同"训"，教导。④晦：阴历每月的最后一天。⑤望：阴历每月的十五日。⑥适：通"谪"，责备，谴责。⑦股肱：比喻左右的得力大臣。股，大腿。肱，上肢肘至肩的部分。⑧匄：同"丐"，乞求，希望。⑨饬：整治。⑩传置：古代交通要道上设置的备有车马的驿站。

【译文】

文帝二年十月，丞相陈平去世，又任命绛侯周勃为丞相。文帝说："我听说古代诸侯建立国家的有一千多个，他们各守封地，按时入朝进贡，百姓不觉劳苦，上下高兴，没有发生不守道德的事情。如今列侯大都住在长安，封邑又远，要靠官吏士卒供应运输给养，既浪费又辛苦，而这些列侯也无法教导和管理自己封地的百姓。命令列侯回到各自的封国去，在朝廷任职和诏令所准许留下的诸侯，要派太子回去。"

十一月最后一天发生了日食。十二月十五日又发生了日食。文帝说："我听说天生万民，为他们设置君主，来抚育治理他们。如果君主不贤德，施政不公平，那么上天就显

示出灾异现象,告诫他治理得不好。十一月最后一天发生日食,上天的谴责在天象上表现出了灾异现象,有什么比这更大的呢!我能够事奉宗庙,以这微小之躯依托于万民和诸侯之上,天下的治与乱,责任都在我一个人,你们众位执掌国政的大臣好比是我的左膀右臂。我对下不能很好地治理抚育众生,对上又牵累了日、月、星辰的光辉,以致发生日食,我的无德实在太严重了。接到诏令后,你们都要认真思考一下我的过失,以及你们知道的、见到的、想到的我做得不够的地方,恳请你们告诉我。还要推举贤良方正,能直言极谏的人,来补正我的疏漏。趁此机会,官吏们要整顿好各自所担任的职事,务必减少徭役和费用,以方便民众。我不能将恩惠施于远方,所以忧虑不安,怕外族侵扰边境为非作歹,因此边疆的防务一直没有停止。现在既然不能撤除边塞的军队,却还要命令军队增加兵力来保卫我吗?应该撤销卫将军统辖的军队。太仆掌管的现有马匹,只需留下一些够用就可以了,其余的都交给驿站使用。"

【原文】

正月,上曰:"农,天下之本,其开籍田①,朕亲率耕,以给宗庙粢盛②。"三月,有司请立皇子为诸侯王。上曰:"赵幽王幽死③,朕甚怜之,已立其长子遂为赵王。遂弟辟强及齐悼惠王子朱虚侯章、东牟侯兴居有功,可王。"乃立赵幽王少子辟强为河间王,以齐剧郡④立朱虚侯为城阳王,立东牟侯为济北王,皇子武为代王,子参为太原王,子揖为梁王。

上曰:"古之治天下,朝有进善之旌,诽谤之木⑤,所以通治道而来谏者。今法有诽谤妖言之罪,是使众臣不敢尽情,而上无由闻过失也。将何以来远方之贤良?其除之。民或祝诅⑥上以相约结而后相谩,吏以为大逆,其有他言,而吏又以为诽谤。此细民之愚无知抵死,朕甚不取。自今以来,有犯此者勿听治。"九月,初与郡国守相为铜虎符、竹使符。

【注释】

①籍田:《汉书·文帝纪》作"借田",皇帝亲自耕种的田。实际上只是春耕时象征性地参加耕作,以示重农。②粢盛:祭品。指盛在祭器内的谷物。粢,黍稷。盛,指盛于器中。③幽死:指被吕后囚禁而饿死。详见《吕太后本纪》。④剧郡:指地位重要,情况复杂,治理困难的大郡。⑤进善之旌,诽谤之木:相传唐尧时在四通八达的路口树立旌旗和木牌,欲进善言者,立于旗下言之;有批评朝政者,写在木牌上。诽谤,批评,指责。⑥祝诅:祈祷鬼神,使降祸于所憎之人。

【译文】

正月,文帝说:"农业是国家的根本,应当开辟皇帝亲自耕种的籍田,我要亲自带头耕作,来供给宗庙祭祀用的谷物。"

三月，主管大臣建议封皇子们为诸侯王。文帝说："赵幽王刘友被囚禁而死，我非常怜悯他，他的长子刘遂已经被立为赵王。刘遂的弟弟辟强，以及齐悼惠王的儿子朱虚侯刘章、东矣侯刘兴居有功，也可以封王。"于是封赵幽王的小儿子刘辟强为河间王，用齐国的重要大郡封朱虚侯为城阳王，封东牟侯为济北王，封皇子刘武为代王，刘参为太原王，刘揖为梁王。

文帝说："古代治理天下，朝廷设置进谏善言的旌旗和批评朝政的木牌，用以打通治国的途径，招来进谏的人。现在法令中有诽谤朝廷妖言惑众的罪状，这就使大臣们不敢畅所欲言，做皇帝的也无从了解自己的过失。这还怎么能招来远方的贤良之士呢？应当废除这样的条文。百姓中有人一起诅咒皇帝，约定互相隐瞒，后来又背弃约定相互告发，官吏认为这是大逆不道；如果再有其他不满的话，官吏又认为是诽谤朝廷。这些实际上只是小民愚昧无知而犯了死罪。上述做法我认为很不可取。从今以后，再有犯这类罪的，一律不加审理不予治罪。"

九月，首先把授兵权或调军队的铜虎符和使臣出使所持的竹使符发给各封国丞相和各郡郡守。

【原文】

三年十月丁酉晦，日有食之。十一月，上曰："前日〔计〕〔诏〕遣列侯之国，或辞①未行。丞相朕之所重，其为朕率列侯之国。"绛侯勃免丞相就国，以太尉颍阴侯婴为丞相。罢太尉官，属丞相。四月，城阳王章薨。淮南王长与从者魏敬杀辟阳侯审食其。

五月，匈奴入北地，居河南为寇。帝初幸②甘泉。六月，帝曰："汉与匈奴约为昆弟③，毋使害边境，所以输遗匈奴甚厚。今右贤王离其国，将众居河南降地，非常故④，往来近塞，捕杀吏卒，驱保塞蛮夷⑤，令不得居其故，陵轹边吏⑥，入盗，甚骜⑦无道，非约也。其发边吏骑八万五千诣高奴，遣丞相颍阴侯灌婴击匈奴。"匈奴去，发中尉材官⑧属卫将军军长安。

辛卯，帝自甘泉之高奴，因幸太原，见故群臣，皆赐之。举功行赏，诸民里赐牛酒。复晋阳中都民三岁。留游太原十余日。

济北王兴居闻帝之代，欲往击胡，乃反，发兵欲袭荥阳。于是诏罢丞相兵，遣棘蒲侯陈武为大将军，将十万往击之。祁侯贺为将军，军荥阳。七月辛亥，帝自太原至长安。乃诏有司曰："济北王背德反上，诖误⑨吏民，为大逆。济北吏民兵未至先自定，乃以军地邑降者，皆赦之，复官爵。与王兴居去来，亦赦之。"八月，破济北军，虏其王。赦济北诸吏民与王反者。

【注释】

①辞:托辞,找借口。②幸:特指皇帝到某处去。甘泉:宫名。因位于甘泉山而得名。③约为昆弟:汉初高祖、吕后及文帝初即位时曾三度与匈奴和亲。见《匈奴列传》。昆弟,兄弟。④常故:正常缘故,正当理由。⑤保塞蛮夷:保卫边塞的少数民族。⑥陵轹:侵犯,欺压。⑦敖:通"傲",傲慢。⑧材官:勇武之卒。⑨诖误:连累,使受害。

【译文】

三年十月底丁酉日,发生日食。十一月,文帝说:"日前曾诏令列侯回到各自的封国,有的找借口还没走,丞相是我敬重的人,希望丞相为我率领列侯回到封国。"于是绛侯周勃被免去丞相职务,回自己的封国了。文帝任命太尉颍阴侯灌婴为丞相。取消了太尉这个官职,太尉所掌的兵权归属于丞相。四月,城阳王刘章去世。淮南王刘长和他的随从魏敬杀了辟阳侯审食其。

五月,匈奴侵入北地郡,在河南地区进行抢掠。文帝初次幸临甘泉宫。六月,文帝说:"汉朝先前与匈奴结为兄弟,目的是使它不侵扰边境,因此给他们运去了大量物资,馈赠十分丰厚。现在匈奴的右贤王离开他们本土,率众进驻早已归属汉朝的河南地区,没有任何正当理由,就在边塞地区出入往来,捕杀汉官吏士卒,驱逐守卫边塞的蛮夷,使他们不能在原居住地居住,欺凌边防官吏,侵入内地抢劫,十分傲慢,蛮不讲理,破坏了先前的盟约。为此可调发边防官吏骑兵八万五千人前往高奴,派丞相颍阴侯灌婴率兵反击匈奴。"匈奴退离边境。又征调中尉属下勇武的士卒归属于卫将军统领,驻守长安。

辛卯日,文帝从甘泉前往高奴,顺便来到太原,接见原代国的群臣,全都给以赏赐。根据功劳大小给以不同的奖赏,赐给百姓牛、酒,免除晋阳、中都两地百姓三年的赋税。文帝留在太原游玩了十多天。

济北王刘兴居得知文帝到了代地,想要前去反击匈奴,趁势起兵造反,打算袭击荥阳。于是文帝下令丞相灌婴撤回部队,派遣棘蒲侯陈武为大将军,率领十万部队前去讨伐叛军。任命祁侯缯贺为将军,驻扎在荥阳。七月辛亥日,文帝从太原回到长安。诏令有关大臣说:"济北王背德反上,连累了济北的官吏百姓,这是大逆不道。济北的官吏和民众,凡是在朝廷大军到来之前就自己停止反叛活动的,以及率部投降或献出城邑出降的,一律赦免,官爵复原。那些开始曾与刘兴居一起造反但后来投降了的人,也予以赦免。"八月,打垮了济北叛军,俘虏了济北王。文帝宣布赦免济北国中随济北王造反的官吏百姓。

【原文】

六年,有司言淮南王长废先帝法,不听天子诏,居处毋度,出入拟于天子,擅为法令,与棘蒲侯太子奇谋反,遣人使闽越及匈奴,发其兵,欲以危宗庙社稷。群臣议,皆曰:"长当弃市①。"帝不忍致法于王,赦其罪,废勿王。群臣请处王蜀严道、邛都,帝许之。长未到处所,行病死,上怜之。后十六年,追尊淮南王长谥为厉王,立其子三人为淮南王、衡山王、庐江王。

十三年夏,上曰:"盖闻天道祸自怨起而福繇②德兴。百官之非,宜由朕躬③。今秘祝之官移过于下,以彰吾之不德,朕甚不取。其除之。"

五月,齐太仓令淳于公有罪当刑,诏狱逮徙系长安。太仓公无男,有女五人。太仓公将行会逮,骂其女曰:"生子不生男,有缓急④非有益也!"其少女缇萦自伤泣,乃随其父至长安,上书曰:"妾父为吏,齐中皆称其廉平,今坐法当刑。妾伤夫死者不可复生,刑者不可复属⑤,虽复欲改过自新,其道无由也。妾愿没入为官婢,赎父刑罪,使得自新。"书奏天子,天子怜悲其意,乃下诏曰:"盖闻有虞氏之时,画衣冠⑥异章服⑦以为僇,而民不犯。何则?至治也。今法有肉刑三⑧,而奸不止,其咎安在?非乃朕德薄而教不明欤?吾甚自愧。故夫驯道不纯⑨而愚民陷焉。诗曰'恺悌君子,民之父母'。今人有过,教未施而刑加焉,或欲改行为善而道毋由也。朕甚怜之。夫刑至断支体,刻肌肤,终身不息,何其楚痛而不德也,岂称为民父母之意哉!其除肉刑。"

上曰:"农,天下之本,务莫大焉。今勤身从事而有租税之赋,是为本末⑩者毋以异,其于劝农之道未备。其除田之租税。"

【注释】

①弃市:古代在闹市执行死刑,将尸体暴露街头示众,叫作弃市。②繇:由,从。③躬:自身。④缓急:指紧急情况。这里"缓"字无义,只是个陪衬。⑤属:连接。指被割断的肢体再接起来。⑥画衣冠:以画有特别的图形或颜色的衣帽来象征各种刑罚。⑦章服:指给罪犯穿上有特定标志的衣服。章,彩色。⑧肉刑三:古代的三种肉刑,一般指黥(脸上刺字)、劓(割去鼻子)、刖(断足)。梁玉绳《史记志疑》认为是指劓、刖、宫(残害生殖机能)三种肉刑。奸:指违法犯罪的人与事。⑨驯道不纯:教导的方法不恰当。驯,通"训",教导。纯,善,好。⑩本末:本,指农业;末,指商业和手工业等。

【译文】

六年，主管大臣报告淮南王刘长废弃先帝的法律，不听从皇帝的诏令，宫室居所超过规定的限度，出入车马仪仗比拟天子，擅自制定法令，与棘蒲侯的太子陈奇图谋反叛，派人出使闽越和匈奴，调用它们的军队，企图危害宗庙社稷。群臣对此事议论纷纷，都说"刘长应当在街市上斩首示众。"文帝不忍法办淮南王，免了他的死罪，废了他的王位，不准再做诸侯王。群臣请求把淮南王流放到蜀郡的严道和邛都一带，文帝同意了。刘长还没到达流放地，就病死在路上。文帝怜悯他，后来到十六年时，追尊淮南王刘长，谥号为厉王，并封他的三个儿子：刘安为淮南王，刘勃为衡山王，刘赐为庐江王。

十三年夏天，文帝说："我听说，天道是祸从怨起、福由德兴。百官的过错，应当由我一人承担责任。如今秘祝官把过错都推给下面的大臣，其结果是显扬了我的无德，我很不赞成。应当取消这种做法。"

五月，齐国的太仓令淳于公犯了罪，应该受刑，朝廷下诏让狱官逮捕他，把他押解到长安拘禁起来。太仓令没有儿子，只有五个女儿。他被捕临行时，骂女儿们说："生孩子不生儿子，遇到紧急情况，就没有用处了！"他的小女儿缇萦伤心地哭了，就跟着父亲来到长安，向朝廷上书说："我的父亲做官，齐国的人们都称颂他廉洁公平，现在因触犯法律而犯罪，应当受刑。我哀伤的是，受了死刑的人不能复活，受了肉刑的人肢体分裂不能续接，即使想改过自新，也没有办法了。我愿意被收入官府做奴婢，以此来抵父亲应该接受的责罚，使他能改过自新。"上书送到文帝那里，文帝怜悯缇萦的孝心，就下诏说："听说在有虞氏的时候，只是在罪犯的衣帽上画上特别的图形或颜色，给罪犯穿上有特定标志的衣服，以此来羞辱他们，这样，民众就不再犯法了。为什么能这样呢？因为当时政治清明到了极点。如今法令中有刺面、割鼻、断足三种肉刑，可是犯法的事仍然不能禁止，过错出在哪儿呢？不就是因为我道德不厚教化不明吗？我自己感到很惭愧，所以训导的方法不完善，愚昧的百姓就会走上犯罪。《诗经》上说，'平易近人的官员，才是百姓的父母'。现在人犯了过错，还没加以教育就施以刑罚，那么有人想改过自新也没有机会了。我很怜悯他们。施用刑罚以致割断犯人的肢体，刻伤犯人的肌肤，终身不能长好，多么令人痛苦而又不合道德呀，作为百姓的父母，这样做，难道合乎天下父母心吗？应该废除肉刑。"

文帝说："农业是天下的根本，没什么比这更重要。现在农民辛勤地从事农业生产却还要交纳租税，使得务农和从事商业手工业没有区别，本末不分，这恐怕是由于鼓励农耕的方法还不完备。应当免除农田的租税。"

【原文】

十四年冬，匈奴谋入边为寇，攻朝那塞，杀北地都尉卬。上乃遣三将军①军陇西、北地、上郡，中尉周舍为卫将军，郎中令张武为车骑将军，军渭北，车千乘，骑卒十万。帝亲自劳军，勒②兵申教令，赐军吏卒。帝欲自将击匈奴，群臣谏，皆不听。皇太后固要③帝，帝乃止。于是以东阳侯张相如为大将军，成侯赤为内史，栾布为将军，击匈奴。匈奴遁走。

春，上曰："朕获执牺牲珪币④以事上帝宗庙，十四年于今，历日（悬）〔绵〕长，以不敏不明而久抚临天下，朕甚自愧。其广增诸祀墠场珪币。昔先王远施不求其报，望祀⑤不祈其福，右贤左戚⑥，先民后己，至明之极也。今吾闻祠官祝釐⑦，皆归福朕躬，不为百姓，朕甚愧之。夫以朕不德，而躬享独美其福，百姓不与焉，是重吾不德。其令祠官致敬，毋有所祈。"

是时北平侯张苍为丞相，方明律历。鲁人公孙臣上书陈终始传五德事，言方今土德时，土德应黄龙见，当改正朔⑧服色制度⑨。天子下其事与丞相议。丞相推以为今水德，始明正十月⑩上黑事，以为其言非是，请罢之。

【注释】

①三将军：指陇西将军隆虑侯周灶、北地将军宁侯魏遫、上郡将军昌侯卢卿。②勒：统率，约束，部署。③固要：坚决阻拦。要，拦截，遮留。④珪币：古代帝王、诸侯举行朝会、祭祀用的玉器和帛。⑤望祀：遥望而祭。古代祭礼的一种。⑥右贤左戚：指用人注重贤才，不注重亲戚。古代以右为高，以左为下。⑦祝釐：祭祀上天，祈求降福。釐，通"禧"，吉祥，幸福。⑧正朔：指历法制度。正，一年的开始。朔，每月的初一。⑨服色制度：指官府应用的颜色。古代每个朝代的车马、祭牲、服饰等都有自己所崇尚的颜色。⑩正十月：确定每年以十月为岁首。

【译文】

十四年冬天，匈奴谋划侵入边境进行抢掠，攻打朝那塞，杀死北地郡都尉孙卬。文帝于是派出三位将军率兵分别驻扎在陇西、北地、上郡，任命中尉周舍为卫将军，郎中令张武为车骑将军，驻扎在渭河以北地区，计有战车千辆，骑兵十万。文帝亲自慰劳军队，部署军队，申明训令，奖赏全军将士。文帝打算亲自率兵反击匈奴，群臣谏阻，一律不听。皇太后坚决阻止文帝，文帝这才作罢。于是任命东阳侯张相如为大将军，成侯董赤为内史，栾布为将军，率军攻打匈奴。匈奴逃跑了。

这年春天，文帝说："我有幸得以执掌祭祀的牺牲、玉帛来祭祀上帝、宗庙，登上帝位，至今十四年了，历时已经很久，以我这样一个既不聪敏又不明智的人长久地治理天下，深为自愧。应当广泛增设祭祀的墠场和玉帛。从前先王远施恩惠而不求回报，遥祭山川却不为自己祈福，尊贤抑亲，先民后己，圣明到了极点。如今我听说掌管祭祀的祠官祈祷时，全都是为我一人，而不为百姓祝福，我为此感到很惭愧。凭着我这样的无德之人，却独自享受神灵的降福，而百姓却享受不到，这就加重了我的无德。现在命令祠官祭祀要向神献上敬意,不要为我一个人祈求。"

这时,北平侯张苍任丞相,刚刚明确了新的乐律和历法。鲁国人公孙臣上书陈说金木水火土五行相生相克,终而复始以象征王朝兴替的五德终始学说,说现在正当土德,土德的验证是将有黄龙出现,应当更改历法、服色等制度。文帝把此事下交给丞相去研究。丞相张苍经过推算认为现今是水德,才明确把冬十月作为岁首,应该崇尚黑色,认为公孙臣的说法不对,请求文帝不要采纳。

【原文】

十五年,黄龙见成纪,天子乃复召鲁公孙臣,以为博士,申明土德事。于是上乃下诏曰:"有异物之神见于成纪,无害于民,岁以有年①。朕亲郊祀②上帝诸神。礼官议,毋讳以劳朕。"有司礼官皆曰:"古者天子夏躬亲礼祀上帝于郊,故曰郊。"于是天子始幸雍,郊见五帝,以孟夏③四月答礼焉。赵人新垣平以望气④见,因说上设立渭阳五庙。欲出周鼎⑤,当有玉英⑥见。

十六年,上亲郊见渭阳五帝庙,亦以夏答礼而尚赤。

十七年,得玉杯,刻曰:"人主延寿"。于是天子始更为元年⑦,令天下大酺。其岁,新垣平事觉,夷三族。

【注释】

①有年:有年景,即丰收的意思。年,收成,年景。②郊祀:在郊外祭祀天地,是古代祭祀的一种仪式。③孟夏:夏季的第一个月,即夏历四月。④望气:借望云气来附会人事,预言吉凶的一种迷信活动。⑤周鼎:相传夏禹铸九鼎象征九州,后成为象征国家政权的传国之宝。⑥玉英:美玉之精,即奇异的美玉。⑦更为元年:改元为元年。从这一年起,文帝的纪年改为后元,十七年(公元前163)即后元元年。

【译文】

十五年,有黄龙出现在成纪县,文帝又召来鲁国的公孙臣,任命他为博士,让他重新说明当今应为土德的道理。于是文帝下诏说:"有奇物神龙出现在成纪,没有伤害到百姓,今年又是个好年成。我要亲自到郊外祭祀上帝和诸神。礼官们商量这件事,不要因为怕我劳累而有什么隐讳。"主管大臣和礼官们都说:"古代天子每年夏天亲自到郊外祭祀上帝,所以叫做'郊'(郊祀,郊祭)。"于是文帝第一次来到雍,郊祭五帝,在夏初四月向天帝致礼。赵国人新垣平凭着善于望云气而知凶吉来进见文帝,劝说文帝在渭城建五帝庙,并预言这将使周朝的传国宝鼎出现,还会有奇异的美玉出现。

十六年,文帝亲自到渭阳五帝庙郊祭,仍在夏季向天帝致敬,并崇尚红色。

十七年,文帝得到一个玉杯,这个玉杯实际是新垣平为欺骗文帝而派人献上的,玉杯上刻有"人主延寿"四个字。于是文帝下诏把这一年改为元年，下令天下民众尽情聚会宴饮。当年，新垣平欺诈的事情被发觉，夷灭三族。

【原文】

后二年，上曰："朕既不明，不能远德，是以使方外之国②或不宁息。夫四荒之外不安其生，封畿之内③勤劳不处，二者之咎，皆自于朕之德薄而不能远达也。间者累年，匈奴并暴边境，多杀吏民，边臣兵吏又不能谕吾内志，以重吾不德也。夫久结难连兵④，中外之国将何以自宁？今朕夙兴夜寐⑤，勤劳天下，忧苦万民，为之怛惕⑥不安，未尝一日忘于心，故遣使者冠盖相望⑦，结轶⑧于道，以谕朕意于单于。今单于反古之道，计社稷之安，便万民之利，亲与朕俱弃细过，偕之大道，结兄弟之义，以全天下元元之民。和亲已定，始于今年。"

后六年冬，匈奴三万人入上郡，三万人入云中。以中大夫令勉为车骑将军，军飞狐；故楚相苏意为将军，军句注；将军张武屯北地；河内守周亚夫为将军，居细柳；宗正刘礼为将军，居霸上；祝兹侯⑨军棘门：以备胡。数月，胡人去，亦罢。

天下旱，蝗。帝加惠：令诸侯毋入贡，弛山泽，减诸服御狗马，损郎吏员，发仓庾⑩以振贫民，民得卖爵。

孝文帝从代来，即位二十三年，宫室苑囿狗马服御无所增益，有不便，辄弛以利民。尝欲作露台，召匠计之，直百金。上曰："百金中民十家之产，吾奉先帝宫室，常恐羞之，何以台为！"上常衣绨⑪衣，所幸慎夫人，令衣不得曳地，帏帐不得文绣，以示敦朴，为天下先。治霸陵⑫皆以瓦器，不得以金银铜锡为饰，不治坟，欲为省，毋烦民。南越王尉佗自立为武帝，然上召贵尉佗兄弟，以德报之，佗遂去帝称臣。与匈奴和亲，匈奴背约入盗，然令边备守，不发兵深入，恶烦苦百姓。吴王诈病不朝，就赐几杖⑬。群臣如袁盎等称说虽切，常假借用之。群臣如张武等受赂遗金钱，觉，上乃发御府金钱赐之，以愧其心，弗下吏。专务以德化民，是以海内殷富，兴于礼义。

【注释】

①后二年：即后元二年(公元前162年)。②方外之国：指西汉王朝境外的国家。方，境，边境。③封畿之内：京都一带地域。这里泛指内地。④结难连兵：结下怨仇，接连用兵。难，怨仇，仇敌。⑤夙兴夜寐：早起晚睡。形容勤奋不懈。⑥怛惕：忧伤惶恐。⑦冠盖相望：即冠盖相望于道。冠盖，指官员的帽子和车上的篷盖。⑧结轶：意思是车迹相连。轶，通"辙"，车轮压出的痕迹。⑨祝兹侯：《集解》引徐广曰："《表》作松兹侯，姓徐，名悍。"⑩仓庾：泛指各种贮藏粮食的仓库。庾，本指露

天的仓。⑪绨：一种质地粗厚的丝织品。⑫霸陵：文帝的陵墓，在长安城东（今陕西西安市东北）。

【译文】

后元二年，文帝说："我不英明，不能施恩于远方，因而使境外有些国家时常滋扰生事。边远地区的百姓不能安定生活，内地的百姓辛勤劳动也不能休息，这两方面的过失，都是由于我的德薄，不能惠及远方。最近连续几年，匈奴都来危害边境，杀我许多官吏和百姓，边境的官员和将领又不明白我的心意，以致加重我的无德。这样长久结怨，兵祸不断，中外各国将怎么能各自安宁呢？现在我起早睡晚，操劳国事，为民忧虑，惶惶不安，没有一天心里不惦记着这些事，所以我派出一批又一批的使者，在路上礼帽车盖前后相望，车子的辙迹道道相连，为的就是让他们向单于说明我的意愿。现在单于已经回到从前友好相处的道路上来了，考虑国家的安定，为了万民的利益，亲自跟我相约完全抛弃细微小节，共同踏上和平的大道，结为兄弟之好，以保全天下善良的百姓。和亲的协议已经确定，从今年就开始。"

后元六年冬天，匈奴三万人入侵上郡，三万人入侵云中郡。文帝任命中大夫令勉为车骑将军，驻扎在飞狐口；任命原楚国丞相苏意为将军，驻扎在勾注山；命将军张武驻守北地郡；任命河内郡郡守周亚夫为将军，驻军细柳；任命宗正刘礼为将军，驻军霸上；命祝兹侯徐悍驻扎在棘门：以防备匈奴。过了几个月，匈奴人退去，这些军队也撤回了。这一年天下干旱，发生蝗灾。文帝施惠于民：诏令诸侯不要向朝廷进贡，解除民众开发山林湖泊的禁令，减少宫中各种服饰、车驾和狗马，裁减朝廷官吏的人数，打开粮仓救济贫苦百姓，允许民间买卖爵位。

孝文帝从代国来到京城，即位二十三年，宫室、园林、狗马、服饰、车驾等等，什么都没有增加。但凡有对百姓不便的事情，就立即废止，以便利民众。文帝曾打算建造一座高台，召来工匠一计算，造价要值上百斤黄金。文帝说："百斤黄金相当于十户中等人家的产业，我承受了先帝留下来的宫室，时常担心有辱于先帝，还建造高台做什么呢？"文帝平时穿的是质地粗厚的丝织衣服，对所宠爱的慎夫人，也不准她穿长得拖地的衣服，所用的帏帐不准绣彩色花纹，以此来表示俭朴，为天下人做出榜样。文帝规定，建

造他的陵墓霸陵，一律用瓦器，不准用金银铜锡等金属做装饰，不修高大的坟；要节省，不要烦扰百姓。南越王尉佗自立为武帝，文帝却把尉佗的兄弟召来，使他们显贵，报之以德。尉佗于是取消了帝号，向汉朝称臣。汉与匈奴相约和亲，匈奴却背弃盟约入侵劫掠，而文帝只命令边塞戒备防守，不发兵深入匈奴境内，不愿意给百姓带来烦忧和劳苦。吴王刘濞谎称有病不来朝见，文帝就趁此机会赐给他木几和手杖，以表示关怀他年纪大，可以免去进京朝觐之礼。群臣中如袁盎等人进言说事，虽然直率尖锐，而文帝总是宽容采纳。大臣中如张武等人接受别人贿赂的金钱，事情被发觉，文帝就从皇宫仓库中取出金钱赐给他们，用这种办法使他们内心羞愧，而不交给执法官吏处理。文帝一心致力于用恩德感化臣民，因此天下富足，礼义兴盛。

【原文】

后七年六月已亥，帝崩于未央宫。遗诏曰："朕闻盖天下万物之萌生，靡不有死，死者天地之理，物之自然者，奚可甚哀。当今之时，世咸嘉生而恶死，厚葬以破业，重服以伤生，吾甚不取。且朕既不德，无以佐百姓；今崩，又使重服久临①，以离②寒暑之数，哀人之父子，伤长幼之志，损其饮食，绝鬼神之祭祀，以重吾不德也，谓天下何！朕获保宗庙，以眇眇之身托于天下君王之上，二十有余年矣。赖天地之灵，社稷之福，方内安宁，靡有兵革③。朕既不敏，常畏过行，以羞先帝之遗德；维年之久长，惧于不终。今乃幸以天年④，得复供养于高庙，朕之不明与，嘉之，其奚哀悲之有！其令天下吏民，令到出临三日，皆释服。毋禁取妇嫁女祠祀饮酒食肉者。自当给丧事服临者，皆无践⑤。经带⑥无过三寸，毋布车及兵器，毋发民男女哭临宫殿。宫殿中当临者，皆以旦夕各十五举声，礼毕罢。非旦夕临时，禁毋得擅哭。已下，服大红⑦十五日，小红⑧十四日，纤⑨七日，释服。佗不在令中者，皆以此令比率从事。布告天下，使明知朕意。霸陵山川因其故，毋有所改。归夫人以下至少使。"令中尉亚夫为军骑将军，属国悍为将屯将军，郎中令武为复土将军，发近县见卒万六千人，发内史卒万五千人，藏郭⑩穿复土属将军武。

乙巳，群臣皆顿首上尊号曰孝文皇帝。

太子即位于高庙。丁未，袭号曰皇帝。

【注释】

①临：哭，哭吊。②离：通"罹"，遭受。③兵革：指战争。④天年：自然的寿数。⑤践：通"跣"，赤足。⑥经带：古代服丧时系的麻带。⑦大红：即大功，古代丧服五服之一，服期九个月。⑧小红：即小功，古代丧服五服之一，服期五个月。⑨纤：指缌麻，丧服五服中最轻的一种，服期三个月。⑩藏郭：埋葬棺椁。郭，通"椁"，外棺。

【译文】

　　后元七年六月己亥日，文帝在未央宫逝世。留下遗诏说："我听说天下万物萌芽生长，最终没有不死的。死是世间的常理，事物的自然归宿，没有什么值得过分悲哀的！当今世人都喜欢活着而不乐意死，死了人还要厚葬，以致用尽家产；加重服丧以致损害身体。我认为很不可取。况且我生前没什么德行，没有给百姓什么帮助；现在死了，又让人们加重服丧长期哭吊，遭受严寒酷暑的折磨，使天下的父子为我悲哀，使天下的老幼心灵受到损害，减少饮食，中断对鬼神的祭祀，其结果是加重了我的无德，我怎么向天下人交待呢！我有幸得以保护宗庙，凭着我这渺小之身依托在天下诸侯之上，至今已二十多年。靠的是天地的神灵，社稷的福气，才使得国内安定，没有战乱。我不聪慧，时常担心行为会有过失，使先帝遗留下来的美德蒙羞受辱；岁月长了，总是担心不能维持始终。如今没想到能侥幸享尽天年，将被供奉在高庙里享受祭祀，我如此不贤明，却能有这样的结果，我认为很好，还有什么可悲哀的呢！现在诏令全国官吏和百姓，诏令到达后，哭吊三日就除去丧服。不要禁止娶妻、嫁女、祭祀、饮酒、吃肉。应当参加丧事、服丧哭祭的人，都不要赤脚。服丧的麻带宽度不要超过三寸，不要陈列车驾和兵器，不要动员民间男女到宫殿来哭祭。宫中应当哭祭的人，都在早上和晚上各哭十五声，行礼完毕就停止。不是早上和晚上哭祭的时间，不准擅自哭泣。下葬以后，按丧服制度应服丧九个月的大功只服十五日，应服丧五个月的小功只服十四日，应服丧三个月的缌麻只服七日，期满就脱去丧服。其他不在此令中的事宜，都参照此令办理。要把这道诏令通告天下，使天下人都明白地懂得我的心意。葬我的霸陵周围山水要保留其原来的样子，不要有所改变。后宫夫人以下直至少使，全都让他们回娘家。"朝廷任命中尉周亚夫为车骑将军，典属国徐悍为将屯将军，郎中令张武为复土将军。征调京城附近各县现役士卒一万六千人，又征调内史所统辖的京城士卒一万五千人，去做安葬棺椁的挖土、填土等工作，归将军张武统领。

　　乙巳日，文帝葬在霸陵，群臣叩首至地，奉上谥号，尊称为孝文皇帝。

　　太子刘启在高庙即位。丁未日，承袭帝号为皇帝。

【原文】

　　孝景帝元年十月，制诏①御史："盖闻古者祖有功而宗有德，制礼乐各有由。闻歌者，所以发德也；舞者，所以明功也。高庙酎②，奏《武德》、《文始》、《五行》之舞。孝惠庙酎，奏《文始》、《五行》之舞。孝文皇帝临天下，通关梁，不异远方。除诽谤，去肉刑，赏赐长老，收恤孤独，以育群生。减嗜欲，不受献，不私其利也。罪人不帑，不诛无罪。除〔肉〕〔宫〕刑，出美人，重绝人之世。朕既不敏，不能识。此皆上古之所不及，而孝文皇帝亲行之。德厚侔天地，利泽施四海，靡不获福焉。明象乎日月，而庙乐不称，朕甚惧焉。其为孝文皇帝庙为《昭德》之舞，以明休德。然后祖宗之功德著于竹帛，施于万世，永永无穷，朕甚嘉之。其与丞相、列侯、中二千石、礼官具为礼仪奏。"丞相臣嘉等言："陛下永思孝道，立《昭德》之舞以明孝文皇帝之盛德，皆臣嘉等愚所不及。臣谨议：世功莫大于高皇帝，德莫盛于孝文皇帝，高皇庙宜为帝者太祖之庙，孝文皇帝庙宜为帝者太宗之庙。天子宜世世献祖宗之庙。郡国诸侯宜各为孝文皇帝立太宗之庙。诸侯王列侯使者侍祠天子，岁献祖宗之庙。请著之竹帛，宣布天下。"制曰："可。"

【注释】

①制诏：皇帝的命令。②高庙酎：在高祖庙献酒祭礼。酎，一种经多次酿制而成的醇酒，古代常用来祭祀。

【译文】

孝景皇帝元年十月，下诏给御史："我听说古代帝王，有取天下之功的称为'祖'，有治天下之德的称为'宗'，制定礼仪音乐各有其根据。还听说歌是用来颂扬德行的，舞是用来显扬功绩的。在高庙献酒祭祀，演奏《武德》、《文始》、《五行》等歌舞。在孝惠庙献酒祭祀，演奏《文始》、《五行》等歌舞。孝文皇帝治理天下，开放了关卡桥梁，处处畅通无阻，边远地区也是一样；废除了诽谤有罪的法令，取消肉刑，赏赐老人，收养抚恤少无父母和老而无子的贫苦人，以此来养育天下众生；他杜绝各种嗜好，不受臣下进献的贡品，不求一己之私利；处治罪犯不株连家属，不诛罚无罪之人。废除宫刑，放出后宫美

人，对使人断绝后代的事看得很重。我不聪敏，不能认识孝文皇帝的一切。这些都是古代帝王做不到的，而孝文皇帝亲自实行了。他的功德显赫，比得上天地；恩惠广施，遍及四海，没有哪个人不曾得到他的好处。他的光辉如同日月，而祭祀时所用的歌舞却不相称，对此我心中非常不安。应当为孝文皇帝庙制作《昭德》舞，以显扬他的美德。然后将祖宗的功德载入史册，流传万代，永远永远没有尽头，我认为这样做很好。此事交给丞相、列侯、中二千石级的官员和礼官共同制定出礼仪，然后上

报给我。"丞相申徒嘉等人说："陛下始终想着孝亲之道,制作《昭德》之舞来显扬孝文皇帝的赫赫功德,这都是我们这些臣子由于愚钝而想不到的。我们恭敬地建议:世间取天下之功没有大过高皇帝的,治天下之德没有超过孝文皇帝的,高皇帝庙应当作为本朝帝王的太祖庙,孝文皇帝庙应当作为本朝帝王的太宗庙。后代天子应当世世祭祀太祖和太宗之庙。各郡各国诸侯也应当分别为孝文皇帝建立太宗之庙。每年朝廷祭祀时,诸侯王和列侯都要按时派使者来京陪侍天子祭祀,每年都要祭祀太祖、太宗。请把这些写入文献,向天下公布。"景帝下制说:"可以。"

【原文】

太史公曰:孔子言"必世①然后仁。善人之治国百年,亦可以胜残去杀"。诚哉是言!汉兴,至孝文四十有余载,德至盛也。廪廪②乡改正服封禅矣③,谦让未成于今④。呜呼,岂不仁哉!

【注释】

①世:古代称三十年为世。②廪廪:渐近的样子。③封禅:古代帝王祭祀天地的一种大典。在泰山上筑土为坛祭天叫"封",在泰山南面的梁父山辟场祭地叫"禅"。④今:指汉武帝刘彻时,即司马迁作《史记》之时。

【译文】

太史公说:孔子曾说:"治理国家必须经过三十年才能实现仁政。善人治理国家经过一百年,也就可以克服残暴免除刑杀了。"这话千真万确。汉朝建立,到孝文皇帝经过四十多年,德政达到了极盛的地步。孝文帝已逐渐走向更改历法、服色和进行封禅了,可是由于他的谦让,至今尚未完成。啊,这难道不就是仁吗?

【评析】

这篇本纪有几个鲜明的特点:第一,突出记录了许多文帝的诏书,"且所行政事,又足以副之,非托诸空言者比也。"这些诏书一方面反映了文帝治天下的才能,一方面反映出文帝仁爱的内心世界和俭朴的思想品格。司马迁以此直透核心,表现文帝的贤德,从而感染打动读者。譬如废除连坐法和肉刑的两个诏令,就体现了文帝不株连无辜,不摧残肉体的人道精神。再如遣列侯之国、罢卫将军军等诏令,以及遗诏,都贯穿着文帝体恤百姓和节省财力的用心。第二,通篇文章作者的语调都是舒缓平和的,没有扣人心弦的紧张情节和场面,作者只是按照年代顺序选择关键事件娓娓道来,给人一种从容不迫的感觉,同时也饱含了作者对一代明君的追慕和向往之情。如一开始描写文帝即位和立太子的过程中,表现了他的周详慎重和谦让。又如写缇萦上书救父,写文帝取消修建露台的打算,以及对南越王、吴王刘濞等人的以德报怨,对匈奴的或战或和,既强硬又不失灵活等等,都表现了文帝的仁爱宽厚的形象。第三,文章结尾作者巧妙地用景帝之诏,群臣之议,以"功莫大于高皇帝,德莫大于孝文皇帝",表现了司马迁赞颂之情,最后作者满怀深情地发出了"廪廪向改正服封禅矣,谦让未成于今"的感叹。

汉文帝与其子景帝两代在旧史上并称为文景之治,他提倡农耕,免农田租税,减轻刑罚,从本质上说都是为了维护和巩固汉王朝的统治,而他所做的一切措施都是以国家、百姓的安宁为重,在经历了战国至秦末的长期战乱之后,这些对经济的恢复和政治的稳定都起了积极的作用。它的仁厚、俭朴,截然不同于暴君,自然成为人们心目中理想的明君圣主。因此,太史公对他的褒扬,也正是这种思想感情的反映。文章叙述得入情入理,感情抒发得真实诚挚,对于展现文帝"专务以德化民"的内心世界起了重要作用。

孝景本纪第十一

【题解】

　　本篇以大事记的形式,简略地记录了西汉第六位皇帝汉景帝刘启在位十六年间所发生的要事。他在位期间,平定了"七国之乱",且继续执行休养生息和轻徭薄赋的政策,是汉朝从国家初定走向繁荣昌盛的过渡时期,开创了历史上著名的"文景之治"。

【原文】

　　孝景皇帝者,孝文之中子也。母窦太后。孝文在代时,前后有三男,及窦太后得幸,前后死,及三子更①死,故孝景得立。

　　元年四月乙卯,赦天下。乙巳②,赐民爵一级。五月,除田半租③。为孝文立太宗庙。令群臣无朝贺,匈奴入代,与约和亲。

　　二年春,封故相国萧何孙系为武陵侯。男子二十而得傅④。四月壬午,孝文太后崩。广川、长沙王皆之国。丞相申屠嘉卒。八月,以御史大夫开封侯陶青为丞相。彗星出东北。秋,衡山雨雹⑤,大者五寸,深者二尺。荧惑逆行,守北辰。月出北辰间。岁星逆行天廷⑥中。置南陵及内史祋祤为县。

　　三年正月乙巳,赦天下。长星出西方。天火燔⑦雒阳东宫大殿城室。吴王濞、楚王戊、赵王遂、胶西王卬、济南王辟光、淄川王贤、胶东王雄渠反,发兵西乡。天子为诛晁错,遣袁盎谕告,不止,遂西围梁。上乃遣大将军窦婴、太尉周亚夫将兵诛之。六月乙亥,赦亡军及楚元王子蓺等与谋反者。封大将军窦婴为魏其侯。立楚元王子平陆侯礼为楚王。立皇子端为胶西王,子胜为中山王。徙济北王志为淄川王,淮阳王馀为鲁王,汝南王非为江都王。齐王将庐、燕王嘉皆薨。

【注释】

　　①更:相继地,接连地。②乙巳:据梁玉绳《史记志疑》考证此二字衍。③除田半租:减去一半田租。文帝时田租十五而税一,景帝再减收一半,即三十而税一。④傅:著。指著于名籍,给公家服徭役。⑤雨雹:下雹子。⑥天廷:古代把星空分为三个区域,叫三垣,即紫微垣、太微垣、天市垣。天廷就是太微垣。也写作"天庭"。⑦燔:焚烧。

【译文】

孝景皇帝刘启，是孝文皇帝排行在中间的儿子。他的生母是窦太后。孝文皇帝在代国的时候，前一个王后有三个儿子，等到窦太后得宠，前一个王后去世，三个儿子也相继死亡，所以景帝得以继承帝位。

元年四月乙卯日，大赦天下。乙巳日赐给民众每户户主爵位一级。五月，下诏减去一半的田租。为孝文皇帝修建太宗庙，诏令群臣不必为此上朝拜贺。这年，匈奴侵入代地，朝廷与匈奴签订和亲盟约。

二年春天，封原相国萧何的孙子萧系为武陵侯。规定男子满二十岁开始写入名册服徭役。四月壬午日，文帝的母亲薄太后去世。景帝的儿子广川王刘彭祖、长沙王刘发都回到自己的封地去了。丞相申屠嘉去世。八月，任命御史大夫开封侯陶青为丞相。彗星出现在天空的东北方向。秋天，衡山一带下了冰雹，冰雹最大的直径达五寸，最深的地方达二尺。火星逆向运行到北极星所处的星空。月亮从北极星星空穿过。木星在太微垣区域逆向运行。下诏设置南陵和内史、祋祤三个县。

三年正月乙巳日，大赦天下。流星出现在西方。天火烧掉了洛阳的东宫大殿和城楼。吴王刘濞、楚王刘戊、赵王刘遂、胶西王刘卬，济南王刘辟光、淄川王刘贤和胶东王刘雄渠反叛，起兵向西进发。景帝为安抚反叛的诸侯王而杀了晁错，派袁盎通告七国，但他们仍不罢兵，继续西进，包围了梁国。景帝于是派了大将军窦婴、太尉周亚夫率军诛讨，最后平定了叛乱。六月乙亥日，下诏赦免四散逃亡的叛军和楚元王的儿子刘艺等参与谋反的人。封大将军窦婴为魏其侯。立楚元王的儿子平陆侯刘礼为楚王。立皇子刘端为胶西王，刘胜为中山王，改封济北王刘志为淄川王，淮阳王刘余为鲁王，汝南王刘非为江都王。齐王刘将庐、燕王刘嘉都去世了。

【原文】

四年夏，立太子。立皇子彻为胶东王。六月甲戌，赦天下。后九月，更以（弋）〔易〕阳为阳陵。复置津关①，用传②出入。冬，以赵国为邯郸郡。

五年三月，作阳陵、渭桥。五月，募徙阳陵，予钱二十万。江都大暴风从西方来，坏城十二丈。丁卯，封长公主子为隆虑侯。徙广川王为赵王。

六年春，封中尉（赵）绾为建陵侯，江都丞相嘉为建平侯，陇西太守浑邪为平曲侯，赵丞相嘉为江陵侯，故将军布为鄃侯。梁楚二王皆薨。后九月，伐驰道③树，殖兰池。

七年冬，废栗太子为临江王。十（二）〔一〕月晦，日有食之。春，免徒隶作阳陵者。丞相青免。二月乙巳，以太尉条侯周亚夫为丞相。四月乙巳，立胶东王太后为皇后。丁巳,立胶东王为太子。名彻。

【注释】

①津关:设在水陆要道的关卡。文帝十二年曾颁布通关梁的法令,允许人们自由出入关隘。景帝在平息了吴、楚七国之乱以后,恢复了凭证出入关隘的制度。②传:一种出入关隘的凭证。③驰道:秦代修建的供帝王行驶车马的道路。

【译文】

四年夏天,立皇太子。立皇子刘彻为胶东王。六月甲戌日,大赦天下。闰九月,把易阳更名为阳陵。重新在水陆要道设置关卡,用凭证才能出入。冬天,改赵国为邯郸郡。

五年三月,修建阳陵和渭桥。五月,拨钱二十万,招募民众迁居阳陵。从西边来的大风暴侵袭江都一带,摧毁城墙十二丈。丁卯日,景帝封姐姐长公主的儿子为隆虑侯。改封广川王刘彭祖为赵王。

六年春天,封中尉卫绾为建陵侯,江都国丞相程嘉为建平侯,陇西郡太守公浑邪为平曲侯,赵国丞相苏嘉为江陵侯,前将军栾布为鄃侯。梁王、楚王都去世了。闰九月,伐去驰道两旁的树木,填平兰池。

七年冬天,废掉了栗太子刘荣,封他为临江王。十一月最后一天,发生日食。春天,赦免和释放修建阳陵的囚犯和奴隶。丞相陶青被免职。二月乙巳日,任命太尉条侯周亚夫为丞相。四月乙巳日,立胶东王的母亲为皇后;丁巳日,立胶东王为太子。名叫彻。

【原文】

中元年,封故御史大夫周苛孙平为绳侯,故御史大夫周昌(子)〔孙〕左车为安阳侯。四月乙巳,赦天下,赐爵一级。除禁锢①。地动。衡山、原都雨雹,大者尺八寸。

中二年二月,匈奴入燕,遂不和亲。三月,召临江王来,即死中尉府中。夏,立皇子越为广川王,子寄为胶东王。封四侯。九月甲戌,日食。

中三年冬,罢诸侯御史中丞。春,匈奴王二人率其徒来降,皆封为列侯。立皇子方乘为清河王。三月,彗星出西北。丞相周亚夫(死)〔免〕,以御史大夫桃侯刘舍为丞相。四月,地动。九月戊戌晦,日食。军东都门外。

中四年三月,置德阳宫。大蝗。秋,赦徒作阳陵者。

中五年夏,立皇子舜为常山王。封十侯。六月丁巳,赦天下,赐爵一级。天下大酺②。更命诸侯丞相曰相。秋,地动。

中六年二月己卯,行幸雍,郊见五帝。三月,雨雹。四月,梁孝王、城阳共王、汝南王皆薨。立梁孝王子明为济川王，子彭离为济东王，子定为山阳王，子不识为济阴王。梁分为五。封四侯。更命廷尉为大理，将作少府为将作大匠，主爵中尉为都尉，长信詹事为长信少府，将行为大长秋，大行为行人，奉常为太常，典客为大行，治粟内史为大农。以大内为二千石，置左右内官，属大内。七月辛亥，日食。八月，匈奴入上郡。

【注释】

①禁锢：这里是指限制不准做官的法令。西汉初年曾规定，商人、入赘女婿不准做官，犯罪的官吏不准重新做官。②潦：同"涝"，雨多成灾。

【译文】

中元元年，封前御史大夫周苛的孙子周平为绳侯，前御史大夫周昌的孙子周左车为安阳侯。四月乙巳日，大赦天下，赐给民众每户户主爵位一级。废除不准商人、入赘女婿做官和不准犯罪的官吏重新做官的法令。发生地震。衡山、原都地区下了冰雹，最大的达直径一尺八寸。

中元二年二月，匈奴侵入燕地，朝廷因而终止了与匈奴的和亲政策。三月，下令召临江王刘荣来京问罪，刘荣畏罪，就在中尉郅都的府第中自杀了。夏天，立皇子刘越为广川王，刘寄为胶东王。分封了四个列侯。九月甲戌日，发生日食。

中元三年冬天，废除诸侯国中御史中丞一职。春天，匈奴的两个王率领自己的部下前来归降，都被封为列侯。立皇子刘方乘为清河王。三月，彗星出现在天空的西北方。丞相周亚夫被免职，任命御史大夫桃侯刘舍为丞相。四月，发生地震。九月最后一天戊戌日，发生日食。在京城的东都门外驻扎军队。

中元四年三月，修建德阳宫。发生大蝗灾。秋天，赦免修建阳陵的囚犯。

中元五年夏，立皇子刘舜为常山王。分封了十个侯。六月丁巳日，大赦天下，赐给民众每户户主爵位一级。全国发生严重涝灾。将诸侯国的丞相改称为相。秋天，发生地震。

中元六年二月己卯日，景帝亲自到雍县，在郊外祭祀五帝庙。三月，下冰雹。四月，梁孝王、城阳共王、汝南王都去世了。分别立梁孝王的儿子刘明为济川王，刘彭离为济东王，刘定为山阳王，刘不识为济阴王，把梁国一分为五。封了四个列侯。把廷尉这个官职改名为大理，将作少府改名为将作大匠，主爵中尉改名为都尉，长信詹事改名为长信少府，将行改名为大长秋，大行改名为行人，奉常改名为太常，典客改名为大行，治粟内史改名为大农。把主管京城仓库的大内定为二千石级的官员，设置左、右内官，隶属于大内。七月辛亥日，发生日食。八月，匈奴侵入上郡地区。

270

【原文】

后元年冬，更命中大夫令为卫尉。三月丁酉，赦天下，赐爵一级，中二千石、诸侯相爵右庶长。四月，大酺①。五月丙戌，地动，其蚤②食时复动。上庸地动二十二日，坏城垣。七月乙巳，日食。丞相刘舍免。八月壬辰，以御史大夫绾为丞相，封为建陵侯。

后二年正月，地一日三动。郅将军击匈奴。酺五日。令内史郡不得食马粟③，没入县官。令徒隶衣七布④。止马春⑤。为岁不登⑥，禁天下食不造岁⑦。省列侯遣之国。三月，匈奴入雁门。十月，租长陵田。大旱。衡山国、河东、云中郡民疫。

后三年十月，日月皆（食）赤五日。十二月晦，日如紫。五星逆行守太微。月贯天廷中。正月甲寅，皇太子冠。甲子，孝景皇帝崩。遗诏赐诸侯王以下至民为父后爵一级，天下户百钱。出宫人归其家，复无所与。太子即位，是为孝武皇帝。三月，封皇太后弟蚡为武安侯，弟胜为周阳侯。置阳陵⑧。

【注释】

①酺：命令特许的大聚饮。秦汉时三人以上无故聚饮，罚金四两。②蚤：通"早"。③食马粟：即"食马以粟"，意思是用粮食喂马。食，给吃，喂。④七布：一种很粗糙的布。⑤止马春：禁止以马春粟。朝廷规定不许用马而用人力春粮食，可以使贫民得到一些粮食。⑥登：庄稼成熟。⑦食不造岁：意思是口粮吃不到收获时节。造，到。⑧置阳陵：指把景帝的灵柩安葬在阳陵。

【译文】

后元元年冬天，把中大夫令改名为卫尉。三月丁酉日，大赦天下，赐给民众每户户主爵位一级。赐给中二千石一级的官员和诸侯国的相似右庶长的爵位。四月，下令特许民众聚会饮酒。五月丙戌日，发生地震，早饭时又震。上庸县地震连续了二十二天，城墙被震毁。七月乙巳日，发生日食。丞相刘舍被免职。八月壬辰日，任命御史大夫卫绾为丞相，封为建陵侯。

后元二年正月，一天之内连续发生三次地震。郅都将军率军回击匈奴。下令准许民众聚会宴饮五日。诏令内史和各郡不准用粮食喂马，违者将其马匹收归官府。规定罪犯和奴隶穿很粗糙的七布衣服。禁止用马春米。因为这一年粮食歉收，诏令全国节约用粮，严禁不到收获时节就把口粮吃完。减少驻京的列侯，让他们回到自己的封国去。三月，匈奴侵入雁门郡。十月，把高祖陵墓长陵附近的官田租给农民耕种。发生大旱灾。衡山国、河东郡和云中郡发生瘟疫。

后元三年十月，太阳和月亮连续五天呈现红色。十二月最后一天，打雷了。太阳变成了紫色。五大行星倒转运行，在太微垣区域。月亮从太微垣星区穿过。正月甲寅日，皇太子刘彻举行加冠典礼。甲子日，孝景皇帝逝世。遗诏赐给诸侯王以下至平民应该继承父业的人每人爵位一级，全国每户一百钱。把后宫宫人遣散回家，并免除其终身的赋税。太子即位，这就是孝武皇帝。三月，封皇太后的弟弟田蚡为武安侯，田胜为周阳侯。把景帝的灵柩安葬在阳陵。

【原文】

太史公曰：汉兴，孝文施大德，天下怀安①。至孝景，不复忧异姓，而晁错刻削②诸侯，遂使七国俱起，合从③而西乡，以诸侯太盛，而错为之不以渐④也。及主父偃言之，而诸侯以弱，卒以安。安危之机⑤，岂不以谋哉？

【注释】

①怀安：指人民怀念帝王的德政而安居乐业。②刻削诸侯：指削藩政策。刻削：削减，削夺。③合从：本指战国时期六国联合进攻秦国，这里借指吴、楚七国联合起兵反叛朝廷。从，同"纵"。④渐：渐进，逐步进行。⑤机：关键。

【译文】

太史公说：汉兴以来，孝文皇帝广施德惠，天下安定。到了孝景时代，不再担心异姓诸侯王的反叛了，然而晁错建议大力削夺同姓诸侯王的封地，使得吴、楚七国一同起兵反叛，联合向西进攻朝廷。这是由于诸侯势力太强大了，而晁错又没有采取逐步削减的办法。等到主父偃提出准许诸侯王分封自己的子弟为侯的建议，才使诸侯王的势力减弱下来，天下终于安定了。这样看来，国家安危的关键，难道不在于谋略吗？

【评析】

景帝在基本国策上是对文帝的继承和发展，虽然记载简略，但是对景帝的功绩基本上是持肯定态度的。如"除禁锢"的宽松政策，"省列侯遣之国"等节俭措施，其中对景帝果断平定吴楚七国之乱和鼓励农业生产、稳定局势等的功绩是十分赞扬的。

《孝景本纪》和《孝文本纪》比较起来，比较简略。这一详一略，说明两位皇帝在作者心目中的分量还是有很大差距的。所谓"文景之治"，实际上主要功绩应属文帝，而景帝只是在按部就班的实行，虽有也有成绩，但相较文帝来说，那就相差甚远了。其次，在对百姓的仁爱、对臣属的宽厚等方面，景帝也是远不及文帝。虽然本纪中没有直接陈述景帝之过的文字，但是从内容中还是可以看到作者对景帝在用人方面的不满。如在《绛侯周勃世家》中记载了景帝意气用事,致使敢于直言诤谏、平定七国之乱的大功臣周亚夫受辱含冤绝食而死;在《袁盎晁错列传》中记载了颇有远见、为朝廷的利益出谋划策的晁错,最后却成了景帝退敌的牺牲品。文章叙述平实,文字简洁,但详略有度,繁简得当。